Der Weltverbesserer

- der es nicht lassen kann

Mit einer anderen Sicht zwischen allen Stühlen ?

Hans-Joachim Patzelt

Geboren 1938 in Breslau. Maschinenbau-Techniker. 1976 Betriebsratsvorsitzender einer Nürnberger Turbinenfabrik mit 1000 Beschäftigten.
1978 Mitbegründer und einer der Sprecher des Nürnberger Friedensforums, Mitglied des kommunalen Sozialforums der weltweiten Sozialforumsbewegung. 1984 Mitglied in der bundesweiten Initiative Krefelder
Appell. 2008 bis 2014 Nürnberger Stadtrat.

Der Weltverbesserer
- der es nicht lassen kann

Mit einer anderen Sicht zwischen allen Stühlen?

BUCH 1 – Erfahrungen
BUCH 2 – Folgerungen

Hans-Joachim Patzelt

© Hans-Joachim Patzelt 2020
Herstellung und Verlag: BoD – Books on Demand, Norderstedt

ISBN: 9783753464541

Korrektorat: Dr. Wolfgang Mayer
Buchsatz, Covergestaltung: Anja-Nadine Mayer

Fotos:
Nürnberger Nachrichten, Titelbild, S. 20, 39, 71, 75, 83, 90 (2. Foto), 100, 114, 171, 175, 205, 218, 254, 260, 294, 359, 368, 369. ***Nürnberger Zeitung***, S. 257. ***Hochbauamt Nürnberg***, S. 31. ***dpa***, S. 150, 172, 357. ***Süddeutsche Zeitung***, S. 307. ***Abendzeitung Nürnberg***, S. 170, 173, 186, 223. ***Broschüre Gewerkschaft IG-Metall Nürnberg***, S. 74, 76 (3 Fotos), 77 (2 Fotos), 79, 80, 81 (2 Fotos), 84, 88, 89 (1.Foto), 90 (1. Foto), 91, 92, 93 (2 Fotos), 94 (3 Fotos), 95 (2 Fotos), 111. ***Herbert Hansel***, S. 338, 341, 344, 348. ***Wikipedia***, S. 116. ***ullstein bild***, S. 117 (1. Foto). ***Krefelder Initiative***, S. 132, 134 (2 Fotos). ***Rolf Engelmann***, S. 22, 167, 183, 185, 210, 217, 281. ***Dr. Wolfgang Mayer***, S. 317. ***Libresso Verlag***, S. 61. ***Linke Liste (LL), Nürnberg***, S. 201. ***Offene Linke (OL), Nürnberg***, S. 250. ***Piraten Partei, Nürnberg***, S. 283. ***Privatfotos***, S. 2, 37, 40, 54, 117 (2. Foto), 137, 176, 366

Inhalt

BUCH 2

Prolog

Der Rucksack meiner nicht unumstrittenen 50 jährigen politischen Über-aktivitäten war randvoll. Ich wollte wieder einmal ruhig schlafen können. Man riet mir, alles einmal aufzuschreiben. Dies verschob ich immer wie-der. Ich wusste auch nicht so recht, wo ich anfangen sollte. Wegen der Überfülle meiner Erlebnisse und Erkenntnisse meiner so langen, vor al-lem politischen Erfahrungen empfahl man mir, nicht alles auf einmal zu schildern. So entschied ich mich für ein Buch mit zwei Bänden, die je-doch zusammen ein ganzheitliches Bild ergeben.

Mir kam das Buch von Evelin Kroschel-Lobodda mit dem Titel „Wa-rum ich tue, was ich tue" gerade recht. Ich wollte die Frage klären, warum ich unentwegt als Weltverbesserer unterwegs war und bin und immer wieder, mit meinen anderen Sichtweisen zwischen alle Stühle geriet. Mein Freund Horst riet mir, in meine Kindheit zurückzuschauen.

Es zeigte sich, dass ich mich nie mit dem Stigma des minderwertigen Flüchtlingskindes abfinden konnte. Ich gab mich nicht damit zufrieden, mich nur anzupassen, wie dies die meisten von uns versuchten, die ähn-liches hinter sich hatten, wie auch meine drei Schwestern. Ich wollte dar-über hinaus nicht nur anerkannt sein, sondern Dinge selbst in die Hand nehmen, gestalten und Wirkung erreichen.

Weil ich Auseinandersetzungen nie aus dem Weg ging, habe ich den Ruf eines unbequemen Zeitgenossen in Kauf genommen. Jetzt hatte ich Ge-legenheit, nicht nur auf meine meist hart erkämpften Erfolge, aber auch Niederlagen zurückzuschauen, sondern auch die Möglichkeit, die Frust-rationen und Kränkungen aufzuarbeiten und zu überwinden, die ich nicht nur als Flüchtlingskind, sondern immer wieder und später, ganz besonders als Stadtrat in den eigenen Reihen erfahren habe.

Anhand meiner Erlebnisse zeige ich nicht nur die internen Konflikte auf, sondern auch wie es möglich wäre, gemeinsame Überzeugungen zum Tragen zu bringen und Konflikte zu überwinden. Dabei scheue ich mich nicht, schonungslos die Auseinandersetzungen mit meinen ehemaligen Mitstreiter/innen, denen ich eigentlich sehr nahe stand, aufzuzeigen. Mag mir dies noch so viel Ärger einbringen.

Aus Evelins Kroschel-Loboddas Buch geht hervor, dass entstandene Kränkungen nicht zwangsläufig zu Rachegedanken führen müssen, sondern durch konsequente und ehrliche Offenlegung der Ursachen überwunden werden können. Dies habe ich mir vorgenommen.

Bei meinen lebenslangen gesellschaftspolitischen Aktivitäten kam ich zwangläufig auch nicht um die Erkenntnisse der großen ökonomischen Klassiker wie Karl Marx bis Friedrich Engels aber auch der Psychologen Siegmund Freud bis Wilhelm Reich herum.

Dies gilt auch für die revolutionären Umbrüche, der französischen, der russischen Revolution bis hin zur Münchener Räterepublik, mit dem Gründer des Freistaates Bayern Kurt Eisner vor über hundert Jahren.

Diese Berührungen erfolgten allerdings nur nach und nach im Zusammenhang mit meinen Aktivitäten. Allerdings war es mir erst jetzt beim Schreiben meiner Autobiografie möglich, vieles davon neu zu reflektieren.

Ich versuche, die sich für mich daraus ergebenden komplexen Spannungsfelder im Buch 2 in meiner mir eigenen einfachen Sprache aufzuzeigen.

Zudem kann ich mich nicht damit abfinden, dass mit Fake News zunehmend Lüge zu Wahrheit wird.

Mir wurde bewusst, dass die Suche nach gesellschaftlichen Alternativen nie beendet ist.

So bleibt mir als unentwegter Weltverbesserer die Hoffnung, mit meinen subjektiven Erfahrungen und den sich daraus ergebenden Einschätzungen ein Fenster zu öffnen. Für Bemühungen, sich nicht mit den unzulänglichen Realitäten abzufinden, wie dies erfreulicherweise auch die Schüler von „Fridays for Future" nicht tun.

Ich schreibe bewusst in romanartiger authentischer Ichform. Auch im Dialog mit mir Nahestehenden versuche ich, den Spannungsbogen meiner Bemühungen abzubilden.

Dies alles könnte nicht nur für Diejenigen eine Herausforderung sein, die bisher mit meinen Themen nicht in Berührung kamen.

BUCH 1

Erfahrungen

Vorwort

In Buch 1 schildere ich mein mühsames aber auch ehrgeiziges Bemühen, vom minderwertigen Flüchtlingskind zu einem vollwertigen und anerkannten Zeitgenossen zu werden. Dabei bekam ich in den Auseinandersetzungen als Interessenvertreter von Beschäftigten mit mehreren Konzernen nichts geschenkt. Dies veränderte nach und nach mein Selbstverständnis und bewirkte, dass ich die Dinge zunehmend und kritisch aus einer gesamtgesellschaftlichen und politischen Sicht wahrnahm, auf die ich in Buch 2 näher eingehe. Dies ging mit erheblichen Schwierigkeiten selbst in den eigenen Reihen einher, auf die ich zwar nur ungern zu sprechen komme, die jedoch einer offenen Behandlung bedürfen. Dies ist für mich von grundsätzlicher Bedeutung.

Ich versuche sichtbar zu machen was möglich ist, wenn man sich nicht so schnell unterkriegen lässt. Und das bei scheinbar noch so aussichtslosen Situationen Veränderungen möglich sind.

Die Herausforderung

„Herzlichen Glückwunsch, mein lieber Hans, zu deiner Wahl in den Stadtrat", begrüßte mich mein alter Bekannter Dietrich mit einem für ihn so typischen ironischen Unterton. Es war laut im übervollen Saal „Burgblick" im siebenten Stock des Gewerkschaftshauses in der ausgelassenen Wahlparty. Wir waren uns schon länger nicht mehr begegnet. „Was hat dich denn hierher verschlagen?", fragte ich ihn. „Die reine Neugier, ihr drei wollt doch das neue Element im Nürnberger Stadtrat sein", antwortete Dietrich den Lärm im Saal übertönend, wieder mit einem ironischen Zug in seinem runden Gesicht. „Komm, lass uns auf den Gang gehen, hier versteht man ja nicht mal das eigene Wort."

Im Grunde schätzten wir uns beide gegenseitig, wenn auch aus unterschiedlichen Gründen. Ich ihn, den langjährigen mit allen Wassern gewaschenen Kommunalpolitiker, der nichts mehr zu verlieren oder zu gewinnen hatte, wegen seiner ehrlich gemeinten Art, ungeschminkt Klartext zu sprechen. Mich schätzte er wahrscheinlich wegen meiner Hartnäckigkeit. Für viele seiner Gesprächspartner war Dietrich schwer erträglich, auch manchmal für mich. Allzu oft dürfte man ihm nicht begegnen. Er nahm einem oft die letzte Zuversicht. Leider hatte er meistens Recht.

Unverblümt fragte er mich, was mich wohl geritten haben mag, jetzt auch noch Stadtrat zu werden. „Du bist doch auch nicht mehr der Jüngste". Es klang eher etwas besorgt. „Wie alt bist du eigentlich?" „Neunundsechzig Jahre", antwortete ich, mich fast entschuldigend. „Oha, ich hätte dich etwas jünger geschätzt." „Danke", antwortete ich etwas gequält. „Dass du dir das noch in deinem Alter antust. Hast du dich eigentlich schon einmal gefragt was dich antreibt?" Auf diese Frage war ich nicht gefasst, glaubte aber, dass er mir ein übertriebenes Geltungsbedürfnis unterstellte. Ich dachte mir, da fragt mich gerade der Richtige.

Ich erinnerte ihn daran, dass er ja selbst ständig auf Achse war und dass wir uns unter anderem immer wieder einmal auf den Demonstrationen gegen den Aufmarsch der Neonazis in unsere Stadt begegneten. Ich fragte zurück, was ihn eigentlich bewog, so viele Jahre lang Stadtrat zu sein? Dietrich ging nicht darauf ein, sondern fuhr ohne Luft zu holen fort. „Du glaubst doch nicht ernsthaft daran, dass ihr drei Hansel gegen die Mehrheit der siebzig Stadträte, vor allem gegen die Großen, gegen die SPD und die CSU etwas ausrichten könnt?" Er merkte anscheinend an meinem Gesichtsausdruck, dass er ein bisschen zu weit gegangen war.

Angesichts der ausgelassenen und optimistischen Wahlparty im Saal versuchte er es anscheinend, wieder gut zu machen. „Du hast doch schon genug Wirbel gemacht, du brauchst dich doch nicht mehr so abtun." Die Ironie in seinem runden Gesicht war wie weggeblasen. „Reichen dir allein die zwanzig Jahre noch nicht, in denen du dich als Betriebsratsvorsitzender für deine tausend Kollegen abgestrampelt hast? Hat man es dir gedankt? Erinnert sich überhaupt noch jemand daran? Auch an deine Aktivitäten als Friedensonkel? Ich erinnere mich noch gut an den Ostermontag", fuhr er fort, „es ist jetzt schon einige Jahre her. Ich dachte, ich sehe und höre nicht recht. Steht doch tatsächlich der Hans auf der Bühne auf dem übervollen Platz vor der Lorenzkirche und belehrt die zahlreichen Ostermarschierer, wo der Weg in Sachen Frieden und Abrüstung langgeht. Ich dachte mir, hat er sonst nix zu tun, muss der denn überall seine Nase vorne haben?"

Als Moderator am Ostermarsch – „Holt die deutschen Soldaten in die Kasernen zurück", so die Schlagzeile der „Nürnberger Nachrichten"

„Ich jedenfalls würde mir an deiner Stelle den Stadtrat nicht auch noch antun", meinte er. „Allein das Kommunale reicht ja schon, auch wenn es oft ein Haufen Kleinkram ist. Die auf dich zukommende Papierflut wird dich noch ganz schön beschäftigen. Das wirst du schon noch sehen, mein lieber Hans", sagte er fast drohend. „Und du musst wissen, der Stadtrat ist ein Haifischbecken." „Jetzt muss ich aber auch mal was sagen, mein lieber Dietrich", unterbrach ich ihn. „Wenn schon, um in deinem Bild des Haifischbeckens zu bleiben, bin ich doch lieber ein Hecht im Karpfenteich, wenn auch nur ein kleiner."

Langsam wurde mir sein Pessimismus zu viel. „Von wegen kommunaler Kleinkram, lieber Dietrich. Das sehe ich alles ganz anders, hast du schon mal den Spruch gehört ‚Global denken, lokal handeln'? Der stammt zwar nicht von mir, aber genau dies ist auch meine Devise und ich glaube, dass dies sicherlich zum Vorteil der halben Millionen Menschen Nürnbergs sein könnte. Da ist frischer Wind im neuen Stadtrat dringend geboten und das ist die Chance für uns Drei der Linken Liste", versuchte ich unser Gespräch abzukürzen. „Wie soll denn das mit euch zusammengehen, ihr seid doch alle drei sehr verschieden", fuhr er unbeirrt fort. „Schaut euch doch mal an. Harald, den verkappten Sozi kenne ich ja schon länger, der wechselt schon mal die Fronten" sagte er ziemlich abfällig und meinte damit sicherlich seinen Übertritt von der SPD zu der neu gegründeten Partei „Die Linke". „Der will doch nur Karriere machen. Wahrscheinlich rechnet er sich als Stadtrat bessere Chancen aus. Und wie kommt es denn, dass du noch in deinem Alter plötzlich von einem stolzen Außerparlamentarier zum Stadtrat mutierst? Ich war ja nicht oft bei den Demonstrationen eures Sozialforums. Dort hast du mir erklärt, dass ihr als Teil der weltweiten außerparlamentarischen Bewegung hier in der Stadt unterwegs seid. Das verstehe wer will, ich jedenfalls nicht, warum du jetzt als überzeugter Außerparlamentarier auch noch als Stadtrat parteipolitisch unterwegs sein willst?" „Da bist du aber schlecht informiert", unterbrach ich ihn. „Die „Linke Liste" ist doch keine Partei sondern ein Bündnis, in dem ich mich als nach wie vor Parteiloser engagiere." „Wie passt denn eigentlich eure attraktive Kurdin zu euch?", bohrte er weiter. „Was sagen denn eigentlich deine ganz linken Freunde, die selbsternannten Marxisten, die vier Kartellbrüder Ewald und Schorsch, der Günter und der Ernst dazu? So wie ich die kenne, werden sie nicht gerade begeistert sein, dass sie leer ausgegangen sind und an deiner Stelle nicht wenigstens ein wirklicher Marxist im Stadtrat mitmischt. Na, wenn das mit euch dreien mal gut geht, da kann man euch nur viel Glück wünschen", spottete er ziemlich unverhohlen. Als er mich ziemlich unverschämt fragte, ob mir meine Frau nicht schon weggelaufen sei und ich überhaupt noch verheiratet sei, wurde es mir doch zu viel. „Ich muss mich mal wieder im Saal sehen lassen, die werden mich schon vermissen", beendete ich unser Gespräch. „Dann viel Spaß", verabschiedete sich Dietrich mit einem ironischen Grinsen.

„Wo warst du denn solange?", fragte mich Harald leicht verärgert, „Man will uns doch alle drei zusammen vor der Linse haben." Die Stimmung im Saal war ziemlich euphorisch, so als wenn der 1. Fußballclub Nürnberg gerade überraschend gewonnen hätte und ich hatte den Eindruck, dass unsere Anhänger bestimmt nicht nur einmal auf das Wohl von uns drei Stadträten angestoßen hatten.

Jubelfeier! Hurra, wir sind jetzt 3 Stadträt/innen!

Mir ging das herausfordernde intensive Gespräch mit Dietrich nicht aus dem Kopf, schon gar nicht auf meinem Heimweg. Mute ich mir wieder einmal viel zu viel zu? Hatte Dietrich mit seiner Frage nicht den Nagel auf den Kopf getroffen, wie oft ich denn noch die Welt verbessern will, jetzt auch noch als Stadtrat? Ist seine Skepsis nicht durchaus berechtigt? Bin ich eigentlich mit dieser „Linken Liste" und den vor allem parteipolitisch orientierten Mitstreitern auf dem richtigen Weg? Wäre es nicht sinnvoll gewesen, vor meiner Kandidatur erst mal mit Dietrich ernsthaft zu reden?

Allerdings, konnte ich ja nicht ahnen, was da alles als Stadtrat noch auf mich zukommen sollte. Jetzt jedenfalls sollte ich erst mal mit meinem gleichaltrigen Nachbarn und Freund Horst reden. Er kann mir bei der

Klarstellung meiner wahren Motive sicherlich am allermeisten helfen. Horst ist bei seiner erfolgreichen Bewältigung seiner schweren Alkoholsucht durch die Hölle gegangen und hilft nun als Therapeut Menschen, die ähnliche Probleme haben. Ich hatte seine offene und schonungslose Biografie gelesen, in der er nichts verschwieg. Wir begegneten uns schon viele Jahre in seinen Literarischen Abenden, die er regelmäßig in seinem Haus veranstaltet und waren inzwischen sehr vertraut. Schon bei unserem ersten Kennenlernen stellte ich jedoch fest, dass wir, bei all den Gemeinsamkeiten doch sehr verschieden sind. Im Gegensatz zu mir trug Horst an diesen Abenden seine literarischen Gedanken mit seiner tiefen Stimme angemessen, langsam und bedeutsam vor. Auch ein Weltverbesserer, dachte ich mir manchmal, wenn er seine schwergewichtigen Beiträge ernsthaft vortrug. Ich hingegen konnte mir nie verkneifen, zu jedem der vorgetragenen literarischen Beiträge anderer Teilnehmer meinen Senf dazu zu geben, auch politisch, was nicht immer erwünscht war.

Wir trafen uns in seinem Reihenhaus zu einem Kaffee. Ich erzählte Horst von meiner herausfordernden Begegnung bei der Wahlpartie mit Dietrich und seiner Frage, die mich erheblich nachdenklich gemacht hatte. Vor allem, warum ich jetzt auch noch, im relativ fortgeschrittenen Alter, Stadtrat geworden bin. Für Horst war aus eigener Erfahrung sehr schnell ziemlich klar, dass meine tiefliegenden Motive nicht in erster Linie politischer Natur sind, wie ich dies annahm, sondern eher in der Kindheit liegen. Abgesehen von den unverwechselbaren Charaktereigenschaften, die bei jedem von uns als einmaligem Wesen natürlich eine Rolle spielen. Er wusste ja, dass ich ein Flüchtlingskind war. Er gab mir den Rat, mich zu erinnern und dies am besten aufzuschreiben. Erst dann sollten wir wieder zusammenkommen und miteinander reden.

Es war aber auch der mir nahestehende, sympathische Journalist der *Nürnberger Nachrichten* Georg Escher, mit dem ich bei meinen Aktivitäten als einer der Sprecher des Nürnberger Friedensforums immer wieder einmal zu tun hatte, der mir geraten hatte, mein politischen Aktivitäten einmal festzuhalten und aufzuschreiben. Dazu hatte ich allerdings weder Lust, noch bei all meinen sonstigen, auch privaten Aktivitäten keine Zeit.

Aber jetzt, in meinem fortgeschrittenen Alter, sollte ich wirklich wenigstens einmal damit anfangen. Nicht nur auf meine Kindheit zurückzublicken, sondern auch zu reflektieren, was meine vielfältigen gesellschaftspolitische Aktivitäten betraf.

Ich konnte nicht voraussehen, welche Herausforderungen auf mich zukommen sollten. Ich fing also an, mich zu erinnern und alles aufzuschreiben, und da kam einiges hoch.

Das Flüchtlingskind

Es war ein außergewöhnlich bitterkalter Winter, als wir im Januar 1945 aus dem umkämpften Breslau flüchteten. Ich war 6 Jahre alt, als wir uns auf den lebensgefährlichen Weg machten, ohne zu wissen wie dies enden würde.

Wir waren vier Geschwister: Meine zwei kleineren Schwestern Sigrid und Sabine und unsere Älteste Fee, für uns die Große, obwohl sie kaum älter war. Unsere Mutter war der absolute Mittelpunkt und wir waren froh, dass wir unseren Vater, der als Soldat unterwegs war, nur selten zu Gesicht bekamen. Wenn er wieder einmal beurlaubt war und heim kam, mussten wir ihm auf Geheiß unserer Mutter unsere Sünden beichten und wir bekamen dann von ihm nicht nur eine Standpauke, sondern auch schon mal einen Klapps verpasst, was aber im Nachhinein gesehen alles nicht so ernst gemeint war. Wir wohnten in Breslau in einem mehrgeschossigen Mietshaus in einem der oberen Stockwerke. Konnten auf die Straßenbahnen der zum Flughafen führenden Hauptstraße herunter schauen.

An ein besonderes Ereignis kann ich mich noch gut erinnern, obwohl ich damals noch ein kleiner Junge war. Wir konnten von unserem Wohnzimmer auf direkt auf die Hauptstraße schauen. Eines Tages standen auf den Gehsteigen beiderseits der Straße in mehreren Reihen dichtgedrängt viele Menschen. Unsere Mutter sagte, dass der Adolf gleich vorbei kommt, er fährt zum Flughafen. Dann wurde es laut. Die Menschen streckten einen Arm in die Höhe, schrien alle das Gleiche und dann kamen die Autos. Im ersten offenen Auto stand ein Mann, der einen Arm nach oben hielt, als wenn ein Teller auf seiner Hand liegen würde. Meine Mutter sagte nur, das ist der Adolf. Sie erzählte später immer wieder amüsiert, dass ich sie gefragt haben soll, ob der Adolf Hunger hat weil er seine Hand so nach oben hielt, als wenn er wollte dass man einen Teller darauf stellt. Meine Mutter antwortete beruhigend, dass der Adolf schon nicht verhungern wird. Am Flughafen bekommt er bestimmt einen Teller. Der linientreue Blockwart in unserem Haus hätte unser respektloses Geplauder nicht hören dürfen. Meine Mutter erzählte mir später, dass sie meine typisch kindlichen Fragen manchmal ganz schön genervt hätten und dass ich im Vergleich zu meinen Schwestern ziemlich neugierig war. Meine Neugier sollte im Laufe meines Lebens noch erheblich zunehmen.

Und wieder heulten die Sirenen. Zwei von uns Kindern waren gerade in der Badewanne. Keine Zeit zum Abtrocknen. Unsere Mutter nahm die Sabine, unsere Kleinste, auf den Arm und wir rannten so schnell wir konnten die vielen Treppen in den Luftschutzkeller hinunter, der schon übervoll war. Die Kellertür wurde verriegelt. Für meine Mutter mit ihren vier kleinen Kindern wurde ein Sitzplatz freigemacht. Bis auf die Sirenen, die immer wieder ertönten, war es gespenstisch still. In dem diffusen Kellerlicht war die Angst greifbar. Das Warten war unerträglich. Plötzlich krachte es, das Licht flackerte erst, dann wurde es stockdunkel. Einige Erwachsene schrien bei jedem Einschlag auf, die Kinder weinten. Ich hatte große Angst. Dann wurde es still. Banges Warten. Kein Krachen mehr, keine Sirenen, das Licht ging wieder an. Endlich waren die entwarnenden Sirenen zu hören. Ziemlich verstört gingen alle wieder in ihre Wohnungen, die zum Glück noch heil waren.

Die gegenüberliegenden Häuser standen noch, bis auf zwei. In den Trümmern rauchte es. Unsere Mutter ließ uns nicht ans Fenster, da wird es Tote gegeben haben. Am nächsten Tag war es für uns neugierige Kinder ein spannendes Abenteuer, zu den zerbombten Häusern zu gehen und alles anzuschauen. Was sich in den Kellern der zerstörten Häuser abgespielt haben mag, daran dachten wir Kinder natürlich nicht. Geblieben ist, dass ich heute noch, so viele Jahrzehnte danach, richtig erschrecke, wenn – aus welchem Anlass auch immer – Sirenen ertönen. Meine Mutter war sich mit den Nachbarn einig: Wir müssen hier weg. Sie verständigte sich mit ihren Schwestern, die in ihren Stadtteilen ebenfalls die Bombardierungen erlebt hatten. Rette sich, wer kann. Mit dem letzten

Zug raus aus der Stadt aufs Land nach Eckersdorf zu meiner Großmutter.

Der eiskalte Wind peitschte uns an diesem Wintertag heftig ins Gesicht. Man konnte nur mitnehmen, was man auf dem Leib hatte und tragen konnte. Tante Liesel mit ihren zwei kleinen Kindern und ihrer erwachsenen Schwester Gretel waren auch dabei. Wir glaubten, die Oma ist unsere Rettung. War sie auch, aber nur für wenige Tage. Breslau wurde dichtgemacht und weiter bombardiert, keiner kam mehr heraus. Wir waren eine der Letzten.

Die gefürchtete Russenfront rückte immer näher. Später fragte ich mich, woher diese Angst vor den Russen kam? War es nur die Nazi-Propaganda vom russischen Untermenschentum, oder die begründete Angst nach all dem, was Nazideutschland in Russland mit Millionen Opfern angerichtet hatte?

Nach wenigen Tagen Geborgenheit in Eckersdorf machten wir uns alle mit unserer betagten Großmutter an einem besonders kalten Januartag auf die riskante Flucht in Richtung Westen. Zu Fuß, nur mit den spärlichen Habseligkeiten auf einem vollbepackten Leiterwagen, den alle abwechselnd zogen. Es ging von einem abgelegenen Dorf zum nächsten. Ich hatte nur leichte Schuhe an und fror erbärmlich. Es grenzt fast an ein Wunder, dass niemand, vor allem von uns Kindern, erfroren ist. Viele Flüchtlinge, die ebenfalls auf der Flucht waren, haben dies nicht überlebt. Meine Mutter erzählte uns später, wie schlimm es gerade für uns Kinder war, mit ansehen zu müssen, wie eine Mutter mit ihrem kleinen Kind auf dem Arm in einen eiskalten Fluss ging und sie beide ertranken, ohne dass man ihnen irgendwie helfen konnte. Wie verzweifelt muss sie gewesen sein.

War dies auch einer der Gründe, warum ich mich später so überaktiv in der Friedensbewegung engagierte?

Wir waren wochenlang unterwegs, und warum sind wir nicht verhungert, wieso konnten wir nachts immer wieder irgendwo unterkommen? Meine Mutter erklärte uns später, dass wir von Kirchen und mitleidsfähigen Menschen oft rührend unterstützt wurden. Gewundert haben mich aber ihre Schilderungen, dass wir auch von örtlichen Bürgermeistern, die sicherlich nicht im Verdacht standen, in Opposition zu den Nazis zu stehen, Verpflegung bekamen und sie Schulen und Turnhallen für Übernachtungen für uns Flüchtlinge öffneten. Ich kann mir dies im Nachhinein nur dadurch erklären, dass dies angeordnet war. Bestimmt nicht aus humanistischen Gründen, sondern den Durchhalteparolen eines noch nicht verlorengeglaubten Krieges geschuldet war.

Wir kamen Richtung Westen nur mühsam voran. Manchmal mussten wir tagelang irgendwo notdürftig ausharren. Das eiskalte Schneetreiben ließ ein Weiterkommen nicht zu. Wenn wir Glück hatten, nahm uns manchmal ein Bauer auf seinen Rückweg mit seinem leeren Pferdegespann mit Sack und Pack und Leiterwagen mit in sein Dorf. Ich war glücklich, dass ich neben dem Kutscher auch mal die Zügel halten durfte. An die Flugzeuggeschwader über uns hatte ich mich schon gewöhnt, wie auch an das Donnern aus der Ferne. Später erzählte uns unsere Mutter, dass der nachts hell erleuchtete Horizont in der Ferne wohl das bombardierte und brennende Dresden gewesen sein musste. Dies war auch der Grund, warum wir größere Städte mieden und wir nur fernab von Dorf zu Dorf, wenn auch oft mit größeren Umwegen unterwegs waren.

Wir Kinder hatten das große Glück, dass sich meine Mutter und ihre beiden Schwestern und der Oma mit der Robustheit ihrer bäuerlichen Herkunft nicht unterkriegen ließen. Ihre Männer waren im Krieg und sie nahmen ihr Schicksal ohne groß zu Klagen selbst in die Hand, um den Gefahren zu entkommen. Sie sorgten gemeinsam und umsichtig dafür, dass es bei uns Kindern nicht zu Erfrierungen vor allem an den Händen und Füßen oder im Gesicht kam. Als ich meine Mutter fragte, warum wir nicht wieder zurück in die warme Wohnung nach Breslau gehen würden, antwortete sie ziemlich wortkarg, das gehe nicht, da komme bald der Russe. Als ich fragte, warum der Russe komme, antwortete sie geduldig, dass die Russen und der Adolf keine Freunde seien und dass Krieg sei. Deshalb gingen wir jetzt zu den Amerikanern. Ich wollte wissen: Sind das Freunde von Adolf? Frag nicht so viel, beendete sie meine kindliche

Neugier und ließ sich auch nicht von dem eisigen Schneesturm abhalten, sich mit uns in das nächste Dorf durchzuschlagen.

Je näher wir nach qualvollen Wochen dem Sudentenland kamen, umso gefährlicher wurde es. In den Wäldern gab es immer wieder Gefechte zwischen versprengten deutschen Soldaten, die sich sicherlich auf Befehl nicht dem überlegenen amerikanischen Militär ergeben durften. Wir mieden die Waldränder, um nicht selbst getroffen zu werden und wichen so gut es ging den Scharmützeln der Soldaten aus. Wir waren alle ständig in Gefahr. Aber meine allergrößte Angst war, dass meiner Mutter etwas passieren könnte. So war ich erleichtert, dass sie zum Glück nicht getroffen wurde, als sie einmal beim Aufhängen der Wäsche für die gastfreundliche Bauersfrau beschossen wurde. Sie flüchtete unversehrt schnell zu uns ins Haus.

Wir Kinder wunderten uns warum meine Mutter und unsere beiden Tanten sich so anders anzogen und fast so wie unsere Großmutter aussahen. Wie sie uns später erzählten, war es der Versuch, sich auf diese Weise vor Vergewaltigern und Entführern zu tarnen. Ich erschrak, als plötzlich die Tür zu der Bauernstube, in der wir uns alle aufwärmen durften, heftig aufgestoßen wurde und amerikanische Soldaten mit Gewehren im Anschlag mit einem lauten „Hands-up" hereinstürmten. Ich hatte Angst, dass sie unsere Mutter und unsere beiden Tanten etwas antun, oder sie mitnehmen würden. Das wäre für uns Kinder das Allerschlimmste gewesen. Ohne unsere Mütter wären wir verloren. Die amerikanischen Soldaten durchsuchten das Bauernhaus von oben bis unten, anscheinend nach versteckten deutschen Soldaten. Was wäre gewesen wenn unter den Aufgestöberten auch unserer Vater gewesen wäre, von dem wir ja länger nichts mehr gehört hatten. Ich war heilfroh, als sie unverrichteter Dinge und ohne weiteres wieder abzogen.

Manchmal kam mir die Flucht sogar wie ein großes Abenteuer vor. Der eiskalte Winter neigte sich dem Ende zu. Wir waren immer noch auf Achse. Das Schlimmste war überstanden, die Zukunft aber ungewiss. Es gab kein Zurück mehr in unser Breslau und meine vertraute Umgebung. Unser Zuhause war verloren, wo würden wir landen?

Wir kamen aus einer Großstadt und unsere Mütter wollten wieder in eine größere Stadt. So spielte der Zufall Schicksal. Wir müssen mit unserem Leiterwagen auf der bergigen Landstraße im bayerischen Fichtelgebirge einen bedauernswerten Eindruck gemacht haben. Vor uns hielt ein amerikanischer Militärlastwagen. Ich traute meinen Augen nicht und war gehörig erschrocken: Aus dem Lastwagen kamen uns zwei Soldaten mit total schwarzem Gesicht entgegen. Wenn sie lachten, hatten sie ganz weiße Zähne und ihre Augen rollten zum Fürchten. Solche Menschen hatte ich noch nie gesehen. Ich verstand kein Wort. Zum Glück konnte meine Tante Gretel etwas Schulenglisch. Nach längerem Hin und Her sagte sie, dass die Soldaten in Ordnung seien und sie uns nach Nürnberg mitnehmen würden, wenn wir das wollten. Hurra, wir mussten nicht mehr laufen – meine Füße spürte ich ohnehin kaum noch. Die beiden Soldaten öffneten die hintere Klappe ihres leeren, offenen Lastwagens und halfen uns und unserer Großmutter hinauf. Unser Leiterwagen mit unseren Habseligkeiten hatte auch noch Platz. So saßen wir links und rechts auf den Bänken, wo sonst bestimmt die Soldaten sitzen, die sie in Nürnberg abholen wollten. Meine Tante sagte, dass es nach Nürnberg bestimmt noch 100 Kilometer weit sei und die Fahrt einige Zeit dauern würde. Zu Fuß hätten wir mit unserem Leiterwagen bestimmt weitere Wochen gebraucht. Was für ein Glück. Das ungewohnte Tempo auf dem Militärlaster war schwindelerregend, der nicht so kalte Fahrtwind des kommenden Frühjahrs aber war erträglich. Die Flucht war für mich jetzt wieder ein Abenteuer.

Dann kamen wir in Nürnberg an. Und wieder nervte ich meine Mutter mit meinen kindlichen Fragen, warum hier alle Häuser kaputt seien und ob das der Russe gewesen ist. Hier könne man ja gar nicht wohnen. Die hilfsbereiten amerikanischen Soldaten luden uns am Rathenauplatz ab, gaben uns Kindern noch jeweils einen Kaugummi und verabschiedeten sich mit ihren lachenden weißen Zähnen mit einem „Good-bye". Meine Tante konnte ihnen schnell noch ein „Thank you" nachrufen.

Der Krieg war zu Ende. Jetzt waren wir in einer Stadt angekommen die ähnlich groß wie unser Breslau war, aus der wir so beschwerlich geflüchtet waren. Im Nachhinein gesehen war es fast ein Wunder, mit welch traumwandlerischer Sicherheit uns diese tapferen Frauen wie meine Mutter, nach all den Wirrungen und Gefahren unversehrt nach Nürnberg gebracht haben. Trotz aller Ängste fühlten wir uns auch auf der Flucht bei unserer Mutter immer geborgen.

Ich glaube, dass mich dieser Lebensmut und das Durchhaltevermögen nachhaltig geprägt hat und mich darin bestärkte, bei Widrigkeiten nie aufzugeben. Es sollte mich nicht wundern, wenn mein hartnäckiges Verhalten für so manchem Zeitgenossen, der dies so nicht erlebt hatte, nicht nachvollziehbar war. Dies brachte jedoch auch mich immer wieder in Schwierigkeiten.

Aber was erwartete uns jetzt hier in Nürnberg? Um uns herum nur Ruinen. Nur ein gewaltiger mittelalterlicher Rundturm am Tor zur zerstörten Altstadt war stehengeblieben.

Foto: Hochbauamt Nürnberg
„Hunger, Staub und nächtliche Schreie" – so der Bericht der
„Nürnberger Nachrichten" über das 1945 zerstörte Nürnberg

Es wurde schon langsam Abend und wir waren hundemüde. Wir übernachteten so gut es ging im Keller einer Ruine unter freiem Himmel. Es war zum Glück trockenes Wetter. Wir waren nicht die einzigen Flüchtlinge. Wir hatten nichts zu essen und ich hatte großen Hunger. Am nächsten Morgen brachten uns zu unserer Freude hilfsbereite Nürnberger etwas zu essen.

Neue Heimat

Es erschien ein Offizieller der Stadt. Er erklärte uns, dass wir hier nicht bleiben könnten und bot uns zwei Quartiere an: Das sehr überbelegte Flüchtlingslager Schafhof oder ein halbleer stehender Luftschutzbunker in der Nähe des Lagers. Meine Mutter entschied sich für den Bunker. Wir machten uns mit unseren Habseligkeiten auf dem Leiterwagen und ich mit meinen ziemlich kaputten Schuhen auf den Weg zu dem am Rande der Stadt gelegenen Stadtteil Ziegelstein. Der Bunker, ein grauer Betonklotz, war ein richtiger Fremdkörper mitten in der idyllischen grünen Siedlung mit ihren heimeligen Einfamilienhäuschen, mit ihren gepflegten Vorgärten und den großzügigen Obstgärten. Dieser hässliche Betonbunker sollte also unsere neue Heimat werden? Als wir in den Bunker hineingingen, konnte ich, geblendet vom Tageslicht, erst überhaupt nichts erkennen. Es roch ziemlich muffig. Ich sagte meiner Mutter, dass ich hier wieder raus wolle. Sie beruhigte mich, dass ich mich schon noch daran gewöhnen würde und dass wir endlich einmal wieder ein Dach über dem Kopf hätten und an einem Ort bleiben könnten. Gleich hinter dem Eingang des Bunkers befand sich ein großer Saal, der sicherlich für eine größere Anzahl plötzlich hereinströmender Schutzsuchender bei Bombenangriffen vorgesehen war. In dem relativ schmalen Rundgang reihten sich Tür an Tür zahlreiche fensterlose kleine Kabinen. Wir bekamen jeweils für zwei Kinder eine Kabine mit Stockbetten zugeteilt. Es gab nur einen Waschraum mit Toiletten für alle Bunkerbewohner. Die Erwachsenen bekamen je eine Einzelkabine.

Wir waren eine der ersten Flüchtlinge. Aber nach wenigen Tagen war der Bunker voll belegt, mit Flüchtlingen wie wir aus dem Osten mit den unterschiedlichsten Dialekten und Mentalitäten. Wir bekamen alle Lebensmittelkarten, die nur für das Allernötigste reichten. Ich hatte manchmal ganz schön Hunger. Die meisten hatten keine Arbeit.

Bald blühte in dem Bunker ein lebhafter Schwarzhandel. Das Treiben wurde von den Behörden kritisch beobachtet. Immer wieder gab es rührende Wiedersehensszenen, wenn ein schon verschollen geglaubter Soldat seine Angehörigen hier im Keller wiederfand. Aber auch traurige Gewissheit, dass der Vater nicht mehr zurückkehren wird.

Wir hatten das Glück, dass ein viertel Jahr nach Kriegende unser eigener Vater plötzlich hier im Keller vor uns stand. Er hatte auf der Suche nach seiner Frau und seinen vier Kindern eine Fahrrad-Odyssee durch ganz Deutschland hinter sich, nachdem er aus amerikanischer Gefangenschaft ausgerissen war. Er hatte keine Ahnung, ob wir alle überhaupt noch lebten, wie es uns ergangen war und wo wir gelandet sein könnten. Aber er hatte die Hoffnung nie aufgegeben, uns wiederzusehen. Später erzählte er voller Stolz, dass er von den amerikanischen Militärs wegen seiner guten Englischkenntnisse sogar als Bürgermeister in einem größeren Ort eingesetzt wurde. Von seinem Ausbüchsen aus amerikanischer Gefangenschaft hatte er ihnen allerdings nichts erzählt, meinte er schelmisch.

So war mein Vater für mich, seinem inzwischen siebenjährigen Sohn mit gleichem Vornamen Hans, das große Vorbild. So wie er wollte ich auch mal werden. War dies auch ein Grund, warum ich später Stadtrat in Nürnberg werden sollte, für den er ja auch einmal kandidieren wollte?

Als ehemaliger Soldat war unser Vater jetzt mittel- und arbeitslos. Aber nicht untätig. Dass er gleich hier in Nürnberg eine Stelle als Hilfsarbeiter ausgerechnet in einer Schnapsfabrik bekam, sollte ein vorübergehender Glücksfall erweisen. Er bekam schnell mit, was sich hier im Bunker in Sachen Selbstversorgung mit Schwarzhandel tat und so konnte er als gelernter Kaufmann einiges für die Versorgung der ganzen Familie tun. Dabei kamen ihm wiederum seine Englischkenntnisse zugute. Es sprach sich bei den hier in der Fremde einsamen amerikanischen Soldaten schnell herum: Im Bunker war einiges geboten. Dort war es gesellig, wie sonst weit und breit nirgendwo in der Stadt in dieser schwierigen Nachkriegszeit. Bei den Tanzabenden im Keller konnte man mit hübschen „German Girls" flirten und tanzen.

Für mich, seinem musikalischen Sohn, erwarb mein Vater im Tausch gegen amerikanische Zigaretten eine kleine Knopf-Ziehharmonika. Schnell lernte ich darauf einige der Tanzschlager spielen, die ich an den geselligen Tanzabenden gehört hatte und ich war stolz, als ich auch schon mal mit ein paar Liedern zum Tanz aufspielen durfte.

Musiker zu werden, dass wäre doch etwas für mich! Ob mein Talent dafür gereicht hätte? Aber es sollte ganz anders kommen.

Es sprach sich bei den amerikanischen Soldaten schnell herum, dass man bei Hans, meinem Vater, guten Whiskey kaufen konnte, den er auf abenteuerliche Weise aus der Schnapsfabrik geschmuggelt hatte. Die GIs zahlten mit Zigaretten, der eigentlichen Währung jener Zeit, aber auch mit Schokolade und Milchpulver, die nicht nur bei uns Bunkerinsassen so begehrt waren. Auch sonst wurden die Amerikaner vor allem für uns Kinder immer sympathischer. Wir Flüchtlingskinder wurden von ihnen zu einer großen Weihnachtsfeier eingeladen. So etwas hatten wir noch nicht erlebt. Die große Halle mit den vielen Kindern, der hell erleuchtet buntgeschmückte riesige Weihnachtbaum, die heitere amerikanische Weihnachtsmusik, das köstliche Weihnachtsessen, die Weihnachtgeschenke die jeder von Kindern bekam. Für uns ein unvergessliches Erlebnis. Die Carepakete aus Amerika mit echtem Bohnenkaffeepulver für die Erwachsenen und die amerikanischen Süßigkeiten für uns Kinder, die es bei uns nicht gab, bestätigten uns: Amerika war das gelobte Land. Die Realität sollte mich später einholen.

Der Schwarzhandel im Bunker weitete sich aus. Es sprach sich auch im Stadtteil herum, dass man im Bunker so ziemlich alles an Lebensmitteln, vor allem aber die so begehrten amerikanischen Zigaretten bekommen konnte. Es gab Razzien. Wir Kinder hatten dann immer wieder einmal die verschiedensten Lebensmittel unter unseren Bettdecken versteckt. Einmal erschrak ich ganz schön, als ein Kontrolleur plötzlich die Tür meiner Kabine aufriss. Er hatte zum Glück gegenüber uns Kindern keinen Verdacht und sah auch nicht unter meine Bettdecke. Dort hätte er unter anderem gut verpackte Schweinshaxen und andere Lebensmittel entdeckt. Ich wusste schon, dass dies nicht in Ordnung war.

Doch eines Tages holten sie unseren Vater ab. Er musste wegen des Verdachts auf Schwarzhandel ins Untersuchungsgefängnis. Bei allen gemeinsamen Schicksalen gab es in der Bunkergemeinschaft jedoch auch Neid und Missgunst. Es stellte sich heraus, dass mein Vater ausgerechnet von der Familie meines Freunds Theo angezeigt worden war, dem ich ab und zu ein Stück von meiner schwarzgehandelten Schokolade abgegeben hatte. Ich konnte es gar nicht glauben.

Eine der Ursachen, warum ich meine Empfindlichkeiten gegenüber derartigen Enttäuschungen nie ablegen konnte und gegebenenfalls zu einem unangenehmen Zeitgenossen wurde?

Um einen guten Eindruck vor Gericht zu machen, liehen sich meine Eltern die besten Kleider von ihren inzwischen nahestehenden Bunkermitbewohnern aus und nahmen uns alle vier Kinder mit, um zu zeigen, dass sie alles nur für ihre Kinder getan hatten. Ich hatte ziemlich Angst, dass sie meinen Vater wieder einsperren würden. Der Richter hatte jedoch ein Einsehen, unser Vater war wieder frei. Ganz konnte mein Vater den Schwarzhandel jedoch nicht lassen, er war allerdings vorsichtiger.

Ich hielt es in dem Bunker ohne Tageslicht nicht lange aus, tobte bei Wind und Wetter mit den anderen Bunkerkindern im Freien herum – sehr zum Ärger der lärmempfindlichen Anwohner, die uns lästigen Fremdlingen dies auch immer wieder spüren ließen. So waren nicht alle Nürnberger. Für manchen Einheimischen waren wir jedoch, und somit auch ich, die Kinder der Bunkerinsassen und somit der asozialen Flüchtlinge.

Dies konnte ich kaum ertragen. Heute frage ich mich, wie sich eigentlich die vielen Menschen fühlen, die in ihrer noch viel größeren Not vor Krieg und Hunger ihre ferne Heimat verlassen mussten und nach großen Gefahren und Entbehrungen auf ihren weiten, beschwerlichen und gefährlichen Wegen bei uns, einer für sie fremden Gesellschaft gelandet sind. Was müssen sie empfinden, wenn sie Diskriminierungen und sogar persönlichen Angriffen ausgesetzt sind? Für mich, auch aus eigener Erfahrung unerträglich.

Später wurde mir klar, dass dies nicht nur eine moralische, sondern vor allem eine politische Frage ist. Wer zieht denn diejenigen zur Rechenschaft und stoppt sie, die zur Durchsetzung ihrer Interessen rücksichtslos Krieg und Hunger nicht nur in Kauf nehmen, sondern die Verursacher des weltweiten Flüchtlingselends sind?

Mein ziemlich weiter Fußweg vom Bunker durch die Grüne Vorstadt, zur Schule im Flüchtlingslager Schafhof, in der nur wir Flüchtlingskinder unterrichtet wurden, war für mich jedes Mal ein Weg durch eine andere, heile Welt heimelicher Einfamilienhäuser mit ihren schönen Gärten.

Wir Flüchtlingskinder waren immer nur unter uns und hatten kaum Kontakt mit gleichaltrigen Nürnberger Kindern. Zudem sprachen wir auch noch einen anderen Dialekt. Ich beneidete die einheimischen Kinder, hätte allzu gerne zu ihnen gehört und mit ihnen in ihren schönen Gärten gespielt. Für mich war das damals aber alles unerreichbar – war ich doch nur eines der minderwertigen Flüchtlingskinder

Unsere Neue Heimat ? Meine Familie vor dem Bunker

Und dann kam der plötzliche Umzug in das unbekannte Flüchtlingslager in Langwasser. Unsere auf der Flucht ebenso tapfere Tante Liesel war ja schon mit ihren beiden kleinen Kindern nach Naumburg an der Saale gezogen – zu ihrem Mann, der wie mein Vater aus dem Krieg zurückgekehrt war. Dies hatte zur Folge dass wir uns trauriger weise nach der Gründung beider deutscher Staaten nicht mehr so schnell wiedersehen konnten.

Unsere kleine Schwester Sabine wurde immer blasser. Sie war noch zu klein, um mit uns im Freien herumzutoben. Sie bekam im Bunker zu wenig Tageslicht und es bestand nach ärztlicher Meinung die Gefahr einer zunehmenden Rachitis. Unsere Mutter, die doch alles getan hatte, dass wir die Flucht heil überstanden, drängte. Vier Jahre fensterloser Bunker sind genug, vor allem für ihre kleine Sabine, wir mussten hier raus. Der Schwarzhandel war nicht das Wichtigste.

Unsere und meine nächste Heimat, das Flüchtlingslagers in Langwasser war ganz schön weit entfernt, am Rande der Stadt gelegen. Uns allen war nicht bewusst, dass wir auf dem ehemaligen Gefangenenlager russischer Zwangsarbeiter der Nazis angesiedelt wurden. Man entfernte nach und nach die Stacheldrahtrollen rund um das riesige Lager. Aber immer wieder einmal traten wir barfußlaufende Kinder in Stacheldrahtreste.

Die Baracken der Kriegsgefangenen wurden abgerissen und man zimmerte für uns tausende von Flüchtlingen neue Baracken in ähnlicher Anordnung wie im ehemaligen Kriegsgefangenenlager. In jeder dieser langgestreckten Baracken gab es Eingänge zu drei kleineren Wohnungen. Auf dem gemeinsamen Flur gab es lediglich einen Wasserhahn. Es waren auch nur Gemeinschaftstoiletten für alle drei Wohnungen vorhanden – kein Badezimmer, nur eine selbstbesorgte Badewanne für alle. Ein Kohleofen, für die unzureichende Heizung der ganzen Wohnung in der Küche. Das alles war nicht gerade komfortabel, aber unsere sechsköpfige Familie hatte nun immerhin eine eigene abgeschlossene Wohnung, mit einem Wohnzimmer aber nur einem Schlafzimmer für alle. Wir hatten auch endlich wieder Fenster und Licht, Luft und Sonne und hinten hinaus sogar einen Streifen Garten, wo wir dann etwas Gemüse anbauen konnten. In der kalten Jahreszeit sehnte ich mich jedoch manchmal von der kalten Baracke wieder in unseren warmen Bunker zurück, denn auch das Schlafzimmer war unbeheizt und ich fror manchmal selbst unter meiner Bettdecke, wie einst auf der Flucht.

Foto: Gerardi
So sah, nach einem Bericht im „Nürnberger Stadtanzeiger" für viele Menschen nach der Zerstörung Nürnbergs ihre Unterkunft aus. Auch für uns Flüchtlinge. War dies jetzt endgültig unsere zukünftige neue Heimat?

Man richtet sich jedoch so gut es ging in dem Flüchtlingslager ein, wählte Vertrauensleute. Es gab eine Schulbaracke, einen von geschäftstüchtigen Flüchtlingen betriebenen Tante Emma-Laden, einen Frisör. Es wurden Kinderfeste und Fahrradkorsos für uns Kinder organisiert.

Ich war stolz aber ganz schön aufgeregt, als ich bei einem Fest auf einer Bühne vor vielen Zuschauern eine Tanzgruppe mit meiner Ziehharmonika begleiten durfte.

Schon als junger Harmonikaspieler mein Traum: Ich wäre so gern Musiker geworden. Es sollte jedoch anders kommen

Wir Kinder halfen mit, aus einer brachliegenden Wiese einen großen Fußballplatz mit richtigen Toren herzurichten. Man gründete einen Sportverein. Ich wurde Mitglied, und für uns Jungs war nun der erste Weg nach der Schule der zum Fußballplatz. Das war mir oft wichtiger als zu lernen. Ich war einer der kleinsten, dafür aber einer schnellsten und ehrgeizigsten in unserer Fußball-Schülermannschaft, hatte aber ein etwas eigenartiges Solidaritätsverhalten. So weigerte ich mich, sehr zur Verwunderung unseres Trainers, gegen eine Mannschaft des Schafhoflagers zu spielen, weil dort ehemalige Klassenkameraden aus unserer Bunkerzeit mitspielten. Ich wollte nicht, dass sie meine Gegner würden, sie waren doch meine Freunde.

Da ich in den Augen meines Trainers anscheinend talentiert war, wollte er mich bei dem für mich übergroßen Verein, dem 1. FC Nürnberg, anmelden. Als er merkte, dass ich Angst davor hatte, ließ er sich etwas einfallen. Da wir uns keine richtigen Fußballschuhe leisten konnten, wollte er mir ein Paar kaufen.

40

Im Geschäft in der fremden großen Stadt, beim berühmten Max Morlock, rutschte mir förmlich das Herz in die Hosentasche. Das Flüchtlingskind aus dem Flüchtlingslager beim großen Max Morlock? Für mich undenkbar. „Du musst doch da nicht allein hin, ich komme doch mit und es ist gar nicht sicher, ob Max Morlock dann gerade in seinem Sportgeschäft ist", beruhigte mich mein Trainer. Ich war sehr aufgeregt und Max Morlock war dann doch persönlich da. Er gab mir freundlich die Hand und fragte mich nach meiner Schuhgröße. Nach kurzer Zeit kam er mit zwei Kartons wieder und sagte auf typisch fränkisch: „Einer wird scho passen." Gleich das erste Paar passte wie angegossen. Ich sollte noch hin und her laufen. Am liebsten hätte ich sie gleich angelassen. „War es schlimm?", fragte mich danach mein Trainer. Er drängte mich aber nicht mehr zum Vereinsbeitritt beim „Club". Erzählt habe ich ihm aber nicht, dass ich im Traum schon mal beim Club in der ersten Mannschaft mitgespielt habe, dass ich aber wegen meines großen Lampenfiebers nicht gut war. Ich blieb bei meiner vertrauten Fußballmannschaft im Flüchtlingslager Langwasser.

Auch meine große Schwester Fee war ziemlich sportlich, spielte ganz gut Handball in der Mädchenmannschaft. Denn es war damals völlig undenkbar, dass Mädchen auch Fußball spielen können.

Später gab es auch in der größten Baracke ein Kino, in das wir Kinder uns ab und zu einmal hereinschleichen konnten – wir hatten ja kein Eintrittsgeld.

Zurückblickend waren wir alle, auch wir Kinder, nach und nach ganz selbstverständlich ein Teil einer einmaligen selbstgestalteten wachsenden Gemeinschaft am Rande der großen Stadt.

Auch für mich im Nachhinein eine einmalige gemeinschaftliche Erfahrung, die ich erst viel später ähnlich in einem Betrieb als Betriebsrats-Vorsitzender erleben sollte.

Jedoch, auch im Flüchtlingslager Langwasser waren wir Flüchtlinge meist nur unter uns und dies bekam ich auch, bei den wenigen Kontakten, die ich mit Einheimischen hatte, immer wieder einmal ziemlich von oben herab zu spüren, dass wir nicht zu ihnen gehörten.

Mit der Rolle des minderwertigen Flüchtlingskinds und Außenseiters konnte und wollte ich mich jedoch niemals abfinden.

Neben unserem nach und nach vertrauten Flüchtlingslager lag, nur durch eine schmale Straße getrennt, für uns Kinder das angstmachende, so fremde Valka-Lager. Man verbot uns, dort hineinzugehen. Dort sprach man kaum Deutsch. In den heruntergekommen Baracken hausten ehemalige russische Zwangsarbeiter, die die Tortur des Naziregimes überlebt hatten, und auch manch andere, in den Kriegswirren versprengte Menschen aus osteuropäischen Ländern.

Absurderweise waren die Vorurteile in unserem Lager gegenüber diesen bedauernswerten Menschen, denen es offensichtlich schlechter ging als uns, mindestens so groß wie die Vorurteile, die wir Flüchtlinge selbst von Einheimischen zu spüren bekamen. Für mich ist heute noch die Frage zu beantworten, was die eigentlichen Gründe für diese Abneigung und Angst gegen alles Fremde und Andersartige sind. Und man fragt sich, warum auch heutzutage noch und zunehmend, das Deutschnationale gegenüber Anderen das Wertvollere sein soll, gerade nach unserer unseligen jüngsten Vergangenheit.

Wir Kinder waren in unsere Freizeit ziemlich allein auf uns gestellt, waren neugierig und erkundeten streunend unser weiteres Umfeld des riesigen Aufmarschgeländes des gerade zu Ende gegangenen tausendjährigen Reiches. Wenn das unsere Eltern wüssten. Wir bestiegen leichtsinnigerweise die ungesicherten gewaltigen Ecktürme, die dieses riesige Aufmarschgelände einsäumten. Sie wurden später alle gesprengt, um Wohnhäuser zu bauen.

Bestimmt wussten die meisten unser erwachsenen Flüchtlinge nicht, in welch einem belasteten Stadtteil sie sich befanden. Es wollte ja niemand zurückblicken. Sie hatten genug damit zu tun, wieder Fuß zu fassen. Aber wenn sie von ihrem nahegelegenen Bahnhof Märzfeld in die Stadt fuhren, war das der Bahnhof, von dem aus tausende Nürnberger Juden in die KZs und in den Tod geschickt wurden. Hier kamen die Zwangsarbeiter an, die in unserem Lager schon vor uns sowie im danebenliegenden Valka-Lager massenhaft eingesperrt und zu unmenschlicher, oft tödlicher Zwangsarbeit gezwungen wurden. Hier an diesem Bahnhof kamen auch die hunderttausende an, die dann ihrem Führer mit hochgestrecktem Arm, dem Hitlergruß, auf dem riesigen Aufmarschgelände zujubelten. Wenn wir ins Freibad liefen waren wir auf der nicht enden wollenden breiten Aufmarschstraße der Nazis unterwegs, die jetzt sinnvollerweise als Parkplatz für Volksfeste genutzt wird.

Als wir Jungs nach einem Motoradrennen voller Neugier auf den Vorbau der überdimensionalen Steintribüne hinauf gegangen waren, einem größenwahnsinnigen Relikt aus dem tausendjährigen Reich, auf der gerade noch tausende Zuschauer dem Motorradrennen zugesehen hatten, fragte uns ein älterer Mann, ob wir wüssten, wer denn hier, an dieser Stelle wo wir jetzt stehen, schon gestanden habe, dem so viele Menschen vor kurzem so begeistert zugejubelt haben? Das wussten wir natürlich nicht. „Na, der Adolf", sagte er ehrfurchtsvoll. Ja, den habe ich schon mal gesehen, erinnerte ich mich schwach. Das war doch bestimmt der Adolf, den wir mit unserer Mutter von unserem Wohnzimmerfenster in Breslau in seinem offenen Auto gesehen haben und der damals seine Hand so gehalten hatte, dass man einen Teller drauf stellen konnte. „Leider ist Adolf jetzt tot. Das hier hat er alles aufgebaut", erklärte der alte Mann und zeigte mit einer ausladenden Armbewegung auf das riesige Aufmarschgelände, bevor er dann ziemlich resigniert die Stufen hinab ging. Wir hatten keine Ahnung, dass es solche Menschen wie er waren, die dem Adolf so zugejubelt haben und die mit Schuld daran hatten, dass wir keine richtige Heimat mehr haben.

Als ich Jahrzehnte danach mit meiner 8-jährigen Enkelin Livia wieder einmal zu dieser gewaltigen, historisch belasteten Steintribüne fuhr, um mit Ihr, auf der gut asphaltierten Straße das Fahren mit ihren Rollerblaids üben, fragte ich sie, ob sie Lust habe, mit mir auf das gut sichtbare Podest hinaufzugehen. Auf ihre Gegenfrage „warum" erzählte ich ihr, dass ich, ihr Opa, als Schüler schon einmal dort oben stand, wo Adolf Hitler zu vielen Tausenden Mitläufern gesprochen und sie für den Krieg aufgehetzt hatte. Ich erzählte Livia auch von dem alten Mann, der uns hier als ich noch ein Schüler war angesprochen hatte, und der anscheinend immer noch dem Verbrecher Adolf Hitler nachtrauerte. Livia und ich standen dann da oben. So weiß jetzt auch meine Enkelin, warum ihr Opa ein Flüchtlingskind war.

Die Erwachsenen mussten in der Stadt Geld verdienen. Da bekam niemand etwas geschenkt. Meine Mutter und ihre jüngere Schwester gingen zu amerikanischen Soldatenfamilien zum Putzen. Dazu war ihnen kein Weg zu weit. Mangels Fahrgeld fuhr meine Mutter mit einem alten Fahrrad 20 Kilometer bis nach Fürth und nach getaner Arbeit den weiten Weg wieder zurück. Wir Kinder hatten keine Ahnung, welche Anstrengung sie sich zugemutet hatte, um unsere sechsköpfige Familie zu versorgen. Wir warteten schon ungeduldig auf ihre Rückkehr und wir konnten uns mit dem Geld, das sie gerade verdient hatte, beim Tante Emma-Laden einen Frankfurter Kranzkuchen kaufen, auf den wir uns schon den ganzen Tag gefreut hatten.

Unser Vater war von seiner Schicht als Hilfsarbeiter noch nicht zurück. Er arbeitete nicht mehr in der Schnapsfabrik. Mit dem Schwarzhandel war es nach dem Umzug nach Langwasser vorbei. Immer, wenn ihn jemand fragte, wo er jetzt arbeite, antwortete er scherzhaft: „Wer Vater und Mutter nicht ehrt, arbeitet in der Schraubenfabrik Tafel."

Ich wurde in dem Flüchtlingslager zunehmend heimisch. Die Schule war für mich lediglich nur eine, wenn auch selbstverständliche Plicht. In der, mit mehreren Altersjahrgängen zusammengesetzten Klasse lernte ich bei unserem Lehrer Hahn immerhin Schreiben und Lesen, viel mehr jedoch nicht. Wir mochten ihn, weil er immer wieder von seinen Erlebnissen als Soldat erzählte. Dann mussten wir nicht so viel lernen. Das war anscheinend der Grund, warum er so ungewohnt nervös war, als unangemeldet Schulprüfer aus der Stadt in unserer Klasse erschienen und wissen wollten, was wir bei ihm gelernt hatten.

Eines Tages fragte er uns, ob jemand von uns wüsste, wer seine Wasserrohre aus seinem Garten neben der Schule gestohlen hatte. Ich meldete mich mit schlechtem Gewissen. Ich erzählte ihm, dass wir einem fremden Mann aus Nürnberg geholfen hatten, die Rohre zu tragen, die er, wie er uns sagte, gerade gekauft hatte. Die schweren, armdicken, meterlangen Rohre konnte er nicht alleine tragen. Er hatte mir und meinen drei Klassenkameraden ein paar Mark versprochen, die wir als Eintrittsgeld für die nächste Kinovorstellung gut gebrauchen konnten. Wir wunderten uns zwar, dass er seinen Lastwagen so weit weg von Lehrer Hahns Garten am Waldrand abgestellt hatte, aber das versprochene Geld, das er uns geben wollte, war uns im Moment wichtiger. Nach dem wir ihm geholfen hatten, die Rohre auf seinem Lastwagen zu transportieren, fuhr der fremde Mann zu unserer Verblüffung einfach mit seiner Fracht davon, ohne sein Versprechen einzuhalten. Wir hatten keine andere Wahl unsere Schandtat Lehrer Hahn zu beichten, denn Verschweigen hatte keinen Sinn – die anderen Schüler hatten uns ja gesehen. Unser nicht besonders strenger Lehrer Hahn war ziemlich verärgert, aber zum Glück nicht nur über uns, sondern vor allem über den unverschämten Mann, der uns gutgläubige Flüchtlingskinder so schamlos ausgenutzt und belogen hatte. Lehrer Hahn war ja selbst ein Flüchtling. Als er fragte, woher er jetzt neue Rohre bekomme, die er dringend für die Bewässerung seines Gartens benötigte, schämte ich mich umso mehr, weil wir den Schaden für unseren Lehrer nicht mehr gut machen konnten.

Für mich war dieses Ohnmachtsgefühl unerträglich. Ich nahm mir vor, nicht mehr alles zu glauben, um dieses Gefühl nicht noch einmal zu erleben.

Die jahrelange, für uns Kinder unbeschwerte Zeit in dem Flüchtlingslager Langwasser ging unmerklich dem Ende entgegen. Die Verbindungen zu der großen fremden Stadt Nürnberg nahmen zu. Immer mehr Flüchtlinge suchten und fanden Arbeit in der Stadt. Die älteren begabteren Schüler fuhren in weiterführende Schulen, ebenfalls in die Stadt.

Ich aber hatte ein traumatisches Erlebnis. Mein Lehrer Hahn empfahl meiner Mutter, mich ebenfalls in einer weiterführenden Schule in der Stadt anzumelden, was sie auch tat. Ich musste zu einer Aufnahmeprüfung. Für mich als minderwertiges Flüchtlingskind war das ein Horror. Die Fahrt mit der Mutter in die große fremde Stadt, das Angst einflößende riesige Schulgebäude mit den vielen Gängen, die vielen fremden

Kinder mit ihrer komischen fränkischen Sprache, die Prüfer, die uns gleich die Fragebögen austeilten und uns streng ermahnten, ja nicht abzuschreiben. Das alles war zu viel für mich. Ich war wie erstarrt und wollte einfach nur wieder in unser vertrautes Flüchtlingslager. Mein Aufgabenblatt gab ich dann halb leer ab. Ich war froh, aber meine Mutter war natürlich ziemlich enttäuscht, als in dem Brief stand, dass ich leider nicht berücksichtigt werden konnte.

Als sich dann mein letztes Schuljahr im Flüchtlingslager dem Ende zuneigte, empfahl man uns ein neuntes Schuljahr in der Stadt dranzuhängen, denn die Aussicht auf eine der raren Lehrstellen wäre gering. Ein Jahr lang fuhr ich dann von dem so belasteten Bahnhof Märzfeld mit dem Zug zum Hauptbahnhof und weiter mit der Straßenbahn durch die halbe Stadt zur Amberger Schule, im ziemlich entfernten Stadtteil Schweinau. So wurde mir die Stadt immer vertrauter. Beim Warten am Hauptbahnhof auf unseren Zug nach Langwasser bestaunte und beneidete ich, oft mit hungrigem Magen, wie sich Fahrgäste der Fernzüge bei dem fahrbaren Kiosk mit warmen Würstchen und Getränken bei ihrem Zwischenaufenthalt versorgten.

Dieser Luxus stand mir als Flüchtlingskind selbstverständlich nicht zu. Ich hatte ja überhaupt kein Geld. Diese Komplexe des zu kurz gekommenen Flüchtlingskinds, gegen die ich ankämpfte, holten mich immer wieder einmal ein. Meinen beiden jüngeren Schwestern gelang es bis heute nicht, obwohl sie zunehmend Fuß fassten, sich endgültig davon zu befreien.

Mein Onkel Erich, ebenso ein ehemaliger Soldat wie mein Vater, und der Ehemann von Tante Gretel, die mit uns zusammen geflüchtet war, hielt sich und seine junge Familie als Anstreicher über Wasser. Er träumte jedoch von einem Büroberuf. Er meinte es gut mit mir, also sollte ich Technischer Zeichner werden. Die trugen ja weiße Kittel, ohne sich die Hände schmutzig zu machen und ohne sich körperlich so abplagen zu müssen wie er. Ich selbst wurde nicht gefragt. Meinen Wunsch, Musiker zu werden, traute ich mich gar nicht erst auszusprechen. Auch für mich eine undenkbare Utopie.

Also ging ich, ohne zu wissen, was mich erwartete, zum Arbeitsamt, bekam Adressen von größeren und kleinen Maschinenfabriken mit dem Hinweis, dass es viel zu viele Bewerber gäbe und man wünschte mir viel Glück. Ich war ganz allein auf mich gestellt. Mein Vater und meine Mutter mussten ja arbeiten. Mit großen Hemmungen des Flüchtlingskinds fuhr ich in die mir völlig fremden Stadtteile und suchte die Fabriken, in denen ich mich bewerben sollte. Ich hatte noch nie eine Maschinenfabrik gesehen. In solch düstere Gebäude sollte ich hinein? Für mich war das unvorstellbar. So war ich eigentlich nicht unglücklich, wenn ich immer wieder die gleiche Absage bekam, dass die Lehrstelle schon vergeben wäre. Mir war es dann auch schon egal, ob ich die Absage vielleicht deshalb bekam, weil man schon an meiner Aussprache erkannte, dass ich ein Flüchtlingskind war. Ich war immer wieder froh, endlich daheim in unserem Flüchtlingslager zu sein.

Meine Mutter merkte, wie unglücklich ich war, machte mir aber Mut, und meinte wieder einmal, dass man sich an alles gewöhnen könne und ich solle mich nicht entmutigen lassen, einmal wird's schon klappen.

Also machte ich mich ziemlich unmotiviert und ziemlich ängstlich immer wieder auf den Weg. Diesmal in die Frankenstraße zu einer Turbinenfabrik. Der Pförtner erklärte mir, wo das Chefbüro ist. Ich klopfte zaghaft an. Nach einem lauten Herein blaffte mich der anscheinend schlechtgelaunte herrische Chef mit einem „was willst du" an und er räusperte sich so lautstark, dass ich richtig erschrak. Ich stotterte, dass mich das Arbeitsamt wegen einer Lehrstelle als Technischer Zeichner hierher geschickt hatte. Wo kommst du her, fragte er mich barsch, und ich merkte, dass er gar nicht fränkisch sprach, sondern fast so wie ich. Ich sagte ihm nicht, dass ich aus dem Flüchtlingslager in Langwasser kam, sondern aus Breslau stamme. Zu meiner Überraschung sagte er ohne Umschweife, dass ich morgen vorbei kommen solle. Mein Ausbilder werde mir dann alles erklären. Ich könne dann anfangen. Ich wusste gar nicht, wie mir geschah. Hier, in dieser neu erbauten Fabrik würde es mir schon eher gefallen, als in den alten düsteren Fabriken, bei denen ich glücklicherweise nicht genommen wurde.

Ich konnte nicht ahnen was da Dramatisches auf mich, aber auch auf meinen zukünftigen Chef, alles zukommen sollte. Meine Eltern waren erleichtert. Mir jedoch wurde klar, es war vorbei mit meiner freien, unbeschwerten, Schülerzeit.

Dann veränderte sich nochmal alles. In dem zerbombten Nürnberg wurden mit Hochdruck Häuser gebaut. Kinderreichen, provisorisch untergebrachten Familien, wie wir aus dem Flüchtlingslager Langwasser, wurden bevorzugt Sozialwohnungen in der Stadt angeboten.

Ehe wir uns versahen, zogen wir, die sechsköpfige Familie, in eine kleine Dreizimmerwohnung mit Balkon in der Südstadt. Mit dabei war unser geliebter Hund Lumpi, eine Promenadenmischung abstammend von einem hellen finnischen Schäferhund.

Jetzt war es tatsächlich endgültig vorbei mit unserem freien Leben, vor allem für uns Kinder aus dem Flüchtlingslager am Rande der Stadt. Vorbei war es mit der erlebten Zusammengehörigkeit von uns Außenseitern, den Flüchtlingen.

In der neuen Umgebung in der großen Stadt fühlte ich mich total fremd. Waren wir jetzt, so viele Jahre nach unserer Flucht, in Nürnberg wirklich angekommen? Welchen Platz würden wir, jeder von uns vier Geschwistern, in unserer neuen Heimat Nürnberg einnehmen können? Wir waren ja mittellos und von uns würde bestimmt keiner etwas geschenkt bekommen.

Ungeliebter Beruf

Technischer Zeichner und Technik, wie es mein Onkel vorschlug – das war nicht gerade mein Traum. Eigentlich bin ich eher gesellig und musisch veranlagt. Aber wer konnte es sich schon aussuchen, in diesen problematischen Nachkriegszeiten, sich nach seinen Neigungen und Fähigkeiten zu entwickeln und zu verwirklichen? Wir alle nicht, ich nicht, meine Schwestern auch nicht. Man musste sich dort, wo man zufälligerweise gelandet war, anstrengen und bewähren, um anerkannt zu werden. Aber glücklich wurden meine beiden Schwestern mit ihren kaufmännischen Berufen auch nicht.

Sie gaben aber, ganz wie unsere Mutter, nie auf. Am schlechtesten ging es unserer kleinsten Schwester Sabine. Sie hatte eine Lehrstelle als Frisöse bekommen, musste in diesem kleinen Laden vom ersten Tag an gleich voll mitarbeiten, so als wenn sie die Ausbildung bereits abgeschlossen hätte. Ihr autoritärer Chef ließ ihr nichts durchgehen und war unerträglich. Er ließ durchblicken, Rücksicht auf seinen Lehrling war nicht nötig, Sabine war ja nur ein Flüchtlingskind und sie sollte froh sein, das er sie überhaupt genommen hatte.

Wir alle, die ganze Familie litt mit ihr. Wir hatten jedoch für unsere Sabine keine andere Wahl und mussten es hinnehmen. Auch diese Ohnmacht war für mich ein weiteres Schlüsselerlebnis. Nein, mit der Rolle des Flüchtlingskinds und Außenseiters werde ich mich niemals abfinden. Ganz nach meiner Mutter: Ungerechtigkeiten mussten wir als Flüchtlinge zwar immer wieder einmal hinnehmen, aber dann war mit mir zunehmend nicht gut Kirschenessen. Dazu war mein Gerechtigkeitsempfinden zu stark ausgeprägt. So sagte man mir später nach, auch bei meinen politischen Aktivitäten ein hartnäckiger, aber auch unbequemer Kämpfer zu sein.

Wahrscheinlich hätte ich jeden anderen Beruf gleichermaßen ausgefüllt. Der weiße Kittel, den mein Onkel so gerne mit seiner Malerkluft getauscht hätte, war ziemlich mir egal. Technik war wirklich nicht mein Ding. Ich war eigentlich immer auf der Suche nach Möglichkeiten, die mir eher entsprachen.

Jetzt war ich jedoch erst einmal der Technische Zeichner-Lehrling in der nach dem Krieg neu gebauten Turbinenfabrik. Die ansehnliche Fabrik war wie auf einer Insel zwischen zwei parallelen Straßen gebaut – 100 Meter breit und einige 100 Meter lang. In der weithin sichtbaren zweistöckigen Fensterfront der Fabrik vor einem großen Parkplatz war das Konstruktionsbüro untergebracht, in dem ich dann so viele Jahre zubringen sollte. Dahinter waren mehrere Werkstatthallen, mit denen ich überraschenderweise auch noch Bekanntschaft machen sollte. Mein zukünftiger Ausbilder holte mich morgens um acht Uhr beim Pförtner ab. Wir gingen durch den schmalen Mittelgang bis ans Ende des langgestreckten Zeichensaals. Links und rechts des Ganges waren dicht gedrängt jeweils in Zweierreihen die mannshohen Zeichenmaschinen zu sehen, an denen Angestellte mit ihren weißen Kitteln zeichneten. Es war gespenstisch still, bis auf unsere Schritte war nichts zu hören. Wir waren an meinem zukünftigen Ausbildungsplatz am hinteren Ende des Ganges angekommen. Insgesamt waren wir sechs ziemlich eingeschüchterte Lehrlinge, darunter zwei Mädchen, in die ich mich im Laufe der Zeit verknallte. Aber ich traute mich nicht dies zu zeigen. Unsere Plätze waren genauso angeordnet wie alle Gruppen in diesem vollbelegten Raum. Hinter dem Büro unseres Ausbilders hatte jeder von uns eine mannshohe Zeichenmaschine und auch einen Schreibtisch. Mein Ausbildungsplatz war gleich hinter dem Büro unseres Ausbilders, der uns sechs Lehrlinge durch die Glasscheiben jederzeit im Blick hatte. Am liebsten wäre ich sofort wieder nach Hause gegangen und nicht wiedergekommen. Welch' ein Unterschied zu meinem vormaligen freien Leben in unserem Flüchtlingslager.

In einem Gefängnis kann es kaum schlimmer sein. Doch ich erinnerte mich gleich wieder an die Worte meiner Mutter, dass man sich an alles gewöhnen könne und dass man nie aufgeben sollte. So war ich ein gelehriger und williger Lehrling. Und es hat ja im Leben alles zwei Seiten.

Ich lernte, Technische Zeichnungen in drei Ansichten akribisch zu erstellen, präzise zu berechnen und genau zu sein. Bei einander passenden Turbinenteilen ging es um hundertstel Millimeter und Fehler durfte man nicht machen, sonst waren die nach unseren Zeichnungen maschinell gefertigten Turbinenmetallteile nur noch Schrott. Es war sicherlich nicht zu meinem Schaden, dass ich neben meiner musischen Seite mein logisches Denken entwickelte.

Dann holte mich aber noch eine ganz andere Wirklichkeit ein. Ich wusste nicht, dass zu der Ausbildung als Technischer Zeichner auch ein Jahr praktische Ausbildung als Maschinenbauer in der Werkstatt gehört. Also tauschte ich meinen weißen Kittel ein ganzes Jahr lang gegen einen Blaumann ein. Für mich war die Werkstatt mit den zahlreichen Arbeitern und Maschinen anfangs ein fremder und eher angstmachender Ort, aus dem ich am liebsten geflüchtet wäre. Doch ich lernte trotz aller Abneigung allmählich den Umgang damit. Es war auch für mein späteres politisches Wirken eine unverzichtbare Erfahrung: Ich lernte das harte Brot der rustikalen Arbeiter kennen, die nach den Zeichnungen die vielen komplizierten Metallelemente herstellten und zu funktionierenden Turbinen montierten. Davor hatte ich großen Respekt und danach den ständigen Geruch des Maschinenöls in Erinnerung.

Ich lernte das rauere aber auch solidarische Verhalten der gewerkschaftlich organisierten Arbeiter hautnah kennen und schätzen, obwohl dies eigentlich, als eher romantisch veranlagter Mensch, nicht wirklich meine Welt war.

Bei der Gesellenprüfung waren meine Ängste des Flüchtlingskinds wieder da, die ich nie wirklich gänzlich ablegen konnte, nämlich den Ansprüchen nicht zu genügen.

Ich bestand die Prüfungen. Allerdings zur Enttäuschung meines mir nahestehenden Ausbildungsleiters mit nur durchschnittlichen Noten. Er hatte von mir mehr erwartet. Er kannte zwar meine Flüchtlingsgeschichte, konnte aber wahrscheinlich nicht nachvollziehen, wie es mir wirklich ging und welche Hemmungen ich hatte. Mein Ausbildungsleiter zog mich auch manchmal auf wegen meiner Ausdrücke, die im Fränkischen nicht üblich waren.

Er erzählte mir, dass er Mitglied der Naturhistorischen Gesellschaft war, schätzte mein Interesse über die Technik hinaus, er ahnte aber nicht, dass ich mich in eine gesellschaftspolitische Richtung entwickelte, mit erheblichen Konsequenzen auch für den Betrieb.

Nach meiner bestandenen Gesellenprüfung hatte ich das Pech, ausgerechnet der Gruppe mit dem strengsten Vorgesetzten als Technischer Zeichner zugeteilt zu werden. Man konnte es sich nicht aussuchen. Ich hatte wenigstens das Glück, dass mein Arbeitsplatz als letzter im Glied seiner zwölf Untergebenen ganz hinten war, zum Glück weit weg von seinem Büro, von dessen Fenstern aus er alle im Blick hatte. Natürlich hatte ich keinen Fensterplatz. Der stand mir als Neuling nicht zu.

Ich hatte jedoch wie alle anderen auch eine mannshohe Zeichenmaschine und einen eigenen Schreibtisch. Alles war streng hierarchisch geregelt. Die vorderen Arbeitsplätze an seinem Büro waren mit den Konstrukteuren und Ingenieuren je nach Alter nach vorne in Richtung des Chefbüros belegt. Danach kamen die Detailkonstrukteure, meist mit einem Abschluss als Maschinenbautechniker. Danach wir Technische Zeichner. Als Frischling war ich selbstverständlich das allerletzte Glied in der Reihe. Wir Technische Zeichner hatten die Aufgabe, die Entwürfe der Konstrukteure und Detailkonstrukteure abzuzeichnen und die exakten Bearbeitungszeichnungen für die Werkstadt anzufertigen, so wie wir dies in unserer dreijährigen Ausbildung gelernt hatten. Bei den strengen Kontrollen unserer Zeichnungen gab es so manchen Ärger und Schikanen, unter dem Motto „Der Ober sticht den Unter"

Mit meiner Rolle als Nachzeichner der manchmal von oben herabblickenden Konstrukteure und Ingenieure wollte ich mich auf Dauer nicht zufrieden geben. Jedoch der Zug zum Ingenieur, auf die ich mit großem Respekt hinauf blickte, war für mich längst abgefahren.

Wäre mir, wenn ich kein Flüchtlingskind gewesen wäre, dieser Weg möglich gewesen? Da hatte ich erhebliche Selbstzweifel. Warum hatte ich so große Angst, in Prüfungen zu versagen? Wie ging es eigentlich den Ingenieuren, die wie auch immer ihren Abschluss geschafft hatten, wofür ich sie sehr beneidete? Lag dies vielleicht nicht nur an meinen Minderwertigkeitskomplexen des Flüchtlingskinds, sondern gar an mangelnder Intelligenz? Oder gibt es andere Erklärungen? Wieso gelang es mir nicht, bei den Prüfungen das zu zeigen, was ich vorher noch konnte? Warum versagte ich total, wenn ich mir nicht ganz sicher war, und warum konnte ich mich in schwierigeren Prüfungen nicht zumindest normal entfalten? Da half mir die Erklärung gutmeinender Freunde auch nicht weiter, die lapidar meinten, ich hätte halt, wie so manch anderer auch, einfach nur Prüfungsängste. Damit konnte und wollte ich mich nicht zufrieden geben, denn diese ungelösten Probleme sollten mich ständig begleiten.

Jetzt musste ich mich aber erst einmal als Technischer Zeichner bewähren. Eine Ausbildung zum Techniker wollte ich aber auf jeden Fall noch angehen – trotz aller Prüfungsängste

Episode Bundeswehr

Da flatterte mir der Einberufungsbescheid der Bundeswehr ins Haus. Ich war nicht sonderlich überrascht, denn damit musste jeder in meinem Alter rechnen. Für mich war das, im Gegensatz zu vielen meiner Altersgenossen, keine Katastrophe. Gegen einen Tapetenwechsel, eine Trennung von dem von mir empfundenen beruflichen Gefängnis, hatte ich ohnehin nichts einzuwenden. Aber wenn schon Soldat, dann aus sportlichen Gründen bevorzugt im Gebirge. Mein Wunsch wurde berücksichtigt. So landete ich, für mich ein Traum, am Fuße des imposanten Berges Wendelstein in den bayerischen Alpen in der Kaserne der Gebirgspioniere, die sich als Elite sahen.

Als Liebhaber der Berge bei der Bundeswehr

Aber war für mich soldatischer Befehl und Gehorsam, bei meiner Abneigung gegen autoritäres Verhalten, wirklich eine Alternative? Kam ich da nicht vom Regen in die Traufe? Für mich war es das kleinere Übel und politisch damals noch kein Problem. Galt es doch, das Land gegen eventuelle Angriffe aus dem Osten zu verteidigen, wie man uns dies einredete, so auch mein Vater.

Bei allem oft schikanösen Drill, jetzt war ich wenigsten nicht mehr Tag für Tag im Büro eingesperrt und konnte meine sportlichen Aktivitäten ausleben – Berge besteigen, Ski fahren, mit der Mannschaft schwimmende Brücken über den Inn bauen. Nein, so schnell wollte ich nicht wieder ins Büro zurück und hängte noch ein halbes Jahr dran.

Später, als Friedensengagierter, musste ich immer wieder einmal eine sicherlich nicht böse gemeinte Häme einstecken, weil ich die Möglichkeit nicht genutzt hatte, den Wehrdienst zu verweigern. Aber damals, 1958 mit 20 Jahren, war ich einfach noch nicht so weit.

Nach zwei Jahren stand ich jedoch wieder ziemlich unglücklich Tag für Tag an meinem Zeichenbrett und machte mir Gedanken über Alternativen. Um etwas weiterzukommen, sollte ich unbedingt meinen Techniker machen und so belegte ich einen Abendkurs. Mit Ehrgeiz und Ausdauer schaffte ich es, drei Jahre lang Abend für Abend nach der Arbeit die Kurse zum Techniker abzuleisten. Ganz schön anstrengend. Ich wohnte immer noch bei unserer Familie, von meiner Mutter als Muttersöhnchen verwöhnt und bestens versorgt.

Trotz meiner nach wie vor vorhandenen Prüfungsängste schaffte ich den Abschluss zum Maschinenbautechniker, mit ganz guten Noten. Endlich war ich als Techniker nicht mehr das allerletzte Glied in der Gruppe. Ich gab mich aber damit noch nicht zufrieden. Jetzt wollte ich mich noch wenigstens zum Teilkonstrukteur profilieren. Neben meiner Arbeit als Technischer Zeichner, die ich zunehmend routiniert beherrschte, wobei ich mir manchmal an komplizierteren Berechnungen einer Detailkonstruktion fast die Zähne ausbiss. Mir fehlten einfach die Grundlagen eines Ingenieurstudiums. Und so war ich weiterhin auf der Suche nach Alternativen.

Ich spezialisierte mich. Ich hatte anscheinend meinen kritischen Chef mit einer umfangreichen Zeichnung für einen Kunden, einen Aufstellungsplan für eine komplette Turbinenanlage in drei Ansichten, beeindruckt. Er ließ es sich zwar nicht anmerken, gab mir aber zunehmend weitere Arbeitsaufträge dieser Art für Kunden, die ich wohl zu seiner Zufriedenheit so erledigte, dass er mir nach einiger Zeit sogar – welch‘ eine Anerkennung – einen freigewordenen Fensterplatz anbot, mir mein karges Gehalt etwas aufbesserte mich zum Detailkonstrukteur beförderte. Mein Preis dafür war jedoch, dass ich dann bald, wegen der diffizilen Details dieser Zeichnungen, eine Brille benötigte.

Trotz allem, an das autoritäre Verhalten meines Vorgesetzten und die Hierarchie konnte ich mich einfach nicht gewöhnen. Jeden Morgen ging der Vorgesetzte von vorn bis hinten von Zeichenbrett zu Brett. Er fragte, meist ohne seinen Untergeben überhaupt anzuschauen, wie es gehe, hatte aber eigentlich nur im Blick, wie weit die Arbeit fortgeschritten war. Einmal hielt ich ihm deshalb, sehr zur Genugtuung meines Nebenmanns, anstelle meiner Begrüßungshand meinen Zeichnungshandfeger hin, der zu unserer Arbeitsausstattung gehörte. Er war einen kurzen Moment irritiert, ließ es sich aber nicht anmerken. Es war mein erstes lächerliches Aufbegehren. Unser Chef hatte grundsätzlich kein Vertrauen, dass seine Untergebenen auch ohne seine Kontrolle aus eigenem Motiv heraus arbeiten würden. Seine Frage war fast immer, wie lange man noch brauche, um am nächsten Tag seine Untergebenen damit festzunageln. Oft stand unser gestrenger Vorgesetzte bei Arbeitsbeginn um Punkt 8 Uhr demonstrativ mit seiner Taschenuhr in der Hand vor seiner Bürotür und registrierte jede Minute, die wir zu spät kamen. Wir alle mussten an ihm vorbei. Peinlich, schlimmer war es jedoch, wenn er jemanden aufforderte, am nächsten Tag in seinem Büro zu erscheinen.

Es gab aber noch eine Steigerung. Immer dann, wenn unverhofft die vordere Haupteingangstür zu unserem langgestreckten Zeichensaal aufging und unser oberster Boss, der mich als Lehrling eingestellt hatte, mit seinem demonstrativen, unheimlich lauten mehrfachen Räuspern erschien, zuckten die meisten in dem übervollen Zeichensaal unmerklich zusammen. Man wusste ja nie, wen er heimsuchen und welche unbequeme Fragen er stellen würde, die dann auch schon mal negative Auswirkungen haben konnten.

Auf der Suche nach Alternativen

Dies alles wurde für mich zunehmend unerträglich. Ich erledigte zwar meine Arbeiten routinemäßig, hatte aber darüber hinaus ganz andere Interessen. Ich spielte in unserer Betriebsmannschaft und später im Verein Fußball, besuchte regelmäßig, sehr zur Verwunderung meiner technisch orientierten Kollegen, den Nürnberger Jazzclub am Fuße der Nürnberger Burg, in dem nach deren abschätzigen Meinung nur Negermusik gespielt wurde. Sie wussten nicht, dass ich in diesem relativ kleinen, ziemlich verräucherten Keller angehende Jazz-Weltstars wie den Posaunisten Albert Mangelsdorf oder Klaus Doldinger mit ihren kleinen, beeindruckenden Bands erleben konnte. Sicherlich nicht jedermanns Geschmack. Dies alles hatte natürlich auch Konsequenzen für meine Aktivitäten im Betrieb.

Nach den unbefriedigenden Erfahrungen in meinem Angestelltenbereich wurde für mich das gewerkschaftliche Anliegen immer bedeutsamer. Die Abgrenzungen vieler Angestellten gegenüber den Arbeitern waren für mich nicht mehr akzeptabel. Saßen wir nicht alle in dem selben Boot? Wer entscheidet denn über unsere Arbeitsplätze, egal ob Arbeiter oder Angestellter betroffen sind, wenn bei all unseren Bemühungen die Gewinnerwartungen nicht erfüllt werden?

Nicht nur diese Erkenntnisse, die mich im Laufe der Jahre anscheinend bemerkbar veränderten, irritierten so manchen, der mich als wenig selbstbewussten und netten jungen Mann kannte. Auch im Betrieb.

Eines Tages sprach mich Betriebsrat Herbert an, einer der wenigen in der IG Metall gewerkschaftlich organisierten Angestellten. Ihm musste mein Bewusstseinswandel vom braven schüchternen Lehrling zu einem politisch ziemlich kritischen und selbstbewussten Kollegen aufgefallen sein. Er fragte mich, ob er mich mit auf die Angestelltenliste für die kommende Betriebsratswahl setzen könne, allerdings nur als Füllkandidat. Nach kurzer Bedenkzeit sagte ich zu.

Er, aber auch ich konnten nicht ahnen, welch weitreichende Folgen dies haben sollte. Dann die große Überraschung, vor allem für mich: Obwohl ich als Listenfüller ohne besondere Ambitionen nur an letzter Stelle der Kandidatenliste stand, bekam ich die meisten Stimmen von hunderten Angestellten, die gewählt hatten. Erst dann folgte Herbert, der mich auf die Liste gesetzt hatte. Die Arbeiter hatten getrennt ihren langjährigen Vorsitzenden Heinz mit großer Mehrheit wiedergewählt. Herbert war sein vertrauter Kollege und bisheriger Stellvertreter.

Es war reiner Zufall, dass in dieser Zeit das neue, modifizierte Betriebsverfassungsgesetzt erstmals zur Anwendung kam. Demnach wurden die beiden Vorsitzenden von ihrer Arbeit für die Betriebsratstätigkeit freigestellt. Ich war nun einer davon und von meinem bisherigen unbefriedigenden Job befreit. Dass nicht der verdienstvolle Herbert freigestellt wurde, war mir eher peinlich. Aber zum Glück war das für Herbert kein Beinbruch. Herbert hatte, im Gegensatz zu mir, in seiner Abteilung einen soliden und anscheinend für ihn befriedigenden Job als Konstrukteur. Mir hingegen gefiel auch mein neuer Job in der Elektronischen Datenverarbeitung nicht, auf den ich erst vor kurzem mit größeren Erwartungen gewechselt hatte. Vom Regen in die Traufe.

Bekam ich als Betriebsrat jetzt endlich eine Aufgabe, die mir mehr entsprach? Die Entscheidung fiel mir nicht leicht. Da waren sie wieder, meine Selbstzweifel. War ich dieser Herausforderung überhaupt gewachsen?

Ich entschied mich und saß, eh ich mich versah, in meiner neuen Funktion als stellvertretender Betriebsratsvorsitzender mit unserer Sekretärin Hella, mit der ich mich bald gut verstand, in einem eigenen Raum des Betriebsratsbüros, mit unverändertem geringem Gehalt. Betriebsratsvorsitzender Heinz hätte es sicherlich lieber gesehen, wenn an meiner Stelle sein Kumpel Herbert erneut sein Stellvertreter geworden wäre. Ich jedoch war nun der Hoffnungsträger für die Angestellten, fühlte mich aber allen Beschäftigten verpflichtet, also auch den Arbeitern, die im Betrieb in der Mehrheit waren.

Jetzt kamen mir all die Erfahrungen und Kenntnisse zugute, die ich nicht nur in der Konstruktion gemacht hatte. Auf der Suche nach einer mir zusagenden Tätigkeit innerhalb der Firma hatte ich einmal kurz in der Abteilung Betriebsvorschriften Station gemacht, in der die umfangreichen Bedienungsanleitungen für die Kunden erstellt wurden. Diese theoretischen Kenntnisse kamen mir ebenso zugute wie mein praktisches Jahr in den Werkstätten während meiner Ausbildung. Fachlich konnte mir also im Betrieb niemand etwas vormachen, auch nicht die Geschäftsleitung, mit der ich zunehmend zu tun bekam.

Dies stärkte mein Selbstbewusstsein erheblich. All dies sollte sich in Zukunft bei meiner zunehmenden Verantwortung als gewählter Vertreter der Beschäftigten als großer Vorteil erweisen. Gleich am Anfang gelang es mir, bei aller Skepsis meiner gewerblichen Betriebsratskollegen, auf Wunsch der Angestellten eine, aus konservativer gewerkschaftlicher Sicht nicht unumstrittene flexible Gleitzeit einzuführen, die den Angestellten mehr Spielraum für den Beginn und Ende ihrer Arbeitszeit ermöglichte. Auch ganz in meinem Sinne. Als ausgesprochener Morgenmuffel musste nun auch ich nicht mehr so früh pünktlich auf der Matte stehen.

Mit Genugtuung erinnerte ich mich an meinen gestrengen Chef in der Konstruktion, der morgens um Punkt 8 Uhr mit seiner Taschenuhr in der Hand die zu spät kommenden mit strafendem Blick registrierte. Sein unwürdiges kleinkariertes Spiel war mit der Einführung der Gleitzeit ausgespielt. Die Angestellten konnten nun in einem großzügigeren Rahmen ihren Arbeitsbeginn weitgehend selbst bestimmen. Geschenkt bekamen sie aber nichts. Sie führten jetzt ein eigenes Arbeitszeitkonto mit Plus und Minus. Bei den Angestellten brachte mir die Einführung der Gleitzeit als Betriebsrat erhebliche Pluspunkte. Die an feststehende Arbeitszeiten gewöhnten Arbeiter blieben länger skeptisch.

Ansonsten baute ich auf meine ziemlich radikalen politischen Einschätzungen, die ich mir in meiner 68er Zeit angeeignet hatte. Die Parole lautete auch für mich „Marsch durch die Institutionen". Ich las und bewunderte Günter Wallraff, der den Mut hatte, verkleidet und verwandelt immer wieder in unterschiedlichen Rollen zu schlüpfen und sich zu bewerben, ob als Hilfskraft bei McDonald, als Leiharbeiter, als Versuchskaninchen bei Medikamententests, als Illegaler auf einer Baustelle oder als Migrant, der für wenig Geld jede Drecksarbeit annimmt und für zahlreiche weitere Jobs. Seinen Fantasien waren anscheinend keine Grenzen gesetzt. So entlarvte er nicht nur die untragbaren Zustände deren diese Menschen ausgesetzt waren, und beschrieb seine bitteren Erfahrungen, die er in seinen unterschiedlichen Rollen selbst erlebt hatte, mit erschütternder Deutlichkeit. Nicht nur für mich waren und sind seine Bücher absolute Bestseller. Eines der bekanntesten ist das Buche „Ihr da oben wir da unten", das er zusammen mit Bernd Engelmann verfasst hat. Darin nehmen sie die Besitzelite und die Geldprominenz unter die Lupe. Es wird der Zusammenhang zwischen der Macht der wenigen Superreichen und der Masse der Abhängigen überdeutlich. Ich orientierte mich auch an dem sehr populären Schriftsteller Bernt Engelmann, der nicht nur mit seien 50 Büchern die Regierenden und die Mächtigen in unserem Land wie kein anderer zur Weißglut getrieben hat.

Meine wilden Jahre in der 68ziger Zeit

Dies alles öffnete mir die Augen und ging weit über das gewerkschaftliche Selbstverständnis meines Betriebsratsvorsitzenden Heinz hinaus.

Ich hatte nicht nur Willy Brandts „Mehr Demokratie wagen" ernstgenommen, sondern auch die Diskussionen um sozialistische Alternativen zum existierenden Kapitalismus, den wir auch im Betrieb durch Konzernentscheidungen hautnah zu spüren bekamen.

Die Betriebsratsvorsitzenden

Betriebsratsvorsitzender Heinz war nicht nur der anerkannte, verdienstvolle Gewerkschafter der ersten Stunde im Betrieb, sondern auch Mitglied in der örtlichen Nürnberger Verwaltungsstelle und im höchsten IG
Metall-Gremium in Frankfurt vertreten. Sein Ansehen war auch darin
begründet, dass es sein ganz persönliches Verdienst war, die Arbeiter im
Betrieb weitgehend gewerkschaftlich organisiert zu haben.

Ob das wohl mit meinen, über den Betrieb hinausgehenden politischen Auffassungen mit Heinz gut gehen würde, fragte ich mich manchmal. Gefördert und gestärkt wurde ich durch eine von Heinz sehr skeptisch gesehene aktive parteipolitisch dominierte linke Betriebsgruppe, die
mich zunehmend überzeugte und deren Anliegen ich weitgehend teilte
und von der ich sehr profitierte. Ich war also nicht allein. Unsere politischen Überzeugungen waren jedoch nicht per Knopfdruck schnell mal
auf unsere Kolleginnen und Kollegen zu übertragen. Dies bekam man
nicht geschenkt. Dazu bedürfte es einer ausdauernden Überzeugungsarbeit. Es ging ja schließlich darum, dass sie erkennen dass es in ihrem
ureigenen Interesse liegt, die gegen sie gerichteten Maßnahmen des Konzerns nicht einfach hinzunehmen, sondern gemeinsam zu handeln.

Um dies zu ermöglichen hatte ich ganz eigene Vorstellungen, die jedoch bei einigen der Genossen zu Irritierungen führen sollten. Am liebsten wäre ihnen gewesen, wenn ich mich als ihr Parteigenosse bei ihnen
eingereiht hätte. Dazu konnte ich mich jedoch nicht entschließen. Ich
befürchtete politisch zu sehr eingeschränkt zu werden. Diese Befürchtungen sollten sich im späteren Verlauf bestätigen. Für den ein oder anderen meiner ideologisch ziemlich festgelegten Mitstreiter waren in der
Folge meine manchmal ungewöhnlichen Ideen und Aktivitäten trotz aller Gemeinsamkeiten nicht immer so ohne weiteres nachvollziehbar und

somit ein Spannungsfeld. Vor allem dann, wenn diese Aktivitäten nicht gleich sichtbar erfolgreich waren. Dadurch ließ ich mich jedoch nicht abhalten, mich den konkreten Problemen im Betrieb zunehmend anzunehmen. So machte ich mich als ehemaliger Angestellter zunehmend auch mit den Akkordproblemen der Arbeiter vertraut, die im Gegensatz zu den Angestellten fast alle Mitglieder in der IG-Metall waren. Ich hielt dagegen, wenn Angestelltendünkel oder Vorurteile bei den Arbeitern gegenüber Angestellten einem gemeinsamen Anliegen im Wege standen. Ich versuchte unentwegt, Arbeiter und Angestellte zusammenzubringen. Das war neu. Und es zeigte sich, wie vorteilhaft dies für alle werden sollte. Ich setzte mich dafür ein, dass sich auch die Angestellten stärker gewerkschaftlich organisierten. Dies war gar nicht so einfach.

Ich scheute keinen Konflikt mit der Geschäftsleitung wenn es um die Durchsetzung unserer Interessen ging. So war mit mir nicht gut Kirschen essen, wenn man sich wieder einmal weigerte unsere Lehrlinge zu übernehmen, nachdem sie ihre Ausbildung abgeschlossen hatten, ich war ja selbst einmal einer von ihnen gewesen. Ich wollte nicht nur das Sprachrohr der Beschäftigten sein, sondern erreichen, dass sie sich selbst aktiv beteiligten, wenn es um ihre Interessen ging. Ich sorgte dafür, dass wir gegenüber auch der neuen Geschäftsleitung zunehmend selbstbewusst auftraten, um unsere, wenn auch begrenzten Möglichkeiten der Mitbestimmung nach dem neuen Betriebsverfassungsgesetz wahrzunehmen. Nicht gerade zur der Manager.

Für mich waren es vor allem die Beschäftigten, die durch ihre Arbeit die Werte erstellten. Dies alles irritierte unseren Betriebsratsvorsitzenden Heinz ganz erheblich. Er bekam aber auch nicht mit, welche Hemmungen ich, bei all meinen selbstbewussten auftreten hatte. Wie bei den routinemäßigen vierteljährigen Betriebsversammlungen aller Beschäftigten und sonstigen Massenveranstaltungen, wenn ich in dem oft übervollem großen Kantinensaal zu den hunderten Beschäftigten sprach. Dies ließ ich mir nicht anmerken.

Meine ersten drei Jahre als freigestellter Betriebsrat, in denen ich mich vor allem mit den vielfältigen und für mich ganz neuen Problemen der

Arbeiter und Angestellten vertraut machte, waren lange nicht so spektakulär wie die Ereignisse, die noch auf uns und auf mich zukommen sollten.

Schon standen wieder die nächsten Betriebsratswahlen an. Zurück in die Konstruktion wollte ich nicht mehr. Die gestalterische und engagierte Betriebsratsarbeit lag mir viel mehr, zumal dies meinen zunehmenden gesellschaftspolitischen Interessen entsprach. In der Rolle des gestaltenden Interessensvertreters der zirka tausend Arbeiter und Angestellten des Betriebes konnte ich mich richtig entfalten.

Meine Herangehensweise im Betrieb war jedoch nicht ohne existentielles Risiko für mich und meine Familie, wie sich dies noch zeigen sollte. Die Frage war auch, ob meine bisherigen Bemühungen bei der kommenden Wahl anerkannt würden und ob ich überhaupt wieder gewählt würde. Ich setzte mich dafür ein, dass diesmal die Arbeiter und Angestellten nicht getrennt abstimmen sollten, während der amtierende Betriebsratsvorsitzende Heinz doch eher auf seine organisierten Arbeiter setzte. Zu meiner großen Überraschung bekam ich bei dieser gemeinsamen Wahl der Arbeiter und Angestellten die meisten aller Stimmen. Dies musste ein ganz schöner Schock für Heinz gewesen. Er gab aber so schnell nicht auf. Letztlich bestimmen die Betriebsräte selbst, wer der Vorsitzende wird und da rechnete sich der ehrgeizige Heinz gute Chancen aus.

Für ihn war es unvorstellbar, dass bei einer Mehrheit der Arbeiter ein Angestellter wie ich an seiner Stelle Betriebsratsvorsitzender wird. Und wie dies oft in solchen Gremien ist: Heinz scharte seine Vertrauten um sich.

Die Wahl wurde ein richtiger Krimi. Die Abstimmung der über ein Dutzend Betriebsräte ging unentschieden aus. Nur einer enthielt sich der Stimme. Der Vorgang musste wiederholt werden. Wieder dasselbe Patt. Einem der Betriebsräte, der Heinz nahe stand, platzte schließlich der Kragen. Er forderte den Stimmenthalter auf, endlich Farbe zu bekennen. Er wusste nicht, dass ich es war. Auch mir wurde es schließlich zu bunt, die Fronten waren ja klar.

Die erneute Abstimmung ergab: Ich war der neu gewählte Betriebs-ratsvorsitzende, obwohl mir eine Mehrheit ohne meine eigene Stimme lieber gewesen wäre. Ich hatte mich entschieden, die Verantwortung zu übernehmen, ohne voraussehen zu können, was da alles auf mich, dem ehemalige Flüchtlingskind und den späteren 68er zukommen sollte.

Das unglückliche Aus des Patriarchen

Nun war ich in der Verantwortung des Betriebsratsvorsitzenden. Nach kurzer Zeit prallten die unterschiedlichen Welten im Betrieb aufeinander. Auf der Geschäftsleitungsseite war der Mitbegründer der Firma Herr Möller der unbestrittene Patriarch. Der bisherige Betriebsrat mit seinem Vorsitzender Heinz hatte sich, bei allen gewerkschaftlichen Anliegen mit der Geschäftsleitung arrangiert und versuchte so viel wie möglich für die Beschäftigten herauszuholen, vor allem wenn es um die Bezahlung der Arbeiter ging. Dies reichte mir jedoch nicht. Und so stellte ich, mit meinen Ansprüchen der 68er Zeit, die bestehende Hierarchie im Werk zunehmend in Frage. Ich forderte viel stärker als der bisherige Betriebsrat unsere gesetzlichen, wenn auch unzureichenden Mitbestimmungsrechte ein. Dies führte zwangsläufig zu immer mehr Spannungen mit der Geschäftsleitung, denn sie ließ sich nicht so gerne in ihre Angelegenheiten hineinreden. Mir hingegen war es nicht gleichgültig, wenn es um Personalzahlen also um Arbeitsplätze oder um die Arbeitsbedingen ging. Da gab es die ersten Anzeichen meiner manchmal überbordenden kreativen Phantasie, die nicht nur diejenigen in Schwierigkeiten brachten, die es mit mir zu tun bekamen, sondern auch mich selbst.

Wir hatten einen ungewöhnlich heißen Sommer. Die Werkshallen aber auch die Büros heizten sich von Tag zu Tag zunehmend auf. Die Arbeiter waren zum Teil den starren Akkordvorgaben ausgesetzt und mussten ihre Arbeit in der Hitze wie an normalen Tagen bewältigen. Dies schafften sie in der vorgegebenen Zeit jedoch nicht, sodass sie dann weniger Lohn bekamen. Unser bisheriger, ziemlich partnerschaftlich eingestellter Betriebsratsvorsitzende Heinz versuchte Entlastung zu schaffen, gutgemeint. Der gesamte Betriebsrat war in diesen Tagen nur noch damit beschäftigt, die Arbeiter und Angestellten jeden Tag mit frischgekochtem Tee zu versorgen, was eigentlich eine organisatorische Aufgabe der Geschäftsleitung gewesen wäre und nicht des Betriebsrats. Die Geschäftsleitung war nicht bereit, trotz der anhaltenden Hitze, die starren Zeitvorgaben auszusetzen. Es war unter uns nicht spannungslos, dass ich, der Stellvertreter von Heinz, im Gegensatz zu ihm einen mehrtägigen sogenannten Hitzestreik gemeinsam mit der politischen Betriebsgruppe inszenierte. Dies löste nicht nur in der Presse Verwunderung und manches Kopfschütteln aus, sondern auch in unserer örtlichen IG Metall. Mit Folgen.

Die IG Metall wollte nicht die Verantwortung für unsere ungewöhnliche und nicht mit ihnen abgesprochene Aktion übernehmen.

War unser renitentes Verhalten für den AEG-Konzern der Anlass, unseren Geschäftsleiter Herrn Möller in Rente zu schicken weil, er uns anscheinend nicht in den Griff bekam? Ich glaube schon, dass dies mit dazu beitrug. Es war dann fast schon tragikomisch, dass ausgerechnet ich, der neue Betriebsrat zu einem Stolperstein für ihn werden sollte. Ausgerechnet ich, das ehemalige schüchterne Flüchtlingskind, das er damals als Lehrling eingestellt hatte.

Herr Möller war ja gemeinsam mit dem Namensgeber Kanis nicht nur der Mitbegründer der AEG-Kanis, sondern ein exzellenter Konstrukteur, der mit seinen außergewöhnlichen Turbinen die technische Grundlage für das Fortbestehen des Werkes geschaffen hatte. Er war in erster Linie an der Technik orientiert. So ging er immer wieder im Konstruktionsbüro, in dem ja auch ich arbeitete, von einem Reißbrett zum nächsten. Seine kritischen Einschätzungen waren ganz schön gefürchtet, so auch bei mir, wenn ich an der Reihe war.

Genauso kümmerte er sich auch um die Arbeit in den Werkstätten und war somit anerkannt aber auch dort wegen seiner technischen Kompetenz geschätzt wie gefürchtet. Er war immer auf der Höhe des Geschehens in der ganzen Fabrik.

Der Konzern jedoch orientierte sich in erster Linie an den Bilanzzahlen. Auch dies war sicherlich ein weiterer Anlass, den fachlich unersetzlichen Turbinenbauer Herrn Möller zu unserer Überraschung kurzerhand in Rente zu schicken, um ihn durch sachunkundige Managertypen zu ersetzen, die ihm von den technischen Kenntnissen her nicht annähernd das Wasser reichen konnten.

In der jährlichen Rentnerweihnachtsfeier, an der ich als Betriebsratsvorsitzenden einen Lagebericht gab, hatte ich Gelegenheit mich mit dem nunmehrigen Rentner Herrn Möller auszutauschen. Ich hatte den Eindruck, dass er mir mein Verhalten, dass auch zu seiner Zwangspensionierung beitrug, nicht allzu übel nahm. Beginnend mit einem für ihn typischen überlauten Räuspern, mit dem er so manchen, wie auch mich immer ganz schön erschreckt hatte, fragte er mich herausfordernd, ob ich auch den kürzlich gezeigten satirischen Beitrag im Fernsehen gesehen hätte, der ihn sehr an mein Handeln als Betriebsrat erinnert hatte. Lautstark, so wie ich ihn kannte, schilderte er mit vergnüglicher Ironie, wie Arbeiter kostbare Glasvasen produzierten, sie auf ein Förderband legten, bis sie dann am Ende des Bandes von jemanden mit einem Hammer zerdeppert wurden. Als ich ihn fragte was er mir damit sagen wolle, sagte er mir kurz und knapp: „Der mit dem Hammer war ein Betriebsrat, so wie sie." Im Moment war ich sprachlos. Als er mich noch im etwas ärgerlichen Ton fragte „warum sind sie nicht in der Konstruktion geblieben, sie waren doch ein guter Mann?" merkte ich, wie weit wir doch in unseren Einschätzungen auseinander lagen. Dies tat jedoch einer beiderseitigen respektvollen Empathie keinen Abbruch. Wir hatten beide nicht vergessen, dass er mich, dass Flüchtlingskind vor Jahrzehnten als Lehrling eingestellt hatte.

Widerstand

Die Zeiten wurden härter, die AEG- Konzernherren wollten Gewinne sehen. Die örtlichen Geschäftsleitungen gerieten zunehmend unter Druck. Zudem bekamen sie mich, den für sie oftmals uneinsichtigen neuen Betriebsratsvorsitzenden, mit seinen ihm immer mehr zuneigenden Gewerkschaftsmitgliedern nach wie vor nicht in den Griff.

Ursprünglich versprach sich der AEG Konzern mit der Erzeugung von hochwertigen Kraftwerksanlagen ein lukratives Geschäft. Vergrößerte, noch vor meiner Zeit als Betriebsrat, das Dampfturbinenwerk AEG Kanis in Nürnberg mit der Angliederung der großen AEG-Gasturbinenfabrik mit Generatorfertigung in Essen und einem Ingenieurbüro in Berlin die Beschäftigungszahl um das Doppelte, auf über 2000 hochqualifizierte Beschäftigte. Jetzt war die AEG Kanis eine weltweit bedeutende Fabrik.

Schon nach Beginn meiner Betriebsratsarbeit stellte ich jedoch fest, dass unsere Geschäftsleitungen zunehmend mit Firmen im Osten kooperierten und unsere Arbeit auslagerten. Mit den dort billigeren Löhnen wurden auf unsere tariflich abgesicherten Löhne und Gehälter Druck ausgeübt. Diese Auslagerungen waren aber nur möglich, wenn gleichzeitig die in Nürnberg aufwendig entwickelten Unterlagen zur Verfügung gestellt wurden. Wir mussten befürchten, dass damit auch das Knowhow veräußert würde. Immer mehr wurde unserer Arbeit, zur Auslastung der Kapazitäten in das große Werk nach Essen verlagert. Dies beinhaltete nicht nur die Gefahr der Verlagerung unserer Arbeitsplätze, sondern bedeutet auch eines Spaltpilzes unter uns Betriebsräten von Essen und Nürnberg. Wir und ich als Betriebsratsvorsitzender in Nürnberg hatten viel zu tun, dies alles zu verhindern Auf die jeweiligen Geschäftsleitungen in Essen und Nürnberg konnten und wollten wir uns nicht verlassen. Sie waren an die Konzernvorgaben gebunden. Um begründet dagegen halten zu können, kamen mir jetzt meine erworbenen Fachkenntnisse als Techniker wieder sehr zu Gute. Das Dampfturbinengeschäft in Nürnberg lief mit den üblichen Schwankungen gut. Aber der Konzern hatte andere Bilanzvorstellungen. Mit einer schwarzen Null gab man sich nicht zufrieden.

Wir wussten, dass der ganze AEG-Konzern im absurden Konkurrenzkampf mit seinem übermächtigen Rivalen Siemens zunehmend unter einem existenzgefährdenden hohen Druck stand. Wir waren jedoch nicht bereit, einen Preis dafür zu zahlen. Wir mussten uns wehren. Sie kündigten, ziemlich unbegründet bei uns in Nürnberg, unter anderem 120 Entlassungen und Kurzarbeit an. Die Übernahme unserer Auszubildenden, die wir dringend benötigten, war gefährdet. Die erforderlichen Investitionen wurden verschleppt. Verkaufsabsichten geisterten durch die Presse. Wir befürchteten, dass dies alles die Substanz des Betriebes nachhaltig schwächen würde, mit der Gefahr für unsere Arbeitsplätze.

Es kam zur ersten großen Auseinandersetzung, in der ich mich ziemlich weit aus dem Fenster lehnte, war ich doch als Betriebsratsvorsitzender besonders an die sogenannte Friedenspflicht gebunden.

„Arbeitsniederlegung aus Sorge um Beschäftigung" titelte die Nürnberger Nachrichten" ihren Bericht über unsere Aktion.

So tarnte ich unsere Protestaktion auf dem Werkshof als legale Informationsveranstaltung, .

Wir gingen in die Öffentlichkeit und bekamen Unterstützung von Kommunalpolitikern gegen die existenzgefährdenden Pläne des AEG-Konzerns. Die örtliche Presse berichtete ausführlich. Als dann auch noch unsere Gewerkschaft IG Metall ihre traditionelle Auftaktveranstaltung zum 1. Mai mit 5000 Teilnehmern vor unser Tor verlegte, wurde es dem Konzern anscheinend zu heiß. Sie mussten nachgeben. Alles in Butter? Es sollte sich zeigen, dass diese Erfahrungen für uns noch Goldwert sein sollten.

Bei einer relativ stabilen Nürnberger Situation brachen nach wenigen Jahren die Aufträge der Gasturbinen für das Werk in Essen dramatisch ein. Für uns in Nürnberg bedeutete dies, mitgefangen, mitgehangen zu sein. Unsere Alarmglocken schrillten.

Die Bombe platzte in der Sitzung in Berlin, zu der wir Betriebsräte aus Nürnberg und Essen angereist waren. Es kam schlimmer, als wir alle befürchtet hatten. Vor allem für die Essener, aber auch für uns. Als der Konzernherr Birkhahn seine Maßnahmen verkündete, sah man es unseren anwesenden Geschäftsleitungen aus Essen und Nürnberg regelrecht an, wie unwohl sie sich dabei fühlten. Sie waren anscheinend nur Statisten des AEG-Konzerns. Laut Herrn Birkhahn sollten sage und schreibe 60 Millionen DM eingespart werden. Der größte Schock für uns alle war, dass die Fabrik in Essen komplett dichtgemacht werden sollte. Um bei den besonders betroffenen Essenern etwas die Luft herauszunehmen, stellte ihnen Herr Birkhahn den Neubau einer kleineren Fabrik am Essener Hafen in Aussicht. Das Berliner Ingenieurbüro würde, wie es so schön hieß, ausgegliedert. Unseren ebenfalls anwesenden Berliner Betriebsratskollegen muss dies wie das Läuten der Toten-glocken vorgekommen sein.

Auch für uns Nürnberger kam es happig. Es sollten 360 Arbeitsplätzen abgebaut werden. Anstelle der kompletten Dampfturbinenfertigung sollten bei uns nur noch Einzelteile – also sogenannte Komponenten – gefertigt werden.

Unser Nürnberger Vorsitzender der IG Metall, Gerd Lobodda, brachte es danach auf den Punkt: „Auch der Kranz für Euch hier in Nürnberg ist bereits geflochten", schockierte er uns mit seiner realistischen Einschätzung. Da half nur gemeinsamer Widerstand in Essen und in Nürnberg. Gerd Lobodda warnte davor, uns gegeneinander ausspielen zu lassen und faule Kompromisse einzugehen. Bei der Rückfahrt von Berlin mussten wir das alles erst einmal verdauen.

Unsere ersten Antworten nach der Rückkehr waren dann spontane Arbeitsniederlegungen in Essen und Nürnberg. Jetzt zahlte sich unsere permanente nicht immer einfache Überzeugungsarbeit mit den Kolleginnen und Kollegen aus. Es begann unser elfmonatiger Kampf, David gegen den Goliat AEG für den Erhalt unserer Arbeitsplätze hier in Nürnberg. So erwarb ich mir den Ruf eines scheinbar unerschrockenen Kämpfers. Jetzt sollten uns in Nürnberg unsere positiven und erfolgreichen Erfahrungen gegen die bereits erlebten Übergriffe des Konzerns richtig zu Gute kommen. Nicht nur für mich stellte sich die Frage: Werden wir dies alles durchstehen? Wird es uns gelingen, wie schon einmal, die Öffentlichkeit für unser Anliegen zu gewinnen? Wird man sich vielleicht sogar, zumindest in unserer Stadt, mit uns solidarisieren?

Für mich war klar: Ein langer Atem und Fantasie waren nun gefragt. Wir machten uns sichtbar. Nach meinen positiven Erfahrungen in der Friedensbewegung umzingelten wir alle, sogar mit den uns Gewerkschaftern gegenüber eher distanzierten und skeptischen Abteilungsleitern zusammen, mit einer Menschenkette den ganzen Betrieb. Für uns alle eine sehr emotionale und verbindende Erfahrung. Es hatte sich ausgezahlt, dass es uns gelungen war, auch in den kaufmännischen und in den technischen Abteilungen zunehmend mehr Angestellte für den Eintritt in die Gewerkschaft IG Metall zu gewinnen. Wir hatten jetzt auch, ganz nach dem Vorbild der Arbeiter in den Werkstätten, in den meisten Abteilungen der Angestellten eine gewerkschaftliche Vertrauensfrau oder einen Vertrauensmann. Wir waren also mit unserem IG Metall-Vertrauenskörper im gesamten Betrieb gut vernetzt und hatten dadurch mehr Verständigungs- und Handlungsmöglichkeiten. So konnten wir auch kurzfristig reagieren.

Im Gegensatz zu uns Betriebsräten waren unsere gewerkschaftlichen Vertrauensleute nicht so eng an den § 74 des Betriebsverfassungsgesetzes gebunden, in dem steht: „Maßnahmen des Arbeitskampfes zwischen Arbeitgeber und Betriebsrat sind unzulässig", womit man mir als Betriebsratsvorsitzendem immer wieder einmal den Strick hätte drehen können. Wenn ich mich wieder einmal zu weit aus dem Fenster gelehnt hatte, wie auch bei der Organisation der Menschenkette um den ganzen Betrieb während der Arbeitszeit. So verwies ich die Verantwortlichkeit auf unsere IG Metall-Vertrauensleute, auf die ich mich verlassen konnte. Denn in dem Gesetzt steht auch: „Arbeitskämpfe tariffähiger Parteien werden hierdurch nicht berührt". Dies nutzten wir im Wechselspiel. Für mich war somit verhandeln und die Arbeit niederlegen kein Widerspruch. Die Geschäftsleitung sah die jedoch anders.

Unsere Menschenkette um den ganzen Betrieb

Ich spekulierte damit, dass die Geschäftsleitung das Risiko nicht eingehen würde, mir an den Kragen zu gehen, um nicht noch mehr Öl ins Feuer der Konflikte zu gießen. Jedoch sicher konnte ich mir nie sein.

74

Und so versuchte es der Konzern dann auch, mich persönlich zu belangen. Doch unsere Aktionen gingen weiter. Ich hatte die verblüffende Idee, unsere Fertigung, eine tonnenschwere Dampfturbine, für die Presse öffentlichkeitswirksam auf die Straße vor dem Betrieb zu transportieren. Was wir dann auch, ohne die Geschäftsleitung zu fragen, mit großem Aufwand tatsächlich realisierten.

Dann machten wir uns mit einem Dutzend Bussen auf den Weg zur AEG Konzernzentrale nach Frankfurt und erreichten dadurch zunehmende öffentliche Aufmerksamkeit. So auch bei dem Wirtschaftsjournalisten der größten Nürnberger Tageszeitung, Dr. Wolfgang Mayer. Er berichtete nicht nur von unseren zahlreichen Arbeitsniederlegungen, sondern griff auch unsere Alternativen zu den destruktiven Plänen des AEG-Konzerns seriös auf.

Raus mit unserer Turbine auf die Straße! Und „Mit zwölf Bussen in die Konzernzentrale" berichtete die „Nürnberger Nachrichten" von unserer Protestfahrt nach Frankfurt.

Der Konzern entschloss sich jedoch zu einer harten Linie und begann, seine Pläne durchzuziehen. Er feuerte kurzerhand zu unserer Überraschung unseren kompetenten Geschäftsführer Dr. Fleig ohne Angaben von Gründen. Wahrscheinlich hatte er es gewagt, eigene Alternativen für den Erhalt des Nürnberger Werks zu benennen. Sein Nachfolger wurde der stromlinienförmige, ziemlich sachunkundige Herr Keinath, mit unangenehmen Eigenschaften.

Der sorgenvolle Geschäftsleiter Dr. Fleig wird verabschiedet

... und sein unangenehmer Nachfolger Herr Keinath auf unserer Betriebsversammlung

In Ermangelung einer kompetenten Geschäftsleitung mussten wir die Dinge jetzt selbst in die Hand nehmen und gingen zum Gegenangriff über. Auf einem unserer Plakate bei unserer Umzingelungsaktion des Werkes stand dann der Spruch, gerichtet an den zuständigen Konzernverkünder Herrn Birkhan :

„Wer von Turbinen nichts versteht nimmt besser seinen Hut und geht, Herr Birkhahn." Zugegeben ein nicht gerade revolutionärer, jedoch ein durchaus entlarvender und wirkungsvoller Spruch.

So sieht eine Turbine von innen aus, Herr Birkhan!

Später erfuhren wir, dass er sich auch über unsere Schreibweise fürchterlich geärgert hat, weil wir ihn mit unserem zusätzlichen „h" in seinem Namen in einen „Birkhahn" verwandelt hatten. In der Folge hat er übrigens aus gesundheitlichen Gründen seinen Hut genommen.

Wir glaubten, dass wir bessere Chancen hätten, unsere Interessen durchzusetzen, wenn wir den destruktiven Plänen des Konzerns unsere eigenen Alternativen selbstbewusst entgegen setzten. Wir wussten jedoch nicht, was sich seinerzeit hinter den Kulissen zwischen der AEG und dem übermächtigen Daimler Benz-Konzern abspielte.

Als Betriebsratsvorsitzender hatte ich weitgehend die Verhandlungen zu führen. Dazu versicherte ich mich der Zustimmung nicht nur des gesamten Betriebsratsgremiums, sondern auch des gewerkschaftlichen Vertrauenskörpers, dessen Mitglieder stets nahe an den Kolleginnen und Kollegen in ihren Abteilungen waren. Ohne deren Rückhalt wären wir ziemlich zahnlos in den Verhandlungen gewesen. Jetzt kamen mir wieder meine langjährigen erworbenen Fachkenntnisse als Techniker nicht nur aus der Konstruktion zugute. Mir konnte keiner der Konzernvertreter ein X für ein U vormachen. Auf einem unserer zahlreichen Protestplakate, die ich immer selbst schrieb – schließlich hatte ich als Technischer Zeichner-Lehrling die exakte Normschrift gelernt – brachten wir unsere Befürchtungen zu den geplanten Entlassungen auf den Punkt. Darauf stand: „Mit 360 fängt es an … und dann sind wir alle dran." Dies galt es zu verhindern.

Ich ärgerte mich immer wieder über die Ignoranz gegenüber unseren gut begründeten Vorschlägen, die eigentlich, bei allen unterschiedlichen Interessen, auch dem Konzern zu Gute gekommen wären.

Schließlich forderten wir, nach dem Modell von Grundig, einen von unserem örtlichen IG Metall-Vorsitzenden Gerd Lobodda entwickelten Beschäftigungsplan als Alternative zu den für uns tödlichen Abbauplänen des Konzerns. Dabei unterstützten uns die Grundig-Kollegen mit ihren Erfahrungen – allen voran Herbert Hansel, ebenso wie ich Betriebsratsvorsitzender, mit dem ich mich bestens verstand. Wir ließen in den weiteren Verhandlungen nicht locker. Die Konzernvertreter kamen nicht drum herum, sich ernsthaft mit unserem Beschäftigungsplan zu befassen, wollten sie ihre Glaubwürdigkeit gegenüber der Öffentlichkeit nicht gänzlich verlieren, obwohl unsere Vorstellungen ihre destruktiven Pläne durchkreuzten. Da beeindruckte uns auch nicht die abschätzige Aussage ihres AEG-Vorstandsmitglieds Dr. Walter, der uns ziemlich aggressiv erklärte: „Einen Beschäftigungsplan könnt ihr mit den Holländern machen (dem damaligen Eigentümer von Grundig). Aber im deutschen Unternehmertum wird es so etwas nicht geben."

Wir beharrten jedoch auf unseren Forderungen, verhandelten weiter, und setzten unsere vielfältigen Protestaktivitäten fort. Darüber hinaus wollten wir aber auch nicht die Politik aus der Verantwortung entlassen, ohne allzu große Illusionen zu haben.

Wir legten erneut die Arbeit nieder und marschierten als beeindruckender Demonstrationszug von unserer Südstadt in die Innenstad.

Abmarsch zum Rathaus

Auf dem langen Weg zum Rathaus, mit unserem IG-Metall Vorsitzenden Gerd Lobodda an der Spitze, schlossen sich uns zahlreiche Kolleg/innen aus anderen Betrieben solidarisch an. Als wir am Hauptmarkt ankamen, waren wir aufsehenerregend weit über tausend.

Oberbürgermeister Dr. Schönlein war beeindruckt und er meinte es sicher ernst mit seinem Versprechen, uns im Rahmen seiner begrenzten kommunalen Möglichkeiten zu unterstützen – denn der Verlust des Werkes mit rund tausend Beschäftigten wäre nicht nur für ihn, sondern für die ganze Stadt Nürnberg kein Pappenstiel. Es wurde dann auch sein Wirtschaftsreferent Dr. Doni bei der bayerischen Staatsregierung in München vorstellig.

Angekommen am historischen Nürnberger Hauptmarkt

Empfang bei Oberbürgermeister Dr. Schönlein

In Essen waren unsere Kollegen ebenfalls nicht untätig, sprachen nicht nur bei ihrem Oberbürgermeister vor, sondern auch bei ihrem Landesvater Rau. Sie hofften auf Unterstützung bei den ihnen vom Konzern in Aussicht gestellten Plänen für eine neue Fabrik am Essener Hafen.

Auch wir Nürnberger suchten den Kontakt mit der Politik. Nach einem Gespräch mit Günter Beckstein, einem Nachfolger des bayerischen Ministerpräsidenten Franz Josef Strauß, schrieb mir Strauß persönlich, dass er sich in Sorge um den Bestand des Nürnberger Werkes an den AEG-Vorstandsvorsitzenden Dürr gewandt hätte. Ich war mir nicht sicher ob er informiert war, dass ich nicht gerade ein Fan von ihm war. Mir jedenfalls schwante da nichts Gutes. Ich befürchtete, dass dies angesichts der unterschiedlichen politischen Interessen zur Spaltung zwischen Bayern und Nordrhein-Westfahlen führen könnte. Der Spaltpilz, auch zwischen den Betrieben Essen und Nürnberg, war vorauszusehen. Bei Strauß klang die Skepsis gegenüber einer Förderung des Landes Nordrhein-Westfalen für den Ausbau des Standortes in Essen durch. Für ihn und Bayern sei das kein Vorbild.

Damit begann das Tauziehen um die Fabriken in Essen und Nürnberg. War dies das Ende der Gemeinsamkeiten auch zwischen uns Betriebsräten in Essen und Nürnberg? Auch wir hatten auf Hilfe der Politik gehofft, auf Strauß konnten wir aber nicht bauen. Wir verstärkten unsere Aktivitäten. Inzwischen wurde bekannt, dass im Gegensatz zur bayerischen Staatsregierung, Nordrhein-Westfahlen tatsächlich bereit war, öffentliche Mittel einzusetzen und den Neubau einer Fabrik am Essener Hafengelände zu fördern. Andererseits war der Konzern in den Verhandlungen nicht bereit, wesentliche Zugeständnisse für die Sicherung des Nürnberger Werkes zu machen.

So waren wir Nürnberger nicht bereit, die festgefahrenen Verhandlungen mit den Konzernvertretern weiterzuführen. Natürlich war dies für uns nicht ohne Risiko.

Da hatte unser örtlicher IG Metall-Vorsitzender Gerd Lobodda eine Idee: Warum sollten nicht auch wir in Nürnberg eine größere moderne neue Fabrik am Hafengelände fordern und bauen? Warum nicht auch mit Hilfe der bayerischen Staatsregierung, die sich allerdings im Gegensatz zur Regierung in Nordrhein-Westfalen zögerlich verhielt? Unsere Pressearbeit zahlte sich aus. Die örtlichen Zeitungen griffen unsere Vorstellungen ernsthaft und positiv auf. So stand dann in den Nürnberger Zeitungen, dass dadurch die Möglichkeit für die „erhebliche Erweiterung und zukunftsorientierte Umgestaltung der AEG-Kanis Nürnberg", bestünde. Das geeignete Gelände am Hafen war frei und im Besitz des Freistaates Bayern. Nicht nur eine Herausforderung für die bayerische Staatsregierung, sondern auch für den AEG-Konzern. Neue Perspektive für uns alle? Jetzt galt es, unseren Anspruch sichtbar zu machen.

Wir legten am Nachmittag zum 13. mal die Arbeit nieder, bildeten mit 400 Autos einen langen Autokorso und fuhren unter beachtlicher öffentlicher Resonanz zum Hafen, wo unsere neue Fabrik stehen sollte. Das musste organisiert sein. Unsere Schreiner waren gefragt, sie zimmerten eine übliche aber ziemlich große Bautafel, die wir zum Hafen transportierten. Jetzt waren wieder meine Beschriftungskünste gefragt. Ich schrieb mit großen Lettern optimistisch: „ENERGIEZENTRUM

NÜRNBERG, Fabrik Neubau AEG-Kanis, Bauherr AEG – DAIM-LER, Unterstützer: IG-Metall Nürnberg, Stadt Nürnberg, Bayer. Staat". Das stimmte natürlich nicht und wir pokerten weiter. Die Presse war interessiert und anwesend und berichtete ausführlich. Gerd Lobodda erläuterte die große Bedeutung dieser neuen Fabrik. Die Frage, ob er die Zusage der bayerischen Regierung hatte, ließ er offen. Meine Aufgabe als Betriebsratsvorsitzender war die symbolische Grundsteinlegung vor versammelter Mannschaft. Leider schlug ich mit dem mir gereichten Hammer so fest auf den Grundstein, dass er zerbrach. Kein gutes Omen.

Nach den Presseberichten am nächsten Tag klingelte unser Telefon unablässig. Ich musste mir immer wieder mal ein spontanes Lachen verkneifen, wenn ein Zuständiger der Politik uns fragte, von wem wir die Genehmigung für den Neubau einer Fabrik am Nürnberger Hafen bekommen hätten? Ein „von Niemandem" verkniff ich mir jedenfalls.

Foto: Matejka
„Arbeiter legen Werks-Grundstein" - so die „Nürnberger Nachrichten" zu unserer Provokation am Nürnberger Hafen.

*Leider schlug ich mit dem mir ge-
reichten Hammer so fest auf den
Grundstein, dass er zerbrach. Kein
gutes Omen.*

Die Spaltung der Betriebsräte

Nein, wir Nürnberger konnten die Vereinbarung mit dem Konzern nicht unterschreiben, die auf Sicht unser Aus bedeutet hätte. Im Gegensatz zu unseren Essener Kollegen, die nach einem Ultimatum des Konzerns in ihrer Not das für uns inakzeptable Konzept des Konzerns deshalb unterschrieben, weil sie befürchten mussten, dass ansonsten ihre neue Fabrik am Hafen nicht gebaut würde. Sie klammerten sich an diesen Strohhalm und hatten nicht die Hoffnung, mit einem gemeinsamen Widerstand das Schlimmste zu verhindern.

Die Überschrift in den *Nürnberger Nachrichten* lautete dann: „Die Betriebsräte von AEG-Kanis kämpfen jetzt allein." Gemeint waren wir Nürnberger – bitter für uns. Aber wir resignierten nach der ersten Enttäuschung über die Spaltung nicht. Allerdings mussten wir Nürnberger jetzt tatsächlich alleine zurechtkommen. Nein, wir gaben nicht auf.

Lieber wäre mir gewesen wenn wir Essener und Nürnberger Betriebsräte zu einer gemeinsamen offenen Einschätzung und Verständigung unserer prekären Situation gekommen wären, die – bei allen unterschiedlichen Zwängen – zu einer gemeinsamen Haltung hätte führen können. Ich hielt dies auch im Nachhinein für durchaus möglich. Es stellt sich für mich nach wie vor die Frage, wieso dies nicht möglich war? Chancen vertan?

Bedrohung des Nürnberger Betriebsratsvorsitzenden

Der Konzern machte Druck über den neuen Nürnberger Geschäftsleiter Herrn Keinath, der mich mit einem Schreiben persönlich angriff. Ich hätte widerrechtlich Arbeitsniederlegungen initiiert und einen Bundestagsabgeordneten durch den Betrieb geführt, warf er mir vor, und drohte mit rechtlichen Schritten und Schadensersatzansprüchen. Die *Nürnberger Nachrichten* stellten in ihrem Bericht die Frage: „Neue Qualität im Konflikt um AEG-Kanis?" Initiiert ausgerechnet von Herr Keinath, mit dem wir die Erfahrung machen mussten, dass er seine eigenen Zusagen nicht einhielt und kniff, wenn es zu heiß wurde. So warteten wir mit unseren hunderten Beschäftigten im vollbesetzten Saal der Betriebsversammlung gespannt auf seine Rede zur Realisierung unseres Beschäftigungsplans, den er uns in den Verhandlungen zugesagt hatte. Aber wir warteten vergebens. Angeblich hatte Herr Keinath sein Flugzeug verpasst, was wir ihm natürlich nicht abnahmen. Die Wahrheit war, dass er vom Konzern zurückgepfiffen wurde, weil er seine unter unserem Druck gemachten Zugeständnisse nicht einhalten durfte. Mit seiner Drohung mir gegenüber versuchte er den Spieß umzudrehen.

Aber der Geschäftsleiter Herr Keinath hatte die Rechnung ohne die Solidarität der Beschäftigten mit mir, ihrem Betriebsratsvorsitzenden, gemacht. Was er sicher nicht beabsichtigt hatte trat ein. Die nächste einstündige Arbeitsniederlegung aller Beschäftigten ging auf sein Konto. Mir selbst tat diese Solidarität gut und sie bestärkte mich, so weiter zu machen. Von Herrn Keinath hörte man dann in dieser Angelegenheit nichts mehr. Aber irgendwann musste er dann doch noch zu uns nach Nürnberg kommen. Doch seine Karriere war dann nur noch von kurzer Dauer.

Ich war aber ganz schön erleichtert, denn ohne diese Solidarität wäre es dem Konzern sicherlich nicht schwergefallen, mich aus formalrechtlichen Gründen loszuwerden. Natürlich bin ich bei unseren Aktionen als Betriebsratsvorsitzender immer wieder einmal über die betriebsverfassungsrechtlichen Einschränkungen hinausgegangen. Ein Rauswurf wäre aber für mich und meine Familie eine existenzielle Katastrophe gewesen. Wer hätte denn einen wie mich noch eingestellt?

Spielball der Konzerne – David gegen Goliat

Wir wussten, dass sich inzwischen der mächtige Daimler-Konzern die AEG einschließlich uns Nürnbergern einverleibt hatte. Der einst so mächtige AEG-Konzern wurde dann im noch mächtigeren Daimler-Konzern wie Zucker im Kaffee aufgelöst. Wir hatten es mit einem neuen, noch mächtigeren Konzernherrn Etzard Reuter, dem Sohn des legendären, ehemaligen Oberbürgermeisters von Berlin, Ernst Reuter, zu tun. Etzard Reuter weitete den Daimler-Konzern auch gleich noch mit dem lukrativen Rüstungsgeschäft aus. Nicht gerade mein Ding als Friedensbewegter.

Lieber Turbinen für friedliche Zwecke bauen ...

... als tödliche Rüstungsprodukte zu produzieren!

Für den Daimler Konzernboss Edzard Reuter waren wir anscheinend nur Peanuts und er war uns nicht wohlgesonnen. Er kündigte zu unserer Empörung an, dass wir Nürnberger bedauerlicherweise nur noch Zulieferfunktion haben sollten, verbunden mit einem entsprechenden Arbeitsplatzabbau. Dies kannten wir ja schon. Wir schrieben ihm, dass wir diese, auch betriebswirtschaftliche Fehlentscheidung und die Entlassungen nicht hinnehmen würden und legten noch eine Schippe drauf.

Unser scheinbar aussichtsloser Kampf, nun auch noch gegen den Daimler-Goliat, ging jetzt erst recht weiter. Mit Unterstützung unserer IG Metall stellten wir auf dem Parkplatz direkt vor der Fabrik ein großes Solidaritätszelt auf. Genau auf dem mir so vertrauten Platz, auf den ich damals als Technischer Zeichner-Lehrling von meinem Bürofenster aus so sehnsuchtsvoll, als das vermeintliche Tor zur Freiheit hinabgeschaut hatte. Jetzt war es für mich gerade umgekehrt. Dieses Mal wollte ich nicht mehr aus meinem Bürogefängnis flüchten, sondern im Gegenteil. Es galt vielmehr, den Betrieb und damit unsere Arbeitsplätze zu verteidigen.

Unsere kommenden Aktionen sollten zu absoluten Höhepunkten in der kritischen Phase der Auseinandersetzung mit einem nicht absehbaren Ausgang werden.

Unser Solidaritätszelt

Foto: F. Bauer
Die „Nürnberger Nachrichten" berichtete mit der Überschrift „Vierzehn Tage lang Provokation" von unseren Aktivitäten und einer meiner Reden vor dem Solidaritätszelt.

*Zuhörer mit der künftigen Familienministerin **Renate Schmidt***

Was sich in den zwei Wochen in und um unser Solidaritätszelt herum tat, war unbeschreiblich. Die Solidarität für uns bekam regelrecht Flügel. Wir organisierten mit erheblichem Einsatz Gemeinsamkeiten unter dem Motto „Nicht nur kämpfen, sondern auch feiern". Es wurde gegrillt, für Getränke und Musik war immer gesorgt, wir veranstalteten bunte Programme für die vielen Nürnberger, die täglich zur Unterstützung zu uns kamen. Einer der Höhepunkte war unser Solidaritätsfest mit dem Auftakt am Freitag für das ganze Wochenende. Wir begannen am Nachmittag mit einem bunten Programm mit Musik und Kinderattraktionen, auch mit einem Zauberer für die Kinder. Es gab Judovorführungen vom Verein unseres Betriebsratskollegen Norbert, der selbst mit seiner weißen Judo-Sportkleidung und seiner Mannschaft auftrat. Solidaritätserklärungen der Kolleg/innen von Krupp-Rheinhausen und ABB-Mannheim, die ähnliche Probleme hatten und die zu unserer großen Freude extra mit ihren Bussen angereist waren. Es sang unser Nürnberger Gewerkschaftschor gemeinsam mit dem Chor der Rheinhausener.

Gemeinsames Singen der Gewerkschaftschöre von Nürnberg und Rheinhausen

Abends veranstalteten wir ein politisches Kabarett mit dem bundesweit bekannten Helmut Ruge und danach eine Travestie-Show mit einem stadtbekannten Transvestiten. Der Tag klangt um 23 Uhr aus mit der in Nürnberg so beliebten NC Brown Blues Band. Wir alle waren ziemlich geschafft. Danach begann die Nachtwache im Zelt der freiwilligen Kollegen, um am nächsten Tag weiter zu machen.

In diesen turbulenten Tagen freuten wir uns über zahlreiche Delegationen nicht nur aus anderen Betrieben, sondern auch über den Besuch von Politikern. Besonders verblüfft waren wir, als ein Mönch in seiner Kutte mit einem schweren Holzkreuz auf seinem Rücken von seiner Kirche bei uns schwitzend ankam. Er bekam von uns erst einmal ein frisches Bier. Das Solidaritätszelt zahlte sich zunehmend aus und wir waren zu weiterem fest entschlossen. In unseren Vorstellungen stand der Sonderzug nach Stuttgart zu Daimler praktisch schon unter Dampf.

Buntes Treiben am Solidaritätszelt:

Unsere musikalischen Kollegen

Judovorführung unseres Betriebsratskollegen Norbert und seinem Verein

Spaß für Kinder am Solidaritätsfest

Simsala Bim

Ein Kollege als Schotte

Der Grill ging nicht aus Glücksrad für Kinder

Währenddessen mimte der bisherige AEG-Boss Herr Dürr, vermutlich aus Karrieregründen – er wurde später Chef der Bundesbahn – bei Daimler immer noch den Zuständigen auch für AEG-Kanis. Wir wussten aber nicht, was er im Konzern wirklich noch zu sagen hatte.

Dann kam es, im Gegensatz zu den Aussagen des Konzernchefs Etzard Reuter ganz schnell ganz anders. Herr Dürr sicherte uns, zu unserer Überraschung zu, dass der Dampfturbinenbau in Nürnberg weitergehe und niemand entlassen würde und stellte neue Investitionen in Millionenhöhe in Aussicht. Allerdings für den Preis des Abbaus von 175 Arbeitsplätzen. Dies sollte jedoch unblutig geschehen, das heißt mit freiwilligen Altersregelungen. Wie mussten uns entscheiden. Sollten wir auf den Kompromiss eingehen oder bis zur Erschöpfung weiter kämpfen? Die IG-Metall riet uns auf diesen Kompromiss einzugehen der das Ergebnis unseren Arbeitskampf wäre. Ohne zu befürchten, das wir zu weiteren Aktionen bereit sind, wäre der Konzern sicher nicht zu einem Kompromiss bereit.

Jedoch war zu erwarten dass dieser Kompromiss auch unter nicht unumstritten sein wird, denn wir haben ja nicht nur für den Erhalt des gesamten Werkes gekämpft sondern auch gegen jeglichen Arbeitsplatzabbau.

Ich hatte jedoch nicht erwartet, dass ausgerechnet Dieter, der Vorsitzende unseres so kämpferischen betrieblichen IG Metall-Vertrauenskörpers, auf Gegenkurs ging. Wir waren uns ja in unserem gemeinsamen Arbeitskampf ziemlich nahe gekommen. Als er mir persönlich erklärte, dass er lieber einen Briefmarkenladen betreiben würde, als sich auf die Dreckskapitalisten einzulassen, konnte ich es im Moment gar nicht fassen. Ich ließ mich auf seinen wahrscheinlich ideologischen motivierten Einwand nicht ein, denn für mich hatte absoluten Vorrang, dass wir mit dem erkämpften Kompromiss noch eine Zukunft hätten. Ich konnte nicht zulassen, dies zu gefährden. Dafür hatten wir doch mit insgesamt 21 Arbeitsniederlegungen und Aktionen so heftig gekämpft.

Dieter verzieh mir nie, sicherlich auch aus ideologischen Gründen, dass ich die Mehrheit davon überzeugte, dass wir um diesen Kompromiss nicht herum kommen, obwohl wir personell einige Federn lassen würden.

Ich selbst hatte Skrupel ganz anderer Art. Mir war klar, dass den Kollegen/innen bei jeder der 21 Arbeitsniederlegungen zu den wir aufriefen rigoros entsprechend ihr der Lohn oder Gehalt gekürzt wird, obwohl wir der Meinung waren, dass die Verantwortlichen dies selbst verursacht haben. Man kalkulierte anscheinend dass uns das Streiken auf Dauer schon vergehen wird, wenn wir es selbst bezahlen müssen. So konnte ich vor manch einer Arbeitsniederlegung nicht ruhig schlafen und ich fragte mich immer wieder, wie lange wir das durchhalten werden. Es war beeindruckend. dass dies meine Kolleginnen und Kollegen in Kauf nahmen.

Dies alles hatte mir und uns allen ganz schön viel Kraft gekostet. Die *Nürnberger Nachrichten* titelten nach der Einigung: „Teilsieg nach elf Monaten Kampf." Die IG Metall erstellte eine ausführlich Dokumentation mit dem Titel „ELF MONATE ARBEITSKAMPF BEI AEG-KANIS NÜRNBERG – ES HAT SICH GELOHNT" In dieser Dokumentation wird aber auch sichtbar, wie sehr wir nicht nur gekämpft, sondern auch immer wieder gebangt hatten.

Eins Tages suchte mich überraschend ein Mitglied des „Werkkreis Literatur der Arbeitswelt" in meinem Betriebsratsbüro auf und wollte, unbedingt meine Biografie verfassen. Er war anscheinend beindruckt von unseren Aktivitäten. Ich hatte alle Mühe ihn zu überzeugen, dass mir dies mitten in unseren derzeitigen Aktivitäten überhaupt nicht möglich ist und vertröstete ihn auf eine eventuelle spätere Gelegenheit.

Wir fragten uns, was hinter dem überraschenden Sinneswandel des Herrn Dürr und den Zugeständnissen des Konzerns wohl steckte? Dies sollte sich bald herausstellen. So war alles hinter uns liegende auch für mich noch längst nicht das Ende der Fahnenstange.

Einige Zeit später bestellte uns Herr Dürr, mich und meinen Stellvertreter Reimund Middel, kurzfristig in die AEG-Konzernzentrale nach Frankfurt. Der scheinbar immer noch mächtige AEG-Boss Herr Dürr, den wir immer wieder einmal nicht gerade nett in der Öffentlichkeit bloßgestellt hatten, empfing uns freundlich mit Kaffee und Plätzchen.

Wir waren misstrauisch – was wollte er von uns? Ganz einfach: Er wollte uns an den ABB-Konzern verkaufen und wollte anscheinend, um Komplikationen zu vermeiden, dazu unsere Nürnberger Akzeptanz. Befürchtete er vielleicht, dass wir wieder so große Schwierigkeiten machen könnten, dass der Verkauf platzte? Er ließ sich jedoch nichts anmerken, erklärte uns aber ziemlich rigoros, dass die Entscheidung des AEG-Konzerns unumstößlich sei. Wir wüssten ja, dass ein Verkauf ausschließlich Sache des Eigentümers wäre. Dies gelte auch für die Vereinbarung mit dem ABB–Konzern, an den er uns verkaufen wollte. Wir erklärten, dass uns die Bedingungen des Verkaufs nicht gleichgültig seien, da es uns vor allem um die Zukunft unserer Arbeitsplätze gehe.

Als wir Zusicherungen verlangten und wir vor dem Deal zumindest Informationen haben wollten, war es vorbei mit Herrn Dürrs Freundlichkeit. Er erklärte ziemlich barsch, dass wir uns keine Illusionen machen sollten. Zu einer Mitwirkung von Betriebsräten werde es bei der Vertragsgestaltung mit dem ABB-Konzern nicht kommen.

Der bieder wirkende Herr Dürr mit seinem schwäbischen Dialekt merkte jedoch anscheinend, dass dies bei uns nicht gut ankam. Er versuchte uns damit zu besänftigen, dass wir uns über die Einzelheiten noch mit der örtlichen Geschäftsleitung verständigen könnten. Damit gaben wir uns aber nicht zufrieden. Wir wussten ja, dass sie nur das auszuführen hatte, was der Konzern vorgab. Wir wollten diese Vereinbarung zumindest einsehen. Herr Dürr wich aus und sagte, dass dies ohnehin nicht möglich sei, da die Verhandlungen mit dem ABB-Konzern noch nicht abgeschlossen wären.

Wir gingen davon aus, dass Herrn Dürr durchaus bewusst war, dass mit uns nicht gut Kirschenessen ist, wenn es um unsere Arbeitsplätze ging und um den Bestand der gesamten Werksstrukturen, von denen unsere Existenzen abhing. Er versuchte, uns mit dem Hinweis zu beruhigen, dass wir noch Gelegenheit hätten, einiges mit dem Käufer, unserem neuen ABB-Konzern-Herrn Dr. Eberhard von Koerber, zu regeln. Wir hatten den Eindruck, dass Herr Dürr uns endlich vom Hals haben wollte. Sollte sich doch der ABB- Konzern mit uns in Zukunft herumschlagen.

So kam es dann zum ersten Termin mit unserem neuen ABB Boss Herrn Dr. Eberhard von Körber. Wir hatten den Eindruck, dass sich auch der smarte Herr von Körber nicht mit uns anlegen wollte. Anscheinend ging uns ein entsprechender Ruf voraus. Er ging zu unserer Überraschung weitgehend auf unsere Vereinbarung ein, die wir dem AEG-Konzern abgetrotzt hatten. Herr von Koerber erklärte uns, dass unser bisheriges Programm und die Organisationsstrukturen weitgehend erhalten bleiben. Der derzeitige Personalstand von 980 Beschäftigten sowie die Anzahl von 50 Auszubildenden sollten bestehen bleiben. Auch der Fabrikname Kanis sollte wegen der weltweit laufenden 2900 Dampfturbinen-Anlagen als Markenzeichen erhalten bleiben. Er sagte uns Investitionen in Millionenhöhe für den Ausbau der Nürnberger Fabrik zu. Wir legten großen Wert darauf, dass unsere erkämpften Betriebsvereinbarungen der AEG kollektivrechtlich übernommen würden. Darunter unsere weitaus besseren Regelungen des Ruhegeldes als bei ABB. Das sollte für uns alle, und somit auch für mich noch von Vorteil sein.

Für uns alle begann eine neue Ära mit interessanten neuen Mannheimer Betriebsratskolleginnen und Kollegen, die uns damals bei unserem Arbeitskampf in unserem Zelt in Nürnberg besucht und so solidarisch unterstützt hatten. Wir und auch ich glaubten, endlich wieder in ruhigeres Fahrwasser geraten zu sein.

Dies sollte sich jedoch bald als Irrtum herausstellen. Die Bilanzen der ABB, vor allem in dem großen Werk in Mannheim, stimmten nicht. Das kannten wir doch. Waren wir Nürnberger unter dem Motto „Mitgefangen, Mitgehangen" vom Regen in die Traufe geraten? Ähnlich wie damals bei der AEG?

Die mehreren tausend Beschäftigten in Mannheim sollten dies durch einen rigorosen Personalabbau ausbaden. Aber auch der mächtige ABB-Konzernboss Herr von Körber hatte die Rechnung ohne den Widerstand der gut organisierten Beschäftigten und deren kämpferischen, gut verankerten gewerkschaftlichen Vertrauenskörper und Betriebsrat in Mannheim gemacht.

Wir hatten jetzt gute Gelegenheit, uns für die Solidarität bei unserem Widerstand in der AEG zu revanchieren. Natürlich nicht ganz ohne Eigennutz, denn auch wir in Nürnberg befürchteten, dass die uns gegebenen Zusagen des Herrn von Körber nicht lange Bestand haben könnten. Als man uns dann die berüchtigte Unternehmensberatungsfirma McKinsey auf den Hals hetzte um 100 Arbeitsplätze abzubauen, rebellierten auch wir in Nürnberg. Der ABB Konzern musste korrigieren.

Foto: Voll

Wie die „Nürnberger Nachrichten" mit ihrem Bericht „Protest gegen den Stellenabbau" aufzeigte, waren die Pläne Mc Kinseys mit uns nicht zu machen.

Dann kamen aber nach dem überraschenden Fall der Mauer zusätzliche ungeahnte Probleme auf uns zu. Die ABB war am Ausverkauf der DDR-Industrie beteiligt. Sie übernahm wahrscheinlich mit Hilfe der berüchtigten Treuhandgesellschaft für einen Apfel und ein Ei die riesige, ziemlich marode Turbinenfabrik in Ostberlin.

Ehe wir uns versahen, saßen wir mit den Mannheimer Betriebsräten am Verhandlungstisch in der Ostberliner Fabrik. Noch vor kurzem, vor dem Fall der Mauer, wäre das noch völlig undenkbar gewesen. Die unerfahrenen Betriebsräte der Ostberliner Fabrik hatten im Gegensatz zu uns die Illusion, dass der ABB-Konzern ihre Arbeitsplätze durch die Aufrechterhaltung der Lieferung ihrer Turbinenanlagen in den Osten erhalten werde. Dies alles blieb Schall und Rauch.

Die Fabrik wurde geschlossen und die Beschäftigten standen auf der Straße. War das ganze letztlich für den Konzern ein Immobilien-Schnäppchen gewesen?

Und dann kam es für uns wieder ganz anders. Ohne gefragt zu werden, landeten auch wir Nürnberger unvermittelt gemeinsam mit den Mannheimern in dem schwedischen Großkonzern Elektrolux. Wir wurden nun mit einer befremdlichen neuen Konzernkultur konfrontiert. Wir ahnten, dass wir auch in dem neuen Konzern nichts geschenkt bekommen würden.

Unsere Nürnberger Geschäftsleiter waren ganz schön nervös, als der mächtige schwedische Konzernboss Herr Straberg sein Kommen ankündigte, um erstmals seine Nürnberger Fabrik in Augenschein zu nehmen. Ihm ging der Ruf eines unangenehmen selbstherrlichen Bosses voraus.

In Nürnberg wollte man unbedingt einen guten Eindruck machen und ihn keinesfalls verärgern. Die Geschäftsleiter gaben an sämtliche Vorgesetzten die Anweisung, vor seinem Erscheinen nicht nur das Hofgelände, sondern auch die Werkshallen pikobello aufzuräumen.

Über meinen selbstbewussten Vorschlag zu einem Gesprächstermin zwischen Herrn Straberg und uns Betriebsräten waren die Herren unserer Geschäftsleitung in den oberen Etagen richtig erschrocken. Sie kannten ja meine unangenehmen Fragen und dies könnte Herrn Straberg verärgern und negative Reaktionen zur Folge haben. Als ich weiterhin darauf bestand, machten sie mir den Vorschlag, anstelle eines Gesprächs an der geplanten Veranstaltung aller Vorgesetzten teilzunehmen. Ich sollte mich aber um Himmelswillen nicht zu Wort melden. Das Ganze war für mich eine ziemliche Zumutung. Denn eigentlich hatte ich die Erwartung, dass Herr Straberg unsere berechtigten Interessen als örtliche Betriebsräte und gewählte Vertreter der Beschäftigten kennenlernen sollte. Er schien auf einem ziemlich hohen Ross zu sitzen, dass er dies nicht für erforderlich hielt. Gab es in Schweden nicht auch Betriebsräte? Und wie verhielten sich diese?

Ich sollte bald Gelegenheit haben, sie bei ihrem Besuch hier in Nürnberg und bei unserem Gegenbesuch in Schweden kennenzulernen und war sehr verwundert.

Unser großer Kantinensaal, in dem ich so oft bei den Betriebsversammlungen vor vollem Haus zu allen Beschäftigten gesprochen hatte, war diesmal nur zu einem Viertel belegt. Es waren ja nur die Vorgesetzten geladen. Alle, die anscheinend im Sinne von Herrn Straberg von Bedeutung waren, also nicht die Mehrheit aller Beschäftigten und auch nicht wir Betriebsräte, auf die es eigentlich ankam. Nach meiner Auffassung wäre eine Betriebsversammlung aller Beschäftigten selbst aus der Sicht eines Herrn Straberg sinnvoller gewesen, als nur die Veranstaltung mit den Vorgesetzten.

Ich hatte mich entschieden, doch an dieser Versammlung teilzunehmen, um wenigstens einen ersten Eindruck zu bekommen, mit wem wir es künftig zu tun haben. Dies wollte ich nicht verpassen, fühlte mich jedoch in dieser ungewohnten Rolle lediglich des Zuhörers nicht gerade wohl. Ich wollte aber unbedingt mitbekommen, was der Konzernherr mit dieser Veranstaltung eigentlich bezweckte. Dies wurde schnell klar.

Er versuchte, die Vorgesetzten auf seine Konzernlinie einzuschwören. Mir verschlug es fast die Sprache als er sagte, dass die notwendigen Maßnahmen – er meinte nicht nur den gravierenden Personalabbau in Mannheim – doch im Interesse aller in der Konzernfamilie Elektrolux seien und somit auch von den Betroffenen akzeptiert werden müssten.

Da es anscheinend niemand wagte, zu widersprechen, konnte ich mich nicht mehr zurückhalten, und meldete mich zu Wort – nicht gerade zur Freude unseres Geschäftsführers, der die Diskussion leitete. Man hatte ja den Kontakt mit uns Betriebsräten nicht gewünscht, und Herr Straberg wusste natürlich nicht, wer ich bin.

Als ich mich als Betriebsratsvorsitzender zu erkennen gab, verfinsterte sich sein Gesicht merklich. Als ich Herrn Straberg erwiderte, dass es den Entlassenen nicht zuzumuten sei, ihre eigene Existenz auch noch mit eigener Zustimmung im Interesse des Konzerns aufzugeben, war es totenstill im Saal. Wie würde er reagieren?

Er reagierte ziemlich ungehalten und von oben herab. Er gab mir zu verstehen, dass er nicht beabsichtigte, sich hier mit mir als Betriebsrat auseinanderzusetzen. Aber in der Folge war es an der Stimmung im Saal zu spüren, dass seine weiteren Versuche, zu überzeugen, bei seinen Untergebenen nicht mehr so recht ankamen.

102

Nach dieser Veranstaltung gab mir die Geschäftsleitung zu verstehen, dass man über meinen Diskussionsbeitrag und den Verlauf dieser Versammlung nicht glücklich war. Sie befürchteten anscheinend Konsequenzen des Herrn Straberg, welcher Art auch immer. Ich hatte das Gefühl, dass man sich hinter den Kulissen wieder einmal Gedanken machte, wie man mich, den schon so viele Jahre lästigen Betriebsratsvorsitzenden, endlich loswerden könnte. Man ließ sich tatsächlich etwas einfallen.

In Mannheim biss sich Herr Straberg mit seinen rigorosen Abbauplänen zugunsten seiner Bilanzen an dem kämpferischen Betriebsrat ganz schön die Zähne aus. Wie wir damals in Nürnberg auch, scheuten sich die Mannheimer KollegInnen nicht, den Konflikt in die Öffentlichkeit zu tragen. Die langanhaltenden Auseinandersetzungen waren nicht gerade ein Plus für das Image des schwedischen Elektrolux-Konzerns.

Wir Nürnberger gehörten ja jetzt gemeinsam mit unseren Mannheimer Kolleginnen und Kollegen zur Elektrolux-Familie. Aber nicht so, wie sich dies Herr Straberg vorstellte. Wir gewerkschaftlich Orientierten waren auf Gegenkurs. Anders als damals mit unseren Essener Kollegen, konnten wir uns auf unsere gemeinsame Standhaftigkeit mit unseren Mannheimer Kolleginnen und Kollegen verlassen, wenn wir Benachteiligungen ausgesetzt wurden – egal, ob in Mannheim oder bei uns in Nürnberg. Wir hielten zusammen.

Wir waren auf Gegenbesuch bei den netten Betriebsratskollegen in Schweden. Bei ihrem Besuch in Nürnberg merkten wir bereits, dass sie von unserer kämpferischen Einstellung gegenüber Herrn Straberg ziemlich irritiert waren. Sie erhofften sich anscheinend, mit ihrer Kompromissbereitschaft bei den auch in Schweden geplanten Personalabbaumaßnahmen besser weg zu kommen.

Also war den durchaus sympathischen schwedischen Kollegen eine gut gemeinte gemeinsame Tour im Morgengrauen in ihren Wäldern vorrangig. Sie wollten uns etwas ganz Besonderes bieten. Sie wollten mit uns Elche aufspüren, die bei ihnen in freier Wildbahn beheimatet sind. Nach dem abendlichen Trinkgelage für mich und uns nicht gerade ein Vergnügen, schon am allzu frühen Morgen in die Wälder aufzubrechen. Unseren schwedischen Kollegen war es peinlich, dass wir dann bei dem morgendlichen Ausflug nicht einen einzigen Elch zu Gesicht bekamen. Es kam leider auch keine länderübergreifende kämpferische Gemeinsamkeit zustande, wie wir sie gewünscht hätten.

Arzt am Krankenbett der Konzerne?

Es gelang uns zunehmend, mit unseren zahlreichen Aktivitäten die Öffentlichkeit für uns zu gewinnen, was den Konzernherren überhaupt nicht schmeckte. Wir fanden vor allem bei unserer örtlichen Presse ein offenes Ohr, hatten darüber hinaus auch bundesweite Resonanz. Wohlwissend, wie sehr unsere Geschäftsleitung unter den Vorgaben des Konzerns handelte, mischten wir uns in ihre Zuständigkeiten ein. Waren wir somit nur der Arzt am Krankenbett des Konzerns, wie dies uns manchmal, auch von uns durchaus wohlwollenden Kritikern vorgeworfen wurde? Scheinbar nicht ganz unberechtigt. Es gab auch unter uns manchmal erhebliche Unsicherheiten. Und da saß ich ab und an auch zwischen unseren eigenen Stühlen. So hielt ich es für sinnvoll uns in den wöchentlichen Betriebsratssitzungen, die ich als Betriebsratsvorsitzender leitete, mit der Ablauforganisation in den Werkstätten zu befassen. Meine Betriebsratskollegen aus der Werkstatt kritisierten immer wieder die Unzulänglichkeiten, die sie bei der Fertigstellung der Turbinen behinderten. Der neue Fertigungsleiter mit einem Doktortitel wollte dies mit der Ausweitung des Akkordsystem auch auf die Bereiche erreichen, die überhaupt nicht für ein Akkordsystem sinnvoll waren. Eigentlich wollte er damit nur ausgerechnet die Kollegen überwachen, die mit ihren Erfahrungen diese organisatorischen Schwächen ständig ausbügelten. Wir waren uns einhellig der Meinung, dass wir dies unter allen Umständen verhindern müssen. Andererseits waren die Kollegen aus den Werkstätten nicht bereit, sich mit erforderlichen Veränderungen der Organisationsstrukturen zu befassen. Schließlich war dies Aufgabe der Geschäftsleitung. Um was sollten sie sich denn, neben ihrer Arbeit noch alles kümmern? Wahrscheinlich fühlten sie sich auch überfordert. Für mich war es jedoch, bei allem Verständnis für die Vorbehalte meiner Kollegen kein

Widerspruch, unzulängliche Dinge, die in der Kompetenz der Geschäftsleitung lagen selbst in die Hand zu nehmen. Dieter, unserer IG-Metall Vertrauenskörperleiter, der gleichzeitig Betriebsrat war, teilte meine Auffassung, vermutlich aus übergeordneten ideologischen Gründen überhaupt nicht und weigerte sich dabei mitzuwirken. Ich war jedoch der Meinung, dass dies ganz in seinem Sinne wäre aufzuzeigen, dass wir in der Lage wären den Betrieb selbst in die Hand zu nehmen, wenn man uns nur ließe. Es bestand ja, bei all unseren Auseinandersetzungen mit dem Konzern immer die Gefahr, dass man, bei nicht ausreichender Rentabilität den Betrieb verkauft oder ihn sogar dichtmacht, mit den entsprechenden Konsequenzen für unsere Existenzen.

Uns ging es in erster Linie um den Erhalt unserer Arbeitsplätze und damit unserer Existenzen. Darüber hinaus gehende kritische Fragen, zum Beispiel wer denn letztlich über unsere Arbeitsplätze entscheidet und was man eventuell politisch verändern müsste, standen für mich nicht im Widerspruch zu unseren Aktivitäten.

Uns brauchte niemand zu belehren, wie sehr wir zum Spielball der Konzerne wurden. Aber wir gaben nie auf. Unser zunehmendes Selbstbewusstsein beruhte darauf, dass wir uns bewusst wurden, dass wir es sind, die abhängig Beschäftigten, die die Werte schaffen und dass ohne uns nichts läuft. Wir bekamen andererseits immer wieder zu spüren, wie abhängig wir von den Bilanzen und den Entscheidungen der jeweiligen Konzernherren waren.

Mein Ende als Betriebsratsvorsitzender

Der ehrgeizige Herr Straberg machte weiter Druck auf seine Geschäftsführer, auch bei uns in Nürnberg. Er wollte bessere Bilanzen sehen.

Dies kannten wir schon aus unseren Zeiten bei der AEG und bei ABB und anderen Konzernen. Der Elektrolux-Konzern hatte sich auch von der Aneignung unserer mittleren Nürnberger Turbinenfabrik mit den knapp tausend Beschäftigten anscheinend mehr versprochen. Maßnahmen mussten ergriffen werden.

Nicht schon wieder, dachte nicht nur ich, sondern wir alle glaubten, dies endlich hinter uns zu haben. Was in den Köpfen unserer sicherlich gut dotierten Nürnberger Geschäftsleiter vorging, konnten wir uns vorstellen. Soweit, wie vor einigen Jahren, als die widerborstigen Beschäftigten mit ihren radikalen Gewerkschaftsvertretern mit Aktionen gegen Entlassungen beziehungsweise Betriebsverlagerungen sogar bundesweite Aufmerksamkeit erregten, sollte es nicht wieder kommen. Sie mussten befürchten, dass ihnen solches, wie ihren Vorgängern, den Kopf kosten könnte. Ich war mir ziemlich sicher: Um dies zu vermeiden, würden sie diffiziler vorgehen.

Ich wusste aber auch: Egal, welche Änderungsvorschläge wir auch machten, um Personalabbau zu verhindern, auch manche unter uns nicht unumstrittenen Vorschläge, es lief immer auf das Gleiche hinaus.

Es ging um den Nachweis kurzfristiger Kostenreduzierungen. Dies ließ sich am Einfachsten durch Personalabbau erreichen, egal welche langfristigen Nachteile dies mit sich bringen würde. So kurzsichtig wurde auch bei Elektrolux entschieden. Von wegen Mitbestimmung. Dafür werden Manager hoch bezahlt, dachte ich.

Nein, alles nicht gut für meinen Blutdruck. Und unversehens fand ich mich im Krankenhaus wieder. Mein besorgter Hausarzt, der nicht nur meine betrieblichen, sondern auch friedenspolitischen Überaktivitäten kannte – es stand oft davon immer wieder einiges in den Zeitungen –, hatte mich wegen einiger gesundheitlicher Probleme kurzerhand ins Krankenhaus eingewiesen. Nach einigen Tagen war ich schon wieder draußen. Außer einem hohen Blutdruck konnte man nichts finden. Wundert mich nicht, meinte mein Hausarzt danach, aber ich sollte doch etwas kürzer treten. Ich wäre ja auch nicht mehr der Allerjüngste. Für ihn war ich nach den Turbulenzen über die vielen Jahre hinweg einfach nur überlastet.

Aber er ahnte nichts von meinen Befürchtungen. Ich fühlte mich nach wie vor für die Sicherheit des Betriebes, unserer Arbeitsplätze und damit für die Existenzen meiner Kolleginnen und Kollegen als ihr gewählter Betriebsratsvorsitzender verantwortlich. Ihnen gegenüber dürfte und wollte ich keine Schwäche zeigen. Auch nicht gegenüber unserer Geschäftsleitung und den Konzernherren.

Und schon war ich wieder im Betriebsratsratsbüro. Es kam dann wie erwartet. Nur ging die Geschäftsleitung jetzt raffinierter vor. Man machte den Älteren Vorruhestandsangebote. Dies war zwar kostenintensiver, konnte aber durchaus wirksam sein, um mit weniger Reibungsverlusten auf Dauer Personalkosten zu reduzieren. Die politischen Rahmenbedingungen waren günstig. Die aktuelle Politik erhoffte sich durch großzügigere Vorruhestandsregelungen, die Chancen für Jüngere am Arbeitsmarkt zu verbessern. Jüngere könnten nachrücken, wenn Ältere ihren Arbeitsplatz durch ihren Vorruhestand freimachten. Die Arbeitsämter wurden anscheinend angewiesen, bei Übergangsregelungen für Ältere großzügig zu verfahren. Ich war skeptisch.

Wir wussten, dass es bei uns im Betrieb in erster Linie darum ging, Arbeitsplätze zu reduzieren und nicht darum, sie durch Jüngere neu zu besetzen. Meine Skepsis sollte sich leider bestätigen. Uns Betriebsräten fiel es nicht leicht, die zahlreichen Kolleginnen und Kollegen, die ein Vorruhestandsangebot bekamen, gegen unsere Überzeugung über die günstigsten Bedingungen ihres vorzeitigen Ausscheidens zu beraten. Sie alle waren in den vielen Jahren in kritischen Zeiten – und dies waren nicht gerade wenige – mit uns gemeinsam durch Dick und Dünn gegangen. Sie waren mit ihren Erfahrungen für uns und den Betrieb eigentlich unersetzlich. Und auch nicht so ohne weiteres durch den einen oder anderen Auszubildenden, für deren Übernahme wir immer wieder kämpfen mussten, zu ersetzen. Viele von den Vorruhestandskandidaten hatten aber regelrecht die Schnauze voll. Wer weiß, was die Zukunft noch alles bringen würde. Warum nicht mit einem günstigen Angebot vorzeitig gehen? Wir waren in der Zwickmühle. Einerseits wollten wir abraten und wollten auf sie nicht verzichten, andererseits hatten wir aber auch Verständnis, dass sie mit möglichst günstigen Konditionen gehen wollten.

Dann holte mich selbst das Thema ein. Ich wollte es erst gar nicht wahrhaben. Auch ich, der Betriebsratsvorsitzende, war plötzlich nach den vielen Jahren allein vom Alter her ein Vorruhestandskandidat. Günstige Gelegenheit für die Geschäftsleitung, mich, den lästigen und unbequemen Kontrahenten, der immer wieder gewählt wurde, loszuwerden? Man hatte meine gesundheitlichen Probleme anscheinend mitbekommen. Bei passender Gelegenheit wurde ich von der Geschäftsleitung darauf angesprochen. Man hätte Verständnis, wenn ich mich dem gesundheitlichen Stress in meiner Funktion im zunehmenden Alter auf Dauer nicht mehr aussetzen würde, erklärten sie mir ziemlich scheinheilig. Man würde schon eine passende Regelung für mich finden. Ich sollte mir dies einmal überlegen.

Dies meinte dann auch mein Hausarzt, obwohl er das durchsichtige Manöver meiner Geschäftsleitung durchschaute. Er meinte, dass mein bisheriger Einsatz in so vielen Jahren für meine Gesundheit nicht gerade förderlich war.

Die problematische Entscheidung lag nun ganz bei mir. Wollte und konnte ich loslassen? Es stimmte schon, der Stress in den vielen Jahren war sicherlich nicht spurlos an mir vorübergegangen. Zudem wäre ich nach der umfangreichen Vorruhestandsaktion vom Alter her einer der letzten Mohikaner im Betrieb gewesen.

Müssten jetzt nicht wirklich die Jüngeren ran? Meine Nachfolge in dem erfahrenen Betriebsratsgremium war nach dem gemeinsam Durchgestandenen für mich denkbar. Eigentlich war das Haus nicht nur des Betriebsrats bestellt und somit in guten Händen meiner auch kampferfahrenen Kolleginnen und Kollegen. Mein Stellvertreter und etwas jüngere Kollege Reimund hatte ja mit mir an vorderster Front die gleichen Erfahrungen gemacht.

Ich musste mich entscheiden und dies war zugegebenermaßen für mich nicht leicht. Mit schlechtem Gewissen stellte ich mir die Frage, ob ich einfach gehen könnte und somit alle diejenigen, die mich bisher immer wieder gewählt hatten, im Stich lassen?

Dabei half mir meine Frau mit ihrer eindeutigen Meinung. Ich sollte auch mal an mich und unsere Familie denken. Zieh doch selbst mal Bilanz, dann wirst du schon merken, dass es nach so vielen Jahren als Betriebsrat auch einmal genug ist, riet sie mir. Ich machte Bilanz und mir wurde bewusst, dass meine Frau mit ihrem Rat richtig lag. Was hat sich in den zwei Jahrzehnten meiner Betriebsratstätigkeit nicht alles ereignet. Ich hatte mich mit vier Konzernen rumgeschlagen, sieben Geschäftsleiter überlebt, die mich alle, den Unbequemen, auf unterschiedliche Weise irgendwie loswerden wollten.

Ich entschied mich schweren Herzens zu übergeben. Ich hatte ja auch schon längst mein ungewöhnliches 40-jähriges Betriebsjubiläum hinter mir. Die Anerkennung, die ich nicht nur bei meinem Abschied bekam, tat mir gut, es gab auch einige Tränen, auch bei mir.

Meine letzten Telefonate als Betriebsratsvorsitzender

Tatsächlich, ich war jetzt frei, was nun? Meinen problembeladenen Rucksack des Betriebsratsvorsitzenden hatte ich nun abgelegt, nicht jedoch meine Empfindlichkeit bei Ungerechtigkeiten. Dies sollte auch in Zukunft nicht ohne Folgen bleiben. Jedenfalls werde ich mich nicht nachträglich in Betriebsratsangelegenheiten einmischen, wie dies so mancher Ehemaliger tut, der sich für unersetzbar hält , werde aber für gewünschte Ratschläge offen bleiben.

Wurde es nicht höchste Zeit, zu Hause endlich einmal all das ständig Vernachlässigte und Liegengebliebene zu erledigen? Jedoch, daheim ist ein Betriebsratsvorsitzender wirklich nicht gefragt. Ich werde vermeiden, dass es mir so geht, wie dem Frührentner in Loriots köstlichem Film „Papa ante Portas", der es nach seiner Versetzung in den Ruhestand auch daheim nicht lassen konnte, ungefragt den Manager zu spielen.

Ich jedoch hatte ja über das Private hinaus noch genug am Hals. Mein guter Kollege Gerd Lobodda formulierte es später einmal so: „Der Hans ging in den Ruhestand und die Unruhe begann."

Allein meine Friedensaktivitäten würden mich noch ganz schön beanspruchen. Als Mitbegründer war ich immer noch einer der Sprecher des Nürnberger Friedensforums. Dies habe ich neben meinem Job als Betriebsratsvorsitzender oft mit hängender Zunge betrieben. Natürlich mache ich als Friedensonkel weiter. Angesicht der sich zuspitzenden politischen Entwicklungen wurde dies nicht leichter und könnte eine unendliche Geschichte werden. Eventuell ein unbezahlter Fulltimejob? Es gab jedenfalls tatsächlich viel zu tun. Dies alles sollte jedoch für mich Jahre später ein ziemlich unrühmliches Ende nehmen.

Nürnberger Friedensforum

Derzeit berichtet die Presse manchmal recht genüsslich über rückläufige Teilnehmerzahlen bei unseren Friedensaktivitäten, nicht nur bei unseren jährlichen Ostermärschen. Dies ging manchmal so weit, dass sie schrieben, die Friedensbewegung hätte sich inzwischen überlebt. Als wenn Frieden und Abrüstung Selbstläufer wären. Ich und wir Friedensaktivisten halten es vielmehr mit dem altbekannten Spruch: „Totgesagte leben länger." Man glaubt, uns immer wieder an den imposanten Teilnehmerzahlen am Höhepunkt der Friedensbewegung in den 80-er Jahren gegen den Nato-Doppelbeschluss messen zu können. Sie ahnen nicht, welcher Aufwand und welche Anstrengungen derzeit erforderlich sind, über Jahre Menschen zu ermuntern, in ihrem Friedensanliegen nicht nachzulassen und wie froh wir sind, wenn immerhin beachtliche mehrere hundert Leute unserem Ostermarschaufruf folgen. Nein, mit diesen pessimistischen Einschätzungen konnte ich mich nicht abfinden. Es stimmte schon, dass wir in der Zeit der friedenspolitischen Aufbruchsstimmung vor Jahren eine große Resonanz hatten.

An unserem Nürnberger Ostermarsch 1982 quoll der Nürnberger Egidienplatz am Fuße des Pellerhauses mit über 30.000 Menschen förmlich über. Wir hatten den Ostermarsch wegen der zu erwartenden höheren Teilnehmerzahl auf den größeren Egidienplatz vor der historischen Egidienkirche verlegt.

An unserer Veranstaltungsbühne informierte mich mein guter IG Metall-Kollege Gerd Lobodda erstaunt aber auch begeistert darüber, dass die Menschen bis in die umliegenden Straßen hinein stünden, weil sie nicht mehr auf den übervollen Platz kamen.

Angesichts der über 30.000 Menschen, die wir bei allem Optimismus nicht erwartet hatten, zitterten mir bei meiner Moderation ganz schön die Knie. Das war bis heute der absolute Höhepunkt der Ostermärsche bei uns in Nürnberg. Natürlich kam es auch bei so viel unterschiedlichen Teilnehmern bei aller Gemeinsamkeit zu Spannungen. So forderte mich ein Teilnehmer aus einer christlichen Initiative auf, dafür zu sorgen, dass das übergroße Transparent der DKP entfernt wird, weil dies die Sicht seiner dahinterstehenden Gruppe versperrte. Sicherlich hatte er auch Vorbehalte nicht nur wegen der politischen Parolen auf dem Transparent, sondern er schien auch ziemlich verärgert, dass sich seine weltanschaulichen politischen Rivalen so in den Mittelpunkt stellten. Auf mein Bitten hin wurde das Transparent schließlich eingerollt. Ich hatte auch alle Hände voll zu tun, eine ziemlich aggressive Teilnehmerin abzuweisen, die unbedingt außer der Reihe sprechen wollte. Als ich ihr erklärte, dass eine Ausnahme nicht möglich sei, weil dann auch noch andere sprechen möchten, spuckte sie mich an und entfernte sich schnell. Dies alles tat aber der guten Stimmung auf dem Platz und meiner Freude über die so nicht erwartete große Resonanz letztlich keinen Abbruch.

Foto: Rudolf Contino
„Frieden nur ohne Atombomben?“, so die „Nürnberger Nachrichten“ zu unserem Ostermarsch der 30.000, 1982 in Nürnberg

Es war uns mit der bundesweiten Friedensbewegung gelungen, viele Menschen dafür zu sensibilisieren, welche Gefahren von der Stationierung der neuen Atomraketen ausgingen. Wer wollte denn einen Atomtod riskieren? Viele Menschen waren weltweit aufgewacht und die Politiker mussten ihrer Pläne in der Folge korrigieren.

Nach diesem Höhepunkt ließen wir auch hier in Nürnberg mit unseren gemeinsamen Bemühungen nicht locker. Man wollte Trotz aller Proteste unbedingt die amerikanischen Atom-Mittelstreckenraketen Phershing II und Cruise-Missiles in unserem Land stationieren. Als Äquivalent zu den in Ostdeutschland stationierten Atom-Mittelstrecken SS 20. War die Stationierung der amerikanischen Atomraketen bei uns somit logischerweise ein folgerichtiger notwendiger Ausgleich? So jedenfalls versuchte die damalige Bundesregierung unter Bundeskanzler Helmut Schmidt der Bevölkerung die Stationierung schmackhaft zu machen. Atomraketen, die mit ihrer tödlichen Fracht jeweils gerade mal sechs Minuten zu ihrem Ziel brauchen.

Wir fragten uns, was wäre, wenn da irgendwer, auf welcher Seite und warum auch immer, auf den Knopf drückt? Nicht auszudenken, was dies für die Menschen in West und Ost bedeuten würde. Wir, die Friedensbewegten im ganzen Land waren uns einig: Die Stationierung muss unter allen Umständen verhindert werden. Aber dazu brauchten wir die Mehrheit in der Bevölkerung. Die Stationierer glaubten allen Ernstes, ihr Vorhaben durchsetzen zu können.

Großdemonstrationen in Bonn

Aber sie hatten die Rechnung ohne die erwachende und nicht nachlassende Friedensbewegung und Bevölkerung gemacht. Wir machten uns auf den Weg und es tat sich viel – nicht nur in unserem Land, sondern weltweit. Auch wir Nürnberger scheuten nicht die langen Busreisen zu den bundesweiten Großkundgebungen, an denen wir immer wieder teilnahmen. Und so standen wir dann auch unter den 300.000 Friedensbewegten im Bonner Hofgarten. Wir waren beeindruckt von den zahlreichen prominenten Rednern wie Heinrich Böll und waren überrascht, dass sich auch Willy Brandt gegen die Stationierung wandte.

Quelle: Wikimedia Commons, Mummelgrummel, File: Friedensdemonstration Bonn am 10ten Juni 1982 - Auftakt und Demonstration 03 (s-w)-2.jpg

Im Bonner Hofgarten kreiste über uns, den unübersehbaren Menschenmassen, ein Flugzeug, das hinter sich einen für uns alle gut lesbaren provozierenden Schriftzug zog: „Wer demonstriert in Moskau"? Die Stationierer konnten uns damit jedoch nicht beeindrucken.

Quelle: ullstein bild
300.000 Friedensleute 1983 im Bonner Hofgarten

Endlich
angekommen!
Wir Nürnberger,
meine Frau und ich
unter den 300.000

Mitentscheidend für den Bewusstseinswandel in der Bevölkerung waren die vielfältigen kreativen örtlichen Aktivitäten überall im Land. Es kam sichtbar zu Verhaltensänderungen, vor allem bei vielen jungen Menschen.

Man zog sich leger an, man trug Jeans anstelle dunkler Manageranzüge, die out waren, bevorzugte Rucksäcke und Jutetaschen. Die meisten der jüngeren Männer hatten lange Haare, so auch ich. Friedensinitiativen unterschiedlichster Art schossen wie Pilze aus dem Boden, in den Unis, es gründeten sich Schülerbündnisse.

In den Betrieben rührte sich ebenfalls einiges. Für mich als Betriebsratsvorsitzender war es nicht ohne Risiko, Unterschriftensammlungen und Mahnwachen auch bei uns im Betrieb gegen die Stationierung zu organisieren. Denn nach dem Betriebsverfassungsgesetz war auch ich ganz besonders in meiner Funktion als Betriebsratsvorvorsitzender zur Friedenspflicht vergattert. Und so, wie ich dies handhabe, war das mit der betrieblichen Friedenspflicht sicherlich nicht gemeint. Ich legte dies so aus, dass ein Aufbegehren gegen die Stationierung von Atomraketen höchster Ausdruck einer Friedenspflicht sei, auch im Betrieb.

Die Geschäftsleitung war über meine Auslegung der Friedenspflicht im Betrieb nicht gerade begeistert. Ich hatte aber den Eindruck, dass sie sich. angesichts der allgemeinen Stimmungslage mit uns nicht anlegen wollte. Unternahm also nichts gegen mich, den nach ihrer Ansicht, die betriebliche Friedenspflicht verletzenden Betriebsratsvorsitzenden.

War ich da nicht schon wieder in der Rolle eines unerschrockenen Kämpfers unterwegs, diesmal für den Frieden? Mag schon sein, aber mein Risiko war überschaubar, nachdem es uns gelungen war, unsere Kolleginnen und Kollegen davon zu überzeugen, dass es bei der Stationierung um unser aller Existenz und Leben ging.

Parallel zu den betrieblichen Aktivitäten gingen wir in den Stadtteilen von Haus zu Haus, von Wohnung zu Wohnung, und redeten mit den Bewohnern, warum wir auch ihre Straße symbolisch für atomwaffenfrei erklären wollten. Auch für mich keine Selbstverständlichkeit. Ich musste mich, bei aller Überzeugung, immer wieder überwinden. Ich kam mir manchmal vor wie ein Teppichhändler, der etwas verkaufen will. Wenn es nicht um unser Friedensanliegen wäre dies sicherlich nicht gerade mein Ding.

Wir baten die Bewohner um ihr Einverständnis und um Unterstützung, weil wir mit dieser Aktion den Stadtrat bewegen wollten, ganz Nürnberg zur atomwaffenfreien Stadt zu erklären, so wie dies bereits in anderen Städten geschah.

Die Türen standen uns dann allerdings bei den Zuständigen der Stadt nicht gerade offen. Der Stadtrat rang sich aber später zu einem Beschluss durch, Nürnberg als atomwaffenfreie Stadt zu erklären – posaunte dies aber, ganz staatstragend, nicht gerade lautstark hinaus.

Für die Kinder der Schulklasse meiner Tochter war es schon eine besondere willkommene Abwechslung, als ich überraschend mit belegten Brötchen in ihre Klasse kam. Die Brötchen reichten für alle. Ich erklärte ihnen nicht ohne Hemmungen, die ich mir aber nicht anmerken ließ, warum auch ihre Schule atomwaffenfrei sein sollte. Die Schüler fanden dies gut. Ich hatte aber den Eindruck, dass sich der freundliche Klassenlehrer bei diesem Thema nicht so recht wohlfühlte, obwohl er wahrscheinlich unserem Anliegen nahe stand. War er als Klassenlehrer vielleicht zu weit gegangen, mein Kommen zu akzeptieren? Befürchtete er negative Folgen durch die Obrigkeit?

In der Folge gründeten der agile Schüler Titus und seine Freunde aus der Rudolf Steiner-Schule das sehr aktive Schülerbündnis mit erfreulichen, ganz eigenständigen Friedensaktionen der Schülerinnen und Schüler in Nürnberg.

Immer wieder war ich auch bundesweit unterwegs, immer auf eigene Kosten und mit viel Zeitaufwand. Aber auch darüber hinaus, in Prag, in Moskau und Leningrad und später auch in Paris. Etwas viel Idealismus, dachte ich manchmal mit schlechtem Gewissen, wenn dies, wie so oft, zu Lasten meiner Familie ging, die zum Glück das gleiche Anliegen hatte. Wenn man wie ich erstmal in dem Thema Frieden drin steckt, weitet sich

das zwangsläufig aus, versuchte ich meine Überaktivitäten zu rechtferti-
gen. Da hätte ich ja auch gleich als Betriebsratsvorsitzender weiter machen können, dachte ich mir manchmal selbstkritisch.

Die Krefelder Initiative

Das auch noch. In Nordrhein-Westfahlen hatte sich eine bundesweite betriebliche Friedensinitiative gegründet. Von Nürnberg aus nicht gerade ein Katzensprung, aber da musste ich hin und das ein – oder andere mal wieder.

Dem ebenfalls in Nordrhein-Westfahlen gegründeten Krefelder Forum fehlte noch ein gewerkschaftlicher Friedensaktivist. Man fragte mich. Natürlich fühlte ich mich geehrt, gab aber zu verstehen, dass ich als Betriebsratsvorsitzender einer kleineren Turbinenfabrik mit 1000 Beschäftigten weder die Kompetenz habe noch befugt sei, die Gewerkschaften der Bundesrepublik in Gänze zu repräsentieren. Sie sollten sich doch besser an die Vorstände der Gewerkschaften wenden.

Erst später wurde mir klar, dass es in den Gewerkschaftsvorständen erhebliche, wenn auch unberechtigte politische Vorbehalte gegen die, von dem renommierten Pastor Niemöller und weiteren Persönlichkeiten gegründete Krefelder Initiative gab. Man unterstellte der Initiative, zu moskaufreundlich zu sein. Nicht nur für mich geradezu lächerlich, angesichts der atomaren Gefahren, die durch die geplante Stationierung der amerikanischen Mittelstreckenraketen auch für ihre vielen Millionen gewerkschaftlichen Mitglieder entstehen würden. Die Krefelder jedenfalls hatten sich vorgenommen, wenn schon die Gewerkschaftsführungen nicht mitzogen, doch ihre Mitglieder massenhaft für den Krefelder Appell zu gewinnen.

Anscheinend hatte sich bei den Krefeldern meine betrieblichen Aktivitäten als Betriebsratsvorsitzender, nicht nur für den Frieden herumgesprochen, von denen sie anscheinend beeindruckt waren. Sie ließen nicht mehr locker. Ich wäre für sie doch eine Alternative.

So war ich unversehens das gewerkschaftliche Element in dieser hochkarätig besetzten Krefelder Initiative. Ich war mir aber nicht so sicher, ob ich ihren, vielleicht auch unausgesprochenen Ansprüchen genügen könnte und ahnte wieder einmal nicht, was da auf mich zukommen würde.

Was waren das eigentlich für Menschen, die die Krefelder Initiative ausmachten? Etwa ein reichliches Dutzend hochgebildeter, zum Teil schon hochbetagter Doktoren und Professoren, zu denen ich als einfacher Gewerkschafter der Basis gar nicht so recht zu passen schien.

Obwohl ich glaubte, in meinem Job als Betriebsratsvorsitzender mein mangelndes Selbstbewusstsein überwunden zu haben, und ich mich daher vor diesem hochkarätigen Kreis nicht zu verstecken brauchte, war Krefeld für mich doch eine beachtliche neue Herausforderung. Konnte ich dem mir vorauseilenden Ruf als betrieblicher gewerkschaftlicher Kämpfer für soziale Gerechtigkeit und natürlich für Frieden und Abrüstung in diesem Kreis gerecht werden? Und auch in diesem Sinne einen entsprechenden bundesweiten Beitrag leisten?

An den zahlreichen Sitzungen in den Krefelder Jahren nahmen nie alle teil. Für die Mitglieder aus allen Ecken des Landes war schon die längere Anreise oft ein Hindernis. Für mich anfangs eine ziemlich fremde Welt, der ich dann doch, bei allem erworbenen Selbstbewusstsein mit ganz schönen Hemmungen begegnete. Mit einigen, die wie ich regelmäßig zu den Sitzungen meist in Köln kamen, wurde ich im Laufe der Zeit vertrauter.

An meiner ersten Sitzung wurde ich von dem ehemaligen Oberst Josef Weber willkommen geheißen und als nunmehr gewerkschaftlich Verantwortlicher der Krefelder respektvoll eingeführt.

Josef Weber war der leitende Kopf, der sich mit Haut und Haaren ganz dem Krefelder Anliegen verschrieben hatte, obwohl er gesundheitlich angeschlagen war. Er kümmerte sich um jeden von uns ganz persönlich, auch um mich. Dies geht aus einem Brief hervor den er mir einmal schrieb.

Der ehemalige Bundestagsabgeordnete und Schriftsteller Dieter Lattmann aus München, der anscheinend merkte, dass ich etwas fremdelte, ermunterte mich, meine gewerkschaftlichen Anliegen selbstbewusster einzubringen. Ich war erstaunt, wie wichtig es ihnen war, dass trotz allem die Gewerkschaften endlich eindeutig gegen die Stationierung Position bezogen, obwohl die meisten von ihnen bisher mit Gewerkschaften nichts zu tun hatten und ihnen gegenüber prinzipiell eher skeptisch waren.

So forderte mich der ansonsten sehr umgängliche, ehemalige ebenfalls langjährige liberale Bundestagsabgeordnete Dr. William Borm, der gelegentlich meiner Frau altmodisch die Hand küsste auf, meinem IG Metall-Vorsitzenden Eugen Loderer mal anständig die Meinung zu sagen, er möge endlich seine passive Haltung in der Angelegenheit Atomraketenstationierung aufgeben. Mein Einwand, dass mich der große Boss gar nicht persönlich kenne und dass ich für ihn nur einer von hunderttausenden Mitgliedern sei, und ich keinen direkten Draht zu ihm hätte, überhörte Borm geflissentlich. Für ihn war ich nun mal der gewerkschaftlich Verantwortliche in der Krefelder Initiative. Ich nahm dies durchaus ernst. Ich teilte seine berechtigte Kritik an der Haltung der Gewerkschaftsvorstände aus eigener unmittelbarer Erfahrung durchaus.

Der renommierte Krebsarzt Prof. Dr. Begemann, wie Lattmann ebenfalls aus München, beeindruckte mich nicht nur mit seiner klaren Haltung gegen den Wahnsinn von Atomwaffen und die verheerenden Folgen für die Umwelt und für die gesamte Menschheit, sondern auch gegen die von den USA zunehmend eingesetzte Nuklearmunition mit ihren schlimmen Folgen für alle Menschen, die damit in Berührung kommen. Er als Arzt konnte die schädlichen Auswirkungen bereits geringster Strahlungen auf den menschlichen Organismus beurteilen. Für ihn war also auch der scheinbar selbstverständliche Einsatz der kleinkalibrigen Nuklearmunition ein Verbrechen und musste gestoppt werden. Von seinen Bemühungen um das Zustandekommen von nationalen und der internationalen, weltweiten Ärztevereinigung IPPNW, deren Bedeutung und Aktivitäten gar nicht hoch genug einzuschätzen war und von seinem

Wirken dort und darüber hinaus, machte Prof. Dr. Begemann wenig Aufhebens. Was seine Anerkennung bei uns Krefeldern und bei mir nur noch steigerte.

Der Naturwissenschaftler Prof. Dr. Peter Starlinger, hinter dem man seiner Erscheinung und seinem Auftreten nach eher einen General vermuten konnte, hatte immer volle Aufmerksamkeit, wenn er überzeugend und klar, immer nach vorne gerichtet, das Wort ergriff. Er hatte mit seinen großen, eigenständigen Kongressen der Naturwissenschaftler, die auch internationale Beachtung fanden, einiges vorzuweisen. Er trug aber mit seiner festen Überzeugung für die Genforschung zu erheblichen Spannungen bei einigen von uns Krefeldern bei. Die meisten waren der Meinung, dass mit der Genforschung erhebliche, nicht überschaubare Risiken verbunden sind und Eingriffe auch bei Menschen nicht zu verantworten wären. Professor Starlinger versuchte, die Skeptiker in unseren Reihen mit den sich ergebenden Chancen nicht nur für die Gesundheit zu überzeugen. Genforschung wäre schließlich zeitgemäß und nicht mehr aufzuhalten, und er ließ sich von dieser Meinung nicht abbringen. Die Skeptiker unter uns, so auch ich, konnten dies alles nicht wirklich beurteilen. Es blieb unter den Krefeldern ein ungelöstes Spannungsfeld, das aber unser nach wie vor gemeinsames Friedensanliegen nicht beeinträchtigte. Nicht das einzige Problem der Krefelder und der selbstbewussten Persönlichkeiten mit ihren ausgeprägten ganz eigenen Vorstellungen.

Professor Ridder, mit dem umfangreichsten historischen Wissen aller Krefelder, eckte immer wieder einmal an, wenn es um das Einverständnis bundesrepublikanischer Politiker zur atomaren Nachrüstung ging. Für ihn nicht verwunderlich, dass sie wieder mitmischen wollten, denn er war sich sicher, dass dahinter Kräfte stehen, die der vergangenen Großmannssucht Deutschlands noch nachhingen. Es waren also nicht nur amerikanische Motive, die hinter der Stationierung der atomaren Mittelstreckenraketen in unserem Land steckten. Diese Einschätzung entsprach nicht der Mehrheitsmeinung der Krefelder, die auf die Vernunft unserer verantwortlichen Politiker bauten. Ich hatte auf der Rück-reise von einer Friedensveranstaltung in Paris Gelegenheit, seine beein-druckenden Begründungen als Historiker näher kennen zu lernen, hoffte aber, dass er nicht Recht bekommen sollte.

Dr. Horst Meyer, der olympische Silbermedaillengewinner im Ru-dern, ahnte nicht, welchen Respekt ich vor so einem Spitzensportler wie ihm hatte. Bei all meiner sportlichen Vielseitigkeit hatte ich es ja nur zu einem unterklassigen Vereinsfußballspieler gebracht, obwohl ich als ganz talentiert galt. Ich bewunderte ihn auch dafür, dass es ihm gelang, unter dem Motto „Sportler für den Frieden" den bekannten Bundesliga Fuß-ballspieler Ewald Lienen und weitere Spitzensportler für unser Krefelder Friedensanliegen zu gewinnen. Er vernachlässigte dabei nicht den Brei-tensport. So war er unter anderem der Initiator eines Friedensturniers für Jedermann unter der Schirmherrschaft des Oberbürgermeisters in Duis-burg, mit gemischten Volleyballturnieren, Basketball auch für Rollstuhl-fahrer und weiteren Aktivitäten für viele.

Prof. Dr. Jörg Huffschmidt war mir von Anfang an gleich sympa-thisch und es stellte sich im Laufe der Zeit heraus, dass wir uns auch politisch ziemlich nahe standen. Wohlwissend, dass ich das gewerk-schaftliche Element der Krefelder bin, fragte er mich, ob ich mich an der Erstellung einer Broschüre beteiligen würde mit dem Titel „Woher neh-men, wenn nicht abrüsten". Er gehe davon aus, dass die Krefelder Initi-ative die Sache trägt und die Broschüre herausbringen wird. Er fragte mich auch gleich, ob das Nürnberger Friedensforum eventuell mit als Herausgeber auftritt und ob ich dies, als einer ihrer Sprecher, abklären kann. Und da waren sie wieder, meine Selbstzweifel. Einerseits war dies ganz in meinem Sinn, ich fühlte mich anerkannt, andererseits wieder ein-mal zeitlich und inhaltlich überfordert. Als er mir erklärte, dass er mir einen Entwurf zuschicken würde, war ich erleichtert, denn ich wusste, bei ihm, dem hochkarätigen Ökonomen, war dies in besten Händen. So kam es auch. Die im Untertitel genannten „Acht Argumente zur wirt-

schaftlichen und sozialen Notwendigkeit der Abrüstung" waren so überzeugend und verständlich formuliert, dass dies auch die Beschäftigten in
den Betrieben verstehen konnten.

Als wir uns wieder einmal über unser politisches Selbstverständnis
austauschten, gab er mir völlig überraschend den gutgemeinten Rat, nicht
in die Partei einzutreten, in der er selbst aktiv war. Er meinte, dass es,
soweit er mich einschätzen könne, besser für mich wäre, mir meine Offenheit zu bewahren und dass ich mich nicht parteipolitisch verengen
sollte. Seine weitsichtige Einschätzung sollte sich ziemlich dramatisch
bestätigen. Dadurch, dass ich seiner Partei durch meine Offenheit sehr
nahe kam. Dies ging so weit, dass ich wahrscheinlich wegen meiner
durchaus fruchtbaren Kooperation als Betriebsratsvorsitzender mit der
Betriebsgruppe der DKP, als Gastredner zu ihrem bundesweiten Partei-
tag, der diesmal bei uns in Nürnberg stattfand, eingeladen wurde. Meine
Rede wurde als die eines Sympathisanten empfunden und auf der ersten
Seite ihrer Zeitung korrekt gewürdigt. Das ich dann wegen meiner eigenständigen kreativen Aktivitäten als Nürnberger Stadtrat bei einigen örtlichen Funktionären der Partei in Ungnade fiel, sollte die vorausschauenden Bedenken meines Krefelder Mitstreiters Professor Jörg Huffschmidt
bestätigen.

Später war ich mir nicht sicher, ob ausgerechnet dieser verantwor-
tungsbewusste Prof. Huffschmid mit seinem enormen ökonomischen
Wissen mit der Anlass für die Auseinandersetzungen mit Petra Kelly und
dem ehemaligen General Bastian in der Krefelder Initiative sein sollte.

Petra Kelly war in meiner Zeit nur selten bei unseren Arbeitssitzun-
gen in Köln anwesend. Sie war nicht nur als Gründungsmitglied der ersten Stunde der Krefelder Initiative, sondern vor allem als Mitgründerin
der Partei der Grünen und Bundestagsgeordnete ein prominentes Aus-
hängeschild und viel beschäftigt. Somit aber auch als Repräsentantin bei
bedeutenden, auch internationalen Veranstaltungen der Krefelder Initiative gefragt.

Obwohl Petra Kelly einen Koffer auch in Nürnberg hatte, wo ich ja
zuhause war, hatte ich nur einmal einen, allerdings konfliktträchtigen

Kontakt mit ihr. Nach einer Friedensdemonstration, bei der wir beide als Redner auftraten, kritisierte mich Petra Kelly heftig. Sie erkannte zwar an, dass ich in meiner Rede, für einen Gewerkschafter durchaus nicht selbstverständlich, eindeutig gegen die Stationierung der Atomraketen Stellung bezog, nicht aber mit gleicher Deutlichkeit den Abbau der Rüstungsarbeitsplätze gefordert hatte. Natürlich hatte sie Recht. Ihr war jedoch anscheinend nicht bewusst, wie schwer es mir eigentlich gefallen war, als Gewerkschafter vor so vielen jungen, eher ihr zugeneigten Friedensdemonstrant/innen zu sprechen, die mit den Gewerkschaften sicherlich nicht allzu viel am Hut hatten. Wegen mir waren sie bestimmt nicht gekommen. So war ich erleichtert, als ich wenigstens mit einem, wenn auch spärlichen Beifall für meine Rede davon kam.

Es war anschließend nicht ausreichend Zeit, mit Petra Kelly zu reden, denn sie wollte sich gleich mit ihren Organisatoren treffen und der anschließende Demonstrationszug setzte sich ja gleich in Bewegung. Aber so viel konnte ich doch noch loswerden, dass es für mich im Moment vorrangig war, auch die arbeitenden Menschen in den Betrieben für unser Krefelder Nein zu den Stationierungen zu gewinnen, und dass die Frage der Rüstungsarbeitsplätze nicht mal schnell gelöst werden könne.

Bei einem persönlichen Gespräch dann bei den Krefeldern in Köln stimmte ich ihr prinzipiell zu, dass es viel zu viele Rüstungsarbeitsplätze gibt. Auch das es schlimm genug ist, dass mit dem Totschlagsargument der Arbeitsplätze die Notwendigkeit der Rüstungsproduktion begründet wird. Aber sage es doch mal den Kolleginnen und Kollegen in der Rüstungsindustrie, „ab heute ist Schluss mit deinem Arbeitsplatz, geh nach Hause."

Petra Kelly ist da scheinbar ein bisschen zu weit weg, dachte ich mir. Ich sagte ihr auch, dass der Abbau der Rüstungsarbeitsplätze ein längerer, schwieriger Prozess sei, und dass die Umstellung der Rüstungsproduktion auf Ziviles kein Selbstläufer sei, sondern dafür gerungen werden müsse. Diese Konversion ist eine Aufgabe der gesamten Gesellschaft und aller Bereiche, die mit Rüstung zu tun haben. Ich teilte ihre Meinung, dass dies eine wesentliche Aufgabe unserer Gewerkschaft IG- Metall ist.

Für mich jedoch nicht nur der Gewerkschaften alleine, sondern auch der Politik und ich dachte dabei auch an ihre Grüne Partei.

Ich schilderte Petra Kelly, wie schwierig es für uns IG Metaller war und ist, überhaupt erst mal einen Fuß in die Tür eines Rüstungsbetriebes wie der Firma Diehl hier vor Ort zu bekommen.

Dass die IG Metall-Betriebsratskollegen bei Diehl überhaupt ansprechbar waren, war ja nicht selbstverständlich. Sie waren auch ziemlich skeptisch. Sie müssten ja erst einmal ihre Geschäftsleitung überzeugen, dass es sich lohnt, Sinnvolleres als zum Beispiel lukrative Granaten zu produzieren. Für die Betriebsräte war stets klar, Arbeitsplätze dürfe eine Umstellung auf zivile Produkte aber nicht kosten. Und was schlagt ihr eigentlich vor, „Schwerter zu Pflugscharen" etwa? , fragte einer der Betriebsräte mit leicht ironischem Unterton.

Wir meinten, es gebe genügend Alternativen zur Rüstungsproduktion. Wie zum Beispiel technische Hilfen zur Erleichterungen für Schwerbehinderte. Uns war aber klar, neue lukrative Ideen für Zivilprodukte kann man nicht einfach so aus dem Ärmel schütteln. „Es gibt doch bei Euch auch Entwicklungsabteilungen, die sicherlich viel Phantasie haben, nicht nur wenn es um die Entwicklung neuer Waffen geht, sondern um sinnvolleres Ziviles", wandte ich ein. „Darüber muss man mit der Geschäftsleitung doch ins Gespräch kommen können. Eventuell auch mit Unterstützung unserer IG Metall vor Ort", regten wir optimistisch an, wohl wissend, dass dies keine Angelegenheit von heute auf morgen sei. Ich hatte den Eindruck, dass Petra Kelly an meinen Schilderungen durchaus interessiert war, schließlich war dies meine Rolle als Gewerkschafter bei den Krefeldern.

Für mich war Generalmajor Bastian, der Mitbegründer der Krefelder Initiative, also ein Mann der ersten Stunde, eine besonders konsequente Persönlichkeit. Weil er den Nato-Doppelbeschluss über die Stationierung US-amerikanischer atomarer Mittelstreckenraketen nicht mittragen konnte, schied er aus der Bundeswehr aus. Es sprach besonders für ihn, dass er es damit nicht bewenden ließ, sondern sich als einer der Mitbegründer in der Krefelder Initiative engagierte und sein umfangreiches

Wissen, ganz Soldat, mit einbrachte – nicht immer zur Freude all derer unter uns, die sich lieber über Abrüstungen Gedanken machten, als über, aus der Sicht General Bastians unverzichtbare Waffen. Mit ihm war aber auch nicht gut Kirschen essen, wenn es um seine Prinzipien ging. Er, ebenfalls Bundestagsabgeordneter der Grünen, und Petra Kelly kritisierten, dass durch die Erweiterung des Vorstandsgremiums der Krefelder von fünf auf 16 Personen, zu denen ich als hinzugekommener Gewerkschafter ebenfalls zählte, unter Einbeziehung eines Mitgliedes der Deutschen Kommunistischen Partei, einstimmige Entschließungen nicht mehr sichergestellt seien. Sie meinten sicherlich den integren Professor Huffschmid und vielleicht auch ein bisschen mich, seinen Sympathisanten.

In der Zeitung las ich dann, ziemlich erschrocken, dass sie sich beide entschieden hatten, die Krefelder Initiative zu verlassen. Ich wollte es erst gar nicht glauben. Den letzte Ausschlag für ihren Austritt habe die Rücknahme einer zunächst gemeinsam verfassten Erklärung der Initiative gegeben, in der unter anderem die Sowjetunion aufgefordert worden sei, auf jede „Gegenstationierung" gegen die Nachrüstung zu verzichten und dass diese Erklärung hinter ihrem Rücken für ungültig erklärt worden sei.

Momentmal, dachte ich, habe ich da Einiges nicht mitbekommen, war ich vielleicht in einer entscheidenden Sitzung nicht anwesend? Mir kamen Zweifel nicht nur zum Sachverhalt, sondern ich fragte mich, wie sehr ich eigentlich in diesem Kreis wirklich eingebunden und anerkannt war. Und da war sie wieder, meine Überempfindlichkeit, wenn ich glaubte, nicht ausreichend anerkannt zu sein. Hatte man es nicht nötig, mich ausreichend zumindest zu informieren? War ich lediglich auf meine Rolle als Gewerkschafter reduziert, auf dessen Meinung es bei derartigen Krisen letztlich nicht ankommt? Hatte ich nicht immer, auch bei komplizierten, unter uns strittigen Fragen meine Meinung mit eingebracht? So hatte ich ähnlich wie der Schriftsteller Lattmann geraten, von öffentlichen Anklagen auch gegen die DDR-Regierung abzusehen und bei unserem Krefelder Anspruch zu bleiben und nicht noch Öl ins Feuer zu gießen.

Unsere Bemühungen gingen doch dahin, dass mit beiderseitigen Abrüstungsverträgen auch die Forderung der Friedensbewegten im Osten „Schwerter zu Pflugscharen" in Erfüllung gehen könnte. Da gab es Hoffnungen. Um zu retten, was noch zu retten war, hätte ich mich gerne mit Petra Kelly und General Bastian auseinandergesetzt. Ich dachte, und meine Komplexe waren im Moment wie weggeblasen, ziemlich überheblich, „was für ein Schwachsinn, sich den Kopf über Nachrüstungen zu zerbrechen". Es ging uns Krefeldern doch nicht um Nachrüstungen, sondern um die Verhinderung und den Abbau von Atomraketen.

Natürlich war es auch für uns Krefelder unfassbar, dass die politisch Verantwortlichen es gewagt hatten, gegen den millionenfachen Protest tatsächlich zu stationieren. Nicht gerade Mut machend. Aber jetzt kam es darauf an, nicht zu resignieren. Vielmehr galt es nun erst recht, konsequent den Abzug der Raketen in West und Ost zu fordern und auf die bisherige millionenfache Power aufbauend für eine beiderseitige Null-Lösung weiterhin auf die Straßen zu gehen. Für mich eine Selbstverständlichkeit, eigentlich auch für uns Krefelder. Illusionäre Gedanken eines unverbesserlichen Optimisten? Ich glaube nicht.

Ich selbst merkte, wie sich mein Selbstverständnis in der Krefelder Initiative durch alle diese Ereignisse verändert hatte. Nach der für mich unverständlichen Erklärung von Petra Kelly und General Bastian, dass sich die gegen die Stationierung amerikanischer Mittelstrecken gerichtete Krefelder Initiative überlebt habe, machte ich mir, selbstbewusst geworden, meinen eigenen Reim darauf und fragte mich, was sie zu einem derartig rigorosen Austritt bewegt haben könnte und was da eventuell alles schiefgelaufen war. Wir Krefelder waren doch bisher zusammen, bei allen Unterschieden gemeinsam durch Dick und Dünn gegangen. Hatten dies Petra Kelly und General Bastian schon vergessen? Müsste es nicht möglich sein, uns zu verständigen?

Aber, war da nicht auch Parteipolitisches im Spiel? Mit den sich daraus ergebenden, unvermeidbaren persönlichen Prägungen und Eistellungen und Spannungen gegenüber politisch anders Orientierten, vor allem wenn es um den Osten ging? Dass General Bastian fast gleichzeitig noch seinen Rücktritt aus der Bundestagsfraktion der Grünen, aus welchen Gründen auch immer erklärte, war für uns Außenstehende irritierend, stand aber auf einem anderen Blatt. Zu einer Verständigung mit den beiden in der Krefelder Initiative kam es leider nicht mehr. Um die Raketen wieder herauszubekommen, hätten wir Petra Kelly und General Bastian als Mitstreiter doch dringend gebraucht.

Der einfühlsame Psychologe Professor Dr. Gerd Sommer aus Marburg war immer zur Stelle, wenn bei einzelnen unter uns resignative Stimmungen aufkamen, zum Beispiel wegen der vollzogenen Raketenstationierung, gegen die wir uns so engagiert hatten. Er half mit seinem profunden psychologischen Fachwissen, uns zu stabilisieren. So wurde uns auch klar, welche Bedeutung seine psychologischen Friedenskongresse hatten, an denen der auch von mir hoch geschätzte, prominenteste Psychologe unseres Landes, Prof. Dr. Dr. Horst Eberhard Richter, beteiligt war.

Hätten uns all diese Persönlichkeiten nicht in unserer internen Krise mit Petra Kelly und General Bastian helfen können? Wäre es nicht vielleicht hilfreich gewesen, wenn sich die beiden auf eine Diskussion mit dem leider ebenfalls verstorbenen Professor Jörg Huffschmid eingelassen hätten, um ihre Vorbehalte gegenüber dem Osten relativieren zu können, wie dies bis dahin bei uns Krefeldern üblich war? Fragen, die nach dem uns alle schockierenden tragischen Tod Petra Kellys und General Bastians nicht mehr zu beantworten sind.

Der Organisator der Krefelder Initiative, Oberst a.D. Josef Weber, links, mit Petra Kelly und General a.D. Gert Bastian

Künstler für den Frieden

Im Zenit der Friedensbewegung in unserem Land, als hunderttausende Demonstranten gegen die Stationierung der amerikanischen Atom Mittelstreckenraketen auf die Straßen gingen, war die Abschlussveranstaltung 1981 des 2. Forums der Krefelder Initiative „Künstler für den Frieden" ein absoluter kultureller, aber auch emotionaler Höhepunkt. Aus allen Landesteilen kamen sie nach Dortmund, denn es hatte sich herumgesprochen, welche Künstler in der riesigen Dortmunder Westfalenhalle auftreten würden. Wir waren mit unserem vollbesetzten Bus aus Nürnberg so pünktlich, dass wir alle noch in die Halle reingelassen wurden.

Die Erwartungen der vielen Tausenden in der überfüllten Halle wurden angesichts der zahlreichen prominenten und auch weniger bekannten Künstler weit übertroffen. Jeder der bekannten Solisten wie Udo Lindenberg, Hannes Wader, Lydie Auvray, die KZ-Überlebende Esther Bejarano, Franz Josef Degenhardt, Dieter Süverkrüp, aber auch Fasia Jansen, Klaus Hoffmann und Kurt Kiesewetter, um nur die bekanntesten zu nennen, sowie die holländische Gruppe „bots", die ich vergeblich nach Nürnberg locken wollte, begeisterten den Saal – jeder auf seine ganz ureigene originelle Art mit seinen Songs. Dass sich die Schauspieler und anderen Künstler, wie Anna und David Bennent, Erika Pluhar, Andre Heller, Dietmar Schönherr, Rolf Becker, Heinz Schubert aber auch Curt Bois und andere die Mühe gemacht hatten, um eigene, ganz spezielle Beiträge für diese Veranstaltung vorzutragen, wurde vom Publikum mit begeistertem Beifall honoriert. Als dann Schauspieler Dietmar Schönherr auch noch einen Gruß von Harry Belafonte überbrachte, der bedauerte, heute nicht mit dabei sein zu können, steigerte dies das Zusammengehörigkeitsgefühl der vielen Tausenden in der Halle noch einmal. Als zum Abschluss des fortgeschrittenen Abends alle mit wirkenden Künstler und

Künstlerinnen gemeinsam auf der Bühne „we shall overcome" sangen und die Menschen in der Halle mit einstimmten, war dies sicherlich auch für die Künstler ein einmaliges, nicht wiederholbares Erlebnis.

Alle Künstler verzichteten auf ein Honorar und verstanden ihren Auftritt als Beitrag zur Stärkung der Friedensbewegung. Von dieser Veranstaltung gibt es eine LP, deren Reinerlös zur weiteren Unterstützung des Krefelder Appells verwandt wurde. Ich höre mir diese LP von diesem unvergesslichen Erlebnis immer wieder einmal an.

Künstler für den Frieden 1981 in der Dortmunder Westfalenhalle

Das einmalige Erlebnis in der Dortmunder Westfalenhalle „Künstler für den Frieden" hatte sich bundesweit herumgesprochen. War das noch zu überbieten?

Ein Jahr später lautete die Schlagzeile in den *Nürnberger Nachrichten* „Riesiger Ansturm beim Friedensfest, über 100.000 kamen nach Bochum." Die Unterschrift eines Bildes, des überfüllten Fußballstadions lautete: „Stürmisch gefeiert wurde Harry Belafonte. Mit dem zum Siegeszeichen erhobenen Arm begrüßte er die Zuschauer im Bochumer Ruhrstadion." Damit beließ er es aber nicht. Als Geschenk an unsere Friedensbewegung sang er das eigens für Bochum geschriebene Friedenslied „Peace on earth". Dabei wurde er unterstützt von Udo Lindenberg am Schlagzeug, Konstantin Wecker am Klavier und Hannes Wader mit seiner Gitarre. Gar nicht hoch genug eingeschätzt werden konnte, dass auch internationale Größen wie die afrikanische Sängerin Mariam Makeba und Mikis Theodorakis aus Griechenland mit dabei waren.

Für die 30.000 vor den Toren, die keine Tickets mehr bekommen hatten und ohnehin wegen Überfüllung nicht mehr ins Stadion hereingelassen werden konnten, war wegen des erwarteten Andrangs aus allen Teilen unseres Landes vorgesorgt worden. Auf fünf Bühnen rund um das Ruhrstadion mit ihren bunten Programmen und auch mit vielen prominenten Künstlern, die im Stadion auftraten, war Vielfältiges geboten, unter anderem von den Gebrüdern Blattschuß, einem türkischen Arbeiterchor, einer kurdischen Folklore-Gruppe, Anrührendes von der Kinderbühne. Es spielten das Bochumer Friedensorchesters und Solisten des Bochumer Schauspielhauses.

Sie alle, wie auch die Interpreten im Stadion, verzichteten zu Gunsten des Veranstalters der Krefelder Initiative auf ihre Gagen. Viele der Künstler, die im Stadion auftraten, waren schon in Dortmund dabei. Zudem auch noch so bekannte Persönlichkeiten wie Hansgünther Heyme, Heiner Kipphard, Claus Peymann, Margaretha von Trotta, Peter Zadek, Barbara Rütting, Marius Müller-Westernhagen, aber auch Dieter Lattmann, mit dem ich später näher zu tun hatte. Und auch Gitte und Katja Ebstein, die ich als Schlagersängerinnen hier nicht vermutet hätte.

Dass auch noch der für mich als Kontrast empfundene und von mir als Jazzfan so geschätzte Alfred Mangelsdorf dabei war – ich konnte ihn schon im Nürnberger Jazzkeller erleben –, war für mich ein Beleg für die einmalige Breite und Vielfältigkeit der Künstler für den Frieden.

Wir Nürnberger waren mit unserem Bus wieder pünktlich und hatten Tickets und einen guten Platz auf den Rängen des vollbesetzten Stadions, sahen auf die unübersehbaren Menschenmassen herab, die auch auf dem mit Folien abgedeckten Fußballrasen dicht gedrängt standen, und so konnten wir die Künstler ziemlich hautnah erleben. Besonders froh war ich, dass diesmal wieder einmal meine Frau und auch meine 12-jährige Tochter Eva dabei waren. Denn allzu oft war ich in Sachen Frieden alleine unterwegs. Eva hatte so etwas Grandioses überhaupt noch nicht erlebt.

Von Nürnberg aus hatte ich aus eigenen konkreten Erfahrungen nach einer Reise als Betriebsratsvorsitzender in die Sowjetunion ein Solidaritätstelegramm an die Veranstalter geschickt mit dem Inhalt, der auch heute wieder aktuell ist: „Wer einen Handelskrieg vom Zaune bricht, dreht an der Kriegsspirale. Deshalb setze ich mich zusammen mit meinen Kollegen gegen eine Politik ein, die heute unsere Arbeitsplätze und morgen unser Überleben bedroht." Gemeint hatte ich das Verhalten der US-Regierung, die mit Ihrer Boykottpolitik gegen die Sowjetunion den Kalten Krieg anheizte und damit auch unsere tausend Arbeitsplätze gefährdete, indem sie versuchte, die Lieferung unserer Turbinen für die Gaspipeline der UdSSR zu verhindern.

So stand ich auch damals mit meinen Kolleginnen und Kollegen und mit meiner Frau und Tochter mit unserem Transparent, das ich mit dem Text beschriftet hatte „Lieber Erdgas aus den Röhren als den Atomkrieg zu beschwören", unter den 300.000 Tausend im Bonner Hofgarten.

Von den Bussen zur Großkundgebung im Bonner Hofgarten

Wir ließen uns nicht beirren, nahmen als Betriebsdelegation eine Einladung aus der Sowjetunion an, reisten nach Moskau und von dort aus nach Leningrad. Wir hatten Gelegenheit, die Verlegung der Erdgasleitung, für die wir unsere Turbinen liefern sollten, nahe der polnischen Grenze zu besichtigen. Unsere Reise stand unter dem Motto, „Lieber miteinander handeln als aufeinander zu schießen." Dies begossen wir bei den Zusammenkünften mit etwas zu viel Wodka und lieferten später wie vertraglich vereinbart unsere Dampfturbinen pünktlich aus.

Bei aller wohlwollenden Berichterstattung der *Nürnberger Nachrichten* über dieses grandiose Bochumer Friedensfest konnte sich der Reporter nicht verkneifen zu kritisieren, dass die drei Sprecher und Gründungsmitglieder des veranstaltenden Krefelder Forums, Petra Kelly, die Bundesvorsitzende der Grünen, der Steuermann der Krefelder, der ehemalige Oberst Josef Weber und der frühere Chef der Jungdemokraten Christoph Strässer, nicht mal ansatzweise von den sowjetischen SS-20-Raketen oder von der allgemeinen Rüstungspolitik Moskaus sprachen und dass sie ausschließlich die westlichen Aktivitäten attackierten. Und dass dies schon vor dem Bochumer Fest zu neuen Differenzen innerhalb der Friedensbewegung geführt habe. Auch, dass besonders kirchliche Gruppen und Teile der Grünen diesen Kurs eindeutig kritisierten und sich auch besorgt darüber äußerten, dass DKP und K-Gruppen zunehmend in der Friedensbewegung an Einfluss gewännen. Der Berichterstatter gestand aber zu, dass im Krefelder Appell – nach mühsamer Kompromissfindung der Initiatoren – die Rede war von der gefährlichen Raketenaufrüstung auf beiden Seiten, in Ost wie West. Allerdings hätte doch der Journalist der *Nürnberger Nachrichten* bei aller kritischen Einschätzung mitbekommen haben müssen, dass nicht nur die 100.000 in Bochum deshalb aufgewacht waren, weil sie erkannt hatten, welche ungeheuren Gefahren mit den geplanten Stationierungen atomarer Raketen auch für unser Land heraufbeschworen werden, und dass all die Menschen diesen Rüstungswahn in Ost und West nicht mehr tatenlos hinnehmen wollten. Dies war doch auch die Stimmung in Bochum.

Nach dem emotionalen Abschlussauftritt aller Künstler in der Nacht konnte ich damals nicht ahnen, dass ich später einmal selbst als Mitglied der Krefelder Initiative Mitveranstalter dieser Art sein würde.

Reise nach Paris

Als ich wieder einmal in Köln war, nahm mich nach der Sitzung der ehemalige Oberst Josef Weber zur Seite und fragte mich, ob ich Lust hätte, als Friedensdelegierter mit nach Paris zu fahren. Ich kannte Josef Weber nicht näher, wusste jedoch, dass er gemeinsam mit Pastor Niemöller einer der Gründer der Krefelder Initiative war und in Köln die Fäden der Krefelder in der Hand hatte. Ich war total überrascht und wusste gar nicht, wie er gerade auf mich kam, ich war ja noch nicht so lange dabei und da waren Kompetentere als ich. Ich fühlte mich dem überhaupt nicht gewachsen und fand spontan eine Ausrede, dass sich meine Frau schon beklage, weil ich ständig unterwegs sei. „Ihre Frau kann doch nach Paris mitkommen", war die Antwort, „wir regeln das schon." Jedenfalls müsse in Paris ein Gewerkschafter dabei sein. Ich würde nicht allein sein. Reiner Braun und Professor Ridder würden vorausfahren und alles regeln. „Sie und ihre Frau brauchen sich um nichts zu kümmern. Sagen sie mir Bescheid", erklärte mir Weber militärisch knapp und entschlossen.

Ich hatte keine Wahl und meine Frau freute sich schon. Mir jedoch war nicht so recht wohl. Ich war mir nicht so sicher, was man in Paris von mir erwartete und stand wie des Öfteren mal wieder ganz schön unter Druck. Da ich vor der Reise noch ein wichtiges Gespräch mit der Geschäftsleitung im Betrieb hatte, fuhren wir später und nachts. Nach ungewohnter Fahrt im Schlafwagen kamen wir ziemlich gerädert morgens in Paris an.

Bis zur Abendveranstaltung hatten wir ausreichend Gelegenheit, Paris näher kennen zu lernen. Wir waren mit Prof. Dr. Helmut Ridder und Reiner Braun, dem kompetenten Vorbereiter und Organisator der Krefelder Reise unterwegs, konnten alles üblich Sehenswerte zu Fuß erreichen. Entlang der Seine, auf der einladende bunte Touristenschiffe schipperten, gingen wir Richtung Arc de Triomphe zum Eiffelturm. Wir schlenderten die Champs-Elysees entlang, wollten noch zum Louvre, kamen dann zu Notre-Dame. Einen besseren Fremdenführer als Professor Ridder konnten wir nicht haben. Welch' ein Glücksfall für meine Frau und mich, kannten wir Paris nur ein bisschen aus Filmen wie „Der Glöckner von Notre-Dame" oder „Monpti" mit Horst Buchholz.

Als Historiker kannte Ridder Paris anscheinend wie seine Westentasche. Er kannte die Geschichte und Bedeutung jeder Sehenswürdigkeit bis ins Detail und selbst Reiner Braun, der nicht das erste Mal in Paris war, konnte nur staunen, was der Historiker alles zu Tage förderte. Zum Eiffelturm musste er nicht groß etwas sagen. Die Pariser waren damals ziemlich irritiert, als er anlässlich der Weltausstellung als Symbol eines modernen Frankreichs im Eiltempo mit stählernen Fertigteilen hochgezogen wurde. So ein Ungetüm passte damals überhaupt nicht in das historische Paris. Heute ist dieser Eiffelturm das weltbekannte Symbol der Stadt, und nicht mehr wegzudenken.

Für Professor Ridder war jedoch Notre-Dame das bedeutendere Objekt. Der Blick vom Eiffelturm wäre grandios, aber Reiner Braun, unser Organisator, drängte und erinnerte an die Vorbesprechung in der Uni. Keine Zeit mehr um hinaufzufahren. Dann standen wir vor der gewaltigen gotischen Kathedrale Notre-Dame. Professor Ridder blühte richtig auf. Für ihn war es der Höhepunkt unserer Besichtigungstour. „Wir stehen hier vor einem der bedeutendsten zeitgeschichtlichen Monumente nicht nur Frankreichs, sondern auch ganz Europas." Seine Stimme klang ehrfürchtig und dann legte er so richtig los. „Der Bau ist schon über 900 Jahre alt und sie haben über 200 Jahre für die Erstellung gebraucht. So etwas wäre heute überhaupt nicht möglich. Allein für den Dachstuhl wurden tausend trockene, überlange Eichenbalken benötigt." Und ganz Historiker, holte er an diesem sonnigen Nachmittag weit aus. „Hier in diesem katholischen Mittelpunkt wurden über Jahrhunderte Könige gesalbt und gekrönt." Seine Ausführungen bekamen einen kritischen Unterton: „Handelten sie doch alle mit ihrer ungeheuren Verschwendungssucht zu Lasten ihrer notleidenden Untertanen. Wie weit sie von ihnen weg waren, bestätigt die euch sicherlich bekannte Aussage Marie-Antoinettes, die der hungernden Bevölkerung empfahl ‚Wenn sie kein Brot für ihre Kinder haben, sollen sie ihnen Kuchen geben'. Wen wundert's, es folgte der Sturm auf die Bastille, königliche Köpfe rollten und danach wurde aus Notre-Dame ein Weinlager. Vorbei war es mit der königlich-katholischen Herrlichkeit. Aber auch nur vorübergehend." Dass sich dann aber 1804 ausgerechnet der Revolutionär Napoleon in Notre-Dame selbst, in Anwesenheit von Papst Pius VII., die Kaiserkrone auf sein Haupt setzte, fand Professor Ridder sehr merkwürdig. Dies war ja schon Ludwig van Beethoven zuwider, wusste er, meinte aber, dass sich dies nur mit dem damaligen Zeitgeist erklären ließ.

Schade, dass wir nicht die Zeit hatten, das Innere von Notre-Dame zu besichtigen, und so schilderte er ziemlich skeptisch, dass er sich bei seinem letzten Besuch, neben zahlreichen Sehenswürdigkeiten natürlich auch die Dornenkrone angeschaut hat , die Jesus Christus angeblich bei seiner Kreuzigung getragen haben soll und die geschmackloserweise auch noch vergoldet ist. Die Tunika von König Ludwig XIV. war Professor Ridder allerdings ziemlich egal, denn er wusste ja von der ungeheuren Verschwendungssucht des sogenannten Sonnenkönigs. Als musisch Interessierter gestand Professor Ridder allerdings zu, dass in der Folge ohne die hochentwickelte musikalische Kardinalschule, in der erstmals die Mehrstimmigkeit entwickelt wurde, ein Bach nicht möglich gewesen wäre. Natürlich hatte auch er den tragischen Film „Der Glöckner von Notre-Dame" mit dem beeindruckenden Anthony Quinn und der bezaubernder Gina Lollobrigida gesehen, denn es war ja die Verfilmung des berührenden Romans von Victor Hugo. In dem Film konnte man auch ein bisschen Notre-Dame kennenlernen.

Obwohl wir ob der vielen Eindrücke schon ganz schön geschafft waren, wollte Professor Ridder mit uns noch unbedingt zum modernen Museum Pompidou, dem ungewöhnlichen Kontrast zu den historischen Stätten, die er uns gezeigt hatte. Kenntnisreich erzählte er die Geschichte des umstrittenen Bauwerks, mit dem sich der Politiker gleichen Namens ein, wenn auch ziemlich umstrittenes Denkmal gesetzt hat.

Abends in der Uni war ich richtig erschrocken, als ich zu den vollbesetzten Rängen des Hörsaals hinaufschaute, also zu unserem Publikum. Ich war ganz schön aufgeregt, nahm mir aber vor, mir nichts anmerken zu lassen, und ganz im Sinne des Rates von Lattmann meine gewerkschaftlichen Friedensanliegen und Aktivitäten möglichst selbstbewusst rüber zu bringen. Unser Podium war paritätisch besetzt. Auf der einen Seite waren wir, die drei Bundesdeutschen: Rainer Braun, der Verbindungsmann und Organisator, Professor Ridder, der Historiker und ich, der Gewerkschafter. Auf der anderen Seite die drei mir natürlich unbekannten französischen Friedensakteure, darunter eine junge Frau, die uns eingangs so freundlich begrüßt hatte. Zwischen uns zum Glück ein Dolmetscher, denn ich zumindest konnte außer „bonjour" kein Wort Französisch.

Nach der üblichen freundschaftlichen Vorstellungsrunde kamen als erstes wir Gäste zu Wort. Es wurde eine spannende Veranstaltung. Rainer Braun, der maßgeblich für dieses erstmalige deutsch-französische Zusammentreffen verantwortlich war, erklärte, wie dringend gerade jetzt internationale weltweite Vernetzungen der Friedensbewegungen erforderlich seien, angesichts der weiteren Aufrüstung durch die Stationierung der atomaren amerikanischen Mittelstreckenraketen in Europa. „Über die Gefahren brauche ich mich hier nicht groß auszulassen. Das wissen wir alle. Sie stationieren ja schon und sie glauben anscheinend, dass wir uns mit vollendeten Tatsachen abfinden werden. Ich bin gespannt, wie ihr dies hier in Frankreich seht", leitete er ein.

Anschließend legte Professor Ridder richtig los. Er, als Historiker könne die Ursachen der verhängnisvollen Vergangenheit Deutschlands beurteilen und was Nationalismus anrichte. Und wenn die französische Regierung mit ihrer Zustimmung der Raketenstationierung ihre eigene Bedeutung als Atommacht stabilisieren wolle, sollten wir ihr klarmachen, dass es uns nicht nur um die amerikanischen atomaren Mittelstreckenraketen geht, sondern um alle Atomwaffen, auch der französischen. „Natürlich ist mir die Argumentation eurer Regierung als Grande Nation bekannt, dass eure Atomwaffen zur Aufrechterhaltung des Gleichgewichts nicht nur gegenüber Russland, sondern auch den USA erforderlich wären", fuhr er fort.

Ich hatte den Eindruck, dass es vor allem in den oberen Rängen unruhig wurde und schon gab es einen Zwischenruf. Der Dolmetscher fragte Professor Ridder, ob er eine Zwischenfrage zulasse. Natürlich. Der Zuhörer fragte, ob die Haltung seiner Regierung nicht verständlich wäre. Professor Ridder kam ihm nicht entgegen und fragte zurück, was denn wohl wäre, wenn auch alle anderen Länder sich nationalistisch verhalten und Atomwaffen anstrebten würden? Kämen wir da jemals zu einer allumfassenden Abrüstung zumindest der Atomwaffen?

Und dann holte er weit aus. Aus den Erfahrungen der beiden Weltkriege mit fürchterlichen Opfern auf beiden Seiten müsste man doch nachhaltig gelernt haben. Und jetzt werde erneut aufgerüstet, auch wieder in unserem, so vorbelasteten Land. Unsere Regierung habe schon längst zugestimmt. Deshalb engagiere er sich im fortgeschrittenen Alter in der Krefelder Initiative und freue er sich über die Millionen Unterschriften, mit denen bei uns so viele Menschen Nein zu den Stationierungen der Atomraketen sagen. Deshalb sei er heute hier. Dafür bekam Professor Ridder Beifall.

Ich nahm mir vor, mir ebenfalls kein Blatt vor den Mund zu nehmen und kritisierte die Zurückhaltung unserer Gewerkschaftsbosse gegen die Stationierung. Ich schilderte, dass wir trotzdem, auch mit unserer Unterschriftenkampagne des Krefelder Appels, viele Kolleginnen und Kollegen in den Betrieben überzeugten, zu unterschreiben, selbst wenn es den Vorständen unserer Gewerkschaften, warum auch immer nicht gefiel. Wichtig war uns dabei, den Zusammenhang von Rüstungskosten und Sozialem herzustellen. Ich fragte die französischen Friedensfreunde in der Runde, wie dies bei ihnen gesehen wird und war auf ihre Antworten gespannt.

Für mich war überraschend, als sie schilderten, wie schwer es für sie sei, den Widerstand gegen die Stationierungen aufzubauen. Sie bestätigten Professor Ridders kritische Einschätzungen, dass die Stimmung in ihrem Frankreich geprägt war vom nationalen Stolz, selbst Atommacht zu sein. Dies sei das größte Problem für sie, die Friedensbewegung in ihrem Land. Aus diesem Grunde seien sie viel stärker als in Deutschland zentralistisch organisiert. Ähnlich unserem Krefelder Appel hätten sie den „Appel des Cent" – auf Deutsch: „Appel der Hundert" – gegründet und ebenfalls eine Unterschriftenaktion erfolgreich gestartet, erklärte ihr anwesender Vertreter.

Prof. Ridder meldete sich zu Wort und legte Wert darauf zu erklären, dass die Krefelder zwar bundesweit aktiv seien, dass jedoch ihre Mitglieder gleichzeitig zahlreiche eigenständige berufsbezogenen Initiativen gegründet hatten, mit großen erfolgreichen Kongressen und Aktionen. Unter anderem die Ärzte, die Naturwissenschaftler, die Betrieblichen, die Pädagogen, aber auch Journalisten, Sportler, Künstler, sogar Richter, Staatsanwälte und Soldaten. Rainer Braun ergänzte, dass es auch bei uns zentrale Koordinierungen gebe, wie das Koordinierungsbüro der Ostermärsche in Frankfurt und die Koordinierungsbündnisse der Friedensbewegungen in Bonn, wo vieles zusammen lief. Die vielfältigen, eigenverantwortlichen, örtlichen Initiativen legten allerdings größten Wert darauf, nicht vereinnahmt zu werden.

Diese letzte Aussage Reiner Brauns veranlasste einen der Zuhörer auf den Rängen zu der brisanten Frage, welchen Einfluss die Parteien in unserer Friedensbewegung hätten oder nehmen wollten. Am liebsten hätte ich die Gegenfrage gestellt, ob dies in Frankreich wohl ein Problem sei. Bei uns schon, die Diskussion darüber könnte abendfüllend werden, dachte ich im Moment. Reiner Braun beantwortete die problematische Frage souverän und diplomatisch: „Die Friedensbewegung kann nur erfolgreich sein, wenn sie sich nicht auf parteipolitische Spielchen einlässt. Jeder, mit welchem Parteibuch auch immer, kann Teil der Friedensbewegung sein, wenn er die Ziele, auf die man sich manchmal auch in schwierigen Diskussionen geeinigt hat, akzeptiert und vertritt. Egal, ob er ein Liberaler, ein Christ oder Kommunist oder Atheist ist. Das ist natürlich nicht spannungslos. Dies erleben wir Krefelder gerade, wenn wir uns um Entspannung zwischen Ost und West bemühen, um eine weitere Rüstungseskalation durch die Raketenstationierung zu verhindern. Für die einen sind wir Handlanger Moskaus, für andere stehen wir im Verdacht, antikommunistisch zu sein. Ich sage es kurz. Dies lässt uns nicht kalt, aber wir lassen uns von unserem Weg nicht abbringen." Dafür bekam auch er Beifall. Zu den aktuellen Spannungen in der Krefelder Initiative, die uns ganz schön zu schaffen machen, äußerte sich Reiner Braun nicht.

Von eventuellen Problemen auf französischer Seite äußerte sich ebenfalls niemand. So nahe stand man sich dann doch noch nicht. Ich hatte aber den Eindruck, dass die Franzosen vor allem über die vielfältigen Aktivitäten in unserem Land erstaunt, aber auch beeindruckt waren.

Es war spät geworden. Die Gastgeber bedankten sich herzlich für unser Kommen und wir uns für Ihre Gastfreundschaft und wir versicherten uns gegenseitig, in unseren Bemühungen als Teil einer weltweiten Friedensbewegung nicht nachzulassen, und unseren jeweiligen Regierungen die Stationierungen nicht durchgehen zu lassen. Über einen baldigen Gegenbesuch würden wir uns sehr freuen.

Rückkehr von Paris

Gestärkt konnten wir die Heimreise antreten. Wir fuhren am nächsten Tag dieses Mal gemeinsam mit dem Zug. Prof. Ridder vertiefte noch Einiges zu unserer Besichtigungstour des Pariser Zentrums, kam aber dann schnell zu seiner Einschätzung der gestrigen Abendveranstaltung in der Uni. Natürlich nahm er wie gestern Abend auch schon die atomare Großmannssucht der Französischen Regierung aufs Korn. Aber, und da war er gleich bei seinem Thema, was seinen Krefelder Mitstreitern immer wieder erhebliche Kopfzerbrechen bereitete, wenn er wieder mal leidenschaftlich sein Anliegen vertiefte: „Unter uns kann ich es jetzt ja sagen und ihr kennt meine Auffassung. Es wird euch aufgefallen sein, dass ich gestern relativ zurückhaltend war, als es um das französische Großmachtdenken ging. Mein Grund dafür war nicht die Rücksichtnahme auf unsere Gastgeber, sondern die Tatsache, dass wir Deutsche uns erst mal selbst an die eigene Nase fassen sollten, bevor man anderen Großmannssucht vorwirft. Wer hat denn die Weltkriege angezettelt?" fuhr er fort. „Hat man aus der Geschichte zweier Weltkriege mit ihren verheerenden Auswirkungen wirklich gelernt?

„Sie haben mir doch erzählt, wie es ihnen selbst und Ihrer Familie erging, als sie als Flüchtlingskind ihre Heimat verlassen mussten und gerade noch überlebt haben" sprach mich Professor Ridder direkt an. „Dass dann der Preis dieser Großmannssucht die Teilung Deutschland in zwei Staaten war, kann man ja fast schon als Glücksfall bezeichnend," meinte er zu unserer Verblüffung ziemlich sarkastisch, dass dies aber ein separates Thema wäre und fuhr fort: „Euer Franz Josef Strauß hat es ja nie lassen können. Nach dem Krieg sagte er zwar sinngemäß ‚Wer jemals wieder eine Waffe in die Hand nimmt, dem soll der Arm verdorren'. Um dann als Verteidigungsminister die Bundeswehr kräftig aufzurüsten. Dagegen hatten zuvor hundert Tausende im Land demonstriert, die aus unser unseligen Geschichte gelernt hatten". Ich selbst wusste, dass auch in Nürnberg, noch vor meinen politischen Aktivitäten, Zehntausende auf unseren großen Hauptmarkt gegen diese erneute Militarisierung protestierten. Professor Ridder ergänzte noch, dass Franz Josef Strauß dies alles ignorierte. Er wollte nun auch mitmischen, wenn es um Atomwaffen ging. In eurem Wackersdorf jedenfalls hat er es versucht. „Sie haben uns Krefeldern ja eindrucksvoll geschildert, wie ihr Friedensbewegten erfolgreich gegen die atomare Wiederaufarbeitungsanlage mitdemonstriert habt", sprach er mich wieder direkt an. „Sie haben uns berichtet, dass Strauß mit dieser Anlage das Material für eigene Atombomben gewinnen wollte, was er jedoch bestritt. Aber ihr habt euch nicht beirren lassen, sondern ihm mit euren Protesten die atomare Suppe so richtig versalzen" meinte Professor Ridder mit einem spitzbübischen Lächeln anerkennend. „Strauß musste mit Verrenkungen seine Pläne zurücknehmen. Die Atomanlage in Wackersdorf wurde nicht gebaut", bestätigte ich ihn.

Professor Ridder setzte seine Ausführungen im Stile des kenntnisreicher Historikers fort „Ich glaube, dass es in unserem Land nach wie vor genug Kräfte gibt, die immer noch großdeutschen Träumen nachhängen." Und er zitierte ziemlich pessimistisch Bertold Brechts bekannten Ausspruch: „Der Schoß Ist noch fruchtbar aus dem das kroch", was bedeute, dass man wachsam bleiben sollte. Hoffentlich hat er nicht Recht, dachte ich einen Augenblick lang.

Er ging bei seinen Ausführungen nicht nur bis in die Zeit der Weimarer Republik zurück, die mit der Machtübernahme Hitlerdeutschlands so katastrophal endete, sondern bis in die revolutionären Jahre 1918/19, in denen die Ursachen für das Scheitern Weimars zu suchen sind.

Während er sprach wurde mir bewusst, dass wir in der Schule von allen diesen Dingen nichts erfahren hatten. Langsam fielen nicht nur mir die Augen zu. Als wir dann wieder in unserm Land, jeder in seine Richtung umstiegen, war die Verabschiedung ob der gemeinsamen Erlebnisse besonders herzlich. „Jetzt müssen wir erstmal richtig ausschlafen", meinte auch meine Frau.

Durch die Pariser Reise zusätzlich motiviert, nahm ich mir vor, neben meinen Aktivitäten als einer der Sprecher des Nürnberger Friedensforums verstärkt darauf hinzuwirken, dass noch viel mehr Kolleginnen und Kollegen auch in den Betrieben den Krefelder Appell unterschrieben. Wohlwissend, dass dies auch in den örtlichen Gewerkschaftsgremien vor Ort nicht spannungslos war. Der IG Metall-Vorstand in Frankfurt startete, für mich unverständlich und aus welchen Gründen auch immer, ebenfalls eine eigene Unterschriftenaktion. Ich empfand dies als eine konkurrierende Aktion gegenüber dem Krefelder Appell. Der gewerkschaftliche Text enthielt zu meinem Bedauern nur allgemeine, weichgespülte Friedenserklärungen, die eine eindeutige Stellungnahme gegen die Stationierung amerikanischen Atomraketen in unserem Land vermied. Ich hatte den Eindruck, man wollte der eigenen Bundesregierung nicht allzu sehr wehtun und gleichzeitig dem viel konkreteren Krefelder Appel gegen die Stationierung der amerikanischen atomaren Mittelstreckenraketen in unserm Lande das Wasser abgraben.

Um nicht auf derartiges konkurrierendes Verhalten hereinzufallen, sammelten wir im Betrieb, in dem ich tätig war, Unterschriften dann halt für beide Listen, der Krefelder und der Gewerkschaftlichen. Nicht gerade zur Freude unserer örtlichen Ortsverwaltung, die sich anscheinend dem Vorstand in Frankfurt verpflichtet fühlte. Die meisten Kolleginnen und Kollegen wunderten sich zwar darüber, dass es gleich zwei Listen gab, unterschrieben aber im Vertrauen auf uns beide Listen.

Wir, die Sammler, mussten dann allerdings zum Rapport bei unserer örtlichen IG Metall. So wäre die gewerkschaftliche Unterschriftenaktion nicht gemeint, nicht zusammen mit der Krefelder. Wie dem auch sei, ich und wir ließen uns nicht beeindrucken. Der landesweite Krefelder Appell an die Bundesregierung war mit seinen sagenhaften 7 Millionen Unterschriften ein sensationeller, noch nie dagewesener Erfolg.

Wie wird die Politik reagieren? Der Text des Appells lautet ja: „Ich schließe mich dem Krefelder Appell an die Bundesregierung an, die Zustimmung zur Stationierung von Pershing-II-Raketen und Marschflugkörpern in Mitteleuropa zurückzuziehen." Bundeskanzler Helmut Schmidt, der Begründer der Nachrüstung, musste seinen Hut nehmen. Sein Nachfolger, der konservative Helmut Kohl, beharrte weiter verbissen auf der Stationierung. Wir waren der festen Überzeugung, dass sie es nicht wagen werden, gegen die inzwischen millionenfache überwältigende ablehnende Stimmung im Land zu stationieren.

Wir alle waren erstmal geschockt, als sie tatsächlich mit der Stationierung begannen. Und auch ich musste gegen eine resignative Stimmung auch bei mir selbst ankämpfen. Aber wir gaben nicht auf. Als erstes wollten wir herausbekommen, wo überall stationiert werden soll, auch bei uns vor Ort. Keiner von uns wusste es. Wir würden es herausbekommen und die Orte besuchen. Dann müssen die Raketen halt wieder raus, war unsere Parole.

Und es gab Hoffnung. Die Nulllösung als Alternative zu den Stationierungen auf beiden Seiten stand auf der Tagesordnung internationaler Verhandlungen. Das wär es doch. Und zu unser aller Überraschung einigte man sich nach längerem hin und her. Der Druck durch die weltweiten Proteste muss dermaßen nachhaltig gewesen sein, dass selbst der Hartliner Ronald Reagan nicht anders konnte, als es Gorbatschow gleich zu tun und ebenfalls den ausgehandelten INF-Vertrag zu unterschreiben. Auch Bundeskanzler Kohl änderte seine Meinung, sehr zum Ärger seines Rivalen und Hartliner Strauß. Wir hingegen schrieben dies auf unsere Fahnen, als Erfolg der weltweiten Friedensbewegung. Wir Krefelder ebenso. Für uns alle war es eine Genugtuung, als die über 1700 Raketen beiderseits Schritt für Schritt tatsächlich verschrottet und die atomaren Sprengköpfe abgezogen wurden.

Die Atomraketen werden zersägt Foto : dpa

Allerdings stellte sich im Nachhinein heraus, dass die USA, sicherlich nicht unbeabsichtigt, 20 der Atomraketen, jede mit einer Sprengkraft der verheerenden Hiroshimabombe, „vergessen" hatten. Seither gibt es im rheinland-pfälzischen Büchel immer wieder Protestaktionen der Friedensbewegung, mit der Forderung an die jeweilige Bundesregierung, endlich dafür zu sorgen, dass auch diese Atomsprengköpfe abgezogen werden.

Forum der Krefelder Initiative 1987 in Nürnberg

Da waren sie wieder: Meine doch noch nicht ganz überwundenen Hemmungen, den Ansprüchen einer so hochkarätigen Veranstaltung der Krefelder Initiative gerecht zu werden. Würde ich es verkraften, als örtlicher Hausherr des so bedeutenden 6. Forums der Krefelder Initiative in Nürnberg zu fungieren? Ich erinnerte mich: Als ich damals gefragt wurde, ob ich den gewerkschaftlichen Part in der Krefelder Initiative übernehmen würde, war ich total überrascht und unsicher, ob ich den Anspruch der Krefelder überhaupt erfüllen konnte. Da war ja auch noch die ablehnende Haltung der Gewerkschaftsvorstände gegenüber der Krefelder Initiative. Und nun wollten diese Krefelder ausgerechnet in unserem Gewerkschaftshaus in Nürnberg tagen. Die Krefelder hatten sich in den Kopf gesetzt, ihr 6. Forum in Bayern durchzuführen, in München oder Nürnberg, da jeweils dort auch Mitglieder der Krefelder Initiative zu Hause waren. Mit der Begründung, dieses Forum gewerkschaftsnah auszurichten, fiel die Wahl zu meinem Erschrecken auf Nürnberg, zumal ich ohnehin als der gewerkschaftliche Vertreter der Krefelder aus dieser Stadt kam. Natürlich konnte ich nicht nein sagen und so hatte ich nun einiges am Hals.

Es war durchaus nicht so, dass uns Krefeldern in Nürnberg von vornherein Tür und Tor offenstanden. Dafür sollte ich sorgen – bei der Presse, den Gewerkschaften, bei den Verantwortlichen der Stadt. Ich fühlte mich wieder einmal in der Rolle des Getriebenen. Würde aber auch jetzt nicht kneifen. Natürlich hatte auch ich den Anspruch, dieses Forum, wenn schon in Nürnberg, dann im Gewerkschaftshaus durchzuführen.

Das siebenstöckige, im Zentrum der Stadt gelegene Gewerkschaftshaus mit seinem Burgblicksaal war nicht nur Sitz des DGB, sondern auch der Einzelgewerkschaften. Würden uns an diesen beiden Wochenendtagen alle Räume zur Verfügung stehen? Zum Glück hatte ich mit meinem IG Metall-Vorsitzenden Gerd Lobodda, mit dem ich mich gut verstand, einen gewichtigen Fürsprecher im Haus. Gegenüber der Presse räumte er allerdings ein, dass sein Engagement für die Friedensbewegung nicht sofort von allen Gewerkschaftern als selbstverständlich angenommen wurde und dass man auch innerhalb der Gewerkschaften über den richtigen Weg heiß diskutierte. Ich erinnerte mich daran, wie oft ich ihn bei passender oder unpassender Gelegenheit nicht nur mit dem Krefelder Appell nervte.

Als dann der Krefelder Organisator Horst Trapp nach Nürnberg kam, um sich ein Bild von den Örtlichkeiten zu machen, bemerkte ich, dass er nicht gerade begeistert war als er feststellte, dass im größten Saal des Gewerkschaftshauses nur wenige hundert Besucher Platz finden. Er war von den vorausgegangenen Foren ganz andere Dimensionen gewöhnt –oft mit tausenden Teilnehmern. Wir blieben aber im Gewerkschaftshaus. Es sollte trotzdem durch eine einmalige Programmgestaltung ein besonderes Forum werden. Horst Trapp und Reiner Braun sorgten mit ihren vielfältigen Verbindungen dafür, dass zu den Krefelder Persönlichkeiten, die ohnehin anreisten, noch eine stattliche Reihe von Polit-Prominenten als Referenten und Diskussionsteilnehmer nach Nürnberg kamen.

Ich selbst hoffte, dass im Saal noch ausreichend Platz sein würde für diejenigen, die mitgeholfen hatten, dass auch bei uns in Nürnberg 80.000 Unterschriften für den Krefelder Appell zusammen kamen. Besonders dankbar war ich den Krefeldern Persönlichkeiten, die am Vortag des Forums angereist waren, um mit unterschiedlichen örtlichen Initiativen in den jeweiligen Stadtteilen zu diskutieren.

Natürlich hätte ich mich gefreut, auch den leider vor kurzem verstorbenen altliberalen William Borm hier in Nürnberg zu begrüßen, der meine gewerkschaftliche Funktion bei den Krefeldern ja sehr ernst nahm.

Meine Bemühungen im Vorfeld um eine wohlwollende Presse lohnten sich offensichtlich. Ich hatte mir viel Mühe gemacht, vor allem dem Berichterstatter der größten Nürnberger Tageszeitung die Bedeutung unseres Krefelder Forums nahe zu bringen. Natürlich freute ich mich auch über die Ankündigung der kleineren Konkurrenz, der *Nürnberger Zeitung*. Sie lautete: „Der Friede auf dem Prüfstand." Die *Nürnberger Nachrichten* titelten optimistisch „Das Krefelder Forum im politischen Aufwind." Der zurückhaltende Journalist zitierte mich dann korrekt, dass wir bisher mit der Ablehnung der Raketenstationierung nur gegen eine weitere Aufrüstung ankämpften. Dass jetzt jedoch erstmals die Möglichkeit für eine weitgehendere echte Abrüstung bestünde. Denn nun sei ein Supermächte-Abkommen über die Beseitigung aller atomaren Mittelstreckenwaffen in greifbarer Nähe. Hoffentlich kommt es wirklich dazu, dachte ich, als ich meine Aussage in der Zeitung las.

Ähnlich äußerten sich dann auch unsere offiziellen Redner Prof. Starlinger. Auch Petra Kelly und General Bastian die ja noch vor Ihrem Abschied von der Krefelder Initiative in Nürnberg dabei erklärten hoffnungsvoll, dass es zwar noch nicht, aber fast soweit wäre, zu einer wirklichen Abrüstung zu kommen. Zugleich blickten wir Krefelder nach vorn. „Jetzt gilt es, mit neuer Streitkultur die Feindbilder zu überwinden", so der Schriftsteller Dieter Lattmann in der Vorankündigung. Das würde nicht so einfach werden, dachte ich, aber wir nahmen uns dies ernsthaft vor und so stand es auch auf unserer Tagesordnung. Wir alle waren gespannt, wie wohl unser erster Versuch eines direkten Dialogs zwischen West und Ost ausgehen würde.

Als lokaler Gastgeber hatte ich selbstverständlich dieses 6. Krefelder Forum zu eröffnen und ich versuchte, mir meine Nervosität nicht anmerken zu lassen. Glücklicherweise kamen gleich nach mir vertraute lokale Größen mit ihren Grußworten ans Pult, wie der 1. Bevollmächtigte der Nürnberger IG Metall, mein guter Kollege Gerd Lobodda. Mit ihm hatte ich als Betriebsratsvorsitzender schon so manche Schlacht geschlagen hatte. Wir hatten ihm als einer der Hausherren zu verdanken, dass wir unser Forum hier im Nürnberger Gewerkschaftshaus durchführen konnten. Nach ihm kam ein mir gut bekannter Vertreter der Stadt Nürnberg und später auch noch die in Nürnberg beheimatete profilierte stellvertretende SPD-Fraktionsvorsitzende Renate Schmidt zu Wort, sodass ich mich nicht ganz so verloren fühlte.

Auf dem Podium saßen sich der ehemalige und streitbare Juso Johano Strasser von der SPD und das Mitglied des Zentralkomitees der SED, Professor Erich Hahn, gegenüber. Es kam so, wie ich es geahnt, aber auch ein bisschen befürchtet hatte. Angriffslustig provozierte Johano Strasser gleich am Anfang mit einem Zitat aus einem neuen DDR-Schulbuch, in dem noch die Vorstellung vom gewinnbaren Atomkrieg durchklang. Er relativierte dies aber, indem er sagte, dass ihm die östliche Auffassung bekannt sei, nach der der imperialistische Gegner alle Grausamkeiten anwenden würde, um den Sozialismus zu vernichten.

Professor Hahn ignorierte das Schulbuchthema und reagierte mit der spontanen Aussage, dass die Idee vom möglichen Sieger in einem Atomkrieg ohne Wenn und Aber weg müsse. Er beklagte, dass es im Westen – vor allem in den USA und zum Teil auch in der Bundesrepublik – ein absolutes Feindbild gegenüber den sozialistischen Ländern gebe. Er legte noch eins damit drauf, dass dies alles der Ausdruck eines aus dem Kapitalismus hervorgehenden, aggressiven Imperialismus sei. Nach ähnlichem hin und her hatte ich den Eindruck, dass nicht nur mir und bestimmt den meisten der 400 Anwesenden klar wurde, dass der Weg zu einer Annäherung zwischen West und Ost zu kommen ziemlich weit war.

Jetzt war man gespannt, was der nächste östliche Gast sagen würde. Eine örtliche Zeitung beschrieb ihn wie folgt: „Der Mann aus Moskau sah einigermaßen martialisch aus mit seinem blanken Schädel und dem bunten Ordensband auf seinem Jackett. Doch der erste Eindruck trog. Lew Besymenski, General und Held der Sowjetunion, gab sich bei seinem rund 20minütigem Auftritt im Nürnberger Gewerkschaftshaus betont heiter und jovial. Seine Botschaft war, dass dank der sowjetischen Abrüstungsbereitschaft eine neue Epoche angebrochen sei. Frieden müsse man programmieren, nicht nur proklamieren, forderte der vom

154

Militär zum Friedenskämpfer mutierte Sowjetmensch. Auch Bonn sei nach dem Verzicht auf die 72 Pershing 1a-Raketen kein Stolperstein mehr für eine gute Sache. Und für Kanzler Kohls Sinneswandel in der Pershing-Frage gelte das alte russische Sprichwort ‚Besser spät als nie‘, meinte er mit einem milden ironischen Unterton. Zu befürchten sei allerdings, dass eine Allianz aus nützlichen Idioten in Washington und anderswo versuchen würde, den Abbau der Mittestreckenraketen doch noch zu verhindern oder seinen Vollzug wenigstens zu verzögern. Ziemlich locker meinte er, es habe eine Zeit gegeben, Raketen zu sammeln, jetzt sei der Moment gekommen, sie wegzuwerfen. Der Westen solle das neue Denken in der Sowjetunion ernsthaft aufgreifen. Das Publikum dankte es ihm mit langem Beifall“, so der offensichtlich beeindruckte Berichterstatter in seiner Zeitung.

Allerdings war ich richtig erschrocken, als ich am nächsten Tag seine Schlagzeile in dicken Lettern auf der ersten Seite las. „Die Friedensbewegung muss ihren Druck noch verstärken.“ Hatten wir nicht schon genug Druck gemacht, was denn noch? fragte ich mich. Wie dem auch sei, wie immer die internationalen Verhandlungen ausgehen würden, wir alle Friedensbewegten würden keinesfalls hinter unsere Forderungen nach einer beiderseitigen Nulllösung zurückgehen und dies auch weiterhin mit Nachdruck einfordern, beruhigte ich mich.

Nach den zwei Tagen mit vielfältigen, interessanten aber auch anstrengenden Diskussionsrunden im ganzen Haus, war das abschließende Kulturprogramm am fortgeschrittenen Abend unter anderem mit der temperamentvollen Schauspielerin Renan Demirkan, Dieter Süverkrüp aber auch örtlichen Künstlern ein entspannender Abschluss.

Und ich war heilfroh. Ich hatte den Eindruck, dass für alle Krefelder dieses ungewöhnliche und vom Publikum dankbar angenommene 6. Krefelder Forum in Nürnberg ein schöner Erfolg war. Es war vollbracht, ich war geschafft und ungemein erleichtert.

Das Ganze hatte natürlich auch eine nicht unerhebliche finanzielle Seite. Dabei konnten wir uns ganz auf Christoph Strässer verlassen, den jüngsten der Krefelder der ersten Stunde. Er hatte schon ganz anderes als Nürnberg finanziell bewältigt, wie die 1. große Veranstaltung „Künstler für den Frieden" in Dortmund, wo es auch um die Erlöse der Langspielplatte ging. Oder das Event der 100.000 im und um das Bochumer Ruhrstadion.

Wir jedenfalls hatten mit unseren durchaus begrenzten Möglichkeiten in Nürnberg nicht versagt und mit dem ersten Versuch eines Ost-West-Dialogs neue Wege eröffnet. Ich war der Hoffnung, dass dieser Dialog fortgesetzt würde und mit diesen ersten Erfahrungen die aufgetretenen Spannungen auch unter uns Krefeldern im Hinblick auf die unterschiedlichen Einschätzungen gegenüber dem Osten sich zumindest abmildern könnten – wohlwissend, dass der Sack des Raketenabbaus erst noch zugemacht werden musste.

Das letzte Krefelder Forum ein Jahr nach Nürnberg 1987 hatte für die Stadt Kassel einen hohen Stellenwert. Inzwischen hatten wir Krefelder ein beachtliches Ansehen erworben. Der Oberbürgermeister und spätere Bundesminister Hans Eichel ließ es sich nicht nehmen, anders als in Nürnberg uns in seinem Rathaus gebührend zu empfangen und sich mit uns auszutauschen. Wir erklärten, dass nach dem Abzug der Atomraketen und dem erfreulicherweise zustande gekommenen INF-Abkommen noch längst nicht alle langfristigen friedenspolitischen Ziele erreicht sind. Jetzt gelte es, die Gunst der Stunde zu nutzen, um für Sicherheit durch weitere, nicht nur atomare Abrüstung zu sorgen – mit dem auch für uns durchaus hohen Anspruch, die Welt von der Kriegsbedrohung zu befreien.

Obwohl nach den schmerzlichen Verlusten bedeutender Persönlichkeiten der Krefelder Initiative immer wieder engagierte Personen gewonnen werden konnten, stellte sich jedoch im Laufe der Zeit nicht nur für mich die Frage, ob die Krefelder Initiative nach so jahrelangen erfolgreichen Anstrengungen weiterhin die Kraft und die Ausdauer für ein kontinuierliches Engagement haben konnte. Oder würde es andere Organisationen geben, die in diesem Sinne weiter agieren würden?

Was wurde eigentlich aus den so verdienstvollen, zum Teil schon betagten Akteuren der acht Jahre lang bestehenden Krefelder Initiative?

Welche Wirkung hatten eigentlich die sieben Millionen Unterschriften des „Krefelder Appells"? Welchen Einfluss hatten die jeweiligen Briefe an die Bundeskanzler Dr. Helmut Schmidt, Dr. Helmut Kohl, an die Abgeordneten des Deutschen Bundestage, aber auch an internationale Adressaten, wie die Abgeordneten des Kongresses in den USA, an die Regierungschefs der Unterzeichnerstaaten der KSZE-Schlussakte sowie der offene Brief an die Teilnehmer der KSZE 1984?

Ich glaube, dies alles trug wesentlich zu einer Umkehr der verantwortlichen Stationierer bei.

Leider konnten einige der so verdienstvollen Krefelder Persönlichkeiten, die erheblich bei diesem Erfolg mitgewirkt hatten, dies alles nicht mehr miterleben. Der schon bei der Gründung betagte, in der Welt hochangesehene Pastor Martin Niemöller starb wenige Jahre nach der Gründung der Krefelder Initiative hochbetagt mit 92 Jahren. Mit ihm und seinem ebenfalls verstorbenen Mitbegründer Prof. Dr. Dr. h. c. Karl Becher hatte ich, als Krefelder der zweiten Stunde, zwar keinen persönlichen Kontakt, ich konnte jedoch beide als interessierter Teilnehmer einer Krefelder Großveranstaltung erleben.

Ein besonders schwerer Schlag für uns alle war, dass bereits ein Jahr nach meiner Krefelder Zugehörigkeit unser unermüdlicher Akteur und Mittelpunkt, Josef Weber, nach schwerer Krankheit unerwartet verstarb. Er hatte sich mit allem was er hatte dem Krefelder Anliegen verschrieben und war unersetzlich.

Ein Glück für uns war, dass seine routinierten Assistenten Reiner Braun und Horst Trapp mit allen ihren Erfahrungen sein Werk weiter führten. Ich hatte den Eindruck, dass Josef Weber besonderen Wert darauf legte, dass ich mich bei den Krefeldern zu Hause fühlte. Obwohl er in seinem Wirkungskreis ganz im Stile eines ehemaligen Obersten als relativ stringent wahrgenommen wurde, hatte er mir gegenüber großes Verständnis bei auch privaten Problemen, die meine Krefelder Aktivitäten mit sich brachten. Dies schrieb er mir auch:

„Lieber Hans-Joachim Patzelt, ich habe großes Verständnis für Ihre Probleme und halte es für richtig, dass Sie mit Rücksicht auf ihre gewerkschaftlichen Verpflichtungen auf die Reise (nach Paris) verzichten. Großen Wert würde ich darauf legen, wenn Sie ihre Teilnahme am 3. 8. 84 ermöglichen könnten. Vielleicht finden Sie einen zumutbaren Weg. Das Vierte Forum ist ein schwieriges Unternehmen. Da bedarf es einiger kollektiver Entscheidungen bei unserer nächsten Sitzung, die gemeinsam getragen werden. Für mich ist es selbstverständlich, dass wir auch über private Schwierigkeiten sprechen. Haben sie also keine Scheu davor. Sie dürfen sicher sein, dass Sie bei mir immer auf Verständnis stoßen. Herzliche Grüße, auch an ihre Frau, Ihr Josef Weber."

Ich glaube, ich habe es versäumt, ihm bei unserem folgenden Zusammentreffen für seinen einfühlsamen Brief zu danken, nahm dann aber, wie von Josef Weber gewünscht, nicht nur an dem 4. Krefelder Forum, sondern auch mit meiner Frau an der erlebnisreichen Reise nach Paris teil. Ich hatte den Eindruck, dass er großen Wert auf meine Meinung legte, gerade dann, wenn es um kritische Probleme in unserem Kreis ging.

Er fragte mich sichtlich enttäuscht, ob es einen Grund gab, warum ich nicht zu seiner Verleihung des Lenin-Friedenspreises nach Bonn gekommen war und ob ich wohl Vorbehalte gegen diesen Lenin- Friedenspreis hätte. Ich war angenehm überrascht, dass er mich vermisst hatte. Als ich ihm sagte, dass meine Frau und ich dabei waren und wir die Verleihung an ihn in den hinteren Reihen des übervollen Saales in der Bonner Botschaft der Sowjetunion miterlebt hatten, war er sichtlich erfreut und fragte nachsichtig, warum wir denn so zurückhaltend waren. Unser Platz wäre doch unter den anderen Krefeldern in den vorderen Reihen gewesen. Dass ich mit meiner Frau gekommen war, hätte ihn besonders gefreut.

Nach der Verleihung des Preises in Anwesenheit des Botschafters der UdSSR in Bonn, Wladimir Semjonow, dachte ich mir, dass seine Frage an mich über eventuelle Vorbehalte durchaus berechtigt war. Leninpreis an den Krefelder Josef Weber? Sind die Krefelder nicht doch Handlanger

Moskaus? Erst nach der Laudatio wurde mir die Bedeutung dieses Preises bewusst. Es wurde begründet, dass im Unterschied zum vergleichbaren allgemeinen Friedensnobelpreis der von der Sowjetunion vergebene Preis ausnahmslos an Persönlichkeiten verliehen würde, die sich um die Entwicklung internationaler Beziehungen auf der Grundlage friedlicher Koexistenz verdient gemacht haben. Stand es eigentlich in unserer Presse, dass diesen Preis in diesem Jahr, neben Josef Weber posthum unter anderen auch die ermordete indische Ministerpräsidentin Indira Gandhi, sowie das Mitglied des schwedischen Friedenskomitees Eva Palmer, aber vormals auch Pastor Martin Niemöller erhalten hatten? Bei aller Skepsis gegenüber dem Verleiher Sowjetunion hatte sich Josef Weber mit seinem großen Engagement für eine Verständigung über die Verhinderung einer weiteren Rüstungsspirale ganz im wörtlichen Sinne des Preises verdient gemacht. Und dies als ehemaliger Generalstabsoffizier der westlichen Seite.

Ich hatte dem mir imponierenden, geradlinigen und streitbaren Altliberalen des Bundestages Dr. William Borm einen Geburtstagsglückwunsch zu seinem 90.Geburstag geschickt. Seine Antwort aus Bonn freute mich besonders. Er war überrascht und tief bewegt über die zahlreichen Glückwünsche. Für ihn war es die Anerkennung seines oft eigenwilligen Denkens und Ansporn, darin nicht nachzulassen, solange er noch wirken könne. Handschriftlich fügte er noch hinzu, dass es für ihn besonders schön sei, mit mir im Dienst des Friedens zu arbeiten.

Für mich war es ein Ausdruck gegenseitigen Respekts auf unseren durchaus unterschiedlichen politischen Wegen. Natürlich hätte ich ihn gerne bei unserem Forum in Nürnberg willkommen geheißen. Leider starb er kurz vor unserem Nürnberger Forum im Alter von 92 Jahren.

Richtig irritiert war ich, als er später, nach der Wende, in den Medien mit der Stasi in Verbindung gebracht wurde. Ausgerechnet der liberale William Borm, dem ich, selbst wenn dies zutreffen sollte, keine destruktiven Motive unterstellen würde. Ich fragte mich aber schon, was ihn bewogen habe könnte, sich auf das problematische Feld eines Geheimdienstes im Ost-West-Konfliktes einzulassen. War es die Illusion Borms, damit Einfluss zu nehmen, auf die sich hochschaukelnden Aufrüstung durch die Stationierung der atomaren Mittelstreckenraketen auf beiden Seiten? Ein anderes Motiv Borms konnte ich mir, so wie ihn kannte, nicht vorstellen.

Für mich jedoch war der offene Dialog beider Seiten der bessere Weg, wie wir es bei unserem 6. Krefelder Forum in Nürnberg praktiziert hatten. Die spannende Diskussion in Nürnberg mit dem sowjetischen General und dem Vertreter der DDR-Position einerseits und Johano Strasser, dem Vertreter der bundesrepublikanischen Friedensbewegten, aber auch mit uns Krefeldern andererseits, mit dem Ziel sich anzunähern, war doch viel sinnvoller. Schade, dass dies Wiliam Borm nicht mehr miterleben konnte.

Nach dem Erfolg in den acht Jahren war nach dem Verlust unverzichtbarer Persönlichkeiten das Ende der so verdienstvollen Krefelder Initiative abzusehen. Für mich war diese Krefelder Zeit eine entscheidende horizonterweiternde prägende Erfahrung, die mich trotz anfänglicher Hemmungen in meinem Selbstverständnis gestärkt hat. Es war eine glückliche Fügung, dass ich mit so starken unterschiedlichen Persönlichkeiten ein Stück meines Weges gehen konnte. Für meine persönliche Entwicklung und mein zunehmendes Selbstbewusstsein ein unverzichtbarer Lebensabschnitt.

Stadtrat in Nürnberg

Wie kam es dann noch zu meiner Stadtratskandidatur? Wir standen im Stau. Ich war, wie des Öfteren, auf meiner Heimfahrt auf dem Weg, Ewald und Schorsch nach Hause zu bringen. Wir drei kamen von einer unser Sitzungen des Nürnberger Friedensforums. Dieses mal waren nur ein Dutzend Friedensfreunde gekommen. Wir trafen uns regelmäßig im uns so vertrauten städtischen Nachbarschaftshaus. In dem wuchtigen ehemaligen Schulkomplex fühlten wir uns richtig wohl. Nicht zuletzt weil es, im politisch lebendigen Stadtteil Gostenhof lag, der von der autonomen Szene ziemlich geprägt war. Wir und Ewald, der unermüdliche organisatorische Kopf des in Nürnberg nicht mehr wegzudenkenden Friedensforums hatten eine positive Bilanz unseres alljährlichen Ostermarschs gezogen. Wir waren erfreut, dass so viele Menschen in die Innenstadt, zu dem Platz vor der Lorenzkirche zu unserer Abschlusskundgebung gekommen waren. Der Platz war wieder ganz schön voll gewesen.

Wir waren in den zurückliegenden Jahren mit unserem gemeinsamen Friedensanliegen durch Dick und Dünn gegangen.

Vor uns eine lange Autoschlange vor der Ampel, der Einfahrt zum vielbefahrenen Verkehrsknoten, dem Plärrer. Das konnte dauern, bis wir da durch waren. „Last uns die Zeit nutzen für ein ganz anderes Thema. Ist euch eigentlich bewusst, dass schon in einem knappen Jahr der neue Stadtrat gewählt wird?

Diesmal muss mindestens einer von uns Dreien da rein. Nicht nur mit unserem Friedensanliegen, sondern auch wegen der unerträglichen, zunehmenden rechtsradikalen Aktivitäten in unserer Stadt, aber auch wegen der Agenda 2010 mit Hartz 4, und all den negativen Auswirkungen für die Menschen, auch bei uns in Nürnberg, waren wir uns einig. „Den

Stadtrat sollten wir mal richtig aufmischen, dort fehlt doch eine echte Opposition", meinte Ewald ziemlich selbstbewusst. Sein vertrauter Kumpel Schorsch, der schon einmal vergeblich einen Anlauf zum Stadtrat genommen hatte, aber auch ich nickten zustimmend. Die Zeit würde knapp sein, wir sollten nichts versäumen.

Endlich hatten wir den Plärrer bewältigt. Ich lieferte auf meinem üblichen Umweg zuerst Ewald und dann auch später Schorsch bei sich zu Hause ab, mit der gemeinsamen Versicherung, in der Angelegenheit Stadtrat am Ball zu bleiben. Nach den monatelangen Ostermarschvorbereitungen, unserem Jahreshöhepunkt, war bei uns erst mal die Luft raus. Als nächstes standen wieder die routinemäßigen Termine wie der Hiroshima-Gedenktag und der Antikriegstag am 1. September auf der Tagesordnung, aber bis dahin waren es noch einige Monate – ausreichend Zeit also, neben unseren Sitzungsterminen des Friedensforums uns auf die Stadtratswahl zu konzentrieren.

Ich war dann aber verwundert, dass bei unserem nächsten Zusammentreffen für Ewald und Schorsch die kommende Stadtratswahl überhaupt kein Thema mehr war. Hatte ich das Ganze zu ernst genommen, oder hatte ihr Schweigen mir nicht bekannte andere Gründe? Ich machte mir meine eigenen Gedanken. Sicher, wir standen uns politisch ziemlich nahe. Oder doch nicht genug?

Wir alle drei waren reichlich außerparlamentarisch unterwegs, nicht nur mit unseren Friedensaktivitäten. Schorsch, ganz besonders als Antifaschist, ich auch schon jahrelang im außerparlamentarischen Sozialforum Nürnberg.

Aber es gab doch einen erheblichen Unterschied. Ewald und Schorsch waren im Gegensatz zu mir Parteigenossen. Ich hätte mir nicht träumen lassen, dass dies einmal für uns zu einem politischen Verhängnis werden könnte.

Nach wochenlangem Schweigen zwischen uns wurde ich langsam unruhig. Was war los, warum war die Stadtratswahl für Ewald und Schorsch kein Thema mehr? Mir kamen Bedenken. Sollte ich unter diesen Umständen überhaupt erwägen eventuell für den Stadtrat zu kandidieren?

Wäre dies ohne Parteizugehörigkeit überhaupt sinnvoll und möglich? War ich mit meinen bald 69 Jahren nicht schon zu alt, wenn auch dann nicht der Älteste im Stadtrat? Sollte ich mir wirklich neben meinen Friedensaktivitäten auch noch die Arbeit als Stadtrat aufhalsen? Halbe Sachen sind ja nicht mein Ding. Kurzum, ich war ziemlich unentschlossen.

Es hatte sich anscheinend in Ewalds Kreisen herumgesprochen, welche Pläne wir bei unserer Autofahrt geschmiedet hatten. Ich fühlte mich geschmeichelt, als ich dann gefragt wurde, ob ich eventuell auf einer offenen Linke Liste kandidieren würde. Bei allen Zweifeln entschloss ich mich, zu kandidieren. Ich hatte allerdings zwei Bedingungen. Ich wollte, wie bei meinen bisherigen Aktivitäten parteilos bleiben. Es kam mir entgegen, dass eine Parteimitgliedschaft anscheinend keine Voraussetzung für eine Kandidatur war. Gerade mit einer offenen, nicht parteigebundenen Liste, also auch für Parteilose wie mich, rechneten sich die Initiatoren anscheinend eine breitere Resonanz aus. Ich sowieso. Wenn ich kandidiere, sollte es schon ein aussichtsreicher Listenplatz unter den vielleicht 70 Kandidaten sein, denn schließlich war ich in der Stadt kein unbeschriebenes Blatt.

Wie es zu dem Entschluss zur Gründung einer offenen Liste kam, war mir nicht ganz klar. Später jedoch war ich mir aber ziemlich sicher, dass es ohne die Akzeptanz der beiden einflussreichen, sehr auf ihre Partei orientierten Genossen Ewald und Schorsch nicht zu diesem Listenkompromiss gekommen wäre. Beim genaueren Hinschauen war es mit der Offenheit nicht so weit her. Ludwig und ich waren letztlich die beiden einzigen, die nicht aus dem näheren politischen Umfeld der Genossen auf der zumindest nach außen hin offenen Linken Liste standen. Obwohl ihnen eine Liste ihrer Partei sicherlich lieber gewesen wäre, rechneten auch sie sich, nach den bisherigen vergeblichen Anläufen, mehr Chancen aus, in den Stadtrat zu kommen. Wenn sie vielleicht auch nicht selbst im Stadtrat vertreten wären, wird man schon dafür sorgen, dass wenigstens ihre Inhalte im Stadtrat einigermaßen zum Tragen kommen. Dies alles wurde mir jedoch erst später klar. Als ich Ewald fragte, ob er

163

auch kandidiere, war ihm dies zu meiner Überraschung sichtlich unangenehm, aber letztlich wollte er sich ein Stadtratsmandat doch nicht zumuten. Trotzdem hatte ich den Eindruck, dass es ihm prinzipiell lieber wäre,
wenn Genossen wie er oder Schorsch im Stadtrat wären.

Schorsch und Ewald standen dann zu meiner Überraschung nicht auf
der Vorschlagsliste. Jedoch ihr Genosse Günter, der mir noch große
Probleme bereiten sollte. Ich fragte mich, was da hinter den Kulissen für
Ewald und seinen Genossen Schorsch wohl schief gelaufen war, dass sie
nun doch nicht für einen aussichtsreichen Listenplatz kandidierten. Ihre
parteipolitische Heimat, die DKP, war ja schließlich Mitglied der Linken
Liste und ließ sich ansonsten ihren Einfluss nicht nehmen. Befürchteten
sie, dass sie nicht wie gewünscht bei der Kandidatenaufstellung nach
vorne gewählt werden?

Ich jedenfalls hatte den Eindruck, dass Ewald dann von meinem aussichtsreichen dritten Platz auf der Vorschlagsliste nicht gerade begeistert
war, konnte mir dies aber nicht so recht erklären. Dabei wollten wir doch,
soweit ich mich an Ewalds Anspruch erinnerte, den Stadtrat gemeinsam
aufmischen.

Nach der Wahl der Stadtratskandidaten sprach mich ein durchaus
ernstzunehmender, mir sicherlich gutgesonnener Parteigenosse Ewalds
an, dass es ein gravierendes Problem geben könnte. Dass nämlich nach
der Reihenfolge der Kandidatenliste und nach Lage der Dinge niemand
von den Genossen und dann auch nicht ein wirklicher Marxist im Stadtrat vertreten sein würde. „Ich kann doch offen mit dir sprechen und
nimm mir es bitte nicht übel, wenn ich dir sage, wie ihr drei auf den
vorderen Plätzen von meinen Genossen eingeschätzt werdet", meinte er.
„Harald, der Spitzenkandidat, ist ja nicht wirklich ein Marxist. Er hat
zwar beim Genossen Professor Fülbert auch Marxismus studiert, ist auch
ein guter Gewerkschafter, aber letztlich doch eher ein enttäuschter Sozialdemokrat. Und du, lieber Hans, wirst von meinen Genossen durchaus
als kämpferischer Betriebsratsvorsitzender geschätzt, du bist aber kein
Parteigenosse und als Radikaldemokrat, wie du dich ja selbst siehst, feh-

len dir sicherlich die marxistischen Grundlagen", bestätigte er meine Befürchtungen und fuhr fort: „Eylem, die dritte im Bunde, ist als loyale Migrantin für die Einbindung ihrer Landsleute unverzichtbar. Ihr marxistisches Wissen ist dabei nicht vorrangig." Er meinte ziemlich skeptisch und mit einem sorgenvollen Zug in seinem Gesicht, das diese Konstellation durchaus zu Spannungen führen könnte und bat mich um Vertraulichkeit. Hoffentlich bestätigen sich seine Befürchtungen nicht, dachte ich mir nach dem Gespräch. Aber sie traten dann doch ein.

Ausgebootet

Es war schon merkwürdig. Nach meiner Kandidatur zum Stadtrat und meinem aussichtreichen 3. Platz erklärte Arno in einer Sitzung unter uns Sprechern des Nürnberger Friedensforums zu meiner Überraschung, dass mein zu erwartendes Stadtratsmandat mit meiner Funktion als einem der Sprecher nicht zu vereinbaren sei. Ich wunderte mich, warum Ewald dies nicht selbst vortrug. Er war doch eigentlich der politische Kopf des Nürnberger Friedensforums. Sicherlich hatten sie dies hinter meinem Rücken ausgekungelt. Nicht die feine Art, nach so vielen gemeinsamen Jahren, dachte ich mir. Es war schon richtig, dass wir sehr darauf achteten, als Friedensforum parteipolitisch neutral zu bleiben. Jedoch müsste Ewald doch Arno erklärt haben, dass die Linke Liste, für die ich kandidiere, keine Partei ist, sondern ein Bündnis, in dem ich als Parteiloser aktiv sein würde. Hatten wir bisher nicht auch die politischen Verantwortlichen unserer Stadt, wie den Oberbürgermeister, massiv mit unseren Friedensanliegen konfrontiert?

So kritisierten wir die passive Haltung der Stadt, wenn es um die militärische Nutzung des Nürnberger Flughafens durch amerikanische Truppen ging, die nicht nur in den Krieg im Irak flogen.

Mein Presseengagement

Wir setzten uns auch mit dem Oberbürgermeister auseinander, wenn er die Gelöbnisse der Bundeswehr in unserer Stadt zuließ, und dann auch noch als Hausherr das Wort ergreifen wollte, um nur zwei Beispiele zu benennen.

Wäre es nicht sinnvoll, diese oder ähnliche Friedensfragen im Stadtrat zu thematisieren? Wäre es nicht von Vorteil, wenn einer von uns Sprechern – in diesem Fall ich – direkt im Stadtrat vertreten wäre?

Nein, die Bedenken meiner Sprecherkollegen und Kollegin waren mir nicht nachvollziehbar. Ich hatte jedoch Zweifel. War ich ihnen, vor allem Ewald und der ehrgeizigen Anna zu dominant? Erst später, als ich Stadtrat war, sollte es sich zeigen, was wirklich dahinter steckte.

Offen und ehrlich wollte man darüber nicht sprechen. Auch Arno nicht, der inzwischen als Professor im Südwesten lebt. Ihm bin ich nach Jahren auf unserem Ostermarsch begegnet. Es war jedoch nicht die Gelegenheit, mit ihm über das damals Unausgesprochene zu reden, zumal ich den Eindruck hatte, dass dies, obwohl es für unsere Gemeinsamkeiten gravierende Folgen hatte für ihn zu meiner Verwunderung kein Thema war. Ich erinnerte mich aber daran, dass es mir damals regelrecht die Sprache verschlug, als mir ausgerechnet der eher individualistisch eingestellte Arno zu verstehen gab, dass wir kollektiv handeln sollten. Hatte er noch nie was von meinen kollektiven Anstrengungen als Betriebsratsvorsitzender gehört? Es zeigte sich, in welch unterschiedlichen Welten wir bei allen gemeinsamen Friedensaktivitäten lebten.

Damals hatte ich das Gefühl, dass man bei all meinem, auch von ihnen anerkannten, Einsatz über mein Ausscheiden eher erleichtert war und mir keine Tränen nachweinen würde.

So vorsichtig Arno dies damals auch vortrug, rannte er bei mir offene Türen ein. Aber ich hatte keine politischen Gründe, so wie sie Arno vorgetragen hatte, sondern ganz persönliche. Ich wollte mir die Doppelbelastung Stadtrat und gleichzeitig weiterhin einer der Sprecher des Nürnberger Friedensforums zu sein, ohnehin nicht zumuten.

Als ich daraufhin erklärte, dass es mir nur recht sei, meine Funktion als einer der Sprecher des Nürnberger Friedensforums nicht mehr wahrzunehmen – voraus gesetzt, ich würde zum Stadtrat gewählt – war nicht nur Arno richtig verblüfft. Zumal ich erklärte, dass ich mein Friedensanliegen nicht an der Garderobe des Stadtrats abgeben würde. Ich fand Arnos Begründung ziemlich merkwürdig und war mir ziemlich sicher, dass dies nicht auf seinem Mist gewachsen war, denn Arno war nicht parteipolitisch engagiert.

Wir hatten doch trotz manch unterschiedlichen Vorstellungen über die Art unserer Aktionen und über ein öffentlichkeitswirksames Herangehen über die Jahre ganz schön viel erreicht. Das Nürnberger Friedensforum war aus der Stadt nicht mehr wegzudenken.

Während es meinen drei Mitstreiter/innen vorrangig um unsere Inhalte ging, machte ich mir ständig darüber Gedanken, wie attraktiv unsere Inhalte und Aktivitäten für möglichst viele Menschen sein könnten, auch über Nürnberg hinaus. So war ich ständig auf dem Sprung, meine guten Pressekontakte zu nutzen, die ich mir als aktiver Betriebsratsvorsitzender erworben hatte.

Dies brachte mir jedoch nicht nur Anerkennung, auch in den eigenen Reihen, ein. Dies gipfelte in der scherzhaften aber sicher ernstgemeinten Frage einer unserer Leute, ob ich wohl pressegeil wäre. Ich dachte mir, der hat vielleicht eine Ahnung und sagte ihm, dass er sich mal selbst die Mühe machen sollte. Dann würde er schon merken, dass die Presse auf uns, mit unserem Friedensanliegen, nicht gerade wartet.

Da die Journalisten sich meist auf persönlich Verantwortliche beriefen, stand mein Name, wahrscheinlich auch für meine drei Mitstreiter/innen, allzu oft in den Zeitungen. Sie waren einerseits zwar froh, dass ich die Pressearbeit machte, sie fühlten sich anscheinend jedoch nicht ausreichend repräsentiert und somit als zu kurz gekommen. Dies hätte ich eigentlich sehen können.

Sicherlich nicht der einzige Grund, mit mir auf Distanz zu gehen. Ich hatte sie in den vielen Jahren unserer gemeinsamen Aktivitäten immer wieder mit meinen außergewöhnlichen Aktionsvorschlägen ganz schön genervt. Oft ließen sie mich aber gewähren, obwohl sie nicht überzeugt waren. Gelangen meinen Vorstellungen, konnte ich mit Anerkennung rechnen, aber auch mit herber Kritik, wenn es in die Hosen ging. Und dies geschah nicht nur einmal.

Da waren die Erfolge, wie die gelungene Menschenkette der 8000 von der Lorenzkirche zum Amerikahaus in der Nähe des Hauptbahnhofs, anlässlich des Besuchs des amerikanischen Präsidenten in der Bundesrepublik.

Foto: Abendzeitung Nürnberg
Menschenkette zum Amerika-Haus: Bush go home!

Und die spektakuläre Umzingelung der Nürnberger Altstadt mit einer Menschenkette, bei der ich mich weit aus dem Fenster lehnte.

Als sich der drohende Überfall der US–Regierung und ihrer Verbündeten auf den Irak noch vor unserem kommenden Ostermarsch abzeichnete, schlug ich vor, mit einer Umzingelung der historischen Mauer auch ein Zeichen in Nürnberg dagegen zu setzen. Ich konnte sogar unseren Oberbürgermeister dafür gewinnen, auf unserer Abschlussveranstaltung zu sprechen. Meine Mitsprecher/innen waren wegen des erheblichen Aufwands, nicht unbegründet, von Anfang an ziemlich skeptisch. Je näher die Wahrscheinlichkeit des Einmarsches in den Irak kam, umso größer wurden die Bedenken von Ewald und Anna, ob wir mehrere tausend Teilnehmer für eine Altstadt- Umzingelungsaktion überhaupt noch auf die Beine bringen können. Zumal die Truppen bereits vor dem Irak aufmarschiert waren. Ich selbst und der Schülersprecher Titus ließen uns jedoch nicht abbringen. Jetzt galt es, verstärkt zu mobilisieren. Ich nutzte meine guten Pressekontakte. Die Umzingelung würde auf jeden Fall stattfinden. Titus würde dafür sorgen, dass auch viele der Schüler teilnehmen, die vor kurzem gegen den drohenden Krieg zu tausenden auf der Straße waren.

Foto: Hans von Draminski Trotz Verweisandrohung: „Schülerdemo gegen drohenden Irak-Krieg“ berichtete die „Nürnberger Nachrichten“ und es gab Tränen der Anteilnahme bei Passanten

Inzwischen hatten wir uns mit dem Bus zu einer zentralen Kundgebung gegen den immer näher rückenden Irak-Krieg auf den Weg nach Berlin gemacht. Was uns dort erwartete, war unglaublich. Ich hatte nicht geglaubt, dass die Bonner Demonstrationen der 300.000 gegen die Stationierung atomarer Mittelstreckenraketen in unserem Land jemals zu toppen wären. Als ich jedoch unter den sage und schreibe eine halbe Million Menschen vor dem Brandenburger Tor stand, konnte ich meine Tränen nicht zurückhalten.

Foto: dpa

Wir Nürnberger unter den 500.000 Friedensbewegten in Berlin

Bei uns in Nürnberg wurden die Aussichten, unsere Menschenkette um die Altstadt zu realisieren, immer geringer, je näher der wahrscheinlich unabwendbare Irak-Krieg kam. An unserer Mobilisierung konnte es jetzt nicht mehr liegen. Wir hatten alles getan. Dann wurde es spannend. Die Menschenkette schloss sich vorerst nur an einigen Stellen. Aus dem über der Altstadt kreisenden Polizeihubschrauber, mit dem ich als Verantwortlicher im ständigen Kontakt war, kamen nicht gerade optimistische Einschätzungen. Unsere vielen Mitorganisatoren/innen wie auch der agile Titus mit seinem Fahrrad, waren unterwegs, um die Lücken der Kette zu schließen. Viele der Teilnehmer kamen buchstäblich am letzten Drücker, auch meine betagte Mutter aus dem nahegelegenen Altersheim.

Zu meiner großen Erleichterung kam dann vom Hubschrauber die erlösende Bestätigung, dass die Kette geschlossen war. Ich hastete von meinen Standort an der Burg zum weißen Turm, um als Moderator unseren Oberbürgermeister anzukündigen.

Foto: Abendzeitung Nürnberg
Menschenkette um die Altstadt Nürnbergs

Bei der anschließenden Einkehr im Marientorzwinger freute ich mich über das allgemeine Lob, auch von Anne und Ewald und Arno, die ja bei aller Skepsis diese gelungene Aktion mitgetragen und mitorganisiert hatten. Nicht auszudenken, welches Echo ich von allen Seiten bekommen hätte, wenn die Menschenkette nicht zustande gekommen wäre. Glück gehabt.

Nur ein kleiner Wermutstropfen war für uns die unverständliche Mitteilung der Polizei an die Presse von lediglich 3000 Teilnehmern. Geringschätzungen der Polizei, aus welchen Gründen auch immer, waren uns nicht neu, aber diesmal lösten ihre Zahlen bei uns nur noch Kopfschütteln aus. Sie müssten doch wissen, dass mit dieser geringen Anzahl die Umzingelung der gesamten Nürnberger Altstadt überhaupt nicht möglich wäre. Ich hatte mir im Vorfeld die Mühe gemacht, die Altstadt zu umfahren, und ausgerechnet, wieviel Menschen, die Hand in Hand die Kette bilden sollten, nötig wären. Da war die Zahl 10 000 schon realistischer. Später war ich mir jedoch nicht sicher, ob mir Ewald und Anna meine Hartnäckigkeit und Eigenwilligkeit wirklich nachgesehen hatten.

Lob bekam ich jedoch nicht bei einigen meiner weiteren Ideen. Im Gegenteil. Mein Versuch eines Ostermarschsketchs war ein richtiger Flop. Ich machte mir ständig Gedanken, was wir tun können, um nicht bei unseren großen Abschlusskundgebungen unserer Ostermärsche in Routine mit nur Rednern und Musik zu erstarren.

Angeregt durch eine Theatergruppe Arbeitsloser, schrieb ich einen polemischen Sketch über die Bombardierung einer Hochzeitsgesellschaft in Afghanistan durch die US- Luftwaffe, die es tatsächlich gegeben hat. Zugegeben ein nicht gerade erbaulicher Text. Trotz intensiver Vorbereitungen gelang es unseren übernervösen Laiendarstellern nicht, wie von mir erhofft, die Betroffenheit rüber zu bringen. Zu starker Tobak für die Zuhörer? Der Beifall für diese Aufführung war spärlich, nicht jedoch die Kritik meiner Mitstreiter/innen. Das mildeste was ich einstecken musste war der Rat an mich: „Schuster bleib bei deinen Leisten".

Ich versuchte es aber noch einmal. Diesmal mit einem fiktiven Auftritt der Bundeskanzlerin, die ich auf der Bühne interviewte. Ich konnte einen guten Bekannten überreden, mit seinem dicken Mercedes den Fahrer für sie zu spielen und mit ihr zu unserer Bühne vorzufahren, die wir vor der Lorenzkirche aufgebaut hatten. Schon dieses für einen Ostermarsch ungewöhnliche Ritual irritierte die über 1000 Menschen und sie waren eigentlich nicht gekommen, um die Bundeskanzlerin zu hören. Meine entlarvenden Fragen und die Antworten von dem, als Bundeskanzlerin verkleideten Martin, lösten zwar bei der Mehrheit einiges wissende Schmunzeln aus, nicht jedoch bei Ewald. Er gab mir ziemlich deutlich zu verstehen, dass seinen Leuten auch eine fiktive Bundeskanzlerin am Ostermarsch nicht zuzumuten wäre und sie von uns friedenspolitischen Klartext hören wollten.

Foto:Matejka Ostermarsch vom Auftakt im Stadtteil-Süd zur Abschlusskundgebung in die Innenstadt, mit Arno am Megaphon. Die „Nürnberger Nachrichten" brachte dieses Foto mit der Überschrift „Deutsche Militäreinsätze kritisiert" auf der ersten Seite.

Wir waren ja nicht nur mit unseren Ostermärschen aktiv. Am 1. September, dem jährlichen Antikriegstag, den wir gemeinsam mit dem DGB veranstalteten, hatte ich persönlich ziemlich viel investiert. Nach dem Zustandekommen einer gemeinsamen Erklärung mit dem DGB hatte ich mich bereit erklärt, die Motive von Kriegen mit ihren verheerenden Folgen im Zentrum der Stadt vor der Lorenzkirche sichtbar zu machen. Zum Unglück brach ich mir ein Bein und war nun mit einem Gipsbein und Krücken unterwegs. Ich gab nicht auf, dass 2x3 Meter große Transparent mit hunderten Kreuzen musste her. Ich war ziemlich gehandicapt. Wir räumten unser Wohnzimmer leer und ich malte, trotz Gipsbein mit einem Hocker auf dem Transparent sitzend, mit einem langstieligen Pinsel hunderte Holzkreuze. Nachdem ich ein Wasserrohr als Ölpipeline organisiert hatte und uns das Friedensmuseum Holzkreuze zur Verfügung stellte, war das Werk vor der Lorenzkirche an diesem Antikriegstag ein Blickfang auch für zahlreiche Touristen.

Meine beiden Krücken hatte ich beiseitegelegt, mein Gipsbein war unter meiner Hose nicht sichtbar. Also eine scheinbar heile Welt, auch unter uns Sprechern.

Am Antikriegstag war unsere Welt mit Anna und Ewald noch heil.
Hinter uns mein guter Gewerkschaftskollege Gerald, mit dem ich
das AEG-Werk verteidigte.

Jedoch dies alles, und noch einiges mehr, war für meine drei Mitstreiter/innen im Friedensforum anscheinend zu viel. Eigentlich hätte ich dies wissen müssen. Dazu zählen auch meine Aktivitäten vor unserer gemeinsamen Zusammenarbeit, die sie kannten.

Auch, dass ich als Mitbegründer des Nürnberger Friedensforums und wegen meiner Aktivitäten als einer der Sprecher den bayerischen Friedenspreis der Friedensorganisation DFG/VK in einer Großveranstaltung in Erlangen überreicht bekam.

Jetzt ohne mich, konnten die Dinge für meine Sprecherkolleg/innen nun ihren ungestörten Gang gehen. Aber die Frage, warum sie über alles mit mir nicht offen reden konnten oder wollten, ließ mir keine Ruhe. Was war mein Anteil daran, und was waren die Ursachen der Sprachlosigkeit bei Schwierigkeiten, die uns selbst betrafen? Hatte man doch sonst zu Gott und der Welt immer etwas zu sagen. Mit dieser Sprachlosigkeit wollte ich mich nicht abfinden. Jedoch, für meine drei Mitstreiter/innen war dann auch mein gut gemeinter Vorschlag, Jörg Wienecke zu Rate zu ziehen, scheinbar völlig absurd, obwohl er uns bei unseren Friedensanliegen unterstützte. Ich selbst hatte ihm mit seinen Ratschlägen als Psychotherapeut viel zu verdanken. Ich hatte gehofft, dass wenigstens Anna auf meinen Vorschlag positiv reagieren würde, war doch ihr Ehemann ebenfalls wie Jörg Pfarrer. Ewalds und Arnos ablehnende Reaktion war für mich eigentlich nicht wirklich überraschend. Es war anscheinend nicht ihr Ding, vielleicht auch selbst einmal in ihren eigenen Spiegel schauen zu müssen.

Diesem unbefriedigten Verhalten, wie ich dies, nicht nur unter uns immer wieder erlebte wollte ich unbedingt nachgehen. Es sollte sich zeigen, wie vielfältig und vielschichtig die Ursachen dieser Sprachlosigkeit sind. Nicht nur in der Politik, sondern auch im privaten Bereich. Die mangelnde Bereitschaft, Unstimmigkeiten selbst unter politisch Gleichgesinnten offen abzuklären, setzte sich dann im Umfeld des Stadtrates fort.

Das rote Gespenst

Und dann lautete eine Überschrift in den *Nürnberger Nachrichten*: „Das rot-rote Gespenst geht um." Damit war aber nicht in erster Linie die SPD gemeint, sie ist ja eigentlich nur rosarot, sondern die Gefahr, sich mit uns, der „Linken Liste", einzulassen. Eine Gemeinsamkeit wurde nicht nur von Oberbürgermeister Maly, sondern auch von uns, als unvorstellbar zurückgewiesen. Schließlich verstanden wir uns ja vor allem als Opposition. Wir waren das Original, das rote Gespenst. Damit mussten wir jetzt im Wahlkampf leben. Ab und zu hatte ich diebische Freude daran, dem einen oder anderen Journalisten, der mich aus meinen langjährigen Aktivitäten nicht nur als einen der Sprecher des Nürnberger Friedensforums, sondern auch als Betriebsratsvorsitzenden kannte, jetzt als rotes Gespenst zu begegnen.

Meine Provokation – die erste Stadtratssitzung

Vor der ersten Stadtratssitzung rief ich meine ebenfalls neugewählte Stadtratskollegin Eylem voller Ungeduld an. „Hallo Eylem, die Zeit verfliegt und nächste Woche ist bereits unsere erste Stadtratssitzung." „Ich weiß", antwortete sie ruhig mit ihrer tiefen, wohlklingenden Stimme mit leichtem Akzent. „Und wo ist das Problem?" „Wie wollen wir Drei uns in unserer ersten Stadtratssitzung verhalten, wir als die neue Opposition?", fragte ich. „Wie alle anderen auch. Alle werden ja erst einmal vereidigt und dann wird man weiter sehen", antwortetet Eylem ganz gelassen. „Und was ist mit den beiden Neonazis, die gleich mitvereidigt werden? Müssen wir uns da nicht was einfallen lassen", fragte ich. „Hast du schon einmal mit Harald darüber gesprochen", fragte sie zurück. „Du weißt doch, Eylem, Harald hat doch nie Zeit." „Ich ruf' Harald an, wir drei sollten noch rechtzeitig vor der Sitzung zusammenkommen", schlug Eylem vor.

Erst einen Tag vor der konstituierenden Sitzung trafen wir uns am sonnigen Nachmittag auf der 1. Maifeier der Autonomen im alternativen Stadtteil Gostenhof. Ich kam von der großen Hauptkundgebung des Deutschen Gewerkschaftsbundes auf dem Kornmarkt, direkt vor dem Gewerkschaftshaus. Dort hatte ich mich mit meinen ehemaligen Betriebsratskollegen wie jedes Jahr zu einem Bier getroffen. Mein Fußweg über den Plärrer nach Gostenhof ging über den Jakobsplatz, auf dem wir uns mitten in der kalten Jahreszeit mehrere Wochen lang als Wahlkämpfer so wacker und letztlich erfolgreich geschlagen hatten.

Die größere Park neben dem mir so vertrauten Gostenhofer Nachbarschaftshaus war mit vielen jungen heiteren Feiernden wie an jedem 1. Mai übervoll. Auch ich, obwohl einer der Älteren, fühlte mich hier wohl, und ich begegnete dem einen oder anderen, mit dem ich nicht nur bei Demonstrationen außerparlamentarisch unterwegs war.

Eylem, Harald und ich saßen in der warmen Nachmittagssonne auf einer kleinen Steinmauer, wo wir uns ungestört austauschen konnten. Es lag Spannung in der Luft. „Ich habe wenig Zeit, ich muss gleich los, kommen wir gleich zur Sache", meinte Harald ziemlich ungeduldig. „Also Hans, was schwebt dir vor?" Ahnte er, dass ich gleich in der ersten Stadtratssitzung etwas Provozierendes vorhatte? „Ich sag es gleich vorneweg , wir sollten erst mal ganz normal starten, wir haben ja sechs Jahre Zeit, uns zu profilieren". „Verpassen wir da nicht etwas, Harald?", wandte ich ein. „Alle warten doch bestimmt schon gespannt auf uns, die neue Opposition. Die Zuschauerempore wird, wie sonst nie, richtig voll sein und mir ist bekannt, dass nicht wenige Demonstranten vor dem Rathaus gegen den erneuten Einzug der Neonazis protestieren werden und es wird einmalig reichlich Presse da sein. Diese Chance sollten wir nutzen um uns gleich zu Beginn unserer sechsjährigen Amtszeit als Opposition zu zeigen."

Haralds Gesicht verfinsterte sich merklich. Auch Eylem sah nicht gerade glücklich aus. „Was schlägst du also vor", fragte Harald ziemlich ungehalten. Meine, für Harald und Eylem abendteuerlichen und provozierenden Aktionsvorschläge wollten die beiden auf keinen Fall mitmachen. Ich jedoch war wild entschlossen, diese einmalige Gelegenheit zu nutzen und sagte das auch.

„OK, mein Aktionsvorschlag ist nicht euer Ding. Seid ihr wenigstens damit einverstanden, wenn ich das alleine durchziehe und auf meine eigene Kappe nehme? Ihr seid außen vor, aber ihr akzeptiert meinen Alleingang", schlug ich vor. Nach längerem, angespanntem Schweigen nickte Harald wortlos, Eylem ebenso. Ich hatte den Eindruck, dass sie beide nicht gerade überzeugt waren. Wir verabschiedeten uns ziemlich kühl.

Ich machte mich recht aufgewühlt auf den Heimweg. Das alles musste ich erst mal verdauen. Nach meiner Heimfahrt mit dem Bus hatte ich noch einen längeren Fußweg vor mir. Also für mich noch einige Zeit, alles in der frischen Luft zu überdenken. Puh, das ist gerade noch einmal gut gegangen, das mit dem Kompromiss. Ein Fuchs ist er schon, der Harald, dachte ich. Drauf ankommen lassen wollte er es nicht. Ich glaubte, er hatte gemerkt, dass ich es ernst meinte und dass mit mir nicht zu spaßen ist, wenn ich mir erst einmal etwas in den Kopf gesetzt hatte.

Ich musste mir eingestehen, ich war vor der ersten Stadtratssitzung ziemlich angespannt. An diesem sonnigen Morgen des 2. Mai 2008 war vor dem Rathaus schon vor Beginn der ersten Sitzung des neugewählten Stadtrats reichlich viel los. Ordner sorgten dafür, dass sich die zunehmende Zahl der Demonstranten mit ihren Transparenten nicht zu nahe an der Eingangstür postierten und die ankommenden Stadträte nicht behinderten. Die Zuhörer wurden streng kontrolliert und abgewiesen, wenn sie keine Eintrittskarte hatten. So auch meine Frau, die sich im Vorfeld vergebens um eine Karte bemüht hatte. Gab es da vielleicht politische Vorbehalte?

Trotzdem gelang es einem Demonstranten, sein Transparent „Nazis raus", das er, für die Ordner nicht bemerkbar, geschickt um seinen Bauch gewickelt hatte, bei Beginn der Stadtratssitzung von der überfüllten Zuschauerempore für uns Stadträte gut sichtbar in den Stadtratssaal zu halten.

Der freundliche Klaus, ein ehemaliger Lehrer, mit dem ich bei unserer Unterschriftensammlung am Jakobsplatz bei allem Stress viel Spaß gehabt hatte, war immer für eine Überraschung gut. Er überreichte uns drei Neuen der Linken Liste vor Beginn unserer ersten Sitzung je einen schönen Blumenstrauß. Gute Gelegenheit, ihn gleich an meine Frau weiterzureichen und damit Versäumtes nachzuholen. Sie war freudig überrascht und Klaus nahm es mir nicht übel.

Während die Mehrheit der 70 gewählten Stadträte noch, wie üblich vor der ersten Sitzung des neuen Stadtrats, in der danebenliegenden historischen Sebalduskirche am Gottesdienst teilnahmen, nahm ich Kontakt mit einigen mir bekannten Demonstranten auf und erklärte ihnen, was ich in der Angelegenheit der gewählten Neonazis vorhatte. Eigentlich wollten die Demonstranten die Stadträte hautnah mit ihrem Protest gegen die beiden, als Bürgerinitiative getarnten, Neonazis konfrontieren, hatten aber übersehen, dass die Stadträte von der Kirche direkt durch einen Nebeneingang ins Rathaus außerhalb der Sichtweite der Demonstranten gelangten. Natürlich hatten die Demonstranten eine Erklärung des Oberbürgermeisters erwartet, wenn sie schon am frühen Morgen so zahlreich zum Rathaus gekommen waren. „Ich werde den Oberbürgermeister bitten, herauszukommen", versprach ich ihnen. „Es wird aber etwas dauern, denn er wird erst die Stadträte offiziell vereidigen und – wenn überhaupt – sicher nicht vor der Vereidigung herauskommen". Sie sollten sich etwas gedulden.

Die Sitzung wurde, nachdem die Pressefotografen genügend Aufnahmen gemacht hatten, mit Verspätung eröffnet. Wir wurden in mehreren Gruppen zügig vereidigt und mein Blutdruck stieg. Ich durfte den richtigen Zeitpunkt nicht verpassen, bevor der Oberbürgermeister zur weiteren Tagesordnung überging. Mein Platz war in den hinteren Reihen. Entgegen allen Regeln stand ich auf, rief so laut ich konnte in den Saal hinein und forderte Oberbürgermeister Maly auf, vor dem weiteren Verlauf der Stadtratssitzung zu den über hundert Demonstranten hinauszugehen und zu ihnen zu sprechen. Natürlich waren alle im Saal und die Zuhörer auf der Empore überrascht, zumal ich nicht über das an jedem Platz befindliche Mikrofon sprach. Ich hatte als Neuling den Knopf nicht bemerkt – wie peinlich.

Oberbürgermeister Maly reagierte routiniert. Er hätte mir nicht das Wort erteilt und er entscheide selbst, was er zu tun und zu lassen habe. Er hätte die Sitzung zu leiten und werde in der Tagesordnung fortfahren. Im Übrigen hätte er mit einigen Leuten draußen gesprochen, ergänzte er. Dies klang für mich eher als eine Art Rechtfertigung. Nach der ersten Überraschung wurde es im Saal laut.

Meine Ankündigung, dass ich als Stadtrat jetzt selbst hinausgehen und sprechen würde, ging in der tumultartigen Empörung ziemlich unter. Ohne zu zögern durchquerte ich für alle sichtbar den Saal und ging als frisch vereidigter offizieller Stadtrat zu den Demonstranten hinaus.

Draußen schallten mir lautstarke „Nazis raus"-Sprechchöre entgegen, die man auch drinnen, wenn auch durch die geschlossenen Fenster nur gedämpft, hören konnte. Mein Vorhaben hatte sich unter den Demonstranten anscheinend schon herumgesprochen und ich hatte den Eindruck, dass sie gespannt waren, was ich zu sagen hatte. Man hielt mir freundlicherweise ein Megaphon hin, sodass man mich wahrscheinlich auch im Stadtratssaal hören konnte.

Meine Ansprache an Stelle des Oberbürgermeisters zu den Demonstrant/innen, die vor dem Rathaus gegen den Einzug der beiden getarnten Neonazis in den Stadtrat protestierten.

Bevor ich berichtete, was sich gerade im Stadtrat ereignete hatte, war es mir bei aller Aufregung ein aufrichtiges Bedürfnis, als allererstes zu sagen, wie sehr ich mich freue, dass sie zu so ungewohnter Zeit an diesem Vormittag hier hergekommen waren, um zu zeigen, was sie von dem Einzug der zwei Neonazis in den Stadtrat halten. „Dass der Oberbürgermeister sich nicht entschlossen hat, die Sitzung zu unterbrechen, um hier an meiner Stelle zu sprechen, ist bedauerlich, ich hatte aber den Eindruck, dass euer Protest drinnen durchaus wahrgenommen wird. Ich bin herausgekommen, um sichtbar zu machen, das es jetzt nicht nur in dem neugewählten Stadtrat, sondern auch in der ganzen Stadt darauf ankommt, allen menschenverachtenden Umtrieben der Neonazis entschiedener als bisher zu begegnen".

Der zustimmende Beifall, den ich dafür bekam, war ein Kontrast zu dem, was mich drinnen erwartete. Während der Oberbürgermeister redete, durchschritt ich ziemlich angespannt den Saal auf dem gleichen Weg zu meinem Platz. Niemand nahm anscheinend Notiz von mir. Ich hatte den Eindruck, dass mein Verhalten Eylem und Harald ziemlich peinlich war. Sie sprachen mit mir kein Wort. In der Pause musste ich mir, vor allem von den gestandenen Parteigenossen des Oberbürgermeisters, einiges anhören. Das mildeste war, dass es ja wohl in diesem Hause Spielregeln gäbe und dass es so auf keinen Fall ginge.

Bei vielen von ihnen war ich erst mal für Wochen unten durch. In der laufenden Sitzung konnte ich mich dann nicht mehr konzentrieren und ich wünschte, dass diese konstituierende Sitzung möglichst bald zu Ende wäre. Von den Demonstranten war bald auch nichts mehr zu hören.

Am nächsten Tag stand dann in den *Nürnberger Nachrichten*: „Nazis raus und NPD-Verbot jetzt, hieß es gestern auch vor dem Nürnberger Rathaus. Rund 100 Demonstranten protestierten lautstark gegen den Einzug der beiden Rechten in den Nürnberger Stadtrat." Die *Nürnberger Zeitung* berichtete: „Hans–Joachim Patzelt, neuer Stadtrat von den Linken, wollte zu Beginn der ersten Sitzung OB Ulrich Maly überreden, die rund hundert Demonstranten gegen die NPD-Tarnorganisation ‚Bürgerinitiative Ausländerstopp' zu begrüßen. Maly, der erst am Tag zuvor gegen die NPD demonstriert hatte, ließ sich nicht darauf ein, von der Tagesordnung abzuweichen. Er habe es nicht nötig, ‚durch Symbolhandlungen zu dokumentieren, dass man zum demokratischen Teil der Bevölkerung gehört', so der OB. Patzelt musste der Ausschluss aus der Sitzung angedroht werden, damit es weiter gehen konnte."

Als Hinterbänkler im Nürnberger Stadtrat

Dies alles musste ich erst einmal verkraften und die nächste Stadtratssitzung würde bestimmt kommen – und zwar wie üblich nach vier Wochen. Noch einmal konnte ich mir so etwas in der nächsten Zeit allerdingst nicht mehr erlauben, sah ich ein.

Es sollte jedoch gleich im ersten Jahr, einige Monate später, unerwartet noch viel schlimmer kommen. Es begann damit, dass das städtische Unternehmen N-ERGIE die Strom- und die Gaspreise ausgerechnet zum Winter drastisch erhöhen wollte. Was bedeutet es aber gerade für die ärmeren Menschen in unserer Stadt, wenn der Strompreis wie geplant um bis zu 20 % und der Gaspreis sogar bis zu 27 % erhöht wird? Wer kann sich das denn leisten? Wie viele Menschen müssten in diesem Winter im Dunklen sitzen oder frieren, wenn ihnen ihr Strom oder ihr Gas abgestellt wird, weil sie ihre Rechnungen, die ohnehin schon saftig genug waren, nicht mehr bezahlen können? Die Abendzeitung titelte:

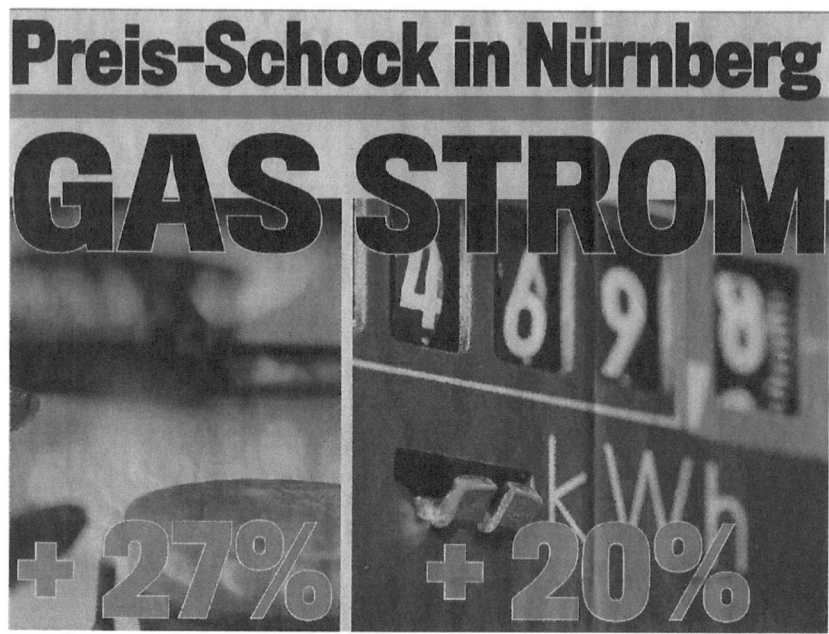

So die „Abendzeitung Nürnberg"

Wir, die drei der Linken Liste, reagierten da noch gemeinsam und sofort mit einer Presseerklärung. In meinem Antrag forderten wir zu allererst die vollständige Offenlegung der Energiekalkulationen und die Aussetzung der geplanten Tariferhöhungen. Jetzt war der gesamte Stadtrat gefordert. Wir forderten, dass der zuständige Verantwortliche der N-ER-GIE, Herr Hasler, hier in der Stadtratssitzung Rechenschaft ablegen sollte.

In der vorletzten Sitzung des Jahres, Ende November, kam er dann auch und versuchte, seine Preisvorstellungen zu begründen. Er behauptete, mehrere Ölpreiserhöhungen, an die die Gaspreise gekoppelt sind, nicht weitergegeben zu haben, und dass dies nachgeholt werden müsse. Er hätte gar keine andere Wahl, um nicht weiter in die roten Zahlen zu rutschen. Außer diesen Allgemeinheiten hatte er nichts zu bieten. Die von uns geforderte Offenlegung seiner Energiekalkulationen fand nicht statt, er hatte für uns Stadträte nicht einmal eine schriftliche Unterlage.

Hatte er nicht wenigsten einige Alternativen anzubieten? Nein, auch das nicht. Ich hatte nicht den Eindruck, dass er sich groß darüber Gedanken gemacht hatte, was seine ungeheuren Preiserhöhungen für viele Menschen in der Stadt bedeuteten. Natürlich war er nicht bereit, diese exorbitanten Preiserhöhungen zurückzunehmen. Er zog sich mit seiner Bereitschaft zu weiteren Verhandlungen aus der Affäre.

Die meisten Stadträte gaben sich erst einmal damit zufrieden. Ich jedoch nicht. Merkten sie nicht, oder wollten sie es nicht merken, dass Herr Hasler auf Zeit spielte? Eine Debatte über die Preispolitik der Konzerne hatte ich hier im Stadtrat ohnehin nicht erwartet, die deutlich gemacht hätte, dass der sicherlich hochbezahlte Herr Hasler steigende Energiepreise der Konzerne eigentlich nur nach unten weiterreichte. Jedoch, nicht einmal dies traf zu. Wir hatten recherchiert, dass es in letzter Zeit gar keine Ölpreiserhöhungen der Konzerne gab. Im Gegenteil. Der Ölpreis war in den letzten vier Jahren sogar gesunken. Hatte Herr Hassler dem Stadtrat nur was vorgemacht?

Ich war gespannt, wie sich der Stadtrat in seiner nächsten und letzten Sitzung des ausklingenden Jahres vor Weihnachten zu den angekündigten geplanten Preiserhöhungen verhalten würde. Für mich die letzte Chance des Stadtrats, die Preiserhöhungen zu Beginn des neuen Jahres zu verhindern. Würde man ernsthaft auf meinen bereits in der letzten Sitzung des vorherigen Monats gestellten Antrag eingehen? Es kam so, wie ich es befürchtet hatte. Man war schon in vorweihnachtlicher Stimmung, eine Befassung mit den lästigen Energiepreiserhöhungen, jetzt kurz vor Weihnachten, war nicht erwünscht. Es war ja endlich gleich Feiertagspause, und man hatte noch Anderes auf der Tagesordnung. Für mich allerdings nicht so Dringliches. Als mir klar wurde, dass es auch an diesem Tag wieder nicht vorgesehen war, meinen Antrag zu behandeln, der Licht in dieses Dunkel bringen sollte, konnte ich mich nicht mehr zurückhalten. Ich erklärte, dass die Nichtbehandlung dieses dringenden Problems gegenüber den Menschen in unserer Stadt unverantwortlich sei. Und die drastischen Preiserhöhungen ohne Offenlegung der Kalkulation der N-ERGIE vom Stadtrat auf keinen Fall akzeptiert werden könnten.

Als ich dann aber, ziemlich leidenschaftlich, wegen der Dringlichkeit eine außerordentliche Stadtratssitzung zwischen den Feiertagen noch vor den geplanten Preiserhöhungen zum 1. Januar forderte, war es vorbei mit der vorweihnachtlichen Stimmung. Der Oberbürgermeister meinte ziemlich von oben herab, ich sollte mich nicht so aufregen, sonst bekäme ich noch einen Herzinfarkt. Bei der Mehrheit der Stadträte hatte ich richtig in ein Wespennest gestochen und erntete nur Hohn und Spott. Strompreise hin, Gaspreise her, von wegen Sondersitzung zwischen den Feiertagen, unmöglich dieser Patzelt. Man lässt sich doch nicht die wohlverdienten freien Tage kaputt machen. Ich hatte den Eindruck, dass auch meine beiden Mitstreiter/innen von meinem spontanen Ansinnen nicht gerade begeistert waren. Hatte ich mich wieder einmal zu weit aus dem Fenster gelehnt? Aber was nun? Wollten wir dies alles, so wie anscheinend die Mehrheit im Stadtrat, hinnehmen und einfach laufen lassen?

Mir verschlug es dann regelrecht die Sprache, als ich am Jahreswechsel die „frohe Botschaft" in der Zeitungsanzeige der N-ERGIE las: „Wir senken die Erdgaspreise. Die Kunden können sich freuen." Andererseits freute ich mich ein wenig über diese Anzeige. Meine Freude war jedoch noch ganz anderer Art. Unsere heftige Kritik hatte in der Öffentlichkeit immerhin ihre Wirkung nicht verfehlt. Sie mussten reagieren. Jedoch, glaubten sie im Ernst, dass ihre durchsichtigen Argumente in ihrer Zeitungsanzeige nicht durchschaut würden? Bei der Mehrheit im Stadtrat war ich mir da nicht sicher. Wahrscheinlich kam ihnen die Beruhigungspille gerade recht, obwohl die Manipulation offensichtlich war. Herrn Haslers Truppe hatte in ihrer Anzeige nämlich trickreich einfach weggelassen, dass sie die Gaspreise ab 1. Januar erst einmal tatsächlich um 27 % erhöhen, um sie dann, einen Monat danach, auf 13 % zu senken. Um sie erst in der wärmeren Jahreszeit wieder zu normalisieren. Ganz schön raffiniert diesen Vorgang als Preissenkung zu verkaufen, jedoch jetzt erst einmal, in diesem kalten Winter, wenn die Zähler so richtig laufen, ordentlich abzukassieren und dann auch noch den Wohltäter zu spielen. Da klang ihr Zusatz in ihrer Anzeige „… das verstehen wir unter fairer Partnerschaft" geradezu zynisch. Hielten sie ihre Kunden tatsächlich für so dumm?

Oder gingen sie davon aus, dass man dies schon hinnehmen würde, auch der Stadtrat? Ich jedenfalls nicht. Ich war der Meinung, dass wir Drei wenigstens in der ersten Sitzung im neuen Jahr den Stadtrat mit der Manipulation der N-ERGIE und jetzt erst recht mit unseren längst gestellten Anträgen konfrontieren sollten.

Obwohl die Preiserhöhungen bereits ab dem 1. Januar in Kraft getreten waren, verhielt man sich in dieser ersten Sitzung im neuen Jahr so, als wenn nicht geschehen und alles in Ordnung wäre. Die Tagesordnung war wie üblich zu Beginn des Jahres mit routinemäßigen Entlastungsbeschlüssen der Haushalte vom Klinikum bis zum Fußballstadion vollgepackt. Für mich war es keine besondere Überraschung, dass mein Antrag zu den Energiepreisen erst sehr spät, an neunter Stelle, zur Behandlung auf der Tagesordnung stand. Eilt ja anscheinend nicht so, die Preiserhöhungen liefen ohnehin schon.

Aber ich ließ nicht locker, ich sorgte dafür, dass der Stadtrat um das unangenehme Thema Preiserhöhungen nicht herum kam. Was geschieht denn, wenn tausende Menschen die zu erwartenden hohen Kosten des Winters nicht bezahlen können? Ist die Stadt zu Ausgleichszahlungen bereit, oder wird es tatsächlich zu Stromsperrungen kommen? Diese Fragen meines Antrags blieben jedoch unbeantwortet. Ein schwacher Trost war, dass es zu Gassperrungen nicht kommen konnte. Allerdings nur aus Sicherheitsgründen. Unbeeindruckt von alledem titelte die *Abendzeitung*: „Heizkosten-Schock: So viel müssen Sie heuer nachzahlen – bis zu 40 %." Die Zeitung verschärfte dies noch mit der Überschrift: „Ruin durch hohe Energiepreise."

Das Thema war also noch nicht gegessen und die nächste Stadtratssitzung im Februar kommt bestimmt. Nicht nur für mich hatte die Mehrheit im Stadtrat auf der ganzen Linie versagt.

Bei mir kam wieder der Außerparlamentarier durch. Als die zur Sitzung kommenden Stadträte vor dem Rathauseingang mit dem Protest außerparlamentarischer Gruppen und Betroffenen konfrontiert wurden, solidarisierte ich mich natürlich mit den Protestierenden und blieb bei ihnen vor dem Eingang des Rathauses. Die Stadtratssitzung war mir im Moment egal. Im Saal hatte man von mir anscheinend nichts anderes erwartet. Ich hatte jedoch den Eindruck, dass einige meiner Stadtratskollegen von dem Protest vor dem Rathaus nicht ganz unbeeindruckt waren. Dennoch lehnte eine Mehrheit unseren Antrag für einen Sozialtarif, mit dem wir eine Entlastung wenigsten für die Allerbedürftigsten erreichen wollten, kaltschnäuzig ab.

Konflikt in den eigenen Reihen

Dies alles löste dann hinter den Kulissen in den eigenen Reihen die Tragödie aus – oder wie man dies auch nennen mag.

Für mich unfassbar, ließ der Stadtrat die Erhöhungen der Energiepreise trotz allem einfach laufen. Anscheinend setzte man darauf, dass der Winter ohnehin bald vorbei sein würde. Auf jeden Fall würden die Betroffenen dann zwar abkassiert, aber um etwas Luft heraus zu nehmen, käme man ihnen mit Ratenzahlungen entgegen. Für mich änderte dies jedoch nichts an der Tatsache, dass sie um die Bezahlung nicht herumkamen.

Damit konnte ich mich nicht zufrieden geben. Jetzt müssten wir doch selbst umgehend an die betroffene Bevölkerung mit einer Kampagne herantreten. Für mich war das der einzig verbliebene Weg, um im Stadtrat noch etwas zu bewegen. Aber ich übersah da anscheinend einiges in den eigenen Reihen. Ich hatte die Rechnung ohne den innerparteilichen Wirt gemacht. Harald hatte wie immer wenig Zeit, Eylem war mit ihrem Studium beschäftigt. Deshalb bot ich mich an, ein entsprechendes Flugblatt zu erstellen.

Wir sollten, möglichst viele von uns, in unserem vertrauten Stadtteil Gostenhof beginnen, in dem sicherlich viele von den Energiepreiserhöhungen betroffen sind. Wir sollten von Haus zu Haus gehen und die Leute fragen, wie sie diese enormen Preiserhöhungen verkraften können. Sie davon überzeugen, dass man dies nicht einfach hinnehmen sollte. Wir würden mit ihrer Unterstützung im Stadtrat weiterhin Dampf machen, vor allem für Ausgleichszahlungen und gegen Stromsperrungen.

Ich ging wie selbstverständlich davon aus, dass dies ganz im Sinne von uns allen in der Linken Liste sei. Und dass wir damit nicht nur Druck auf den Lieferanten namens N-ERGIE, sondern auch auf den passiven

Stadtrat machen sollten. Da der Winter sich allerdings bald dem Ende zuneigte, musste dies möglichst schnell organisiert werden. In besonders krassen Einzelfällen wollten wir mit Mitteln aus unserem begrenzten Sozialfond helfen, den wir und auch ich aus unserer Stadtratsentschädigung finanzierten.

Jetzt war der Verantwortliche des Büros und „Mädchen für alles", der Günter, ganz praktisch gefragt, dies mit zu organisieren. Mit ihm hatte ich gute Erfahrungen gemacht, als er die Geburtstagfeier zu meinem 70. in der Villa Leon so gut organisiert hatte. Doch mein Eindruck trog. Für mich konnte es gar nicht schnell genug gehen. Jeder Tag, an dem die Zähler in diesem kalten Winter noch kräftig liefen, zählte. Mein Flugblatt war fertig, es sollte sofort in die Druckerei. Günter wollte mich noch übertreffen und meinte, wir sollten die doppelte Anzahl drucken, er werde dies sofort veranlassen. Was die Kosten beträfe, da käme er schon hin, und er kümmerte sich um die Mobilisierung unserer Verteiler. Wunderbar, bei Günter war alles in besten Händen, dachte ich. Dann hörte ich allerdings von Günter einige Tage lang nichts mehr. Hexen kann Günter auch nicht, dachte ich.

Nach einer Woche wurde ich unruhig. Als ich ihn nach mehreren vergeblichen Versuchen endlich telefonisch erreichte, erklärte er mir, dass es mit der Druckerei leider nicht so geklappt hätte, wie er sich das vorgestellt hatte. Sie hätten erst noch einen Großauftrag zu erledigen gehabt. Er bleibe dran. Ich jetzt aber auch. Wieder war von Günter nichts zu hören. Ich fuhr ins Büro, Günter war mein nicht angekündigtes Kommen sichtlich unangenehm. Er druckste ziemlich herum, er wüsste nicht, was mit der Druckerei los sei, an ihm läge es nicht. Er erschrak sichtlich, als ich ihm sagte, dass ich mich selber um den Druck kümmern würde. Es wären jetzt schon fast zwei Wochen kostbare Zeit vergangen. Jeder Tag zähle, und wenn es warm werde, bräuchten wir mit unserer Aktion erst gar nicht mehr anfangen, meinte ich ziemlich ungehalten. Dann seien die Preiserhöhungen im wahrsten Sinn der Wortes „Schnee von gestern."

Ich konnte es kaum glauben, als sich sehr schnell herausstellte, dass Günter überhaupt keinen Druckauftrag gegeben hatte. Welch' eine Enttäuschung. Von da an war ich für Günter auch telefonisch nicht mehr zu sprechen. Ich hatte auch keine Lust mehr, ihm persönlich zu begegnen. So jedenfalls konnte es nicht gehen. Was hatte ihn denn veranlasst, mich so schamlos zu belügen?

Ich rief Harald an, unseren auch von mir anerkannten Chairman. Er hatte mal wieder keine Zeit und meine Schilderung war ihm hörbar unangenehm. Er werde mit Günter reden, versuchte er mich zu beruhigen. Ich fragte mich, was wohl die Gründe für Günters unverantwortliches Verhalten mir gegenüber sein könnten. War es nur persönliche Unzuverlässigkeit, wie es der ein oder andere schon mal beklagte, oder steckte mehr dahinter? Ich ließ nicht nach, mir darüber Klarheit zu verschaffen.

Irgendwie kam ich mit Harald doch ins Gespräch. Ich hatte den Eindruck, er wollte es sich mit niemandem verscherzen, auch nicht mit mir. Er versuchte sich herauszuhalten mit der allerdings für mich ziemlich arroganten Bemerkung, dass derartig Kleinkariertes nicht sein Ding sei. Hatte er andere persönliche Pläne? Ich hatte den Eindruck, Harald konnte oder wollte den gordischen Knoten des Konfliktes nicht durchschlagen, er wollte eher Luft herausnehmen und vermitteln.

Aber dann verschlug es mir regelrecht die Sprache, als mir im jetzt schon im ausklingenden Winter, Anfang März ein Extrablatt aus der Linken Liste im Stadtrat in die Hände fiel. Ich konnte es nicht fassen. Da war ein Flugblatt über die Energiepreiserhöhungen. Es war nur nicht meines. Hinter meinem Rücken war ein Flugblatt mit dem Titel „N-ERGIE Preis-Schock" massenhaft gedruckt worden. Wer hatte denn da so furchtbar falsch gespielt? Ich traute meinen Augen nicht: Der Inhalt dieses Flugblattes glich im Kern dem meinen. Wer hatte denn da von meinem Flugblatt abgeschrieben? Mein erster Gedanke war, dass vielleicht Harald selbst dahinter steckte, weil er anscheinend informiert war. Andererseits konnte ich mir dies nicht vorstellen. Wer waren eigentlich diejenigen, die mich so unsäglich nicht nur hintergangen, sondern auch ausgebremst hatten und warum? Das warum konnte ich mir denken. War einigen meiner Mitstreiter mein zu selbständiges Vorpreschen ein Dorn im Auge? Ich stellte Harald zur Rede, er reagierte genervt mit der distanzierten Bemerkung „Ihr mit eurem Flugblatt" – so, als ob ihn dies alles nichts anging. Glaubte er vielleicht, dass ich diesen unsäglichen Vorfall irgendwann schon hinnehmen würde, wenn erst mal Gras darüber gewachsen war? Da kannte er mich aber schlecht. Ich war nicht nur gekränkt, sondern bei mir kam auch wieder der unbequeme kämpferische Betriebsratsvorsitzende durch, der wissen wollte, wer und was hinter all dem steckt.

Gleichzeitig überlegte ich aber auch, ob ich der Einheit willen das Ganze vielleicht besser auf sich beruhen lassen sollte. Einerseits: Ignorierte ich die Angelegenheit, könnte man mir in Zukunft auf dem Kopf herum tanzen und ich könnte im Stadtrat einpacken. Andererseits: Ließ ich es mir nicht gefallen und es käme zum Konflikt unter uns, würden sich unsere politischen Rivalen die Hände reiben. Wie dem auch sei, ich konnte dies nicht einfach hinnehmen. Ich entscheid mich, die Sache unter uns zu klären. Ich merkte jedoch bald, dass niemand ansprechbar war.

So forderte ich die umgehende Einberufung einer Sitzung des sogenannten Koordinierungsausschusses der Linken Liste. Dies wollte aber auch keiner so recht. Als Harald in der dann doch zustande gekommenen Sitzung erklärte, dass man halt mit dem vorhandenen Flugblatt arbeiten sollte, da es schon mit tausenden Druckexemplaren existierte, platzte mir der Kragen. Ich sagte, er könne sich damit sein Büro tapezieren. Jetzt zum Frühlingsanfang sei es für eine Kampagne ohnehin zu spät. Klären wollte man überhaupt nichts. Ich hatte vielmehr den Eindruck, dass man das Ganze mit einem Zuckerguss einer falsch verstandenen Solidarität überdecken wollte.

Sollte dies das Ende unserer Gemeinsamkeit im Nürnberger Stadtrat sein, nach nur knapp einem Jahr? Das konnte doch nicht sein, dachte ich, und dass könnten doch auch alle Beteiligten bestimmt nicht wollen. Wir hatten doch alle einen so hohen politischen und moralischen Anspruch an andere. Dies musste doch erst recht für den Umgang unter uns gelten. Es müsste doch unter uns zu klären sein, was da schief gelaufen ist. Nur durch Offenheit sei doch von uns allen Schaden abzuwenden. Es sei denn, ich würde klein beigeben.

Ich gab jedoch nicht so schnell auf, wurde aber bald desillusioniert. Ich lud zu einem Arbeitsessen ein. Ich setzte meine Hoffnung auf uns nahestehende Mitstreiter/innen, denen ich zutraute, uns vielleicht aus unserer Sackgasse heraushelfen zu können. In dem etwas am Rande der Stadt liegenden Restaurant waren wir zusammen ein dutzend Gäste. Mein Wunschmoderator Helmut, der berufsmäßige Psychiater, versuchte gleich nach der Vorstellungsrunde, die unterschiedlichen Meinungen zu harmonisieren, ohne auf den eigentlichen Konflikt einzugehen. Dies war eigentlich nicht in meinem Sinn. Harmonisieren kann man doch erst, wenn man die Probleme offen legt. Ich merkte, wie ich zunehmend ins Abseits geriet. Man befürchtete anscheinend auch in dieser Runde, dass unsere Gemeinsamkeiten durch eine allzu genaue Betrachtung gefährdet seien. Nach dem einen oder anderen Glas Wein und Bier gingen die Wogen ziemlich hoch, auch bei mir. An die wirklichen Hintergründe des Konflikts wollte an diesem Abend niemand rangehen, schon gar nicht Harald. Er verteidigte sich immer nur. Der lange Abend endete nicht gerade harmonisch. Mein leider plötzlich und zu früh verstorbener Mitstreiter im Nürnberger Sozialforum Moe sagte mir danach, er hätte mich warnen sollen. Er hätte die Erfahrung gemacht, dass derartige größere Gesprächsrunden eher zu Verschärfungen bestehender Konflikte führen.

Hätte ich nur auf ihn gehört, als ich nach unserem gemeinsamen Abendessen die Einberufung einer Vollversammlung der Linken Liste einforderte, also einen noch größeren Kreis.

Die Vollversammlung war gut besucht und es lag spürbar Spannung in der Luft. Ewald hatte sich bereit erklärt, diese brisante Sitzung zu leiten. Ewald, sicherlich ernsthaft um Schadensbegrenzung bemüht, schlug scheinbar ganz neutral Rede und Gegenrede vor, so als wenn es kein einseitiges, gravierendes Fehlverhalten seines ebenfalls anwesenden Genossen Günter gegeben hätte. Als ich ziemlich empört die Offenlegung und die Hintergründe sowie Konsequenzen dieses Skandals von dem anwesenden Harald verlangte, merkte ich, wie sich die Stimmung gegen mich wandte. Auf meinen Hinweis, dass unter diesen Umständen eine wirkungsvolle und glaubwürdige Stadtratsarbeit nicht möglich sei, gab es allerdings unterschiedliche Reaktionen. Die einen waren betroffen, andere waren unangenehm berührt, oder wie Ewald um Schadensbegrenzung bemüht. Das war gut gemeint, aber nicht gerade hilfreich. Harald war wiederum nur darum bemüht, nicht in das Fadenkreuz des Konfliktes zu geraten und verteidigte sich wieder nur. Der ebenfalls anwesende Auslöser des Konflikts, Günter, duckte sich einfach weg und schwieg. Ganz im Gegensatz zu seinen Kumpeln Ernst und Schorsch.

Ohne auf meine berechtigten Vorwürfe einzugehen, drehten sie zu meiner Verblüffung ziemlich aggressiv den Spieß einfach herum, indem sie mir unsolidarisches Verhalten vorwarfen. Dass klang sehr nach einer Abrechnung, ausgerechnet von denjenigen, denen ich, wenn auch als Nichtgenosse, politisch relativ nahestand. Ich wusste, dass ich ihnen als Stadtrat zu dominant war und dies stand mir anscheinend als Parteiloser nicht zu. Ich hätte gefälligst das auszuführen, was der sogenannte Koordinierungsausschuss, in dem nach wie vor ihr Kumpel Günter Sitz hatte, vorgab. Wer dies nicht anerkennen wollte, handele unsolidarisch. Da wurde es deutlich. Kaderleute wie Ernst und Schorsch versuchten, ihren Genossen Günter ohne Wenn und Aber zu schützen – koste es, was es wolle. Sie befürchteten anscheinend, dass ihr Einfluss ohne ihren Genossen Günter auf unsere Stadtratspolitik nicht mehr möglich sein würde. Meine offene und eigenständige Art stand ihnen vermutlich im Weg. Ich hatte gefälligst das auszuführen, was sie vermutlich in ihren Hinterzimmern ausgeheckt hatten. Ich war jedoch nicht bereit, mich mit einem Nasenring in den Stadtrat führen zu lassen. Die Vollversammlung war ein glatter Reinfall. Es wurde nichts geklärt.

Allerdings waren die Fronten jetzt klar. Aber ich stand nun ziemlich allein da. Als mir später einer ihrer Genossen, mit dem ich mich ansonsten verständigen konnte, mit einem scherzhaften Unterton erklärte: „Wer offen ist, ist nicht ganz dicht", aber es sicherlich ernst meinte, zeigte sich, was er und bestimmt auch seine Genossen von meiner Offenheit hielten. Für mich einer der Gründe des seltsamen Verhaltens von Günter und seiner Genossen. Anscheinend scheuten sie sich, mir dies offen zu sagen. Ich fragte mich, warum ich trotzdem auf einen aussichtsreichen Listenplatz gewählt worden war. Sie hatten mich sicherlich nicht richtig eingeschätzt und wussten anscheinend nicht, wen sie da an Land gezogen hatten. Hatten sie nicht ernstgenommen, was vor der Wahl in den *Nürnberger Nachrichten* stand? Dass ich in dem ziemlich festgelegten Nürnberger Stadtrat „die Hefe im Teig" sein wollte, um die Interessen vieler Nürnberger Bürger wirkungsvoll zu vertreten?

Jetzt beschäftigte mich wieder die gleiche Frage, die mir schon damals bei der merkwürdigen Begründung meines Mitstreiters Arno im Nürnberger Friedensforum durch den Kopf gegangen war. Warum war es nicht im Sinne meiner Mitstreiter/innen, dass ich meine langjährigen Pressekontakte als Betriebsratsvorsitzender und als einer der Sprecher des Nürnberger Friedensforums bewusst immer wieder nutzte, um unsere Anliegen im Stadtrat in der Öffentlichkeit sichtbar zu machen? Was nicht einfach war. Wurde mein Name jetzt auch als Stadtrat allzu oft in der Zeitung erwähnt?

Nach dieser Vollversammlung war mir klar, ein weiteres Miteinander war so nicht möglich. Ich wollte mir Klarheit verschaffen, ob das Verhalten meiner Mitstreiter/innen auch eine der Ursachen dafür sein könnte, warum die Linke auf der Stelle tritt. Dies könnte von prinzipieller Bedeutung sein.

Ich hatte mir vorgenommen, nicht im eigenen Saft zu schmoren. Ich würde Kontakt mit Godehard aufnehmen, der einschlägig und kompetent mit diesen politischen Unstimmigkeiten in den Parteien vertraut ist. Er war sicherlich im Gegensatz zu meinen Mitstreitern/innen in der Lage, diesen Konflikt mit Pro und Kontra zu beleuchten. Würde es sich zeigen, dass es sich dabei nicht nur um eine unbedeutende Provinzposse handelte, sondern vielmehr um eine tieferliegende grundsätzliche Auseinandersetzung über unterschiedliche politische Einstellungen und Wege?

Ich war mir jedenfalls, nach den bisher gemachten Erfahrungen mit meinen ehemaligen Mitstreitern/innen darüber ziemlich sicher. Ich vermutete aber auch, dass da noch mehr Unzulänglichkeiten dahinter steckten, die nicht nur politisch bedingt waren.

Nach dem Konflikt musste die Stadtratsarbeit jedoch auch für mich, so als wenn nichts geschehen wäre, erst einmal weitergehen. Auf Dauer konnte dies angesichts der ungeklärten Verhältnisse unter uns nicht gutgehen. Harald bemühte sich, ziemlich bürokratisch, den Konflikt durch Veränderungen der Organisationsstrukturen zu entschärfen. Für mich war das ganz schön am eigentlichen Problem vorbei und daher aussichtslos. Harald konnte doch nicht ernsthaft glauben, dass ich, nach dem was vorgefallen war, auf Dauer im Stadtrat wie gewohnt weiter machen würde.

Auch würde ich nicht mehr meinen Anteil der Stadtrats-Aufwandsentschädigungen an die Linke Liste abführen, so wie ich dies bisher eingehalten hatte. Jedenfalls nicht, solange nicht die Ursachen des Skandals geklärt und die entsprechenden Konsequenzen gezogen sein würden. Ich akzeptierte nicht, dass ich mit meiner Aufwandsentschädigung auch noch das Flugblatt mit finanzierte, dass sie hinter meinem Rücken erstellt hatten. Beim Geld hört bekanntlich die Freundschaft auf. Nein, von meinen Aufwandsentschädigungen bekamen sie keinen einzigen Euro mehr.

In Fortsetzung der Posse wollte man mir deshalb mit einem satzungsgemäßen Verfahren einen Strick drehen. Das kam mir aber gerade recht. Für mich wäre es eine passende Gelegenheit gewesen, die dubiosen Dinge offenzulegen, sogar über Nürnberg hinaus. Für Harald war das parteipolitisch sicherlich zu riskant. Denn die Umstände wären für seine Bundestagskarriere nicht gerade förderlich gewesen. Man unterließ es dann auch besser.

An einer wirklichen Aufklärung und Beilegung des unseligen Konflikts hatte nicht wirklich jemand in der Linken Liste und in deren Umfeld Interesse. Das eigentliche Problem war nach wie vor nicht vom Tisch. Ebenso war für mich das bisherige gegenseitige Vertrauen nicht mehr gegeben. Dies alles hatte natürlich nachhaltige negative Folgen für unsere weitere Zusammenarbeit im Stadtrat. Harald konzentrierte sich zunehmend auf seine übergeordnete Parteiarbeit. Ich blieb der Unbequeme im Stadtrat.

Harald eroberte sich dann einen aussichtsreichen Platz als Bundestagskandidat Bayerns und brauchte örtliche Unterstützung für seinen Wahlkampf, natürlich auch von Günters Parteibüro. Von wegen Konsequenzen, jetzt galt es vorrangig, die Wahlplakate in der ganzen Stadt aufzustellen und Wahlmaterial unter die Leute zu bringen. Für Harald waren Günter und die Seinen und der Parteiapparat unentbehrlich. Nein, Harald konnte und wollte es sich jetzt mit niemandem verscherzen. Harald wurde dann tatsächlich Bundestagsabgeordneter. Hatte Dietrich mit seiner Polemik bei unserer damaligen Wahlparty im Endeffekt nicht doch recht gehabt, dass es Harald eigentlich nur um seine Karriere ging? Was hatte Harald eigentlich als ausscheidender Stadtrat hinterlassen?

Der interne Skandal war nach wie vor ungelöst, seine Nachrückerin Marion und wir beiden Verbliebenen, Eylem und ich, waren nicht gerade zu beneiden. Obwohl sich die jetzt nachgerückte Stadträtin der Linken Liste Marion um eine Zusammenarbeit bemühte, war das gegenseitige Vertrauen auch in unserer neuen Zusammensetzung nachhaltig gestört.

Von wegen Konsequenzen. Im Gegenteil, Günter konnte es nicht lassen, Stimmung gegen mich zu machen. Durch Zufall kam mir ein bezeichnendes Dankschreiben an ihn mit folgendem Inhalt in die Hände. Ein Parteimitglied schrieb Günter folgendes:

„Hallo Günter, mit großem Interesse habe ich die letzte Rundmail zur Situation im Nürnberger Stadtrat betreffs der drei Stadträte der Linken Liste gelesen. Ich möchte Ihnen dazu meine Meinung mitteilen. Als ehemaliges WASG-Mitglied, das der Fusion mit der PDS zugestimmt hat, finde ich diese Situation unerträglich! Ich möchte die Schuld nicht auf Herrn Patzelt schieben, dieser wurde ja in den Stadtrat gewählt. Vielmehr frage ich mich, wer denn die Kandidaten für die Stadtratswahl ausgewählt hat?! Es muss doch klar gewesen sein, wer da aufgestellt wurde und welche Charaktere diese Personen haben? Welches Gremium hat denn über die Aufstellung der Stadtratskandidaten entschieden und warum wurden diese nicht als Kandidaten der Linkspartei aufgestellt? Warum die Linke Liste? Zu Herrn Patzelt, nach den Schilderungen in der Rundmail, entstand bei mir der Eindruck, dass es sich um einen Selbstdarsteller handelt, der andere Stadträte neben sich nicht dulden kann und zudem andere Meinungen und Positionen von Stadträten seiner Fraktion nicht akzeptieren kann. Ist Herr Patzelt überhaupt Mitglied der Linkspartei? Wenn ja, warum wird dieses Verhalten von den Parteigremien geduldet? Wenn er parteilos ist, frage ich mich, warum da nicht gehandelt wird? Aufgrund der Nichtgewährung des Fraktionsstatus im Nürnberger Stadtrat sowie der eigenmächtigen Handlungen des Herrn Patzelt sehe ich die Arbeit der Linken Stadträte im Nürnberger Stadtrat sehr fraglich und zunehmend auch unglaubwürdig, da eben nicht geschlossen agiert wird, sondern eine dominante Person das äußere Erscheinungsbild erheblich beeinträchtigt. Soll dieser Zustand so beibehalten werden? Wie sieht der Kreis- und Landesvorstand die Lage? Wann wird gehandelt?"

Als ich dies, nicht gerade erfreut, gelesen hatte, dachte ich mir, wenn der gutmeinende Schreiber nur wüsste, was wirklich vorgefallen war. Er wusste anscheinend nicht, dass ich selbst bis dato die Berichte aus dem Stadtrat für die Linke Liste geschrieben hatte und Günters Aufgabe lediglich die Verteilung über das Büro war, was er jedoch immer wieder ignorierte. Er wusste auch nicht, dass Günter und seine Parteigenossen meine Berichte nicht behagten, weil ich sie nicht im Stile eines Parteikomitees schrieb. Ich hatte mir vielmehr vorgenommen, dass Interesse der Leser zu wecken, verständlich und im lockeren Stil unsere oppositionelle Rolle im Stadtrat realistisch wiederzugeben. Das von Günter verbreitete Rundschreiben, das ich nicht kannte, musste sicherlich von einem seiner Parteigenossen stammen. Er musste mich darin wahrheitswidrig ganz schön angeschwärzt haben. Ich konnte nur hoffen, dass es nicht allzu viele gelesen oder ernstgenommen hatten, so wie sein gutgläubiger Parteigenosse. Wenn der Briefschreiber wüsste, wem er da auf den Leim gegangen war.

Natürlich brauchte ich mich nicht wundern, warum mich jetzt einige aus Günters Umkreis so schief anschauten. Dies war jedoch längst noch nicht das Ende des Mobbings .

Aus der Arbeit der Linken Liste im Stadtrat   N ü r n b e r g

Mai - Dezember 2008

Wir drei LINKE
8 Monate im Stadtrat

Eylem Gün, Hans-Joachim Patzelt, Harald Weinberg

Was SOO nicht in der Zeitung steht !

Die 5 Ausgaben aus der bisherigen Arbeit der *LINKEN LISTE* im Nürnberger Stadtrat

So erreichen Sie uns: Eylem Gün, Hans-Joachim Patzelt, Harald Weinberg unter:
Linke-liste-nuernberg@t-online.de
und im Internet:
www.linke-liste-nuernberg.de

V. i. S. d. P. Harald Weinberg, Humboldtsr. 104, 90459 Nürnberg

Deckblatt meiner Stadtratsberichte der Linken Liste

Mediation

Harald, der sich jetzt als Bundestagsabgeordneter anscheinend für uns Linke in Nürnberg politisch verantwortlich fühlte, wollte die nicht beendeten Querelen ein für allemal vom Tisch haben, für die er mitverantwortlich war. Nicht nur zu meiner Überraschung schlug er eine Mediation auf seine Kosten vor. So wie ich Harald einschätzte, war dies doch eigentlich nicht sein Ding. Von wem hatte er denn diesen Rat bekommen und angenommen?

Nach anfänglicher Skepsis war ich bereit, mich auf eine Mediation einzulassen. Könnte dies vielleicht eine Chance sein, zu den tieferen Ursachen der Auseinandersetzung zu kommen? Ich war mir jedoch nicht sicher, ob dies eine Mediation überhaupt leisten konnte. Es könnte jedoch ganz schön spannend werden, dachte ich mir. Die Überschrift in den *Nürnberger Nachrichten* lautete dann „Sozi schlichtet bei den Linken." Es hieß, dass im Rathaus bereits genüsslich kolportiert würde, dass die Linken als Mediator ausgerechnet den ehemaligen SPD-Umweltreferenten der Stadt bräuchten, um ihren Zwist beizulegen. Und dass eine Mediation nicht gerade billig sei, schon gar nicht im Fall eines so renommierten Mediators. Harald reagierte auf eine Anfrage der Zeitung und wies den Verdacht zurück, dass er die Mediation aus seinen Bundestagsdiäten oder seinen Aufwandsentschädigungen bezahle. Er habe sich entschlossen, eine Summe privat vorzustrecken und dass dies danach auf die Beteiligten aufgeteilt und abgestottert würde.

Was da in der Zeitung stand war mir neu. Da kannte Harald mich aber schlecht. Dies sagte ich dem sympathischen Mediator gleich ganz deutlich, dass diejenigen, die sich die Suppe eingebrockt hatten, sie auch selber auslöffeln müssten – auch finanziell. Deshalb würde ich mich auch nicht nur mit einem einzigen Euro an den Kosten der Mediation beteiligen. Harald solle sich an diejenigen wenden, die den Knatsch verursacht hatten und dies würde ja sicherlich auch Thema der Mediation sein.

Der geduldige und verständnisvolle Mediator machte sich erst einmal ein Bild von unseren unterschiedlichen Meinungen. Er versuchte, die Schuldfrage nicht in den Vordergrund zu stellen, und war sichtlich bemüht um versöhnliche und zusammenführende Töne. Er fragte mich, was ich denn von dem strittigen Flugblatt halte, wegen dem wir hier hauptsächlich zusammensitzen würden und ob ich nicht damit leben könnte? „Könnte ich eigentlich schon, aber darum geht es mir gar nicht. Das strittige Flugblatt kann gar nicht so schlecht sein, denn das meiste wurde von meinem Flugblatt abgekupfert", antwortete ich ziemlich sauer. „Es geht mir doch gar nicht um die Inhalte, sondern darum, wie schändlich ich hinter meinem Rücken ausgebremst wurde, sehr zum Schaden meines Wirkens im Stadtrat." Die Mediation zog sich über mehrere Sitzungen hin. Harald wurde zunehmend ungeduldig, sicherlich wegen der zunehmenden Kosten, die auf ihn zukamen. Die politischen Strippenzieher im Hintergrund, mit denen ich, im Gegensatz zu meinen Mitstreiter/innen keinen Kontakt hatte, konnten es anscheinend gar nicht abwarten, dass ich endlich einmal etwas auf den Deckel kriegen würde. Ich blieb bei meiner Meinung, auch unserem Mediator gegenüber. Ohne Klärung der wirklichen Hintergründe würde es keine Lösung geben können. Der Mediator war nicht zu beneiden. Für ihn war es eigentlich eine unlösbare Aufgabe.

Es zeigte sich, dass Harald nicht wirklich die Karten offenlegen wollte. Aber nur so wäre eine Verständigung mit mir möglich gewesen. Marion und Eylem war das Ganze eher unangenehm, wahrscheinlich auch peinlich. Jedoch an die wahren Hintergründe wollten auch sie nicht wirklich heran. Der Zeitung gegenüber gab sich Harald unbeteiligt. Er wäre in den Streit nicht involviert, er habe nicht geglaubt, dass man Probleme im Umgang miteinander nicht auch anders lösen könne. Es gebe in inhaltlichen politischen Fragen keine Differenzen – eher in Fragen des

Umgangs miteinander. Auch gebe es keine Kaderstruktur. Typisch Harald, dachte ich, als ich dies alles las, vorsichtig gesagt, hart an der Realität vorbei.

In der Zeitung stand aber noch mehr, was der Wirklichkeit schon näher kam. Man konnte lesen, dass sich die Beteiligten vor der vierten Sitzung der Mediation auf Nachfragen zugeknöpft gaben. Weiter hieß es:

„Zugrunde liegt aber offenbar, so ist zu hören, ein tiefgreifender Zwist zwischen Stadtrat Hans-Joachim Patzelt und dem Rest der Linken Liste. Patzelt, der nicht Mitglied der Linken ist, war Gewerkschafter und stammt aus der Friedensbewegung. Die beiden anderen Stadträtinnen werden dem stramm links orientierten Flügel zugerechnet. Um die Linke Liste auch für Nichtmitglieder zu öffnen, war ein Verein gegründet worden, der als Dach des Linksbündnisses fungiert – nach Einschätzung von Kritikern ein Sammelbecken für Kaderleute, auch aus der alten DKP. Den linken Stadträten scheint wenig Spielraum gewährt zu werden. Sie müssen sich regelmäßig einem Koordinierungsausschuss stellen, der die Leitlinien vorgeben will. Freidenker Patzelt will sich offenbar nicht einschränken lassen und nimmt schon seit einem Jahr nicht mehr an den Sitzungen teil. Die Linke Liste hat sogar bereits darüber diskutiert, ob Patzelt ausgeschlossen werden soll", so der Zeitungsartikel.

Natürlich fragte ich mich, wie sehr denn auch meine beiden Mitstreiter/innen in dem Ganzen verstrickt waren. Ich war eigentlich davon ausgegangen, dass wenigstens die Mediation ein geschützter, vertraulicher Raum wäre. Wie kam es dann, dass noch während der laufenden Mediation eine Sitzung der Linken Liste stattfand, in der es um meinen Ausschluss ging? Also nicht etwa um das Ausräumen der Differenzen. Wer spielte denn da falsch, wer hatte geplaudert und damit die Mediation zu einer Farce gemacht?

Ich war verblüfft und sicherlich war es auch der Mediator, als Harald und seine beiden Mitstreiter/innen ohne Angaben von Gründen die Mediation plötzlich einfach beendeten, obwohl noch nichts geklärt war. Mir jedenfalls war dies richtig peinlich.

In welcher Situation war denn jetzt der bemühte Mediator? War er mit seiner Mediation gescheitert? Wie würde er dies gegenüber der Öffentlichkeit begründen, und wie würde die Reaktion sein? Schadensbegrenzung war geboten. Jetzt musste dringend eine Abschlusserklärung zustande kommen. Ich unterstützte ihn so gut ich konnte bei dem mühsamen Erstellen einer für alle gesichtswahrenden gemeinsamen Erklärung, die dann der Presse gegeben werden konnte. Darin erklärten die Beteiligten ihre bisherigen Auseinandersetzungen übereinstimmend für erledigt, und dass sie bereit seien, einen Schlussstrich zu ziehen.

Dies stimmte natürlich hinten und vorne nicht. Die Presse wertete dies unterschiedlich. Eine Zeitung titelte „Streit eskaliert: Linke Liste wirft Stadtrat Patzelt raus". Einige Tage danach: „Nach Querelen ist Ruhe eingekehrt". Eine andere Zeitung schätzte es realistischer ein. Ihre Überschrift lautete: „Schlichtung gescheitert. Patzelt wird aus der Linken Liste ausscheiden, behält jedoch sein Stadtratsmandat". So war es dann auch – für mich die logische Konsequenz.

Mein Rauswurf, der keiner war. Karikatur in den „Nürnberger Nachrichten - Rund ums Rathaus"

Eine offene Klärung war auch in der Mediation nicht gewünscht, obwohl dies der eigentliche Sinn gewesen war. Aber rauswerfen ließ ich mich nicht so gerne. Das war auch gar nicht nötig. Für mich war ein Verbleib unter den nach wie vor ungeklärten Umständen in der Linken Liste ohnehin nicht mehr zumutbar. Für mich gab es keine sinnvolle Perspektive für eine wirkungsvolle Stadtratsarbeit mehr. Das gemeinsame Band war durchtrennt. Leider.

Aber was nun? Aufgeben oder eigene Wege gehen? Das Ganze ging nicht spurlos an mir vorüber, dafür hatte ich mit ganzem Herzen zu viel in die Linke Liste investiert. Also machte ich mit meiner Frau einige Waldspaziergänge, um mich mit ihr zu beraten. Wir erinnerten uns nicht nur an die brisante Auseinandersetzung, bei der ich mich mit hohem Risiko für die Interessen von Schülern und Studenten im Namen der Linken Liste ziemlich blauäugig Liste eingesetzt hatte, selbst noch nach dem man mich so schäbig hintergangen hatte. Ich hatte mich damals aber auch sehr gewundert über die Distanz der Mehrheit des Stadtrats zu den Anliegen der jungen Menschen. Sie hatten keinerlei Bezug zu den Demonstrationen der Schüler und Studenten, die nicht nur auf den Straßen ihre Unzufriedenheit über die aktuelle Bildungspolitik zum Ausdruck brachten. Ich selbst war einige Male als Stadtrat dabei. Für mich wurde dieses Unverständnis des Stadtrats ganz besonders deutlich, als ich folgenden bedrohlichen Brief des Oberbürgermeisters erhielt.

„ Sehr geehrter Herr Kollege,

in der Sitzung des Schulausschusses des Stadtrats am 16.4.2010 war ihr Verhalten im Zusammenhang mit Protestaktionen von Schülerinnen und Schülern am Dürer-Gymnasium Gegenstand einer ausführlichen Debatte. Hierbei wurde auch eindeutig festgestellt, dass jede politische Agitation, auch kommunaler Mandatsträger, an staatlichen Schulen rechtlich unzulässig ist.

Am 14.6.2010 traten Sie nun erneut, diesmal am Herman-Kesten-Kolleg, im Rahmen einer schulischen Protestveranstaltung ohne Zustimmung der Schulleitung als Redner in Erscheinung. Wiederum agierten Sie in einer Schülerversammlung für ihre politischen Zielsetzungen. Hierbei kam es auch zu verbalen Entgleisungen gegenüber der Schulleiterin und einem anwesenden Beratungslehrer. Verschärfend kam hinzu, dass Sie unmittelbar zuvor von der Schulleiterin in Ausübung deren Hausrechts aus der Schule verwiesen worden waren. Ihr Verhalten verstieß damit nicht nur gegen das Bayerische Schulrecht, sondern verwirklichte auch den Tatbestand eines Hausfriedensbruchs. Es gehört nicht zu meinen Angewohnheiten, strafrechtlich gegen Kolleginnen oder Kollegen aus dem Stadtrat vorzugehen. Ihr Verhalten ist allerdings von einer derartigen Missachtung der für alle Bürgerinnen und Bürger – auch für Stadträte – geltenden rechtlichen Regeln geprägt, dass ich bei einer Wiederholung nicht umhin könnte, sogar darüber nachzudenken, entsprechende Schritte einzuleiten. Dies auch um einer Verwilderung des bisher sehr verantwortungsvollen Umgangs aller demokratischen Stadträte und Stadträtinnen mit dem Thema der politischen Betätigung an Schulen entgegenzutreten.

Mit kollegialen Grüßen…"

Ich machte mir damals nicht die Mühe, auf diese für mich haarsträubenden und verfälschten Anwürfe überhaupt zu antworten. Die Stoßrichtung des Schreibens war ja leicht zu erkennen. Eine Bestätigung der Ignoranz die ich dann in der folgenden Schulausschutzsitzung erlebt hatte. Man hatte offensichtlich die Rechtsabteilung eingeschaltet. Die eigentlichen Probleme der Jugendlichen, die mit ihren autoritären Schulleitern nicht zurechtkamen, wurden nicht einmal erwähnt. Es passte ihnen nicht, dass ich gegenüber den Schülern selbstbewusst meine Unterstützung für ihre Anliegen zum Ausdruck gebracht hatte, was den Schulverantwortlichen überhaupt nicht schmeckte.

Ich war ja für die Stadträte anderer Parteien die unliebsame politische Konkurrenz. Sie hatten ja nichts dagegenzusetzen.

Ich konnte mir jedoch nicht sicher sein, dass ich bei unserem derzeitigen schwelenden und ungeklärten Konflikt in den eigenen Reihen für meinen Einsatz für die Schüler überhaupt die Rückendeckung der Linken Liste hatte. Wie dem auch sei, es hätte Schlimmer kommen können.

Ich war mir mit meiner Frau einig. Die Schreiber waren bestimmt keine ehemaligen 68er und wir mussten beide lachen.

Jetzt aber musste ich mich entscheiden. Nach der gescheiterten Mediation gab es kein Happyend in der Tragikomödie des Konflikts in den eigenen Reihen. Ich war mir mit meiner Frau einig. Ich werde nicht aufgeben und eigene neue Wege im Stadtrat gehen.

Als ich einige Tage im Krankenhaus verbringen musste, freute ich mich über den Besuch meines vertrauten jugendlichen Mitstreiters Titus. Wir hatten zusammen einiges Kreative in der Friedensbewegung erlebt und standen uns ziemlich nahe. Als ich aber merkte, dass es ihm darum ging, mein Stadtratsmandat aufzugeben, erteilte ich ihm eine deutliche Absage. Nach der Verabschiedung war ich mir nicht sicher, bei wem von uns beiden die Enttäuschung größer war. Bei mir auf jeden Fall darüber, dass er sich offensichtlich von denjenigen hatte schicken lassen, von denen ich mich gerade erst trennen wollte.

Auf der Suche nach den Hintergründen unseres Konflikts

Ich traf mich mit Godehard in einem Kaffee, in dem wir ungestört reden konnten. Ich war gespannt, was er zu unserem internen Konflikt sagen würde. Ich schätzte den studierten, belesenen und mir vertrauten Bekannten nicht nur wegen seines beeindruckenden vielfältigen Wissens sehr. Er verehrte nicht nur Hölderlin, sondern ist darüber hinaus auch bestens mit dem Marxismus vertraut. Ich konnte mich darauf verlassen, dass er aufrichtig seine Meinung sagen würde und auch dazu stand. Godehard kannte die politische Szene in unserer Stadt bestens, auch meine Mitstreiter/innen. Ich wusste, dass sich Godehard erst einmal ein eigenes Bild machen und mir geduldig zuhören würde. So forderte er mich auch gleich auf, meinen Rucksack mit all den Problemen erst einmal auszuschütten. Eigentlich war dies gar nicht nötig, denn natürlich hatte Godehard die Zeitungsberichte über unseren Konflikt und der Mediation gelesen und war darüber hinaus gut informiert. Sodass ich vor allem gespannt war, wie er unseren Konflikt vor allem politisch einschätzte, und wieso meine Mitstreiter mein Vorgehen im Stadtrat nicht nachvollziehen konnten.

Ich schilderte Godehard, dass ich ein positives Motiv hatte, als Stadtrat für die Linke Liste zu kandidieren. Ganz nach Oskar Lafontaines Zitat: „Nichts ist mächtiger als eine Idee, deren Zeit gekommen ist." Und für mich war die Zeit gekommen, für den Stadtrat zu kandidieren. Ich war, wie die Mehrheit meiner ehemaligen Mitstreiter/innen der festen Überzeugung, dass eine wirkliche Opposition im Nürnberger Stadtrat längst überfällig war. Aber auch, dass man mit einer offenen Liste mehr Menschen für unser Anliegen gewinnen könnte als mit einer reinen Parteiliste.

Ich wollte von Godehards wissen, wie er es einschätzt, wieso Ewald und seine Genossen meine Aktivitäten im Stadtrat offensichtlich nicht nachvollziehen konnten. Nach Abklärung dieser und weitere Fragen werde ich sehen, ob es vielleicht nicht besser wäre, eventuell mein Stadtratsmandat aufzugeben. Ich bin zwar nicht der Älteste im Stadtrat, aber doch schon alt genug.

Ich sagte Godehard auch, dass ich andererseits im Moment nicht bereit bin, denjenigen, die diesen Schlamassel angerichtet haben, das Feld einfach zu überlassen. Für mich würde dann zwar mein guter Mitstreiter im Sozialforum, der Ludwig von Attac, nachrücken. Ihm würde es als Parteilosem aber sicherlich auch nicht besser als mir ergehen.

Godehard hatte mir geduldig, aber nach meinem Empfinden etwas distanziert zugehört. Er bat mich um Verständnis, dass er sich dies alles erst mal durch den Kopf gehen lassen will. Wir sollten uns aber bald wieder treffen.

Im Gespräch mit Godehard (rechts)

Das Sozialforum und der Kampf um das Nürnberger AEG-Werk

Wie oft haben wir uns im Nürnberger Sozialforum über den Stadtrat geärgert. Das konnte gar nicht anders sein, denn wir waren ja außerparlamentarisch unterwegs und hielten prinzipiell nicht viel von den parlamentarischen Kungeleien. Wir waren nur einer der überall gegründeten kommunalen Ableger der weltweiten Sozialforumsbewegung. Das vor wenigen Jahren im brasilianischen Porto Alegre ins Leben gerufene Sozialforum verstand sich als ein weltweites Netzwerk für alle diejenigen, die sich vorgenommen haben, die weltweiten Ungleichheiten, Ungerechtigkeiten und Verwerfungen nicht tatenlos hinzunehmen, und die vielfältigen Gegenbewegungen, auch mit den unterschiedlichen Gewerkschaften, zusammenzuführen. Aber auch in diesem Sinne kommunal aktiv zu werden. Ein ambitionierter Anspruch.

Ich war bei der Gründung des Nürnberger Sozialforums dabei und war jetzt schon einige Jahre darin aktiv. Der renommierte Gewerkschafter Detlef Hensche hielt damals in der Villa Leon eine überzeugende Einführungsrede. Wir und auch ich waren seither viel stärker international orientiert und dadurch auch für die örtlichen Gewerkschaften, aber auch für den Stadtrat, ein ganz schön rotes Tuch. Es wäre doch ganz im Sinne von uns außerparlamentarischen Antikapitalisten, in unserem Nürnberger Stadtrat ordentlich Dampf zu machen. Nicht nur, wenn es um soziale Fragen geht, sondern vor allem, um den unerträglichen Naziumtrieben in unserer Stadt Einhalt zu gebieten.

Ich hatte mich vor einiger Zeit entschlossen, sehr zur Verwunderung vieler, als Außerparlamentarier auf der Linken Liste für den Stadtrat zu kandidieren und wurde auch gewählt. Allerdings schwappten dann unsere internen Querelen in der Linken Liste auch ins Sozialforum über. Plötzlich saß ich auch hier nicht nur zwischen zwei, sondern mehreren Stühlen. Obwohl die Mitglieder des Sozialforum zu recht erhebliche Ansprüche an den Stadtrat hatten, waren ihnen meine konkreten Aktivitäten als Stadtrat zu meiner Verwunderung ziemlich egal. Ich hatte den Eindruck, dass man aus ideologischen Gründen sich nicht in die kommunalen Niederungen begeben wollte, obwohl dies Sinn eines örtlichen Sozialforums wäre. Aber dort war man über unsere internen Querelenwaren natürlich irritiert. Sieht so eine wirkungsvolle Opposition im Stadtrat aus? Die Mehrheit im Sozialforum orientierte sich aber dann doch lieber an meinen Mitstreiter/innen, die ihnen mit ihren überschaubaren Parteistrukturen und öffentlichen Aktivitäten, aber auch ideologisch, näherstanden.

Dies konnte mich jedoch nicht daran hindern, meinen offenen Weg im Stadtrat fortzusetzen, und gleichzeitig nach wie vor im Sozialforum aktiv zu bleiben. Welch' eine schizophrene Situation. Konnte das für mich überhaupt gut gehen? Ich glaubte, dass dies mit meinem Motto „Global denken, lokal handeln" zu vereinbaren war.

In meiner Zeit im Sozialforum holte mich dann auch noch der Elektroluxkonzern mit seinem unangenehmen Boss, Herrn Straberg, wieder ein. Als die AEG mit ihren fast 2000 Beschäftigten vom schwedischen Konzern Elektrolux plattgemacht werden sollte, war dies für mich als ehemaliger AEG-ler eine Selbstverständlichkeit, mich mit den Beschäftigten zu solidarisieren und sie beim Kampf um ihre Arbeitsplätze zu unterstützen. Es war ein typisches Vorgehen eines profitorientierten Großkonzerns, der keine Rücksicht auf die Arbeitsplätze der Menschen nahm.

Mein Anspruch war, dass wir im Sozialforum beim Treiben eines Großkonzerns nicht nur kritisch zuschauen sollten, wenn unser antikapitalistischer Anspruch nicht bloße Theorie bleiben sollte.

Welch' eine Gelegenheit, sich mit einem global aufgestellten Großkonzern vor Ort auseinanderzusetzen, zumal sich dieses Drama in unserer unmittelbaren Nachbarschaft im Stadtteil Muggenhof abspielte.

Es gelang mir, nicht ohne Mühe, die Vertreter unterschiedlicher politischer Gruppierungen im Sozialforum davon zu überzeugen, in unserem Stadtteil Gostenhof selbst solidarisch tätig zu werden. Es zeigte sich
dann aber, welch' kreatives Potential in unserem Sozialforum vorhanden
war, als man sich zum Handeln entschlossen hatte.

Unsere Leute gingen in Gostenhof von Haus zu Haus und leisteten
einen erheblichen Beitrag zum Erfolg der in ganz Nürnberg laufenden
Unterschriftensammlung gegen die Arbeitsplatzvernichtung in ihrer unmittelbaren Nachbarschaft.

Unser besonders kreativer Rolf schlug vor, nicht nur das ziemlich
große Solidaritätszelt mit Girlanden der Listen mit den von uns gesammelten 3000 Unterschriften zu schmücken, sondern auch das gesamte
Gelände vor dem Haupttor der AEG, an dem sich die Streikenden breit
gemacht hatten. Ich half Rolf, die zig Meter langen Girlanden anzufertigen und aufzuhängen. Wir waren froh und auch ein bisschen stolz, als
wir es nach mehreren Tagen endlich geschafft hatten. Unsere Unter-
schriftenlisten flatterten herausfordernd wie Fähnlein im Wind vor dem
AEG-Tor. Das Innere des Streikzelts hatten wir ebenso geschmückt, sodass die Streikenden unsere Unterschriftsgirlanden ständig im Blick hatten.

Wir, die politisch Unbequemen des Sozialforums, bekamen dafür
nicht nur von den Streikenden, sondern selbst von den Verantwortlichen
der IG Metall Anerkennung.

Die in Gostenhof organisierten, von den Gewerkschaften eher kritisch beäugten Autonomen klapperten alle Geschäfte in ihrem Stadtteil
nach Solidaritätsspenden ab. Dafür durften sie zu ihrer Genugtuung an
einer der abendlichen Solidaritätsveranstaltungen ihre klassischen Arbei-
terlieder singen, in Begleitung ihrer Ziehharmonika-Spielerin. In der
Streikversammlung, im brechend vollen Solidaritätszelt, überreichten sie

dann ihre gesammelten beträchtlichen Geldspenden. Die Streikenden dankten es ihnen mit einem anerkennenden, kräftigen Beifall.

Es war Rolf, der wieder eine Idee hatte. Er bastelte sich eine Maske und hatte den Mut, auch bei den großen Protestkundgebungen vor der AEG vor tausenden von Menschen als Konzernboss Straberg des Elektrolux-Konzerns aufzutreten. Das war ziemlich riskant, denn Straberg war der Verantwortliche für die Schließungspläne und nicht gerade beliebt. Rolf verteilte vor der Bühne aus einem vollen Geldkoffer täuschend ähnlich aussehende 1000 Euro-Scheine, die er selbst angefertigt hatte, an die Streikenden. Doch niemand von den Streikenden wollte sich, nicht mal zum Schein, den Arbeitsplatz abkaufen lassen.

Diese spontane Aktion Rolfs löste allerdings bei unseren gewerkschaftlichen Veranstaltern einiges Befremden aus. Zumal Rolf mit seiner Aktion ganz schön die Aufmerksamkeit des Fernsehens auf sich zog. Ungewollt stahl er mit seiner kreativen Aktion nicht nur einigen Rednern, sondern auch dem auftretenden prominenten Unterstützer Konstantin Wecker ein bisschen die Show. Doch der sah dies sehr gelassen.

Auch ich machte wieder einmal einen Aktionsvorschlag, der noch für erheblichen Wirbel sorgen sollte – der Auftakt für eine nicht unumstrittene Boykottaktion des Sozialforums. Wir mieteten einen Lkw und klapperten die Recyclinghöfe nach ausrangierten Elektroherden und Waschmaschinen ab – Produkte, die nicht mehr in Nürnberg produziert werden sollten. Mit unserem vollbeladen Lastwagen fuhren wir in Richtung Haupttor der AEG. Dahin zu kommen, war jedoch nicht ohne weiteres möglich, denn auf der Nürnberger Seite fand eine Solidaritätskundgebung mit 6000 Menschen statt und eine Genehmigung des DGB's vor Ort als Veranstalter hatten wir auch nicht. Leider hatten unsere örtlichen Gewerkschafter unseren Vorschlag einer spektakulären Aktion zu ihrer geplanten Großdemonstration schon im Vorfeld kategorisch als störend abgelehnt.

Wir ließen uns aber nicht abhalten. Mein guter IG Metall-Kollege Gerhard Basedow am Steuer und ich fuhren mit unserem Lkw mit unserer heißen Fracht in Richtung AEG, ohne dass die gewerkschaftlichen

214

Veranstalter dies mitbekamen. Über den Umweg aus Fürth kommend, also aus der entgegengesetzten Richtung, erreichten wir unbemerkt unser Ziel und postierten uns während der laufenden Großkundgebung unauffällig mit unserer schweren Last in der Nähe des Werktors. Dort standen schon unsere Sozialforumsleute mit Rolf zum Abladen der Geräte bereit, um zum günstigsten Zeitpunkt mit der möglichst größten Aufmerksamkeit unsere nicht angemeldete und nicht genehmigte Aktion zu starten.

Wir installierten unsere Lautsprecheranlage direkt vor dem Haupteingang. Ich hatte dann die Aufgabe, auf unsere Aktion aufmerksam zu machen, ohne die laufende DGB-Kundgebung zu stören. Es sprach sich herum. Nach Beendigung der Großkundgebung strömten immer mehr Menschen, angelockt durch meine Durchsagen, mit ihren Fackeln zu uns zum Haupttor, in der Erwartung, dass dort nicht nur geredet würde, sondern auch eine Aktion stattfindet. Unsere Leute des Sozialforums luden dann die zahlreichen schweren Waschmaschinen und Geschirrspüler, also Produkte die hier gefertigt werden von unserem Lkw ab und verstellten damit den gesamten Haupteingang zum AEG-Gelände, sodass kein Fahrzeug mehr hinein oder herausfahren konnte. Sehr zur Freude der inzwischen zahlreichen Fackelträger vor dem Tor.

Inzwischen wurde nicht nur die anwesende Presse auf unsere Aktion aufmerksam. Auch die Fernsehteams. Für sie war unsere Aktion eine unerwartete Gelegenheit, bewegte Bilder zusätzlich zur Berichterstattung der DGB-Kundgebung zu bekommen.

Auch der Oberbürgermeister schaute mal kurz vorbei. Vor dem AEG-Tor rührte sich schließlich etwas. Ich erklärte über unseren Lautsprecher, dass dies eine Käufer-Rückgabeaktion als Antwort auf die Werksschließungspläne des Elektroluxkonzerns sei. Die Manager sollten die Geräte gefälligst selbst entfernen. Dafür bekam ich nicht nur zustimmendes Gelächter, sondern auch kräftigen Beifall.

Allerdings waren nicht alle, so wie wir vom Sozialforum selbst, von unserer Aktion begeistert. Im Gegenteil: Der Organisationsleiter des DGB warf uns ziemlich aggressiv den Missbrauch ihrer Veranstaltung vor und berief sich ganz formal auf sein Hausrecht. Ich antwortete ihm, dass es besser gewesen wäre, wenn sie sich entschlossen hätten, unsere spektakuläre Aktion als unterstützendes Element ihrer Lichterkundgebung mitzutragen. Die Stimmung war gereizt. Es hätte gerade noch gefehlt, dass der gewerkschaftliche Organisator ein Signal für das Eingreifen des zehn Meter neben uns postierten polizeilichen Staatsschutzes und des USK gegeben hätte, um sein Hausrecht durchzusetzen.

Der Staatsschutz hatte jedoch anscheinend kein besonderes Interesse an einer Eskalation. Die Polizisten schätzten die Situation sicherlich so ein, dass wir nicht ohne weiteres die Geräte freiwillig abtransportieren würden. Anscheinend wollten sie nicht so weit gehen und uns, die dutzend Leute des Sozialforums, festnehmen. Das wäre angesichts der zahlreichen Kundgebungsteilnehmer und der anwesenden Medien wohl doch zu riskant gewesen.

Die Polizei forderte uns nach einiger Zeit dann jedoch mehrmals auf, die Geräte wegzuräumen. Ansonsten bekämen wir eine Anzeige und sie würden die Freiräumung des Tors veranlassen. Wir bekämen dann die Rechnung. Dies wollten wir als Sozialforum dann doch nicht riskieren, denn wir hatten ja kein Geld.

Wir hatten jedoch in den wenigen Stunden unserer Aktion viel Aufmerksamkeit erweckt und wie erhofft, gerade bei den Medien. Somit hatten wir unser Ziel erreicht.

Im Schweiße unseres Angesichts luden wir die schweren Haushaltsgeräte wieder gemeinsam auf unseren Lastwagen. Am nächsten Tag lieferten wir, Gerhard und ich, die Geräte wie versprochen bei den Recyclinghöfen wieder ab und bedankten uns für die Unterstützung beim Kampf um den Erhalt der Arbeitsplätze der AEG.

Unsere Aktion war der gelungene Auftakt für einen nicht unumstrittenen Boykottaufruf des Sozialforums. Mit dem Motto „Wir kaufen nix bei dem Jobkiller Elektrolux" wollten wir den Konzern noch während des Streiks in Verlegenheit bringen.

Dies gelang uns tatsächlich. Es wurde ermittelt, dass dieser Boykottaufruf tatsächlich einen fallenden Umsatz der Produkte von Elektrolux bewirkte – in Nürnberg sogar um 70 %. Wir wollten deutlich machen, dass dieser Boykott erst recht nach der Werksschließung seine Wirkung haben würde.

Dies alles wurde in dem Buch mit dem Titel „Wir bleiben hier, dafür kämpfen wir" festgehalten. Hoffentlich würde der DGB nicht allzu lange sauer auf unser Sozialforum sein.

Die gelungene Aktion bei der AEG mit meinem Mitstreiter Rolf

Die Proteste in der AEG hatten zunehmend bundesweite Resonanz. Immer wieder reisten Delegationen aus verschiedenen Ecken der Bundesrepublik an, die ähnliche Probleme mit Großkonzernen hatten. Wir vom Sozialforum störten uns allerdings nicht nur an dem für uns zu nationalistischen Slogan der IG Metall „AEG für Deutschland", sondern auch daran, dass EU-Subventionen für den Neubau von Produktionsstätten nach Polen flossen, die letztlich das Aus für das Werk in Nürnberg bedeuten könnten.

Für uns vom Sozialforum und damit auch für mich war das Solidaritätszelt vor dem Gelände des Werks über Wochen schon fast zur zweiten

Heimat geworden. Die erste Streikschicht begann schon früh um 6 Uhr. Es war der Jahreszeit entsprechend bitter kalt.

Wir Leute des Sozialforums wechselten uns ab und auch ich musste immer wieder zu Beginn der Frühschicht, also zu einer für mich ungewohnten Zeit, im Dunkeln auf der Matte vor dem AEG-Tor stehen. Streikende wärmten sich an den Holzfeuern der zahlreichen, mit Holzscheiten befeuerten, offenen Tonnen.

Foto: Karlheinz Daut
Aufwärmen der Streikenden bei AEG am eiskalten Morgen, die sich nach einem Bericht der „Nürnberger Nachrichten" „Im Belagerungszustand" befanden.

Der damalige IG Metall-Verantwortliche Jürgen Wechsler hielt schon zur frühen Stunde Brandreden zur Verteidigung des Werks und der tausenden Arbeitsplätze. Die Kolleginnen und Kollegen setzten ihre Hoffnungen auch auf ihren Betriebsratsvorsitzenden Harald Dix, mit dem ich später sechs Jahre lang im Stadtrat saß – allerdings mit unterschiedlichen politischen Auffassungen.

Wir vom Sozialforum und auch ich waren uns nicht sicher, ob es Jürgen Wechsler mit der Verteidigung der Arbeitsplätze im Verlauf des anhaltenden Streiks wirklich noch ernst meinte. Es sickerte nämlich nach und nach durch, dass es in den Verhandlungen mit den Konzernbossen schon längst nicht mehr um den Erhalt des Werkes und der Arbeitsplätze ging, sondern nur noch um möglichst günstige Abfindungen. Dies hätte man doch den seit Wochen Streikenden sagen können und müssen. Sie machten sich doch immer noch Hoffnung auf den Erhalt ihrer Arbeitsplätze und hielten trotz der winterlichen Kälte weiterhin durch.

Diese Zweifel wurden mir durch einen Zufall bestätigt. Im Solidaritätszelt fragte mich eine Reporterin des Südwestfunks, die mich anscheinend noch aus der Zeit unseres intensiven und erfolgreichen Arbeitskampfs vor einigen Jahren für den Erhalt der AEG-Kanis auch hier in Nürnberg kannte, warum ich jetzt auch hier dabei sei. Ich antwortete ihr, dass ich nicht vergessen hätte, wie wichtig es damals für uns war, nicht allein zu stehen und dass ich deshalb schon von Beginn an diesen Arbeitskampf unterstütze. Als ich ihr sagte, dass ich dies solange tue, bis dies erfolgreich durchgestanden sei, huschte ein leicht mitleidiges Lächeln über ihr Gesicht. Als ich ihr auch noch scherzhaft erzählte, dass mir meine Frau nach einiger Zeit sagte, dass ich mein Bett doch gleich im Streikzelt aufstellen sollte, gab mir die Journalisten den Rat, meine Zeit nicht weiter zu verschwenden, denn die Sache wäre längst gelaufen. Sie hatte sich als Journalistin über die neue Fabrik vor Ort in Polen ein Bild gemacht und die neue Fabrik stand ja schon. Die Manager machten keinen Hehl daraus, dass in Polen mit bedeutend niedrigeren Löhnen produziert wird. Dies müsste doch hier in Nürnberg bekannt sein. Deshalb könne sie unsere Aktivitäten für die Fortsetzung des Streiks nicht verstehen. Das sei doch illusorisch, meinte sie. Also hatte sich unser Misstrauen, dass da irgendetwas nicht stimmte, leider bestätigt. Die Journalistin meinte es sicherlich gut, als sie mir empfahl, doch lieber zu meiner Frau heimzugehen.

Ich dachte jedoch gar nicht daran und wir vom Sozialforum beharrten weiterhin auf unserer Forderung nach Erhalt der Arbeitsplätze, was zu weiteren Spannungen zwischen uns und meinen verantwortlichen Gewerkschaftskollegen der IG Metall führte. Wir waren zunehmend neben anderen kleineren politischen Gruppen die unbequeme Minderheit und gerade noch geduldet. Wieder einmal saß ich zwischen den Stühlen.

Als dann Jürgen Wechsler den Abfindungskompromiss als Erfolg verkündete, mussten wir Außenseiter ganz schön schlucken. Die Luft aus dem Streik war raus. Natürlich konnte ich nachvollziehen, dass die gewerkschaftlichen Verhandlungsführer stolz darauf waren, dem kompromisslosen Konzern doch erhebliche Abfindungssummen abgerungen zu haben. Jedoch haben unsere Gewerkschafter anscheinend resigniert, als ihre Forderungen nach Erhalt des Nürnberger Werks trotz der anhaltenden Streiks beim Konzern immer nur auf taube Ohren stießen.

Allerdings stellte sich für mich die letztlich unbeantwortete Frage, ob man nicht doch die zunehmende, auch bundesweite Resonanz auf die Aktionen gegen die Werkschließung hätte nutzen sollen, über Nürnberg hinaus. Und damit den Konzern zum Nachgeben zu bewegen, wie dies uns damals, bei der AEG-Kanis in Nürnberg, gelungen war. Mir war jedoch auch klar, dass diese Auseinandersetzung dann aber auch eine ganz andere politische Dimension bekommen hätte, die die Gewerkschaftsvorstände, aus welchen Gründen auch immer, anscheinend scheuten.

Dies alles löste weitere intensive Gespräche auch mit den Streikenden aus. Ein ziemlich verzweifelter langjähriger AEG-Arbeiter, ein Werkzeugmacher, schüttete mir regelrecht sein Herz aus. Wie sollte es mit ihm und seiner mehrköpfigen Familie weiter gehen? Er hatte sich, vor allem wegen seiner Kinder, vor einiger Zeit ein Reihenhaus angeschafft. Er war noch erheblich verschuldet und hätte nicht erwartet, dass sein sicher geglaubter Arbeitsplatz in Gefahr war. Er sah für sich und seine Familie ziemlich schwarz. Mit einer Abfindung war es nicht getan, obwohl er nicht darauf verzichten konnte.

Ganz anders verliefen die politischen Gespräche unter uns, die den Kampf noch nicht aufgeben wollten. Wir hatten jetzt Zeit, grundsätzlicher über alles zu reden, waren allerdings in dem Streikzelt zunehmend nur gerade noch geduldete Außenseiter. Wir fühlten uns in dem großen, jetzt ziemlich leeren Zelt ziemlich einsam. Wir saßen an einem der zahlreichen leeren Tische und mir war klar, dass wir die Lage unterschiedlich beurteilen würden.

Reinhold kannte meine Aktivitäten auch im Sozialforum und wusste, dass ich natürlich als aktiver IG Metaller meinen verantwortlichen Kollegen, wenn auch kritisch, näher stand als er. Reinhold hatte prinzipiell eine kritische und ziemlich radikale Haltung, nicht nur zu den Vorgängen hier bei AEG, die er ziemlich leidenschaftlich vertrat.

Ganz im Gegensatz zu dem politisch eher nachdenklichen, selbst betroffenen AEG-Ingenieur Klaus, den ich schon seit längerem kannte und der sich zu uns setzte. Dass kann ja heiter werden, dachte ich mir im Augenblick, denn wir drei sind doch ganz schön verschieden.

Reinhold legte, wie dies so sein Art ist, gleich richtig los und ich hatte den Eindruck, dass er sich hier in dem Solidaritätszelt wie ein Fisch im Wasser so richtig wohl fühlte, unabhängig vom Ausgang des Streiks. Denn für ihn war die Auseinandersetzung hier bei der AEG ein Element des Klassenkampfs zwischen Arbeit, also der Arbeiterbewegung, und dem Kapital. Er setzte gleich noch eins drauf und meinte sicherlich auch mich, als er sagte, dass sich die Gewerkschaften über den hier stattfindenden Klassenkampf nicht bewusst seien. Oder schlimmer noch, dass sie dies nicht wahrnehmen wollten. Dies zeige doch der für Reinhold faule Kompromiss, den man mit Elektrolux ausgehandelt hatte, anstatt weiter zu kämpfen.

Dies konnte ich nicht so einfach stehen lassen. Ich schilderte, was mir soeben der ziemlich verzweifelte Werkzeugmacher erzählt hatte, und fragte Reinhold direkt, ob er glaube, dass der Werkzeugmacher ganz bewusst als Teil der Arbeiterbewegung gestreikt habe, oder ob es ihm vor allem darum ging, seinen Arbeitsplatz und damit seine Existenz nicht zu verlieren? Bei unserem erfolgreichen Arbeitskampf damals bei uns, der AEG-Kanis, war dies unter uns politischeren Kollegen auch umstritten.

Wasser auf die Mühlen Reinholds, der selbstbewusst und schlagfertig reagierte. Er meinte, „sich zu wehren gegen die Vernichtung des eigenen

Arbeitsplatzes und dies als Klassenkampf zu benennen ist doch kein Widerspruch und nur logisch. Denn das eine schließt das andere nicht aus. Für mich sind Streiks wie hier und anderswo ganz klar ein Element des Klassenkampfes zwischen Kapital und Arbeit."

Jetzt schaltete sich der nachdenkliche Klaus ein: „Ihr hättet mich, als direkt Betroffenen auch einmal fragen können, wie ich das sehe, obwohl ich ja nur ein Angestellter und kein Arbeiter bin", meinte er leicht gekränkt.

„Natürlich gehörst auch du als Angestellter zur Arbeiterklasse, selbst wenn viele deiner Angestellten Kollegen dies nicht wahr haben wollen", meinte Reinhold kategorisch.

„Du müsstest doch schon längst gemerkt haben, dass deine Schlagworte, wie Arbeiterbewegung und Klassenkampf bei unserem Streik nicht so recht ankommen. Vielleicht bei einigen wenigen, politisch motivierten unter uns", erwiderte Klaus ziemlich heftig.

„So kommen wir doch nicht weiter", ging ich dazwischen. „Eigentlich habt ihr doch beide irgendwie Recht. Viele Kollegen haben in der Tat erhebliche Illusionen und sind sich nicht der Tatsache bewusst, dass sie von den Konzernen nur dann benötigt werden, wenn die Bilanzen stimmen und dass sie ansonsten fallen gelassen werden wie heiße Kartoffeln, wie man hier sieht. Oft kommt die Einsicht zu spät, sich zumindest gewerkschaftlich zu organisieren und sich dann aber auch konsequent zu wehren." Ich ergänzte an Reinhold gerichtet, dass dies genau mein Anliegen in den zahlreichen Seminaren als Bildungsreferent der IG-Metall Nürnberg war, aufgrund meiner Erfahrungen Kolleg/innen aus anderen Betrieben darin zu bestärken. Es schien mir im Augenblick, dass Reinhold von meinen Aussagen nicht ganz unbeeindruckt war.

Klaus pflichtete mir bei, während Reinhold mir ziemlich sarkastisch empfahl, dies doch mal meinen verantwortlichen Gewerkschaftskollegen zu sagen, die sich mit dem faulen Kompromiss des Konzerns abgefunden hätten und dadurch die Arbeitsplätze verloren gingen.

Es war schon spät geworden. Streikhelfer räumten im Zelt schon auf. Wir sollten jetzt auch gehen. Morgen stünde das Zelt ja auch noch, gab man uns zu verstehen.

„Sicherlich scheuten auch deine IG Metall-Vorstandskollegen in Frankfurt eine weitreichendere Auseinandersetzung mit dem Kapital und dies wäre durchaus möglich", giftete mich Reinhold noch beim Hinausgehen an.

Zu meiner eigenen Beruhigung dachte ich mir auf meinem Heimweg, dass wir vom Sozialforum auch mit unserer Forderung, der Stadtrat möge sich endlich aktiv in diesen Konflikt einschalten, ganz schön genervt haben.

Es wurden dann aber auch die Grenzen der kommunalen Möglichkeiten gegenüber einem Großkonzern sichtbar. Die Argumente unseres Nürnberger Oberbürgermeisters über die Bedeutung tausender Arbeitsplätze für die Stadt prallten bei den Konzernherren einfach ab.

Umrundung des AEG Werksgeländes
„Gekämpft und doch verloren". So berichtete die „Abendzeitung Nürnberg"

Da war es dann nur ein schwacher Trost, als Oberbürgermeister Maly bei einer der letzten Großkundgebungen vor der AEG erklärte, dass er sich für kommunale Alternativen einsetzen würde. Heute ist das AEG-Gelände immerhin ein Ort der Kultur und auch der Sitz der verdienstvollen Auffanggesellschaft GPQ. Unter der Leitung meines ehemaligen Betriebsratsvorsitzenden-Kollegen von Grundig, Herbert Hansel, bemühte sich diese Auffanggesellschaft verdienstvollerweise intensiv um die Unterbringung arbeitsloser AEG-ler und in der Folge anderer Betroffener. Die vielen Arbeitsplätze der AEG sind jedoch unwiederbringlich verloren.

BUCH 2

Folgerungen

Vorwort

In diesem 2. Buch versuche ich, die Erfahrungen aus meinen vielfältigen Aktivitäten über meine persönlichen Befindlichkeiten hinaus zu reflektieren.

Welche Wege zu gesamtgesellschaftlichen Veränderungen sind möglich?

Was ist dem dynamischen Turbokapitalismus mit seinen Verwerfungen entgegenzusetzen?

Man muss das Rad nicht neu erfinden. Man kommt bei diesen Fragen an den Klassikern mit ihren fundamentalen Erkenntnissen wie Karl Marx aber auch an ergänzenden Psychologen wie Wilhelm Reich und anderen nicht vorbei.

Warum wird man von so manchem nur müde belächelt, wenn man die Frage stellt, ob fundamentale Veränderungen wie damals auch heute noch nur durch Arbeiterbewegungen erfolgen können? Existieren sie im traditionellen Sinne überhaupt noch? Gilt dies auch für revolutionäre Überlegungen?

Gibt es darüber hinaus zeitgemäße Bewegungen wie die Friedensbewegung, mit der, wie auch ich, Millionen Menschen auf Achse waren, nicht nur um einen Atomkrieg zu verhindern? Oder wie die Mut machenden Aktivitäten der jungen Menschen von „Fridays for Future", die für die Bewahrung der Umwelt und für ihre Zukunft unterwegs sind?

Ich versuche, nach Gesprächen mit mir Nahestehenden komplizierte Sachverhalte so darzustellen, dass sie verständlich, aber auch herausfordernd sind. Ich maße mir nicht an, auf alle Fragen eine Antwort zu haben, aber sie müssen gestellt werden.

Veränderungen wird es nur dann geben können, wenn nicht nur die politischen Akteure, sondern jeder Einzelne sich offen den unbewältigten Problemen stellt und dadurch ein glaubwürdiges Handeln möglich wird.

Der schwierige Weg zu Veränderungen

Dann trafen wir uns wieder, mitten in der Altstadt, im Lokal des evangelischen Zentrums im Haus Ecksteins, gleich neben der Sebalduskirche, um unser intensives Gespräch vor einiger Zeit fortzusetzen. Ich war mir sicher, Godehard hatte sich meine Schilderungen über den Konflikt in unseren Reihen durch den Kopf gehen lassen und ich war gespannt auf seine Einschätzungen.

Er begann ganz offen: „Du hast mir erzählt, wo dich der Schuh drückt. Ich habe eure Querelen in den Zeitungen verfolgt. Musste das wirklich sein?", meinte Godehard, und es klang ein bisschen vorwurfsvoll. „Du, aber auch deine Mitstreiter mussten doch wissen, auf was ihr euch einlasst. War dieser Konflikt unvermeidbar und wirklich nötig?", fragte er und sein ziemlich distanzierter Tonfall und seine Reaktion erinnerten mich wieder an die provokatorische Frage Dietrichs, wie oft ich denn noch die Welt verbessern wolle, und dies ausgerechnet als Stadtrat. „Hättet ihr euch nicht irgendwie verständigen können? Ich hatte den Eindruck, dass Godehard keine allzu große Lust hatte, sich auf unsere internen Querelen einzulassen.

Ich wusste, dass Godehard nicht nur das Innenleben des Stadtrats kannte, aber auch die umfangreichen Aufgaben der Stadtverwaltung. Und dass er die wechselseitigen Abhängigkeiten und Spannungsfelder zwischen dem Stadtrat und der Verwaltung durchaus kritisch sah. „Dies sind jedoch andere Spannungsfelder als euer provinzieller Kleinkram", setzte er noch eins drauf. Als er meinte, dass ich die internen Querelen wegen unseres gemeinsamen politischen obersten Anliegens doch besser zurückstellen sollte, musste ich Godehard widersprechen.

Ich hatte auch den Eindruck, dass er meinen Übereifer im Stadtrat nicht so ganz ernst nahm. Ich erklärte ihm, jetzt ziemlich aufgebracht, dass ich überzeugt sei, dass es sich bei der Auseinandersetzung unter uns nicht nur um eine begrenzte kleinkarierte kommunale Provinzposse handele. Vielmehr sei dieses Verhalten meiner Mitstreiter von prinzipieller politischer Bedeutung. Ohne eine Klärung des Konflikts ist zum einen die Durchsetzung wirkungsvoller Alternativen im Nürnberger Stadtrat nicht möglich. Darüber hinaus steht unsere politische Glaubwürdigkeit prinzipiell auf dem Spiel. Ich hatte den Eindruck, dass Godehard merkte, dass es mir um das Grundsätzliche unseres internen Konflikts geht und ich dies sehr ernst meinte. So kam er mir mit der Bemerkung entgegen, dass unser Konflikt mehrere Seiten habe.

„Also sollten wir diese Konflikte näher beleuchten", schlug ich Godehard vor. Ich glaubte, ich hatte jetzt sein grundsätzliches politisches Interesse geweckt und war darauf gefasst, dass er gleich sein ganzes übergeordnetes marxistisches Füllhorn über mich ausschütten würde – ganz in meinem Sinn, ich könnte davon nur profitieren.

Um den Eindruck eines kleinkarierten Eiferers zu vermeiden, versuchte ich es mit der Frage, was er von meinem Anspruch als Stadtrat „Global denken, lokal handeln" halte.

Einen kurzen Moment lang hatte ich den Eindruck, dass ein leicht mitleidiger Zug in seinem Gesicht zu erkennen war. Er nahm meinen Anspruch aber ernst und meinte, dass ich mir ganz schön was vorgenommen hätte. Zu meiner Bestätigung war auch er der Meinung, dass unser interner Konflikt sicher tiefer liegende, nicht nur politische Ursachen habe.

Ich widersprach allerdings auch, dass es sich um einen beiderseitigen Streit handele. Vielmehr war dieser Konflikt durch eine unglaubliche Unkorrektheit eines meiner Mitstreiter ausgelöst worden. Ich gab Godehard zu verstehen, dass ich mir über die Ursachen selbst schon viele Gedanken gemacht hatte. Ich räumte auch ein, dass mir das unerwartete Verhalten meiner Mitstreiter ganz schön zu schaffen mache. Dass ich mir jedoch meine Zuversicht, etwas bewirken zu können, nicht nehmen lasse. Aber so blauäugig wie bisher würde ich einer falsch verstandenen

Solidarität nicht wieder auf den Leim gehen. Das hieße für mich allerdings auch, Abschied zu nehmen von liebgewonnenen, jedoch nicht wirklichen Gemeinsamkeiten. Jedoch würde ich weiterhin offen bleiben für glaubwürdige Alternativen.

Um Glaubwürdigkeit gehe es mir jetzt in erster Linie. Ich frage schon, wie glaubwürdig all die berechtigten Kritiken meiner Mitstreiter/innen über die sozialen Ungerechtigkeiten seien, die ich durchaus teile, wenn man sich so unkorrekt verhalte, wie ich dies so schmerzhaft am eigenen Leibe zu spüren bekommen hatte. Nachhaltige politische Erfolge seien nach meiner Auffassung so überhaupt nicht möglich. Nicht einmal im Nürnberger Stadtrat.

Ich glaube, ich hatte Godehard mit meinen Einschätzungen nicht nur ziemlich beeindruckt, sondern auch sein Interesse so geweckt, da er mir anbot, unseren Konflikt in aller gebotenen Kürze aus seiner Sicht politisch einzuordnen. Natürlich wusste ich, was seine Ankündigung „in aller Kürze" bedeutet, aber ich ließ mich gerne darauf ein. Bevor er allerdings loslegen konnte, schlug ich vor, dass wir uns erst einmal einen Rotwein bestellen sollten.

Dann wurde Godehard grundsätzlich. „Die Entscheidungen des Stadtrats hängen doch weitgehend von den politischen Vorgaben ab. Die Stadträte in den Kommunen, auch in Nürnberg, sind doch von den Auswirkungen eines zunehmenden rigorosen Turbokapitalismus und der sich daraus ergebenden Politik betroffen. Dies muss man erst einmal erkennen, um nicht allzu großen Illusionen zu unterliegen. Und um gleich auf deine Kritiker zu kommen, sie haben aus ihrer Sicht die durchaus nicht unberechtigten Befürchtungen, dass ihre marxistischen Vorstellungen im Stadtrat nicht zum Tragen kommen. Dies trauen sie dir anscheinend nicht zu, obwohl ich glaube, dass sie deine Arbeit als kämpferischer Betriebsratsvorsitzender durchaus schätzten. Du hast ja inzwischen wahrscheinlich schon selbst gemerkt, dass sie dich, weil du nicht ihr Genosse bist, nicht für ganz voll nehmen. Wenn sie es dir auch nicht direkt sagen. In ihren Augen bist du natürlich auch kein Marxist, wie sie sich selbst sehen", meinte Godehard.

„Dies alles kann ich nach meinen jüngsten Erfahrungen nur bestätigen, obwohl dies eigentlich bei meiner Kandidatur keine Rolle spielte. Ich frage mich jetzt natürlich, ob ihr Werben um meine Mitkandidatur damals ehrlich gemeint, oder nur ein taktisches Spielchen mit mir war. Wenn es damals Taktik war, rächt sich dies leider heute", wandte ich ein.

„Gelegentlich werde ich gefragt, ob ich ein Marxist bin. Ich redete mich dann meistens mit der Antwort heraus, dass nicht einmal Marx sich selbst als Marxist bezeichnet haben soll", ergänzte ich noch.

Ziemlich gelassen meinte Godehard, dass man bei denjenigen, die sich allzu selbstverständlich als Marxist bezeichnen, einmal genauer hinschauen sollte, ob sie Marx wirklich in seinem ganzen Umfang verstanden haben: „Selbst wenn man die ökonomischen Erkenntnisse von Karl Marx verstanden haben sollte, muss man wissen, dass Marx ja darüber hinaus einer der größten Philosophen nicht nur seiner Zeit war. Eine allzu beengte, nur ökonomische Sichtweise wäre sicherlich nicht in seinem Sinn, obwohl dies absoluter Schwerpunk von Marx war". Ich hatte den Eindruck, dass Godehard mit seiner kritischen Einschätzung durchaus auch einige meiner Mitstreiter meinte, ohne sie direkt zu benennen, und ich fühlte mich ein klein wenig bestätigt.

Wir stießen erst mal auf unser gemeinsames Wohl an, bevor er im Stile eines marxistischen Dozenten und ganz in meinem Interesse weit ausholte: „Ich wiederhole es noch einmal ganz offen. Eure Auseinandersetzung erschien mir vordergründig ziemlich kleinkariert angesichts der allumfassenden globalen gesellschaftlichen Probleme." „Dies sehe ich genauso", bestätigte ich ihn. Er räumte aber ein, dass derartige Auseinandersetzungen in den Parteien und auch in uns nahestehenden Kreisen durchaus nicht ungewöhnlich seien. „Dafür gibt es vielfältige Gründe".

Godehard ließ sich jetzt nicht von seiner großen politischen Linie abbringen. „Man muss auch sehen, dass dieses rücksichtslose kapitalistische Gesellschaftssystem nach wie vor eine große Herausforderung ist. Denn bei allen Problemen ist dieser Kapitalismus bei allen Widersprüchen höchst dynamisch, effektiv und anpassungsfähig, mit dem ein sogenannter realer Sozialismus im Osten nicht mithalten konnte. Und wenn erforderlich, sichern sie sich ihre Interessen mit Kriegen ab".

Das war Wasser auf meine Mühlen als Friedensaktivist. Von unserem eigentlichen Thema ziemlich weit abkommend, fragte ich nach: „Es wird doch immer wieder so getan, als wenn die Ursachen der Kriege vor allem in den Auseinandersetzungen zwischen unterschiedlichen Glaubensrichtungen liegen. Wie siehst du das?"

„Das stimmt natürlich auch. Es ist aber noch viel schlimmer. Perfider weise werden Glaubensfragen allzu oft instrumentalisiert, um ökonomischer Vorteile willen. So werden Kriege nicht nur in Kauf genommen, sondern nicht nur, aber auch aus ideologischen Gründen regelrecht geschürt. Da gibt es in neuerer Zeit genügend Beispiele, wenn ich nur an die US-Regierungen und ihre provozierten Kriege in Vietnam und jüngst in Afghanistan oder Irak denke. Vorgegeben wird, dass dies zur Befreiung von Diktaturen und zur Sicherung der Freiheit geschieht. In Wirklichkeit dienen diese Kriege vor allem der Absicherung ihrer geostrategischen und wirtschaftlichen Interessen, auch von Öl und Rohstoffen aller Art. Aber dies brauche ich dir ja nicht zu erzählen. Das kennst du ja bestimmt alles selbst von Euren Diskussionen als Friedensaktivist/innen zur Genüge." Wir waren uns einig, dass wer wirklich Frieden will, vor allem für Gerechtigkeit sorgen muss.

Godehard blieb ganz aktuell: „Die Finanzmächtigen sind auch immer auf der Höhe, wenn sie neue Chancen sehen. Sie nutzen die neue digitale Revolution mit den ungeheuren dynamischen Möglichkeiten, nicht nur für ihre weltweiten Finanztransaktionen. Aber dies näher zu beleuchten würde jetzt zu weit führen. Man muss auch sehen, dass ihr System intensiv und ziemlich manipulativ mit den Begriffen Freiheit und Demokratie vielfältig untermauern wird. So wie dies bei uns unentwegt nicht nur ehemalige Bundespräsidenten, sondern auch ganze Heerscharen sogenannter Experten mit Eifer betreiben. Soziale Gerechtigkeit ist da nur störend.

Zugegeben, dies alles ist gegen den Mainstream schwer zu entlarven und für die meisten Menschen schwer zu durchschauen, bleibt aber eine ständige Herausforderung. Denn weltweit nehmen auch die Stimmen und Bewegungen zu, die auf Dauer die untragbaren Zustände so nicht mehr hinnehmen", meinte er optimistisch.

Wir waren von unserem eigentlichen Thema unserer Provinzposse ziemlich weit abgekommen. Gingen jetzt erst mal vor die Tür, um frische Luft zu schnappen und den Kopf etwas frei zu bekommen. Für mich war klar, dass es nach den angesprochenen Themen noch ein langer Abend werden könnte. Wir hatten uns ja vorgenommen, nicht andauern auf die Uhr zu schauen, sondern uns Zeit zu nehmen.

Wir bestellten uns einen Espresso und es stellte sich nach den angesprochenen Problemen zwangsläufig die Frage nach Alternativen, auch was das scheinbar unbedeutende Problem meiner weiteren Stadtratsarbeit betraf. Was für mich aber für meine weiteren politischen Aktivitäten von grundsätzlicher Bedeutung war.

Bei der Frage nach Alternativen hatte ich bei Godehard richtig ins Schwarze getroffen. Er meinte: „Wenn du die Frage nach möglichen Alternativen stellst, müssen wir uns schon die Mühe machen, einmal in die Anfänge der Arbeiterbewegung zurückzuschauen. Wie will man denn sonst überhaupt zu zeitgemäßen Alternativen kommen, wenn man die Geschichte der damaligen Bewegungen nicht richtig einordnet und die Bedeutung für unsere Zeit übersieht.

Und dann landet man ganz schnell bei Karl Marx. Der hat das Wesen des Kapitalismus viele Jahre lang unermüdlich nicht nur wissenschaftlich analysiert und beschrieben, sondern richtig entlarvt. Nämlich, dass die ungeheure Anhäufung von Reichtum der Wenigen auf der simplen Tatsache beruht, dass man Menschen für sich arbeiten lässt und sich den höchstmöglichen Mehrwert ihrer Arbeit unter den Nagel reißt. Dafür gibt es einen einfachen Begriff, nämlich das Wort Ausbeutung. Und für Marx war die Infragestellung des Eigentums von zentraler Bedeutung. Eine große Herausforderung nicht nur damals. Auch in unserer Zeit versucht man alles um eine Diskussion darüber gar nicht erst aufkommen zu lassen. Man schürt leider auch erfolgreich Angst, als wenn es um die

Enteignung des Hab und Guts der kleinen Leute ging, um ihren Kühl-schrank oder gar um ihr kleines Eigenheim, sofern sie es überhaupt ihr eigen nennen können. Darum ging es Marx nicht und dies wissen die Angesprochenen auch. Vielmehr forderte er die Abschaffung des Privat-eigentums der Produktionsmittel, nicht nur der Fabriken. Und damit das Ende der Ausbeutung und der Bereicherung. Dies ist die größte Gefahr für die privilegierten Minderheit, die sich daran festklammern.

Ich brauche dir nicht groß zu erzählen, dass damals die Not und das Elend bis hin zur Kinderarbeit in den Fabriken unerträglich wurde, dass sich die Arbeiter trotz erheblichen Repressionen nicht einschüchtern lie-ßen und sich zusammenschlossen. Du kennst doch sicherlich das Lied, in dem es heißt, ‚dass die Befreiung der Arbeiter nur das Werk der Ar-beiter selbst sein kann‘. Sie ließen sich nicht gegeneinander ausspielen.

Es war die Geburt der Arbeiterbewegung und ihrer Gewerkschaften und Parteien. Entschuldige, wenn ich dies mal so platt skizziert habe. Natürlich hat es sich Marx nicht so einfach gemacht. Weißt du eigentlich, wie viele Jahre Marx gebraucht hat, um sein grundlegendes Werk das *Kapital* zu schreiben?" Wusste ich nicht. „Wenn ihn in diesen zehn Jahren sein Gönner Friedrich Engels, der Sohn eines Unternehmers, nicht über Wasser gehalten hätte, wäre er mitsamt seiner Familie in dieser langen Zeit verhungert. Und verfolgt wurde er auch. Marx beschrieb die kom-plexen und raffinierten Vorgänge dieser Ausbeutung mit all den gesell-schaftlichen Verwerfungen. Das ist alles nachzulesen, aber wer liest das schon", meinte Godehard leicht resigniert.

Auf meine Frage, ob nach seiner Auffassung die Erkenntnisse von Marx heute noch zeitgemäß und von praktischer Bedeutung seien, wurde Godehard richtig leidenschaftlich. Er antwortete mit der Gegenfrage: „Weißt du eigentlich, dass sich viele der derzeitigen Führungseliten mit den grundlegenden wissenschaftlichen Erkenntnissen von Marx intensiv auseinandersetzen, um sie zu nutzen? Sicherlich nicht, um wie Marx et-was Grundlegendes verändern zu wollen. Aber sie kommen anscheinend um die Erkenntnisse von Marx nicht herum, wenn ihnen ihre Felle nicht davonschwimmen sollen. Auch wenn sie sich nach außen hin alle Mühe geben, Marx als nicht mehr zeitgemäß abzutun."

An dieser Stelle unterbrach ich Godehard: „Apropos zeitgemäß, lass mich doch noch mal auf meine Frage unseres letzten Treffens zurückkommen, nämlich wer denn wohl einigermaßen in die Fußstapfen von Karl Marx treten könnte".

„Da verlangst du aber viel von mir. So direkt kann man dies nicht beantworten. Richtiger ist, dass es nach Marx Persönlichkeiten gab, die sich nicht nur mit ihm intensiv auseinandersetzten, sondern auch versuchten, zeitgemäß auch mit eigenen psychoanalytischen Erkenntnissen darüber hinaus zu denken. Wie zum Beispiel Wilhelm Reich oder Erich Fromm, die dir ja bestimmt nicht unbekannt sind. Dass dieses Unterfangen nicht spannungsfrei war und noch ist, zeigt, dass Reich aus diesem Grund aus der KPD geschmissen wurde, der er angehörte.

Kommt dir das nicht irgendwie bekannt vor?", provozierte mich Godehard mit einem scherzhaften Unterton. „Lass uns diese Frage vorerst zurückstellen und uns erst einmal über die große Bedeutung von Marx in der heutigen Zeit im Klaren werden.

Fangen wir doch erst einmal mit der Frage an, ob es heutzutage im Sinne von Karl Marx überhaupt noch eine Arbeiterbewegung gibt?".

Natürlich war ich einverstanden, und ich berichtete Godehard gleich von unserer Diskussion und von der Unsicherheit des streikenden AEG-Angestellten Klaus im AEG-Streikzelt, der nicht so recht wusste, ob er als Angestellter überhaupt zur Arbeiterklasse gehört.

Godehard verallgemeinerte meine Schilderung und antwortete: „Einige in unseren Kreisen sprechen immer noch von der Arbeiterklasse, so als wenn sich nichts verändert hätte. Für die allgemeine Öffentlichkeit ist das Wort Arbeiterklasse ohnehin heute kein gängiger Begriff mehr und es stellt sich die Frage, ob die Klassenauseinandersetzungen von damals auf die heute Zeit einfach zu übertragen sind".

Godehard war so richtig in Fahrt und holte nochmal politisch weit aus: „Es ist doch so, dass nicht nur wir beide, sondern immer mehr Menschen überhaupt nicht erwarten können, dass die weltweiten desaströsen

Zustände ausgerechnet von denjenigen geändert werden, die davon profitieren, und die dies alles zu verantworten haben. Aber sie geben in raffinierter Weise vor, dass sie im Interesse aller handeln.

Es wird ja alles getan, dass allzu vielen Menschen sich dieser Manipulationen nicht bewusst werden und dies somit leider ziemlich unkritisch hinnehmen.

Es stimmt jedoch schon, dass wir in der heutigen Zeit in den westlichen Staaten, trotz aller weltweiten Probleme nicht die gleichen, oder zumindest nicht so deutlich sichtbaren katastrophalen Zustände haben, wie zu Beginn der aufbegehrenden Arbeiterschaft. Somit haben wir heute auch nicht die revolutionären Bedingungen wie zu Zeiten von Marx", räumte Godehard ein. „In unserer Zeit ist vieles unübersichtlicher und komplexer und die Dynamik und Effektivität des Finanzmarktkapitalismus ist scheinbar unaufhaltsam", fuhr er fort.

„Und die Frage, ob es heutzutage bei uns überhaupt noch eine Arbeiterklasse im traditionellen Sinn gibt, müsstest du doch selbst am besten beurteilen können", sprach er mich direkt an. „War denn euer zäher Kampf für den Erhalt eurer Arbeitsplätze gegen die übermächtigen Konzerne nicht ein Element des Klassenkampfs, wie du es selbst damals als Betriebsratsvorsitzender durchlebt hast? Für mich war dies durchaus ein marxistisches Handeln, auch dein persönliches Risiko, das du eingegangen bist", meinte Godehard anerkennend.

„Willst du mich hiermit zum Marxisten erklären?", fragte ich scherzhaft zurück. „Du weißt doch selbst, auch für Marx galt, grau ist alle Theorie'. Für ihn kam es sehr auf das Handeln an. Also kannst du selbst entscheiden, ob du dich für einen Marxisten hältst oder für einen Radikaldemokraten, wie du dich manchmal selbst nennst", gab Godehard den Ball locker zurück.

Wir kamen noch einmal auf unseren Konflikt und meine ehemaligen Mitstreiter zu sprechen. „Ich habe vorhin schon einmal darauf hingewiesen, dass sich die kapitalistischen Führungseliten nicht scheuen, selbst wenn sie sich als Konkurrenten immer wieder wie Hund und Katz' verhalten, die Erkenntnisse von Marx zu nutzen, wenn es um die Durchsetzung ihrer gemeinsamen Kapitalinteressen geht. Die sind ganz schön flexibel.

Dies kann man von unseren Leuten oft nicht gerade behaupten. Für manchen von ihnen ist der Marxismus eher ein Glaubensbekenntnis. Da musst du dich nicht wundern, wenn dich deine Mitstreiter/innen in den eigenen Reihen wegen deines unkonventionellen und kreativen Vorgehens im Stadtrat nicht verstanden haben. Dieses Unverständnis wäre sicherlich nicht im Sinne von Marx", wiederholte Godehard noch einmal, und bemerkte mit einem leicht ironischem Unterton: „Im Gegensatz zu dir glauben deine ehemaligen marxistischen Mitstreiter/innen zu wissen, wo der Weg lang geht und sie träumen von revolutionären Veränderungen, wie in den vergangenen Zeiten. Wenn sie nur recht hätten. Wir sollten jedoch mal genauer anschauen, was in der heutigen Zeit von dem traditionellen Begriff der Arbeiterklasse zu halten ist, an dem sich so mancher deiner Mitstreiter so unbeirrt festklammert."

„Wer gehört denn heutzutage, nach deiner Auffassung eigentlich konkret zu dieser Arbeiterklasse"? fragte ich nach. Als wenn Godehard auf diese Frage gewartet hätte, beantwortete er sie offensichtlich gerne und fragend:

„Natürlich gehört, wie auch bei euch im Betrieb, der klassische Arbeiter in den Fabriken oder am Bau dazu. Und die zunehmenden Angestellten der Dienstleistungen, in den Krankenhäusern in der Altersversorgung und anderswo? Und was ist mit den vielen Scheinselbstständigen, die sich zum Teil selbst ausbeuten und sich oft nur mit mehreren Jobs über Wasser halten können? Oder was ist mit den Menschen, die von Giganten wie Amazon gegängelt werden und so funktionieren müssen, als wenn sie Roboter wären? Dort tut man alles, um zu verhindern, dass sie sich gewerkschaftlich organisieren und aktiv werden. Und wohin gehören all die vielen, die im Bereich der Kultur am Hungertuch nagen, ganz zu schweigen von den Millionen Arbeitslosen und Hartz 4-Empfängern? Gehören sie nicht alle zu einer Arbeiterklasse unserer Zeit? Und was ist mit all denjenigen, die studiert haben und als Taxifahrer ihr Brot verdienen? Für mich sind sie letztlich doch alle in irgendeiner Form ‚Abhängig Beschäftigte"', beendete Godehard seine Aufzählungen. „Für alle diejenigen, die ich gerade genannt habe, ist der Begriff ‚Abhängige' sicherlich eher verständlich, als das traditionelle Wort Arbeiterklasse. Obwohl für mich dieser Begriff durchaus sein Berechtigung hat.

Wer heutzutage jedoch undifferenziert an den traditionellen Begriffen wie Arbeiterklasse oder Klassenkampf festhält und sie so verwendet, muss sich nicht wundern, wenn er in den Ruf eines hoffnungslosen, rückwärtsgewandten Ideologen gerät." Da waren wir uns einig. Und ich dachte wieder an meine ehemaligen Mitstreiter/innen.

„Es bleibt aber die ungelöste Frage, ob all die abhängig Beschäftigten mit ihren unterschiedlichen Bedingungen unter einen Hut zu bringen sind und wer dies bewerkstelligen soll? Ohne ein verändertes gesellschaftliches Bewusstsein wird dies allerdings nicht so ohne weiteres möglich sein. Und da schaut es derzeit Zeit nicht gerade hoffnungsvoll aus, wenn man an die rückwärtsgewandte Rechtsentwicklung nicht nur in unserem Lande denkt", wiederholte sich Godehard ziemlich pessimistisch.

„Da sind ja auch noch die Gewerkschaften", wandte ich ein. „Ein Marx, auch in unserer heutigen Zeit hätte sicherlich nichts dagegen, wenn die Gewerkschaften eine Schlüsselrolle bei der Zusammenführung aller Abhängigen einnehmen würden. Wenn sie es nur anpacken würden", meinte Godehard ziemlich herausfordernd, und fuhr fort:

„Um nochmal auf deine Frage zurückzukommen, ein Nachfolger vom Format eines Karl Marx, der dies in unserer Zeit weiterspinnen könnte, ist nicht in Sicht. Doch an seinen wissenschaftlichen Erkenntnissen kommt auch heutzutage niemand herum", blieb Godehard bei seiner Meinung. „Trotzdem stellt sich für mich die Frage, ob es nicht neben den klassischen Vorstellungen von Karl Marx noch andere zeitgemäße gesellschaftsverändernde Entwicklungen und Bewegungen geben wird?

Einiges haben wir selbst erlebt, wenn ich an unsere Zeit der 68er Bewegung, oder an den weltweiten millionenfachen Protest gegen die Atomkriegsgefahr denke, an denen wir ja beide ganz schön aktiv dabei waren", erinnerte ich Godehard.

Und reagierte zu meiner Überraschung ziemlich zurückhaltend. „Natürlich waren dies einmalige Zeiten, die einiges in Bewegung brachten. Aber hat dies wirklich zu einer grundlegenden Veränderung des nach wie vor herrschenden Kapitalismus geführt? Nicht dass du mich falsch verstehst, ohne diese Bewegungen sähe die Welt noch ganz anders aus.

Nicht auszudenken, wenn es zu einem Atomkrieg gekommen wäre, der kurz bevorstand. Wenn ich in eine Glaskugel schauen könnte, würde ich schon hoffen, dass es bei den ungelösten globalen Zuständen zu ähnlichen positiven Bewegungen kommen wird oder kommen muss, um diese eine Welt zu bewahren", meinte Godehard hoffnungsvoll vorausschauend.

Die Zeit lief uns ganz schön davon. Ich wollte jedoch noch unbedingt Godehards Einschätzungen wissen, welche fortschrittlichen Entwicklungen es nach Karl Marx in neuerer Zeit gegeben habe. Und da waren wir wieder bei der spannenden, vorhin von Godehard zurückgestellten Frage, warum die KPD mit Psychoanalytikern wie Wilhelm Reich nicht zurechtkam. Auch jetzt beantwortete Godehard diese Frage nicht gleich direkt, sondern holte noch einmal ziemlich weit aus.

Er ging zunächst auf meine Frage ein, wie es in neuerer Zeit mit Nachfolgern im Format eines Karl Marx aussehe. Natürlich wusste ich einiges von der sogenannten „Frankfurter Schule" auf die mich Godehard hinwies und die er erläuterte. „Die Namen der Begründer, die herausragenden Philosophen wie Adorno und Horkheimer, sind dir sicherlich aus den Zeiten der 68er Bewegung bekannt. Die aufmüpfigen Studenten beriefen sich vor allem auf Herbert Marcuse, den sie als ihren Mentor anerkannten. Diese Professoren standen den Erkenntnissen von Karl Marx sehr nahe und sie waren auch mit der russischen Revolution und deren Auswirkungen vertraut.

Obwohl all diese Intellektuellen mit ihrer ‚Dialektik der Aufklärung', bis hin zu Sigmund Freud, zeitgemäß über Marx hinausgingen, standen sie der Arbeiterbewegung nicht so nahe, wie der realistische Karl Marx in seiner Zeit. Diese herausragenden Philosophen jedoch als Nachfahren von Karl Marx zu sehen, wäre zu weit gegriffen. Denn sie waren den ökonomischen Grundlagen Karl Marx nicht nahe genug. Selbst wenn man weiß, dass Adorno und Horkheimer sich vorgenommen hatten, ein zeitgemäßes ‚Kommunistisches Manifest' zu verfassen, wozu es jedoch nicht kam.

Sie alle sahen jedoch die katastrophalen Entwicklungen von 1933 voraus und mussten wegen der Nazis in die USA emigrieren. Von dort aus hatten sie nach dem Zweiten Weltkrieg erheblichen Einfluss auf die Diskussionen in unserem Land. Von Horkheimer stammt der bis heute herausfordernde Satz: ‚Wer aber vom Kapitalismus nicht reden will, sollte auch vom Faschismus schweigen'. Horkheimer schloss damit sicherlich nicht aus, dass sich ähnliches wie in Nazideutschland wiederholen könnte. Denn leider sind allzu viele Menschen auf dies unmenschlichen Fehlentwicklungen nicht nur hereingefallen, sondern nahmen dies hin, passten sich an, bis es zu spät war", meinte Godehard fast resignierend.

Er kam dann doch noch ziemlich ausführlich auf das bis heute bestehende Spannungsfeld der Psychoanalyse eines Wilhelm Reich mit dem Marxismus zu sprechen. Also zur Frage, ob Individualismus und kollektives Handeln überhaupt zu vereinbaren sind.

Godehard wurde ganz konkret und fragte: „Ist es nicht so, dass nicht nur die Kindheit und die Erziehung jeden Einzelnen prägt, sondern seine gesamte, oft sehr unterschiedliche Sozialisation nicht nur in der Familie? Auch, je nach gesellschaftlicher Zugehörigkeit des einzelnen Menschen. Es macht doch einen Unterschied, ob man aus einer gehobenen privilegierten Schicht, oder aus der sogenannten Mittelschicht kommt. Oder aus prekären Verhältnissen von Hartz 4-Empfängern aus denen man mit aller Wahrscheinlichkeit nicht mehr heraus kommt?

Aber nicht nur dies. Welche Rolle spielen die unterschiedlichen Motive jedes einzelnen Menschen, sein Bewusstsein oder erst recht die unbewussten Prozesse?" Konnten dies alles, angesichts der blanken Not in den Zeiten von Marx und Engels überhaupt Themen sein?

„Wie dem auch sei. Auch für mich stellt sich immer wieder die Frage, wie sich jemals ein Gemeinwesen errichten lassen soll, wenn sich nicht jeder nach seinen unterschiedlichen Fähigkeiten aber auch Bedürfnissen entfalten kann. Dies ist kein Widerspruch dazu, dass jeder auch gesamtgesellschaftliche Verantwortung hat, vor allem wenn es um die Beseitigung weltweiter Ungerechtigkeiten geht.

„Deshalb warst ja auch du politisch so intensiv unterwegs", sprach er mich zum Schluss seiner Ausführungen direkt an. „Also lautet meine Antwort auf deine Frage in der Angelegenheit Wilhelm Reich: Sein Rausschmiss ist für mich völlig inakzeptabel. Ebenso das Verhalten deiner Mitstreiter/innen dir gegenüber", erklärte Godehard kurz und bündig.

Und so waren wir wieder bei dem Ausgangspunkt unsres Treffens angekommen. Godehard fragte mich besorgt, ob mir bewusst ist, dass ich mit meiner offenen Aufarbeitung unseres Konflikts, den uns nicht wohlgesinnten politischen Gegnern Argumente gegen Eure berechtigten Anliegen liefere.

Genau diese Befürchtungen hatte ich selbst schon und antwortete Godehard ziemlich selbstbewusst „ Natürlich ist Deine Sorge nicht unbegründet, dass ich unseren politischen Rivalen eventuell die Möglichkeit eröffne, Kapital aus meiner Offenheit zu schlagen, die sie für ihre Zwecke instrumentalisieren könnten. Dies ist für mich jedoch zweitrangig. Sie hätten genug damit zu tun, erst einmal selbst unter ihren Teppich zu schauen. Für mich ist es viel wichtiger durch Offenheit bei manchmal unvermeidbaren Meinungsverschiedenheiten zu einer wirklichen Verständigung untereinander zu kommen, aus der alle Beteiligten gestärkt hervorgehen könnten. Zugegeben, nicht jedermanns Sache wie ich dies selbst zu spüren bekam. Für mich jedoch, als unverbesserlicher Optimist grundsätzlich eine Change für uns alle" Ich sagte Godehard noch, dass es ein Illusion unser politischen Rivalen wäre, zu glauben, dass ich nach unserem internen Konflikt meine Überzeugungen über Bord werfe. Sie werden es in den Stadtratssitzungen schon noch merken, dass ich meine politische Grundhaltung nicht verändert habe.

Es war spät geworden, wir waren die letzten Gäste im Eckstein. Es war, nach unserem längeren Gespräch Zeit sich zu verabschieden. Godehard und ich waren uns ein ganzes Stück näher gekommen.

Godehard gab mir noch den Rat, mich nicht beirren zu lassen und fand es richtig, meinen offenen Weg im Stadtrat, wie auch immer, fortzusetzen.

So machte ich mich mit übervollem Kopf auf den Heimweg, mit dem Bedürfnis, dies alles erst einmal zu verdauen. Im Moment beschäftigte mich am meisten Godehards vorsichtige gestellte Frage, inwieweit es mir bewusst ist, welche Konsequenzen es haben könnte, unseren internen Konflikt offen auszutragen. Nicht nur bei unseren politischen Gegner. Godehard meinte sicherlich auch die Öffentlichkeit. Mir war es aber auch nicht gleichgültig, wie meine ehemaligen Mitstreiter reagieren. Zumal ich vorhabe, wie man mir riet, all meine Erfahrungen einmal aufzuschreiben. Für einige meiner ehemaligen Mitstreiten bin ich sicherlich ein Verräter. Über eins bin ich mir jedoch, jetzt auch im auch im Nachhinein sicher. Ich halte nichts von internen Konflikten, wie sie auch in anderen Parteien durchaus üblich sind. Auch nicht von Rivalitäten in den eigenen Reihen. Mehr geht es vielmehr um Verständigung durch eine Suche nach Alternativen, die auch diejenigen überzeugen, die wir erreichen wollen. Und mir geht es vor allem um Glaubwürdigkeit auch im eigenenm Handeln, beruhigte ich mich wieder.

Trotz aller umfangreichen erhellenden politischen Erklärungen Godehards blieben für mich jedoch einige Fragen offen, die über unser Gespräch hinausgingen.

Welches sind eigentlich Gründe, die dazu führen, dass man vermeidet, offen über unterschiedliche Meinungen zu reden, um so zumindest den Anderen überhaupt erst einmal zu verstehen?

Ob es dann zu einer Übereistimmung kommen kann, steht auch für mich dann noch auf einem ganz anderen Blatt.

Alldem werde ich noch nachgehen.

Einzelstadtrat OFFENE LINKE – OL

Nicht zuletzt gestärkt durch die intensiven Gespräche mit Godehard, hatte ich mich entschieden, im Stadtrat weiterzumachen – jedoch einen neuen Weg einzuschlagen. Schließlich war ich mit vielen Themen, für die ich mich engagiert hatte, mit dem Stadtrat noch längst nicht fertig. Querelen hin, Frustrationen her. Also Ärmel hochkrempeln. Für mich als Einzelstadtrat gab es jetzt umso mehr zu tun.

Wie nenne ich mich nun eigentlich im Stadtrat und nach außen hin? Ein neues Logo als sichtbare Alternative zur Linken Liste musste her. Rolf, mein langjähriger, kreativer Bekannter, mit dem ich so manche außerparlamentarische Schlacht geschlagenen hatte und der so gut mit dem Computer umgehen konnte, würde mir bestimmt helfen. Und natürlich meine Frau, sie war schließlich Grafikerin.

Wie wäre es mit einem Logo „OL" für „offene Linke"? Rolf riet mir davon ab: „Das ‚O' für offen ist OK. Das steht wirklich für deine Einstellung. Aber warum willst du dies ausgerechnet mit dem Begriff ‚L' für links verbinden, auch jetzt noch, nach deinen gerade erst erlebten Enttäuschungen? Der Begriff Linke müsste doch für dich nach dem Konflikt eigentlich verbrannt sein", meinte er ganz ehrlich.

Ich erwiderte, dass ich meine Meinung aber auch meine politische Einstellung nicht geändert hätte und dass ich nach wie vor eine Herausforderung, nicht nur, aber auch für meine ehemaligen Mitstreiter/innen der Linke Liste bleiben möchte. Ich blieb bei meinem neuen Logo ‚OL', das für eine Offene Linke steht.

Der bürokratische Leiter des Oberbürgermeisteramtes wollte das offiziell nicht anerkennen, ich wäre ja schließlich keine Partei und auch kein Verein. Als ich darauf bestand, dass dies als Einzelstadtrat meine ganz persönliche Angelegenheit sei, nahm er es hin.

246

Ich saß nun als Stadtrat „OL" nach wie vor neben meinen ehemaligen Stadtratskolleginnen der Linken Liste. Nach der Trennung anfangs ziemlich peinlich und distanziert, aber eigentlich auch nicht viel anders als in dem Jahr nach dem unschönen Konflikt. Wir drei ehemaligen Stadträte der Linken Liste waren jetzt absurderweise politische Konkurrenten und standen im Wettbewerb um die besseren Argumente, was kein Nachteil sein musste. Meine Ex-Kolleg/innen setzten ihre üblichen Herangehensweisen fort, nämlich zu kritisieren und zu fordern.

Mir hatte diese Herangehensweise schon von Anfang an nicht ausgereicht, denn so hatten wir uns meistens nur Abstimmungsniederlagen eingehandelt.

Um mir Gehör zu verschaffen, zog ich es vor, die Argumente der anderen Seite aufzugreifen sie mit den eigenen Widersprüchen zu konfrontieren und ihnen echte Alternativen entgegen zu setzen. So verblüffte ich so manches Mal mit meinen herausfordernden, ungewöhnlichen Ideen und Anträgen, die für mich jedoch nicht im Widerspruch zu meinen ehemaligen Mitstreiterinnen standen. Konkurrenz belebt bekanntlich das Geschäft, auch im Stadtrat.

Nach meiner ersten Rede als OL-Stadtrat, in der ich meine Veränderung begründete, gratulierte mir der Fraktionsvorsitzende der CSU ziemlich süffisant zu meinem richtigen Schritt ins demokratische Lager.

In meiner Erwiderung musste ich ihn allerdings enttäuschen. Mein Standpunkt hätte sich keinesfalls verändert, dies würde er in den kommenden Sitzungen schon noch merken.

Aber wie wirkungsvoll konnte ich als Einzelstadtrat eigentlich sein? Ich beruhigte mich damit, dass wir auch zu dritt als absolute Minderheit meist überstimmt wurden. Aber für einen Einzelstadtrat wie mich würde dies sicherlich nicht gerade leichter werden. Meinen Anspruch, die Hefe im Teig des Stadtrates zu bleiben, konnte ich jetzt allerdings viel kreativer praktizieren.

Ich war nun den Klotz am Bein der für mich zu starren, selbsternannten Strategen in den Hinterzimmern los. Und das zahlte sich aus. Für die örtliche Presse war ich immer wieder einmal für die eine oder andere, wenn auch nicht nur positive Schlagzeile gut. Wie aber könnte ich mich darüber hinaus auch sonst noch artikulieren und auf das aufmerksam machen, was ich im Stadtrat so trieb und womit und warum ich keinesfalls einverstanden war? Vielleicht übers Internet?

Als einer, der in seinem langen Leben bisher nicht mit E-mails unterwegs war, entschloss ich mich, mit meinem „Stadtrat-Klick auf einem Blick" regelmäßig, dann doch mit Emails aus dem Stadtrat zu berichten. Die Informationen ließ ich allen zukommen, die mir in einem persönlichen Gespräch ihr Interesse bekundet hatten.

Das Verfassen meines Stadtrat-Klicks fiel mir nicht schwer, denn ich hatte bis zu Beginn unserer Auseinandersetzung regelmäßig die Informationen aus unserer Arbeit der Linken Liste geschrieben. Harald und Eylem hatten ja nie Zeit dafür.

Im Nachhinein glaube ich allerdings, dass den Strategen in den Hinterzimmern damals schon meine offene Berichterstattung nicht so recht behagte. Jetzt aber hatte ich freie Hand. Würde es mir gelingen, so zu berichten, dass meine Stadtrat-Klicks mit Interesse gelesen werden und neugierig machen?

Es war für mich und meine Frau jedes Mal eine Herausforderung, Monat für Monat möglichst aktuell eine ganze Stadtratssitzung auf nur eine DIN A4-Seite zu verdichten und graphisch zu gestalten.

Erst nach Beendigung meiner sechsjährigen Stadtratszeit wurde mir durch die zahlreichen Emails, aber auch bei persönlichen Begegnungen klar, dass meine Stadtrat-Klicks selbst von der Stadtratsspitze mit Interesse gelesen wurden. Sicherlich nicht nur zu ihrer Freude. Denn darin spießte ich alles auf, womit ich mich in den Stadtratssitzungen herumgeschlagen und besonders genervt hatte.

So nahm ich in meinem Stadtrat-Klick Nr. 6 vom Juni 2011 den unglaublichen Beschluss der Mehrheit des Stadtrats aufs Korn, die Fahrpreise der öffentlichen Verkehrsmittel um sage und schreibe 30 % zu erhöhen. Ich setzte mit meinem Antrag dagegen, stattdessen die Fahrpreise für jede Fahrt um einen Euro zu senken. Nur eine provokative Gegenreaktion von mir? Nein, ich konnte meinen Antrag gut begründen, auch mit Argumenten ausgerechnet derjenigen, die für die Preiserhöhungen verantwortlich waren.

Dem in der Stadtratssitzung berichtenden VAG-Vertreter Dr. Müller war es sichtlich peinlich, als ich ihn, nach seiner Rechtfertigung der Fahrpreiserhöhungen, mit einer Studie aus seinem eignem Hause konfrontierte, die er offensichtlich nicht kannte. Daraus geht hervor, dass jeder eingenommene Euro für den öffentlichen Nahverkehr einen volkswirtschaftlichen Zugewinn von 5 Euro mit sich bringt. Hatten sie ihre eigene Studie bei der geplanten Erhöhung der Fahrpreise nur übersehen?

War es nicht logisch zu erwarten, dass bei attraktiven Preisen, wie ich es vorschlug Autofahrer eher umsteigen und mehr Menschen die öffentlichen Verkehrsmittel nutzen und so mehr Einnahmen kommen werden? Bei so enormen Preissteigerungen von 30 % ist jedoch sicher das Gegenteil der Fall.

Dass die gravierenden Fahrpreiserhöhungen in die falsche Richtung gehen, sagte ich auch dem Kämmerer in einem persönlichen Gespräch, denn ich wusste ja, dass er auch Volkswirtschaft studiert hatte.

Man müsste sich schon die Mühe machen, bei mehr Nutzung attraktiver öffentlichen Verkehrsmittel durch niedrige Preise und dadurch weniger Autoverkehr die geringeren Kosten der Umweltschäden, für Straßen und Brücken und vieles andere mehr zu ermitteln. Und mit den freiwerdenden Mitteln den öffentlichen Nahverkehr fördern. Dies hieße jedoch für den Stadtrat neue Wege einzuschlagen. Bei diesen sicherlich nicht einfachen Ermittlungen der tatsächlichen Kosten müssten dann auch die zuständigen hauptamtlichen Referentenkollegen, vor allem der Umwelt, des Verkehrs, aber auch für das Soziale, mitwirken. So stellte ich auch den Antrag zur Entlastung eine externe Studie für die volkswirtschaftliche Ermittlung in Auftrag zu geben.. Mit der bisherigen unzureichenden betriebswirtschaftlichen Milchmädchenrechnung lediglich der Einnahmen und Ausgaben ist es nicht getan.

So behandelte ich die geplante unglaubliche 30 % Fahrpreiserhöhung in meinem Stadtrats-Klick:

Stadtrat-Klick

auf einen Blick

Nürnberg, in aller Kürze
Was SO nicht im Internet steht

JUNI 2011
Nr. 06

offen **OL** inks

offen...links...aktuell...aufspießend...kreativ...glaubwürdig...realistisch...solidarisch...

Die 30%ige VAG-Preiserhöhung

Man sollte es nicht für möglich halten. Die Mehrheit des Stadtrats hat sich's doch tatsächlich geleistet. Die VAG hat's vorgegeben, die Fraktionen der SPD und CSU haben es dann gleich abgenickt, unser OB auch.

Unmut in der Bevölkerung hin – Widerstand im Stadtrat her.

Nach dreistündiger, heftiger Debatte wurde es durchgezogen unter dem Motto: Augen zu und durch!

Nicht ohne Krokodilstränen!

Die weinten die Befürworter: die ihre „bittere Entscheidung" nur mit „schwerem Herzen" tragen können...

Wirklich weinen werden aber vor allem diejenigen, die sich die hohen Fahrpreise nicht mehr leisten können!

Schämt sich da eigentlich keiner?

Gründe genug, sich diesmal ganz diesem Thema zu widmen.

Schau'n wir mal genauer hin!

Sprache verschlagen!

In der mündlichen Begründung meines Antrags in der Stadtratssitzung gab ich zu, dass es mir erst mal die Sprache verschlagen hat, als ich von der 30%igen Fahrpreiserhöhung in der Zeitung las.

Und so ging und geht es vielen Nürnbergern.

Ich fragte, werden bis 2015 auch die Löhne um 30% steigen? An wen eigentlich können die Bürger die ständigen Erhöhungen weitergeben?

Erhöhung alternativlos?

Ich dachte mir, drehen wir doch mal den Spieß um.

Wie wär's, anstelle der **30%igen** Preiserhöhung mit einer **Preissenkung um 1 Euro** pro Fahrt?

Ein Desaster oder ein Gewinn für alle?

Diesmal verschlug es den Befürwortern die Sprache. Vor allem dem anwesenden hohen VAG - Vertreter

Dr. Müller derart, dass er trotz nachhakens kein Wort sagte zu der eigenen bemerkenswerten VAG-Studie vor zwei Jahren:

„1 Euro Zuschuss bringt 5 Euro Gewinn"

Da ging es gar nicht um Preiserhöhungen, sondern um den großen **volkswirtschaftlichen Wert** des öffentlichen Nahverkehrs.

Und das rechnet sich sogar: mehr Mitfahrer bedeuten Einsparungen z. B. im Straßenbau, der Umwelt u.s.w.

Ist zu erwarten, dass bei der Preissenkung 30% mehr fahren? OB Maly und die FDP meinten, das bringt's nicht.

Wenn sie sich da mal nicht täuschen! Die Fahrgäste werden das bestimmt anders sehen.

Ich beantragte, dies durch eine **volkswirtschaftliche Studie** ähnlich der VAG-Studie **klären** zu lassen.

OB Maly hat da wohl grad mal weggehört.

Anscheinend ist es viel bequemer, schnell mal die Preise zu erhöhen, als neue Wege zu gehen.

Wie geht's weiter?

Sind mit dem Beschluss im Stadtrat die Würfel schon gefallen?

Da wird man sich noch wundern, wenn Jahr für Jahr die Preise drastisch steigen!

Mit dem Stadttarif ab 1.1. kommenden Jahres bereits bis zu 14% - bis Ende 2015 sind es dann 30%!

Die Fahrgäste wird's freuen.

Die Konsequenzen sind nicht abzusehen.

Mit jeder Erhöhung wird der Ärger in der Bevölkerung nicht grad kleiner werden.

Hat man die Rechnung ohne den Wirt gemacht?

Dann viel Glück – spätestens bei den kommenden Haushaltsberatungen des Stadtrats im Herbst.

Sozialer Ausgleich?

Nicht mal den.

Nicht mal für das schon lange geforderte bezahlbare Sozialticket von 15 Euro an Stelle der viel zu teuren 30,80 Euro.

Man war nicht bereit, zuzugestehen, **dass auch dies sich rechnet**, weil sicherlich statt der bisher 4000 dann 3mal so viel NürnbergPass-Besitzer gerne mitfahren würden!

Das Bündnis Sozialticket und die Mitfahr-Aktion Roter Punkt werden nicht nachlassen!

Wer melkt hier wohl wen?

V.i.S.d.P. Hans-Joachim Patzelt   Stadtrat Offene-Linke, Nürnberg
Email: offene-linke@web.de   Tel. 0911/834543

Kein Blatt vor dem Mund

Wie jedes im Frühjahr stand der sogenannte Sicherheitsbericht des Polizeipräsidiums Mittelfranken, also auch für Nürnberg auf der Tagesordnung im Stadtrat. In Anwesenheit der Verantwortlichen der Polizei . Ich hatte mir vorgenommen, anhand des uns vorab zugestellten Sicherheitsberichts und meiner Erlebnisse auf den Straßen Nürnbergs mir kein Blatt vor den Mund zu nehmen. Wie aus meinem Stadtrats-Klick vom April 2013 nachzulesen ist, leitete ich meine Rede wie folgt ein:

„Herr Oberbürgermeister, werte Kolleginnen und Kollegen, Herr Polizeipräsident Rast, Herr Polizeidirektor Gut, Herr Kriminaldirektor Petzold, meine Herren von der Polizei, ich möchte zu zwei Kapiteln in ihrem Bericht Stellung nehmen. Zu 1.8 Staatsschutz und zu 3.1 Versammlungsgeschehen. Ich sag's ganz unverblümt, Ihre Darstellungen in ihrem Bericht sind für mich völlig inakzeptabel. Bereits im vergangenen Jahr habe ich kritisiert, dass Sie links und rechts gleichsetzen. Ich habe kritisiert, dass Sie keine der Gewalttaten gegen Antifaschisten in Nürnberg und Fürth aufgeklärt haben. Auch in diesem Bericht nichts davon. Wiederum kein Wort über die drei Mord-Opfer der NSU, allein hier in Nürnberg. Wo bleibt in Ihrem Bericht Ihre Einschätzung eventueller Verstrickungen der mittelfränkischen Neonaziszene an diesen Verbrechen? Immer deutlicher werden nicht nur in den Untersuchungsausschüssen die örtlichen Verstrickungen sichtbar. Glaubt denn wirklich jemand, dass die NSU-Mörder hier in Nürnberg keine ortskundigen Helfer hatten? Stammt der bundesweit übernommene verheerende Begriff ‚So-Ko Bosporus', mit dem die Opfer auch noch verdächtigt wurden, nicht aus Mittelfranken? Oder ist es gar noch schlimmer? Wie dies die Witwe des ermordeten Griechen Theodoros Boulgarides auf der Demonstration der 10.000 am Samstag in München in den Raum stellte, nämlich: waren es nur Pannen oder war es gar gezieltes Wegschauen auch der Polizei? Ihr Versuch, auch in dem Bericht den antifaschistischen Widerstand zu kriminalisieren und mit rechts gleichzusetzen, soll wirklich dem Staatsschutz dienen?"

Ich hatte den Eindruck, dass die Herren der Polizei langsam unruhig wurden. So wollte ich ihnen jedoch die Schilderung nicht ersparen, was ich selbst bei Demonstrationen hier in Nürnberg erlebt hatte, und so fuhr ich mit meiner Rede fort: „Zu ihrem Kapitel 3.1 Versammlungsgeschehen möchte ich nur drei Beispiele herausnehmen.

1. Für den 31. März 2012 verbietet das Ordnungsamt Nürnberg eine antifaschistische Demonstration durch die Innenstadt mit nicht akzeptablen Begründungen. Es musste zu Auseinandersetzungen kommen. Ich selbst war am K4. Die Demonstranten stießen auf dem Weg in die Königsstraße auf massive Stahlgitterabsperrungen und einen martialisch ausgerüsteten schwarzen Block der Polizei. Die Demonstranten rüttelten an den Absperrungen und wollten auf ihre beantragte Route. In ihrem Bericht heißt es: „Hierbei kam es zum Einsatz von Schlagstöcken und Pfefferspray...". Kein Wort von den Kopf- und Augenverletzungen, die den Demonstranten zugefügt wurden. Die Rede war nur von verletzten Polizisten und gewalttätigen Demonstranten. Der Polizeieinsatzleiter sagte mir, er tue nur seine Pflicht und verwies mich auf das Ordnungsamt, das aber über sein Einsatzgerät vor Ort nicht zu erreichen war.

2. Unverhältnismäßig auch der Aufwand der Polizei am 1.August 2012 mit den weiträumigen Absperrungen im Stadtteil Langwasser. Für eine Hand-voll NPDler, die sich mit zwei Autos auf ‚Sommertour' befanden. Unter den 1500 ausgesperrten Demonstranten waren ja auch viele von uns Stadträten aus allen Fraktionen, die lautstark protestierten. Auch hier verletzte Demonstranten durch Pfefferspray der Polizei. Ich selbst habe einen älteren gewaltfreien Antifaschisten betreut, der nach einer Pfeffersprayverletzung einen Kreislaufzusammenbruch erlitt. In ihren Darstellungen versuchen Sie immer wieder, die beteiligten Antifa-

schisten mit ihren Begriffen des ‚gewaltbereiten Autonomen/linksextremistischer Bereich‘ und das so genannte ‚bürgerliche Spektrum‘ gegeneinander auszuspielen.“

Es wurde jetzt auch im Saal unruhig, vor allen bei denjenigen Stadträten, die sich soeben nach der Erläuterung des Berichts bei den Polizeioberen für ihre schwierige Arbeit bedankt hatten. Dies konnte mich jedoch nicht abhalten, mit meiner Rede fortzufahren und auch noch meinen Punkt 3 vorzutragen:

„Am 22. September 2012 haben sich Ordnungsamt und Polizei anständig blamiert, als sie einer Handvoll Anti-Islam-Hetzer der sogenannten Partei ‚Die Freiheit‘ aus München den Platz an der Lorenzkirche großräumig freisperrten. Ich selbst war Anmelder einer Gegendemonstration. Man verwies uns weit weg vom Geschehen an den Lorenzer Platz. Und sicherte sogar mit Doppelstahlgittern. Ich hielt mich zähneknirschend mit einigen Wenigen an die Auflage. Nicht so 150 Demonstranten, die mit ihren Trillerpfeifen auf die unsinnigen Auflagen direkt vor Ort pfiffen.“

Ich beendete meine als viel zu lang empfundenen Rede: „Transparenz ist gefragt. Und hören sie endlich auf, mit großen Aufwand und dem angeblichen Anspruch, das Demonstrationsrecht zu wahren, menschenverachtende Veranstaltungen freizusperren. Nehmen Sie den Ruf empörter junger Menschen endlich ernst: ‚Deutsche Polizisten schützen die Faschisten!‘ Auf folgende Fragen bitte ich um konkrete Antworten: 1. Wieviel Polizisten waren bei den drei genannten Veranstaltungen im Einsatz? 2. Welche Kosten sind angefallen? Vielen Dank“.

Betretenes Schweigen im Saal. Der Oberbürgermeister flüsterte dem Polizeipräsidenten neben ihm etwas zu. Es konnte eigentlich nur die Empfehlung gewesen sein, auf meine Ausführungen nicht zu antworten. So endete dann auch der Tagesordnungspunkt Sicherheitsbericht ziemlich abrupt. Nachzulesen in meinem OL-Stadtratsklick Nr. 4 vom April 2013.

Wer waren denn die zufälligen und ahnungslosen Opfer in Nürnberg? Am 9. Juni 2005 wurde Ismail Yasar in seinem Imbisswagen in der Nähe der Bundesanstalt für Arbeit und schräg vor dem Scharrer-Schulhaus, von dem auch Schülerinnen und Schüler zu ihm kamen, kaltblütig erschossen. Dann ein Blumenverkäufer an seinem Stand, an dem ich öfters auf dem Weg in den Stadtteil Langwasser vorbei kam. Vier Tage später wurde der Schneider Abdurrahim Özüdogru in der Südstadt ebenso brutal erschossen.

Ich mahnte im Stadtrat immer wieder an, dass die Stadt an den Orten des Geschehens angemessene sichtbare Zeichen gegen das Vergessen setzen sollte. Man entschied sich für einen zentralen Ort der Mahnung und des Gedenkens aller 12 Opfer der NSU Verbrechen. In der Nähe des Opernhauses vor dem Eingang zur Altstadt wurden zur Erinnerung der Opfer Bäume gepflanzt und jeder einzelne der bundesweit 12 Opfer des NSU Terrors auf einer zentralen Gedenktafel angemessen gewürdigt.

Immer wieder fanden einzelne Gedenkveranstaltungen an den Tatorten der drei Nürnberger Opfer statt .

Foto: Michael Matejka
„Die Opfer sind nicht vergessen" berichtigte die „Nürnberger Nachrichten" vom Gedenken am Tatort des kaltblütigen Ermordung Ismael Jasar 2006, vor 15 Jahren.

Besonders verdienstvoll war die Aktion der Sigena-Schule. Dort bekam Birgit vom Bündnis Nazistopp Gelegenheit, vor zahlreichen Schülerinnen und Schülern zu sprechen. Ich war eingeladen und beeindruckt, wie es ihr gelang, mit klaren Worten darzustellen, wohin Rassismus und Fremdenfeindlichkeit fatalerweise führen, auch angesichts der Nazivergangenheit. Es war für mich ein beeindruckendes Erlebnis, in dem Laternenzug gemeinsam mit den vielen jungen Menschen zum Tatort in der Südstadt zu marschieren, an dem der nichtsahnende Schneider ermordet wurde. Dort hielt auch Birgit eine nachdenklich stimmende, beindruckende Rede.

Auf Kante genäht

Natürlich ging es im Stadtrat nicht nur ums Geld. Aber jetzt im November, wo es wie in anderen Kommunen auch um die Finanzierung des ganzen kommenden Jahres ging, wurde es richtig ernst. Da hatte man viel zu verlieren, denn Neuwahlen standen ja auch an. Die Haushaltsberatungen waren vom Oberbürgermeister auf drei Tage angesetzt. Wird er sie wieder an einem Tag durchziehen um möglichst viele unangenehme Diskussionen vor allem über die umstrittenen, millionenschweren Verkehrsprojekte zu vermeiden? Wie über den inzwischen eine halbe Milliarde schweren Frankenschnellweg, oder über die überflüssige und umweltschädliche, zig Millionen schwere Nordanbindung von der Autobahn zum Flughafen mitten durch den Reichswald, was heftige Proteste nicht nur der Umweltschützer auslöste, bei denen auch ich dabei war.

Man wunderte sich in den Stadtratssitzungen schon längst nicht mehr über mein ungebührliches Verhalten und nahm lediglich zur Kenntnis, dass ich oft bei den Demonstrationen vor dem Rathaus stand – und das als Stadtrat.

Foto: Harald Sippel „Wird der Frankenschnellweg zur Autobahn?"
fragte die „Nürnberger Zeitung" in ihrem Bericht von der De-
monstration vor dem Nürnberger Rathaus gegen das umstrittene
Tunnelprojekt. Es war außergewöhnlich, dass ich als Stadtrat an
der Protestaktion gegen dieses, eine halbe milliardenschwere
EURO-Grab teilnahm.

Hat der zuständige Kämmerer bei der Festlegung der umfangreichen
Posten meine volkswirtschaftlichen Überlegungen, die ich damals nicht
nur zur Verhinderung der 30%igen Fahrpreiserhöhungen gemacht hatte,
berücksichtigt? Besonders unbeliebt waren Diskussionen über kommunale Eigentumsfragen. Der Kämmerer und die Mehrheit des Stadtrats
waren allzu oft der kurzsichtigen Meinung, dass es ein Vorteil wäre, Aufgaben und Immobilien privaten Unternehmen zu übertragen. Als wenn
die sich davon nicht ein gutes Geschäft versprachen, natürlich zu Lasten
der Stadt und damit der Bürger/innen.

Als ich die zwei dicken Ordner, die wir Stadträte vorab bekamen,
durchgearbeitet hatte, wurde mir klar, es hat sich nichts geändert. Auch
zog der Oberbürgermeister, wie ich befürchtete, die Tagesordnung der
weitgehend ritualisierten Sitzung wie gehabt an einem Tag routiniert
durch.

Der Vormittag war wie üblich ausgefüllt mit den Referaten der Parteien, die es den politischen Parteien und Gruppen des Stadtrats möglich machten, sich vor allem für die kommende Wahl zu profilieren. Ich als Einzelstadtrat konnte, in der kürzesten Zeit von 15 Minuten, meine Kritik an dem vorliegenden Haushalt formulieren. Der Oberbürgermeister achtete streng auf die Einhaltung der vorgegebenen Redezeit. Ich stellte nicht nur, aber vor allem die millionenschweren Ausgaben für die umstrittenen Verkehrsprojekte in Frage und appellierte, sich mehr Zeit zu nehmen für die dringend erforderliche Diskussion um Alternativen, auch meiner.

Es sollte sich dann in der verbleibenden knappen Zeit am Nachmittag zeigen, dass dies wiederum in den Wind gesprochen war. Es ging in den sogenannten Beratungen lediglich darum, den zwischen den beiden großen Parteien ausgehandelten und weitgehend feststehenden, über eine Milliarden schweren und auf Kante genähten Haushalt ohne große Veränderungen von der Mehrheit abnicken zu lassen. Diskussionen über Alternativen, wie ich sie für dringend erforderlich hielt, waren da nur hinderlich.

So jedenfalls stellte ich mir eine einigermaßen demokratische Willensbildung im Stadtrat nicht vor. Der Oberbürgermeister fuhr am Nachmittag mit der Tagesordnung unbeirrt fort. Es galt nun, möglichst reibungslos die Unterlagen der zwei dicken Ordner, die jeder von uns Stadträten vorliegen hatte, abzuarbeiten.

Ich hatte mir im Vorfeld die Mühe gemacht, eine Reihe von alternativen Anträgen zu stellen, die ich dann auch, zum Unwillen nicht nur des Oberbürgermeisters, in der Sitzung begründete. Eine weitere Verzögerung in der Sitzung unterband er routiniert dadurch, dass er ohne Diskussionen jeden meiner einzelnen Anträge zügig abstimmen ließ, wohl wissend, dass ich bei der Mehrheit keine Chance hatte.

Ungehalten reagierte ich mit zwei Metaphern. Ich warf ihm vor, den Haushalt so durchzuziehen, als wenn es sich um Hackschnitzelware handle, und dass man auf dem Klavier auch nicht nur mit einem Finger spielt, sondern die ganze Bandbreite der Tastatur nutzen kann. Das wäre auch bei den Haushaltsberatungen sinnvoll.

Dass auch meine neben mir sitzenden ehemaligen Mitstreiter/innen wie ihr zuhörender Anhang auf der Empore meine Begründungen anscheinend nicht so recht nachvollziehen konnten, zeigte eigentlich nur, wie unterschiedlich wir doch waren. Nein, ich konnte allein wegen der mangelnden Bereitschaft der Mehrheit im Stadtrat, über Alternativen überhaupt zu diskutieren, diesem Haushalt wiederum nicht zustimmen.

Mir blieb auch weiterhin die unangenehme Rolle des Störenfrieds. Dies bestätigte ich auch immer wieder einmal, wenn der Oberbürgermeister meine unangenehmen Anträge, statt sie aktuell auf die Tagesordnung der Stadtratssitzung zu setzen, in die Ausschüsse verwies. Ganz schön clever. So wurde die Behandlung meiner Anträge auf die lange Bank geschoben, bis meine Anliegen dann oft schon aus dem Blickfeld der Öffentlichkeit geraten waren. Dies konnte und wollte ich nicht hinnehmen. Also nutzte ich die formale Möglichkeit, Dringlichkeitsanträge zu stellen. Nach den Regeln hatte der Oberbürgermeister gleich zu Beginn der Stadtratssitzung über die Zulassung dieser Dringlichkeitsanträge abstimmen zu lassen. Woran er sich auch hielt. Er ermahnte mich jedoch, dass ich nur die Dringlichkeit, nicht aber die Inhalte begründen dürfe. Ich fragte zurück, wie es möglich sein soll, eine Dringlichkeit zu begründen, ohne die Inhalte zu benennen? Ich ließ mich nicht abhalten und so musste der gesamte Stadtrat zur Kenntnis nehmen, worum es mir ging, ob es ihm passte oder nicht.

Doch einmal bremste mich der Oberbürgermeister ganz schön clever aus. Mein Dringlichkeitsantrag gegen den skandalösen Versuch, die junge Kurdin Leyla gegen den Willen ihrer hier lebenden Familie in die Türkei abzuschieben, lag diesmal als rosa Tischvorlage auf den Plätzen aller Stadträte. Rosa bedeutete die nicht öffentliche Behandlung. Ich reklamierte heftig. Hatte man etwas gegenüber der Öffentlichkeit in der Angelegenheit Leyla zu verbergen? Die Mehrheit im Stadtrat nahm die Nichtbehandlung einfach hin. So hatte die Presse auch nichts über den für mich skandalösen Fall Leyla zu berichten. Das Mädchen sollte deshalb abgeschoben werden sollte, sie sich mit ihren Landsleuten für das Selbstbestimmungsrecht der Kurden einsetzte. Somit stand sie für die Behörden absurderweise unter Terrorismusverdacht. Man ging sogar so weit, dass man in der Firma, in der ihre Mutter schon viele Jahre arbeitete, eine Razzia veranlasste, sodass die Mutter ihren Arbeitsplatz verlor. Auch Leyla verlor ihren Ausbildungsplatz. Ich konnte dies nicht hinnehmen. Andere auch nicht.

Foto: Eduart Weigert

„Bündnis für „Leyla protestierte zweifach" schrieb die „Nürnberger Nachrichten". Damit war es jedoch noch nicht getan. Auch ich setzte mich im Stadtrat, gegen die menschenverachtende Abschiebung der 18 jährigen Leyla in die Türkei und gegen die Trennung von ihrer Familie ein.

Meiner Unterstützung, für die mir Leyla sehr dankbar war, hatte ich es zu verdanken, dass ich das Leben der Kurden ausgerechnet als Stadtrat näher kennenlernen sollte. Sie luden mich zu ihren Veranstaltungen und Festen ein, wo ich auch schon mal als Stadtrat ein Grußwort hielt. Ich war beindruckt von ihrer kulturellen Vielfalt, von ihrer Musik, ihren köstlichen Speisen und ihrer Herzlichkeit, aber auch von ihrem unbeirrbaren kurdischen Stolz.

Ich glaube, dass das Verhalten des Stadtrates zu Leyla vorurteilsfreier wäre, wenn sie ähnliche Erfahrungen machen würden. Auf jeden Fall lohnt es sich, über den Tellerrand des Stadtrats hinauszuschauen, wie ich dies mit meiner außerparlamentarischen Einstellung ohnehin tue. Dies habe ich auch in der jugendlichen, unangepassten autonomen Subkultur der Stadt erfahren. Man sollte sie näher kennen lernen, dann schaut vieles ganz anders aus.

Ich frage mich manchmal, was ich überhaupt in diesem ziemlich angepassten und ausgerichteten Stadtrat zu suchen habe. Zumal ich auch noch ganz persönliche Probleme und Hemmnisse hatte. Nur selten war ich mit meinen eigenen Reden zufrieden und unsicher, ob ich überhaupt rüber bringen konnte, worauf es mir wirklich ankam. Ging es mir nicht so wie dem ehemaligen Bundesminister Blüm, der in einer Talkschau offenbarte, dass es ihm nicht gelang, seine geschriebenen Reden so flüssig abzulesen wie dies andere konnten? Auch ich versuchte, möglichst fehlerfrei meine Reden abzulesen, was mir jedoch oft wegen meiner Nervosität nicht so recht gelang. Wenn ich dann aber auch noch davon abwich, verlor ich so manches Mal den roten Faden.

Es rächte sich jetzt, dass ich mir damals, als Betriebsratsvorsitzender, nicht die Zeit nahm, einen Rhetorikkurs der Gewerkschaft wahrzunehmen. Meine eigentliche Stärke der freien Rede konnte ich ja nur zum Tragen bringen, wenn ich nicht so unter Druck stand wie hier im Stadtrat.

Die Reaktionen auf meine Reden und mein Verhalten waren mir nie gleichgültig, schon gar nicht die meiner Mitstreiter/innen. In der Rückschau konnte ich mich jedoch mit einer Einschätzung eines Stadtratsrivalen einer anderen Fraktion trösten, der nach dem Ende meiner Stadtratsperiode meinte, dass mich im Stadtrat die Stärke meiner Argumente ausgemacht hätte. Wie dem auch sei, ich musste mir eingestehen, dass ich nach all dem Erlebten mit dem Stadtrat durchaus noch nicht wirklich fertig war.

Klassentreffen

Wie sollte es auch anders sein: Natürlich waren es die Mädchen von uns Flüchtlingskindern, die die Initiative ergriffen. Inge, meine ehemalige Klassenkameradin im Flüchtlingslager Langwasser, rief mich an und fragte mich, ob ich auch zu unserem Klassentreffen käme. Die Bärbel würde extra aus der Schweiz anreisen und mit ihrer jüngeren Schwester etwas Kreativem dazu beitragen. Und nicht nur mein Fußballfreund Bodo habe zugesagt. Und schon fühlte ich mich wieder verpflichtet, einen eigenen kreativen Beitrag zu leisten. Nach Udo Jürgens Schlager „Mit 66 Jahren fängt das Leben an …" nahm ich unsere gemeinsamen Erlebnisse mit eigenen heiteren Texten aufs Korn. Alle sollten den Refrain nach jeder Strophe mitsingen. Ziemlich aufgeregt, begleitete ich dies mit meinem Keyboard und versagte, wie des Öfteren, bei meinen selberzeugten Herausforderungen. Zum Glück bemerkten meine mitsingenden ehemaligen Mitschüler gar nicht, das ich mich ab und zu verspielte. Dies ging zum Glück im gemeinsamen Gesang unter.

Ich selbst jedoch stellte mir dann schon die Frage, ob mich wieder einmal meine tieferliegenden Versagensängste eingeholt hatten, wenn ich mich, wie dieses Mal auch, wieder auf das glatte Eis einer mir nicht vertrauten Situation begeben habe. Auch diesmal wieder, obwohl wir ehemaligen Flüchtlingskinder doch jetzt unter uns waren? Woher kamen die Zweifel, den selbstgestellten Anforderungen gegenüber anderen nicht gerecht zu werden? So wie es mir immer wieder einmal in ähnlichen Situationen auch als Stadtrat erging?

Für mich stellte sich die spannende Frage, ob meine ehemaligen Mitschüler/innen ähnliche Probleme mit ihrem Selbstverständnis hätten.

Wir waren bei unserem Klassentreffen nur eine Handvoll älterer Männer. Unsere zahlreichen Mitschülerinnen dominierten mit ihrer Lebendigkeit und Redefreudigkeit eindeutig den Abend. Und alle ihre Schilderungen erinnerten mich an meine anstrengenden Bemühungen, in der neuen Heimat Fuß zu fassen und anerkannt zu werden. Es zeigte sich, dass dies nicht allen von uns gelungen war. Ich glaubte an diesem Abend, meine Schwestern nicht nur wegen des so gar nicht fränkischen, sondern immer noch schlesischen Dialekts durchzuhören.

Bärbel und einige Klassenkameradinnen hatten begonnen, ihr Erlebtes als Kriegskinder aufzuschreiben. Wir wollten uns bei unserem nächsten Treffen darüber noch intensiver austauschen. Doch die Jahre verflogen. Unser Kreis wurde kleiner.

Als ich erfuhr, dass mein damaliger Schulfreund Bodo plötzlich gestorben war, ging mir dies sehr nahe, obwohl wir uns seit unserer Kindheit erst in den letzten Jahren hier wieder getroffen hatten. Wir waren nicht nur beide im Fußballverein ziemlich ehrgeizig gewesen.

Bodo hatte es geschafft, sich mit Zähigkeit und einer gutgehenden Druckerei selbstständig zu machen. Ihm ging es gut, er bedauerte nur, dass er keinen Nachwuchs hatte. Seinen beeindruckenden Kunstkalender, den er einigen ihm nahestehenden Stadträten zukommen ließ, schenkte er auch mir. Ich habe ihn aufbewahrt. Bodo hatte, ähnlich wie ich, darüber hinausgehende Ambitionen. Er bemühte sich, Stadtrat zu werden, allerdings im Gegensatz zu mir bei der sehr konservativen CSU. Ich hatte den Eindruck, dass er es sehr bedauerte, dass es ihm im Gegensatz zu mir nicht gelang, Stadtrat zu werden.

Ich merkte, dass auch alle meine so sympathischen und tüchtigen Mitschüler/innen im Gegensatz zu mir politisch ziemlich konservativ eingestellt waren. Ich fragte mich, warum sie nicht, ebenso wie ich, nach ihren oft dramatischen Erfahrungen auch den Wunsch hatten, die Welt zu verändern, damit sich Ähnliches nicht wiederholen würde.

Für mich jedenfalls gibt es keinen Widerspruch zwischen Bewahrendem, wenn ich nur an die Umwelt denke, und den dringend erforderlichen Veränderungen der bestehenden Ungerechtigkeiten. Dies alles stand unserer gegenseitigen Zuneigung jedoch nicht im Wege. Ich glaube, dass sie als Flüchtlinge genug zu tun hatten, wie meine Schwestern auch, sich eine Existenz aufzubauen.

Im Nachhinein musste ich mir jedoch eingestehen, dass ich bei all meinem Eifer als Weltverbesserers im Grunde ähnliche konservative Bedürfnisse hatte wie meine ehemaligen Mitschülerinnen und Mitschüler.

Flucht aufs Land

Anscheinend wurden auch mir meine politischen Überaktivitäten zu viel. Was steckte denn eigentlich sonst noch alles hinter dem leichtfertigen Entschluss von Karin und mir, in einer vorweihnachtlich sentimentalen Stimmung uns nach einer Zeitungsanzeige ein scheinbar günstiges ansehnliches Fachwerkhaus ziemlich weit draußen auf dem Lande anzuschaffen? Wir waren doch mit unserem Reihenhaus im Grünen am Rande der großen Stadt sesshaft geworden. Was wollten wir denn noch mehr?

Wir hatten das Bedürfnis, wenigstens einmal im Jahr im Urlaub den alltäglichen Verpflichtungen zu entfliehen. Möglichst weit weg ans Meer, und scheuten auch nicht weite Autostrecken bis hin zu einer Insel im südlichen Jugoslawien. Jedoch, die langen Autoreisen wurde immer mehr zu einer Belastung. Wie heißt doch das gängige Sprichwort" Warum denn in die Ferne schweifen, liegt das Gute doch so nah"? Nämlich unseren Urlaub vielleicht auch gemeinsam mit der Familie der Schwester von Karin aus Nordrhein-Westfahlen, auf unserem Lande zu verbringen. Oder steckte da nicht vielleicht mehr dahinter?

War es der illusorische Wunsch, bei allem bisher erreichten doch noch zu einer Art neuen Heimat zu kommen, die den Verlust der verlorenen Heimat ausgleichen könnte? Wir ahnten nicht, welche Konsequenzen diese Anschaffung für uns über viele Jahre hinweg haben sollte. Die Realitäten holten uns dann ziemlich schnell ein. Von wegen Abstand und Ruhe finden in einer bäuerlichen Idylle.

Bei unseren früheren gelegentlichen Ausflügen in unserer knappen Freizeit hatten wir, aus welchen nostalgischen Gründen auch immer, ein Fable für Fachwerkhäuser. Nun besaßen wir selbst eines dieser ansehnlichen Häuser.

Bei unserer ersten Besitznahme fremdelten wir ganz schön. Was werden die Bewohner von uns merkwürdigen Stadtmenschen aus Nürnberg denken? Werden sie uns als Wochenendbewohner überhaupt akzeptieren? Werden sie uns ablehnen, weil wir zwar die Möglichkeit wahrnehmen, das Landleben zu entdecken, aber nicht wirklich dazugehören?

Wir hatten das Glück, dass wir die direkten Nachbarn des Gasthauses „Schwarzer Adler" waren, das von einer bäuerlichen Großfamilie bewirtschaftet wurde. Dort kehrten wir ein und stellten uns als die neuen Nachbarn vor. Der Besitzer, und wie mir später bekannt wurde, der Mitbegründer der dominierenden örtlichen CSU hinter dem Tresen, begrüßte und bewirtete uns freundlich, ließ sich aber nicht anmerken, was er wirklich von uns, seinen neuen Nachbarn, hielt. Später bemerkte er einmal scherzhaft und ziemlich derb, dass es doch gleichgültig wäre, ob aus den Fenstern seiner Nachbarschaft Ochsen oder Preußen, für die er uns wegen unserer dialektfreien Sprache anscheinend hielt, herausschauen. Wir zahlten und ich spendierte noch einen Schnaps und stieß mit dem Wirt auf ein gemeinsames Wohl an. Wir machten uns in der Dunkelheit mit gemischten Gefühlen auf den ganz schön langen Heimweg über die Autobahn. Vorbei an dem Ort meiner Schwester, die sich ebenfalls auf dem Land ein Haus gekauft hatte. Anscheinend hatte sie, ebenso wie ich, ähnliche nostalgische Heimatbedürfnisse.

Es stellte sich zu meinem Erschrecken dann sehr schnell heraus, das unser Fachwerkhaus bei allem äußeren Schein ganz schön renovierungsbedürftig war und nach genauem Hinschauen sogar ein neuer Dachstuhl fällig war. Dafür hatte ich wegen meiner vielfältigen politischen Aktivitäten kaum Zeit, aber auch nicht das Geld um diese Arbeiten zu vergeben. Ich gab aber, wie dies meine Art ist, nicht so schnell auf und nutzte meine knappe Freizeit, um zu retten, was zu retten war und machte mich auf den Weg einer viele Jahre langen Arbeit. Allein konnte ich es nicht schaffen. Die übliche dörfliche Nachbarschaftshilfe konnte ich nicht erwarten, denn ich hatte ja keine Zeit mich zu revanchieren.

Doch ich bekam unerwartet Hilfe von Dorfjugendlichen, auch von der errichteten Siedlung der hinzugezogenen Russlanddeutschen, die sich oft langweilten und sich bei mir ihr Taschengeld aufbessern wollten. Und da zeigten sich auch bald Verhaltensunterschiede. Während die einheimischen bäuerlichen Jungs kräftig zupackten, wie sie es anscheinend von klein auf gewohnt waren, verhielten sich die russlanddeutschen Jungs eher spielerisch und hatten manchmal ganz schön obszöne Sprüche auf Lager. Eigentlich wollten sie sich nur schnell mal ein paar Euro für den Zigarettenautomaten verdienen, ohne sich groß anzustrengen. Nicht gerade in meinem Sinn. Als sie merkten, dass sie von mir nichts geschenkt bekommen, sah ich mit Freude, wie sich alle Jungs nach und nach näher kamen.

So wurde aus meinem Jahresurlaub über viele Jahre ein Arbeitsurlaub, in dem ich aber auch das Verhalten unterschiedlicher junger Menschen kennenlernte. Man gewöhnte sich in diesem kleinen Vorort einer größeren Dorfgemeinde an den seltsamen, doch ganz sympathischen Stadtmenschen mit seiner ausdauernden Arbeit an seinem Fachwerkhaus. Ich war zunehmend anerkannt. Zumal ich auch ab und zu unvermeidliche Arbeiten an örtliche Handwerker vergab.

Eines Tages kam der inzwischen mir ans Herz gewachsene Sohn des Gastwirts, Matthias, ganz aufgeregt zu mir und zeigte mir nicht ohne Stolz die Landausgabe der *Nürnberger Nachrichten* mit einem ausführlichen Artikel über meine Friedensaktivitäten. Dies sprach sich schnell im Dorf herum. Vorbei war es mit meiner politischen Anonymität. Ich hatte hier bisher ja meine politischen Aktivitäten ebenso verschwiegen, wie auch daheim in Nürnberg meine ländliche Episode. Der örtliche Bürgermeister war anscheinend so irritiert, dass er mich fragte, nach dem ihm meine nicht nachlassenden Renovierungsbemühungen aufgefallen waren, ob ich mich hier ansiedeln werde und gar bei den kommenden Wahlen als Bürgermeister kandidiere. Er sah mich anscheinend als einen kommenden Konkurrenten. Ich musste mir im Moment ein schallendes Lachen verkneifen und verneinte. Der wenn wüsste, was ich zu Hause alles am Hals habe und was ich auf keinen Fall aufgeben würde.

Nachdem man nun im ganzen Dorf wusste, mit wem man es zu tun hat, konnte ich jetzt mit dem einen oder anderen über meine Friedensaktivitäten offen reden, mit der Hoffnung, dass was hängen bleibt. Ich stellte mir die absurde hypothetische Frage, was ich hier eigentlich bei meiner politischen Einstellung bewirken könnte, wenn ich tatsächlich als Bürgermeister, auch der umliegenden Dörfer gewählt wäre? Ich würde auf jeden Fall versuchen, mit meinen gesellschaftlichen Vorstellungen nicht hinter dem Berg zu halten und meine Überzeugungen so weit wie möglich zu verwirklichen. Würde dies bei diesen konservativen Menschen überhaupt möglich sein? Andererseits war ich überrascht, wie ernst sie meine Friedensaktivitäten nahmen. Ich hatte dein Eindruck, dass ich in Ihren Augen glaubwürdig war.

Mit der Zeit wurde mir klar, dass es sich hier nicht, wie wahrscheinlich in vielen anderen Dörfern auch, um eine homogene bäuerliche Dorfgemeinschaft handelte. Es gab nur noch wenige, die ausschließlich von der Landwirtschaft leben konnten, ohne eine zusätzliche Arbeitsstelle außerhalb des Dorfes aufnehmen zu müssen. Da es nur einen kleinen Dorfladen gab, kaufte man in den entfernteren Supermärkten ein. Ohne Auto ging hier nichts. Neben den Gottesdiensten, die von einem nicht ansässigen Pfarrer in der ansonsten verwaisten Kirche ab und zu abgehalten wurden, am Sportplatz ohne Gebäude und der jährlichen Kirchweih war vor Ort nicht allzu viel los. Allerdings gab es einen jährlichen Höhepunkt, ein eigenes Dorftheater, an dem auch mir inzwischen bekannte Dorfbewohner mitspielten. Es war für mich ein glücklicher Zufall, dass es sich bei meinen unmittelbaren Nachbarn des Dorfes, um über Generationen hinweg alteingesessenen Familien handelte.

So bekam ich mit, wie hart sie in der heutigen Zeit um ihre Existenz kämpfen mussten. Ich versuchte, dies emotional aber auch politisch einzuordnen. Die Familie hinter meinem Garten versuchte sich mit Ihren 30 Milchkühen über Wasser zu halten. Ich war immer wieder amüsiert, wenn die nicht mehr so jungen Eltern und ihr erwachsener und lediger Sohn mit ihren Kühen lautstark schimpften und jede einzelne mit Namen anredeten, als wenn es ihre Kinder wären. Mir gegenüber beklagte der Senior, dass er die armen Tiere im Stall fixieren muss. Daran sei die EU schuld, weil sie gnadenlos die Großbauern förderte und auch von ihnen immer größere Milchmengen erwartet. „Mit den Großen können wir Kleinen nicht mithalten, so sehr man sich auch anstrengte", klagte er.

Die Großfamilie des Gasthauses auf der gegenüberliegenden Straßenseite vor meinem Haus stand da schon auf mehreren Beinen. Sie hatten zwar keine Milchkühe, aber einen Stall voller Schlachtvieh, Ochsen und Kühe aber auch Schweine, die sie auch zum Teil für ihr Gasthaus benötigten. Gleichzeitig bearbeiteten sie mehre Felder mit schwerem lehmigen Boden in beachtliche Größe. Dies alles reichte aber anscheinend nicht. Tochter und Schwiegertochter hatten feste Stellen in dem einige Kilometer entfernten Rothenburg.

Der jüngste Sohn Mathias, der später einmal mein Fachwerkhaus für einen fairen Preis erwerben sollte, hatte eine Ausbildungsstelle als Steuerberater in dem weiter entfernten Ansbach. Der ältere gutausgebildete Sohn war der Koch des Gasthauses. Die Großmütter halfen in der Küche mit bis sie starben. Die Großfamilie hatte also viel zu tun und war ganz schön belastet. Alle trugen dazu bei, das mit ziemlichem Aufwand neu errichtete Gasthaus abzubezahlen. So stellte ich mir mein Ideal einer bäuerlichen Großfamilie dann doch nicht vor.

Zumal es dann auch noch zu einem tragischen Unglück in der Gasthausfamilie kam. Als ich an einem Wochenende mal wieder auf meiner Baustelle war, landete ganz überraschend ein Sanitätshubschrauber auf einer nahegelegenen Wiese. Hinterher erfuhr ich, dass sie den Gastwirt, der sich bei seiner betriebenen Schnapsbrennerei lebensgefährlich verbrüht hatte, in ein Nürnberger Krankenhaus geflogen hatten. Monate später begegnete ich ihm im Rollstuhl. Eine Katastrophe für die ganze Familie. Er musste hilflos mit ansehen, wie sich seine Familie ohne ihn abrackerte. Auch ich war ziemlich betroffen, als er nach rührender Pflege seiner Familie nach einiger Zeit verstarb.

So lernte ich zu nehmend die Realität des Landlebens kennen und es kam mir als Stadtrat zugute, dies politisch einordnen zu können. Von unseren vorweihnachtlichen Träumen von einem romantischen Landleben als Ausgleich für meine städtischen politischen Überaktivitäten, war bis auf die schöne Landschaft nicht allzu viel übrig geblieben. Wieso war auf dem Land bereits ein gemäßigter Sozialdemokrat als „Sozi" regelrecht verschrien? Ich hatte auch das ein oder andere Mal antisemitische Töne gehört. Auch fremdenfeindliche Einstellungen gegen die angesiedelten Russlanddeutschen und dunkelhäutige Menschen bemerkt. Lebten auf dem Land nur ewig Gestrige? Andererseits lernte ich aber auch sehr hilfsbereite und verständnisvolle Nachbarn kennen.

Es war ein Zufall, dass ich mich gleichzeitig neben meinem „Hobby" auf dem Land nicht nur für den Erhalt des Nürnberger AEG Werks einsetzte, sondern auch für das AEG-Werk im nahegelegen Rothenburg. Dort verdienten sich Menschen aus den umliegenden Dörfern ihr Brot, so auch Leute aus unserem Dorf. Für sie wäre erst recht die Schließung des Werkes, wie auch in Nürnberg, eine Katastrophe. Da ich schon in der Nähe war, besuchte ich auch die dortigen Betriebsratskolleg/innen, um sie zu unterstützen. Sie wussten, dass ich es ernst meinte, denn Einige von Ihnen war ich als Betriebsratsvorsitzender der AEG-Kanis in Nürnberg bekannt. Sie waren dankbar, dass ich zu Ihnen gekommen war und sie über den aktuellen Stand informierte. Davon erzählte ich im Dorf jedoch nichts.

Der zeitliche und finanzielle Aufwand für das Fachwerkhaus und die Fahrerei dorthin wurden mir über die Jahre dann doch zu viel. Im Nachhinein gesehen möchte ich jedoch diese realistischen Landerfahrungen nicht missen. Ich hatte erlebt, wie schwer es alteingesessene traditionsbewusste Landfamilien haben, und wie sie bei allen ihren Bemühungen in die Gefahr geraten, von den aktuellen gesellschaftlichen Veränderungen überrollt zu werden. Und dass die Existenz des größeren Anteils der Dorfbewohner von einer Arbeitsstelle in der näheren und weiteren Umgebung bis nach Nürnberg abhing.

Ich hatte den Eindruck, dass die über Generationen Alteingesessenen, die jetzt in der Minderheit waren, alten Zeiten nachtrauern, obwohl früher durchaus nicht alles besser war. Sie als nur unverbesserliche rückwärtsgewandte, irrational und reaktionäre Unverbesserliche abzutun, wie dies manchmal auch in meinen Kreisen politisch von oben herab geschieht, reicht nach meinen persönliche Erfahrungen auf dem Lande nicht aus. Man sollte sie, mit ihren traditionellen Verlustgefühlen nicht jenen unbelehrbaren rechten Kräften überlassen, die diese Gefühle für ihre antidemokratischen und menschenverachtenden Zwecke missbrauchen. Nach meinen jahrelangen Erfahrungen halte ich es für möglich, dass auch auf dem Lande Veränderungen möglich wären, wenn es gelänge glaubwürdige politische Alternativen zu entwickeln und zu praktizieren die der Realität der Menschen entsprechen.

Eine große, auch parteipolitische Herausforderung, für alle, die auf dem Land wirklich etwas bewegen wollen.

Kandidat der Piratenpartei

Es war purer Zufall, dass ich ihm bei der Abschlusskundgebung des Ostermarsches vor der Lorenzkirche begegnete. Emanuel, der Vorsitzende der Nürnberger Piratenpartei, war mit seinem glatten Charakterkopf für mich nicht zu übersehen. Wir hatten schon mal, bei einem Treffen des außerparlamentarischen Sozialforums, in dem ich auch als Stadtrat noch aktiv war, unsere Klingen mit unterschiedlichen Meinungen gekreuzt. Es war laut auf dieser Kundgebung. „Hast du danach Lust auf einen Kaffee, gleich hier um die Ecke?"

Er kam in dem Kaffee gleich zur Sache. „Sag mal, Hans, kandidierst du noch einmal zum Stadtrat?" „Warum? Tretet ihr Piraten dann wohl auch an", fragte ich zurück und antwortete ihm: „Ich bin mir noch nicht sicher. Wie ich es sehe, werde ich auch in den letzten beiden noch verbleibenden Jahren mit dem Stadtrat nicht fertig sein. Für mich wird da noch viel zu viel offen bleiben. Andererseits graust es mir, wenn ich als Einzelkämpfer an das Wahlprozedere denke".

Ganz Marketingprofi, fasste er die Gelegenheit beim Schopf: „Mach doch bei uns mit, das mit deiner Linken Liste war ja wohl nichts." Er wusste also Bescheid. „Was werden denn aber deine Leute sagen, mir geht ja ein gewisser Ruf als Unbequemer voraus, und der typische Pirat bin ich wirklich nicht", wandte ich ein. „Das kriege ich schon hin", meinte Emanuel selbstbewusst. „Ich bin mir da nicht sicher" gab ich zu verstehen. „Überlege es dir mal, es eilt ja nicht", meinte er diplomatisch. „Aber wir sollten uns bald mal wieder treffen. Ich bin allerdings beruflich ziemlich eingespannt". Er schaute, ganz Profi, in seinen Terminkalender. „Lass uns doch hier in einer Woche wieder zusammenkommen", meinte er ziemlich geschäftsmäßig. Ich machte mich mit gemischten Gefühlen auf den Heimweg.

Wollte ich das wirklich, könnte ich mir dies gegenüber der Öffentlichkeit überhaupt leisten, noch einmal zu wechseln? Erst die Linke Liste, dann der OL-Einzelstadtrat, und dann auch noch bei den Piraten kandidieren? Andererseits war ich mit dem Stadtrat noch längst nicht fertig, und auch noch nicht wirklich mit der Linken Liste.

Meine Bedingung für eine Kandidatur wäre ein aussichtsreicher Listenplatz, mindestens der dritte, und parteilos wollte ich auch bleiben. Mal schauen, wie Emanuel reagieren würde. Als wir uns wieder trafen, versuchte er mir, ganz im Stile eines Werbefachmanns, meine Kandidatur damit schmackhaft machen, dass ich mich als etablierter Stadtrat mit Reiner Langhans, dem prominenten Kommunarden, der ebenfalls überlegte, für die Piraten in Bayern zu kandidieren, in bester Gesellschaft befinden würde.

Seine Leute würden es allerdings begrüßen, wenn ich mich möglichst bald entscheiden würde, jetzt schon vor der Wahl als Stadtrat der Piraten zu fungieren. Allerdings müsste ich natürlich Mitglied der Partei werden. Dies würde meine Aussichten auf einen vorderen Listenplatz erheblich verbessern. Ganz schön raffiniert, der Emanuel, dachte ich.

Ich brauchte einige Monate, um mich darauf einzulassen. Zu verlieren hatte ich schließlich nichts, aber ich hatte die Aussicht, auf diesem Weg meine Stadtratsarbeit doch noch fortzusetzen. Fertig war ich mit dem Stadtrat wirklich noch nicht.

Ich hatte allerdings auch diesmal wieder keine Ahnung, was da auf mich zukommen sollte. Nun ging ich in dem Büro der Piraten ein und aus und lernte die offenen, allerdings im Gegensatz zu mir netzaffinen, sympathischen Piraten kennen. Ich entschloss mich, ab sofort Stadtrat der Piraten zu sein. Natürlich ein gefundenes Fressen für die örtliche Presse. Eine Schlagzeile zitierte mich ziemlich positiv: „Diese Stadt kann Piratenpower brauchen." Eine andere Überschrift lautete: „Ein Linker bei den Piraten", mit dem Untertitel „Patzelts Parteieintritt ist Folge politischen Kalküls". Der Kommentar dazu:

„Es ist alles andere als ein zwangsläufiger Weg, den Stadtrat Hans-Joachim Patzelt mit seinem Piraten-Beitritt nun einschlägt – seine Biografie zeigt, dass er im klassisch linken Politspektrum zu Hause ist. Aber in gewisser Hinsicht ist es wiederum ein verständlicher Weg – denn der politische Einfluss als fraktionsloser Rat, wie Patzelt es seit seiner Trennung von der Linken Liste im Jahr 2010 war, ist doch mehr als bescheiden. Mag Patzelt mittlerweile auch 74 Jahre alt sein: Einer, der so engagiert ist wie er, sucht nicht den ruhigen Ratsstuhl. Und deswegen bieten ihm die Piraten, mit denen er inhaltlich sicherlich keine leidenschaftliche Liebesheirat eingeht, eine willkommene Gelegenheit: Die Aussicht auf mehr Einfluss, größere öffentliche Aufmerksamkeit. Umgekehrt bringt auch Patzelt etwas in die Zweckgemeinschaft ein: Die Piraten ,schnuppern‘ durch ihn Nürnberger Rats-Luft; mit Patzelt haben sie – neben dem Erlanger Frank Heinze – den zweiten Piraten-Stadtrat in Mittelfranken. Was Patzelt entgegenkommt: dass die Mandatsträger viel Freiraum lassen (wollen). Patzelt war Zeit seines Lebens in keiner Partei. Er ist ein unabhängiger Kopf und würde sich bei entscheidenden Themen sicher keinem Druck von einer Partei beugen. Ob das aber – neben dem einen oder anderen inhaltlichen Berührungspunkt – reicht, dass ein Linker in der Partei der digitalen Welt heimisch wird, ist durchaus fraglich“.

Wie schnell der Kommentator Recht bekommen sollte, war wieder einmal meinem Übereifer und meiner Ungeduld zuzuschreiben.

Als erste Amtshandlung, nun als Stadtrat der Piraten, stellte ich gleich nach der Sommerpause einen mit der Partei abgestimmten Antrag zur Einführung von Live-Übertragungen der Stadtratssitzungen – ganz im Sinne der Piraten, aber auch von mir. Ich hatte seit langem schon die mangelnde Transparenz und Willensbildung vor allem in den Haushaltsberatungen kritisiert. Natürlich war mein Antrag eine ganz schöne Herausforderung.

Zu meinem Ärger erfuhr ich vom Bürgermeisteramt, dass mein ordnungs- und fristgemäßer Antrag nicht einmal auf die Tagesordnung genommen wurde. Natürlich hatte ich nicht damit gerechnet, dass mein Antrag gleich in der ersten Sitzung positiv entschieden würde. Ich hatte jedoch den Anspruch, dass der gesamte Stadtrat wenigstens davon Kenntnis nehmen würde. Ich wunderte mich dann über die zögerliche Haltung maßgeblicher Piraten, als ich als Reaktion einen Dringlichkeitsantrag stellte, den der Oberbürgermeister zu Beginn der Stadtratssitzung aufrufen musste und so das Thema wenigstens bekannt wurde.

Ich war schockiert, als man mir innerhalb der Piraten Vorwürfe wegen meines eigenmächtigen Vorgehens machte. Selbst wenn ich davon ausgehe, dass sie mit den Gepflogenheiten im Stadtrat nicht vertraut sein konnten, fragte ich mich dann doch, ob ich nicht vom Regen in die Traufe geraten bin? Hätte ich nicht wissen müssen, was Funktionärsverhalten bedeutet? Nach den Erfahrungen bei der Linken Liste war dies für mich auch bei den Piraten unzumutbar. Nun war ich gewaltig in der Zwickmühle. Konnte ich mir einen erneuten Konflikt überhaupt leisten?

Ich entschied mich mal wieder, ziemlich unüberlegt und ganz spontan und emotional. Nein, das würde ich mir auf Dauer nicht noch einmal antun und so beendete ich umgehend meine gerade einmal einmonatige Parteimitgliedschaft mit allen Konsequenzen.

Meine beiden Anträge an den Stadtrat zog ich wieder zurück und war fortan wieder Stadtrat der „Offenen Linken". Die Reaktionen waren entsprechend. Die mildeste war die Meinung des Oberbürgermeisters, dass ich mein Verhalten gegenüber meinen Wählern zu verantworten hätte. Ein Journalist rechnete mit mir ab mit dem Titel: „Glaubwürdigkeit verspielt", und er fuhr unter anderem fort: „Patzelt ist ein unbequemer Querdenker, er hakt nach, wo andere abschalten". Oder: „Er ist kein Mensch, der sich einbinden lässt, er kann ein unberechenbarer Eigenbrötler sein, der nicht in feste Parteistrukturen passt". Und weiter: „Die Piraten dachten, sie landeten einen Coup. Nun überwarfen sich beide Seiten wegen eines Dringlichkeitsantrags über Liveübertragungen aus dem Stadtrat. Patzelt sagt, die Piraten haben sich nicht an Absprachen gehalten. Ende einer vierwöchigen Liaison". Der Journalist machte sich ernsthafte Sorgen, als er schrieb: „Und nun? Jetzt stehen beide Seiten vor einem Scherbenhaufen. Hans-Joachim Patzelt hat sich als zuverlässiger politischer Vertreter unglaubwürdig gemacht. Man wechselt nicht ständig die Partei oder Listenverbindung (auch wenn er seinen Grundsätzen treu geblieben sein mag), nur weil es unbequem wird. Damit beschädigt der Stadtrat auch das politische Mandat, das er von seinen Wählern bekommen hat". Und zur Rolle der Piraten schrieb er weiter: „Die Nürnberger Piraten haben offenbar noch nicht so recht verstanden, was parlamentarische Demokratie bedeutet und wie sie funktioniert. Sie dachten, mit Patzelt nun schon einmal einen verlängerten Arm im Rat zu haben. Das ist gehörig schief gegangen. Damit sind auch sie beschädigt."

Als ich dies las, dachte ich, dass der sicherlich mir eigentlich sonst wohlgesonnene, durchaus seriöse Journalist in vielen Dingen aus seiner Sicht Recht haben könnte. Ich zweifelte, ob ich überhaupt mit meinen außerparlamentarischen Auffassungen in den Stadtrat mit seinen festgefügten Strukturen passen würde. Doch hätte ich natürlich gerne mit dem Journalisten darüber gesprochen, ob sein Titel „Glaubwürdigkeit verspielt" aufgrund der Umstände wirklich angemessen war. Dazu war er jedoch leider nicht bereit.

Zwischen den Piraten und mir herrschte jedenfalls eine ganze Zeit lang erst einmal Funkstille. Das Vorgefallene war zwar sehr unzulänglich, aber nicht so böswillig, wie ich es in der Linken Liste erlebt hatte. Dem einen oder anderen der sympathischen jungen Piraten begegnete ich immer wieder einmal bei Demonstrationen, auch gegen die Umtriebe der Neonazis in unserer Stadt.

Anscheinend hatten sie, im Gegensatz zu meinen engeren damaligen Mistreitern das Bedürfnis, das Vorgefallene zu besprechen und eventuell auszuräumen. Es kam dann zu einem klärenden Gespräch mit Michael und Emanuel in ihrem Büro. Dabei wurden sehr schnell die unterschiedlichen Auffassungen über eine wirkungsvolle Stadtratsarbeit deutlich.

Es stellte sich heraus, dass sie im Gegensatz zu mir vor Anträgen über die Live-Übertragung im Stadtrat erst einmal den Konsens in Gesprächen mit beiden großen Parteien suchten. Für mich war das bei meiner bisherigen Oppositionsrolle nicht so recht vorstellbar. Es wäre aber eine neue Erfahrung. Obwohl ich mir davon nicht allzu viel versprach, ließ ich mich darauf ein. So war ich dann auch bei den Gesprächen dabei, die allerdings bei aller Versicherung des gegenseitigen Verständnisses zu keinem konkreten Ergebnis führten. Die Parteien, mit denen wir sprachen waren, Wie ich dies erwartetet hatte, sehr auf ihre eigenen Positionen fixiert.

Für mich war es aber nach wie vor wichtig, dass der einmal im Stadtrat eingeschlagene Weg nicht von den eigenen Reihen infrage gestellt würde. Ansonsten war nach meinen bisherigen Erfahrungen eine glaubwürdige, wirkungsvolle Stadtratsarbeit nicht möglich. Wir brauchten keine Mediation, um uns zu verständigen. Im Gegenteil.

Wir bedauerten unsere vorschnelle Trennung und wollten es noch einmal miteinander versuchen. Denn die Wahl stand vor der Tür und die Piraten konnten meine Erfahrungen im anstehenden Wahlkampf gut gebrauchen.

Ich war allerdings nur dann bereit zu kandidieren, wenn ich auch als Parteiloser die Chance für einen aussichtsreichen Listenplatz hätte. Michael und Emanuel hatten sich zwei bis drei Stadträte als Ziel vorgenommen und waren mit meinen Bedingungen einverstanden.

Wie üblich wurden in der Mitgliederversammlung die 30 Kandidaten für den Stadtrat gewählt. Dabei geriet ich unversehens in eine schwierige Situation. Wie üblich, musste jeder der Kandidaten sich vorstellen und darstellen, warum er kandidierte. Unter den drei etablierten Kandidaten der Piraten gab es offensichtlich Spannungen. Nicht nur, weil Emanuel seine Ansichten über die Freigabe von Gras für seine eventuelle Stadtratsarbeit zu sehr in den Vordergrund stellte. Seine internen Rivalen wurden von der Versammlung auf die Plätze eins und zwei vorgezogen, sodass ich unversehens Emanuels schärfster Konkurrent für den noch aussichtreichen dritten Platz war.

In meiner Bewerbungsrede erklärte ich in aller Kürze meine bisherigen Schwerpunkte im Stadtrat, die ich auch prinzipiell fortsetzen wolle. Offen schilderte ich die Turbulenzen meiner bisherigen Stadtratsarbeit auch in den eigenen Reihen, und dass ich nach wie vor unbequem bleiben würde. Ich erklärte, dass auch für mich größere Transparenz durch Internetübertragungen ein Thema sei. Und dass einige Erfahrungen, die ich als amtierender Stadtrat mitbringe, sicherlich nicht schaden könnten.

Emanuel bestand als Vorsitzender der Partei verständlicherweise zumindest auf diesen dritten Listenplatz. Nun waren wir unversehens Konkurrenten um diesen aussichtsreichen dritten Platz. Zu meiner eigenen Überraschung wurde ich als Nummer drei gewählt. Mir war dies alles sehr unangenehm, doch ich musste mich spontan entscheiden. Ich nahm die Wahl an.

Dass Emanuel auf Sicht keine Lust mehr auf Parteiarbeit hatte und sich auch nicht mehr am Wahlkampf beteiligte, konnte ich nachvollziehen.

Die Überraschung war dann auch für den Journalisten groß, der uns mit seiner Überschrift „Glaubwürdigkeit verspielt" so heftig kritisiert hatte. Es sprach aber für ihn, dass er nach einem Telefonat mit mir nicht nachtragend berichtete. Seine Überschrift lautete diesmal: „Patzelt will 2014 mit den Piraten noch einmal in den Stadtrat segeln." Er berichtete, dass ich überraschenderweise bei der Aufstellungsversammlung der Piratenpartei mit meinem Logo „Offene Linke" auf den sehr guten dritten Listenplatz gewählt wurde. Und dass es keine Vorbehalte gab. Auch, das bei der Nominierung die Vergangenheit keinen Rolle mehr spielte. Dass ich kooperativ sei. Und er berichtete, dass die Piraten erst einmal zur Zulassung 610 Unterstützer-Unterschriften sammeln müssten.

Ich wusste, was da auf uns und auch wieder auf mich zukommen würde. Nun mussten wir und musste ich auf Stimmenfang gehen. Tag für Tag, mehrere Wochen lang, bei Wind und Wetter, um Leute vor dem Wahlamt anzumachen. Obwohl ich einiges von der Unterschriftenaktion der Linken Liste vor sechs Jahren gewohnt sein müsste, war es für mich auch jetzt immer wieder unangenehm, die Menschen anzusprechen, die sicherlich gerade etwas anderes vorhatten um sie zu bewegen, für uns ins Wahlamt zu gehen und zu unterschreiben.

Wir durften die Leute nur 100 Meter entfernt von dem Eingang ansprechen. Als einige, die ich überzeugt hatte, trotz ihrer Bereitschaft unverrichteter Dinge aus dem unübersichtlichen Gebäude wieder herauskamen, führte ich sie direkt zum zuständigen Schalter. Dies ging nur solange gut, bis mir der diensteifrige junge Beamte dies verbat. Das hatte zur Folge, dass der eine oder andere verunsichert nicht mehr seine Stimme abgab, die wir so dringend benötigten. Als dieser Beamte mich auch noch wegen des nicht ganz ausreichenden Abstands von dem Eingang der Bäckerei, an der ich die Kunden ansprach, verweisen wollte, platze mir der Kragen. Ich würde mich nicht von ihm schikanieren lassen und er sollte gefälligst seinen Beamtenarsch zu seinem warmen Schalter bewegen.

Kurz danach tauchte sein oberster Vorgesetzter, der Leiter des Wahlamtes, auf. Wir kannten uns schon von ähnlichen Vorfällen vor sechs Jahren. Er wusste, dass er es mit Jemandem zu tun hatte, mit dem nicht gut Kirschenessen ist. Ich dachte, noch ziemlich aufgebracht, der fehlte mir gerade noch. Bevor er zu Wort kam, forderte ich ihn auf, seinen übereifrigen Wachhund zurückzuziehen, der in seinem warmen Schalter anscheinend überhaupt nicht nachvollziehen konnte, was es bedeutete, täglich bei Wind und Wetter viele Stunden Leute zu überzeugen, uns mit ihrer Stimme die Kandidatur zu ermöglichen. Sei so einer überhaupt ausgelastet bei den wenigen Unterschriften? Ich hatte den Eindruck, dass der Vorgesetzte im ersten Moment über meine Beschwerden verblüfft und nicht unbeeindruckt war. Eigentlich war er auf Grund der Beschwerden seines Beamten gekommen, der nur seine Pflicht tat.

Streitgespräch vor dem Wahlamt mit dem Verantwortlichen

Er forderte mich auf, mich an die Vorschriften zu halten, die ich als Stadtrat kennen müsste. Zudem habe ich seinen Beamten beleidigt, ihn Beamtenarsch genannt. Ich hütete mich, dies zu bestätigen, sondern schilderte ihm, dass ich mich vom seinem Beamten schikaniert gefühlt hätte und ich fragte ihn, ob er das kleinliche und unfreundliche Verhalten seines Untergebenen für angemessen halte.

Ich hatte den Eindruck, auch der Amtsleiter hatte kein Interesse, es auf eine öffentliche Auseinandersetzung mit mir als amtierenden Stadtrat ankommen zu lassen. Wir arrangierten uns. Er sollte das kleinliche Verhalten seines Beamten abstellen, ich würde mich, so gut es ging, an die Regeln halten. Wir verabschiedeten uns mit einem Händedruck. Gerade noch mal gut gegangen, dachte ich und sprach weiterhin Leute vor der Bäckerei an.

Das Sammeln von Unterschriften war mühsam. Auch unsere, an anderer Stelle postierten Sammler waren schon froh, wenn sie an einem langen Tag eine Handvoll Menschen zur Unterschriftsabgabe bewegen konnten. Im Vergleich damals zu der Aufbruchsstimmung der Linken Liste, war dies hier eine ziemlich zähe Angelegenheit und ich befürchtete, dass die Wahlprognose Michaels von 2 bis 3 Stadträten der Piraten allzu optimistisch war.

Man konnte ja auch bundesweit feststellen, dass sich die Piraten nach anfänglicher Popularität jetzt leider auf einem absteigenden Ast befanden, warum auch immer. Hatte ich vielleicht auf das falsche Pferd gesetzt? Da war es nur ein schwacher Trost, dass die Rechtsradikalen, die nicht gerade zu unserer Freude mit uns vor dem Wahlamt konkurrierten, ziemlich erfolglos waren. Wir waren erleichtert, dass wir nach Auskunft des Wahlamtes die erforderlichen 610 Unterschriften erreicht hatten.

Im Gegensatz zu den Rechtsradikalen, die zu unserer Genugtuung keine ausreichende Unterschriftenanzahl zustande brachten, wurden wir zu den Wahlen zugelassen.

Unser erster Akt des Wahlkampfes war erfolgreich, jetzt ging es um die Gunst der Wählerstimmen im Wettstreit mit allen Parteien in der Stadt. Die Mittel der Piraten waren begrenzt. Als Parteiloser musste ich in meinem Stadtteil und darüber hinaus die gemeinsamen Wahlplakate nicht nur bezahlen, sondern auch selbst aufstellen und unsere Materialien von Haus zu Haus in die Briefkästen werfen.

Meine Wahlwerbung Piraten Nürnberg / Foto Unger

Alles ziemlich aufwändig. Trotzdem hatte ich den Eindruck, dass dies alles, im Vergleich zu den großen Parteien, die ganz andere finanzielle Mittel dafür einsetzten nur ein Tropfen auf den heißen Stein war.

Ich war froh, dass diese wochenlangen Anstrengungen endlich vorbei waren. Das Wahlergebnis war dann enttäuschend. Lediglich unser Spitzenkandidat Michael, der Architekt, hatte ein Stadtratsmandat erreicht.

Ich bekam als Parteiloser die Drittmeisten, beachtliche über 10.000 Stimmen, die gereicht hätten, wenn nicht so viele Stimmen der Partei gefehlt hätten.

Meine sechsjährige Stadtratszeit war somit 2014 beendet und ich war nicht einmal enttäuscht. Jetzt reichte es ja wirklich und was wäre da nicht noch alles auf mich zugekommen. Ich beendete meinen letzten der insgesamt 34 monatlichen „OL Stadtrat-Klicks", mit dem Spruch des Kabarettisten Mathias Richling: „Ich werde mir sehr fehlen."

Vergebliche Verständigung

Nun hatte ich den Rucksack Stadtrat und alle damit verbundenen Probleme endgültig abgelegt. Meinen Job als einer der Sprecher des Nürnberger Friedensforums hatte ich ja wegen meiner Wahl zum Stadtrat schon längst beendet. Jetzt könnte ich endlich wieder ruhiger schlafen. Den Stadtrat war ich zwar los, nicht jedoch die Erfahrungen, aber auch die Gedanken über Unbewältigtes der gerade erst vergangenen Zeit. Da beschäftigte mich doch noch Einiges. Allein, wenn ich die Tageszeitung aufschlug, sprangen mir immer wieder die bis heute nicht gelösten Themen regelrecht entgegen, an denen der Stadtrat immer noch herumkaute. So manches Mal fragte ich mich, wie ich mich wohl in dem einen oder anderen Fall verhalten hätte und bedauerte das eine und andere Mal, dass ich mich nicht mehr einbringen konnte. Dies war aber nicht das Einzige und Vordringlichste, was mir noch im Kopf herumging.

Obwohl ich nach den absurden Auseinandersetzungen in unseren Reihen klar Schiff gemacht hatte und eigene Wege gegangen war, ließ mich das Unausgesprochene und Ungelöste dieses Konfliktes nicht ruhen. Immer noch unfassbar war und ist für mich, dass anscheinend niemand meiner ehemaligen, mir im Grunde politisch nahestehenden Mitstreiter/innen das Bedürfnis hatte, die wirklichen Hintergründe unseres Konfliktes offen abzuklären. Scheuten sie sich deshalb davor, weil sie eventuell befürchteten, dass ihr parteipolitisches Selbstverständnis ins Wanken geraten könnte? Und so war es nicht verwunderlich, dass sich dann in ihren Kreisen Ähnliches wiederholte, obwohl ich gar nicht mehr im Spiel war.

Lediglich Ewald, mit dem ich im Nürnberger Friedensforum so viele Jahre durch dick und dünn gegangen war, konnte sich meinem mehrfachen Drängen nach einem klärenden Vieraugengespräch nicht entziehen.

Dies verlief jedoch ganz anders, als ich dies beabsichtigt hatte. Wir trafen uns in einem Kaffee in seinem Wohnviertel. Nachdem Ewald sagte, dass er wenig Zeit habe, ahnte ich, dass es zu einem ausführlichen und offenen Austausch nicht kommen würde. Ewald hörte sich meinen Verständigungsversuch ziemlich skeptisch an und kam dann gleich zur Sache. Eigentlich wollte er mich nur damit konfrontieren, dass ich in der Zeitung behauptete, seine Parteigenossen seien die eigentlichen Verursacher des Konflikts gewesen, was ja meiner Meinung tatsächlich entsprach. Dies war ja ein gefundenes Fressen auch für die Genossen Ewalds. Sie vervielfältigten den Zeitungsartikel und reichten ihn dann in ihren Reihen herum zur Bestätigung meines unsolidarischen Verhaltens. Niemand von ihnen, wie auch jetzt Ewald in unserem Vieraugengespräch, interessierte, dass tatsächlich einer ihrer Genossen in unverantwortlicher Weise den Konflikt verursacht hatte, ohne angemessene Konsequenzen. Ich versuchte, Ewald damit zu besänftigen, dass ich den ansonsten seriösen Journalisten bat, meine vertrauliche Einschätzung nicht zu veröffentlichen, obwohl sie natürlich stimmte. Ich hatte den Eindruck, Ewald glaubte so einem Verräter und Nestbeschmutzer wie mir kein Wort mehr. Ich empfahl ihm, den Journalisten, den er auch kannte, selbst anzurufen. Ewald hatte jedoch kein Interesse daran.

Ich sprach, den an sich korrekten Journalisten dann selbst an. Seine Unachtsamkeit war ihm sichtlich peinlich. Er entschuldigte sich für dieses Versehen und bedauerte, dass er unbeabsichtigt Öl ins Feuer unseres Konflikts gegossen hatte.

Bevor sich Ewald verabschiedete, versuchte ich zu retten, was wahrscheinlich nicht mehr zu retten war. Ich schlug vor, dass wir noch einmal zusammenkommen sollten, da wir nach meiner Auffassung zum wesentlichen Kern unseres Konflikts nicht gekommen waren. Ewald wollte jedoch ganz schnell los und gab mir nur zögerlich seine Zustimmung. Es bestätigte sich bei unseren zufälligen Begegnungen, dass mit Ewald weder ein weiteres Gespräch, noch eine wirkliche Verständigung möglich war.

Nach meinem vergeblichen Versuch musste ich die Dinge erst einmal vom Kopf auf die Füße stellen. Wer war denn eigentlich der Verursacher des Konflikts, und wer der Geschädigte? Es wird mir so schnell keine Ruhe lassen, bis mir klar ist, was die tieferen Ursachen für die so unterschiedlichen Sichtweisen waren, die zu unserem internen Konflikt führten. Einiges war mir in den Gesprächen nicht nur mit Horst und Godehard schon deutlich geworden – aber längst noch nicht alles.

Die Zeitlosen

Einige Wochen nach Beendigung meiner sechsjährigen Stadtratszeit 2014 erhielt ich einen überraschenden Anruf aus München. Am Telefon war der ehemalige erste Bevollmächtigte der IG- Metall Nürnberg, mein guter Kollege Gerd Lobodda. Wir hatten schon längere Zeit nichts mehr voneinander gehört. „Wie geht's", war die beiderseitige erste Frage. Gerd kam gleich, wie es seine Art ist, ohne Umschweife zur Sache. „Komm doch mal am Donnerstag zum Eckstein, zu unserem monatlichen Treffen von uns Zeitlosen vorbei." „Wer sind denn die Zeitlosen?", fragte ich. „Das wirst du dann schon sehen, da triffst du viele alte Bekannte." „Aber du lebst doch mit deiner Evelin in München", fragte ich. „Na und, ich komme nach Nürnberg und bin da", antwortete Gerd. „Kommst du also? Wir brauchen dich", ließ er nicht locker. Nun war ich ganz schön unter Druck, was antworte ich denn jetzt so schnell? Einerseits fühlte ich mich geehrt, anderseits wollte ich nach den anstrengenden Querelen im Stadtrat, vor allem in den eigenen Reihen, erst einmal Ruhe haben. „Bist du noch dran?", fragte ich nach. „Gerd, ich brauche nach meiner ziemlich aufreibenden Stadtratszeit erst einmal eine Auszeit. Vielleicht später". Gerd wusste ja nicht, wie es mir wirklich ergangen war. Er war hörbar enttäuscht, gab aber nicht auf. „Überleg es dir noch mal, tschüss".

Godehard bin ich nach unseren intensiven Gesprächen über meine Stadtratsprobleme nicht mehr begegnet. Einige Wochen nach Beendigung meiner Stadtratsperiode trafen wir uns zufällig an einem sonnigen Nachmittag im Frühjahr 2014 bei einer Protestkundgebung gegen die rechtsradikale Pegida wieder. Ich freute mich und sagte ihm, dass ich gehört hätte, dass er jetzt auch bei den Zeitlosen sei. Er bestätigte dies und meinte, dass ich doch auch zu diesen interessanten Treffen kommen sollte. Er meinte, wir sollten, nachdem unsere aktive Laufbahn beendet war, unsere vielfältigen Erfahrungen nicht für uns behalten und versuchen, einiges davon weiterzugeben. „Und du kennst doch den Spruch ‚Wer aus der Geschichte nichts lernt, ist verurteilt, sie zu wiederholen‘. Das gilt für uns alle, und erst recht für unsere Kinder und Enkel. Es ist auch besser, sich mit ähnlich Gesinnten auszutauschen, als im eigenen Saft zu schmoren", meinte er. Dies alles war überzeugend. „Schöne Grüße an Gerd, sag‘ ihm doch bitte, dass ich Interesse habe".

Einige Monate später war ich dann soweit und saß mit im Eckstein, dem Treffpunkt der Zeitlosen. Ich traf tatsächlich auf gute alte Bekannte aus gemeinsamen politisch aktiven Zeiten, aber auch auf interessante, mir bisher Unbekannte, die ich dann gleich bei der Vorstellungsrunde kennenlernte.

Bevor wir zu der von Gerd vorgeschlagenen Tagesordnung kamen, sollte jeder der dutzend Anwesenden erst einmal möglichst kurz darstellen, was ihn gerade aktuell bewegte. Es ging reihum.

Gerd begann. Für ihn, als Initiator der Zeitlosen, waren die zunehmenden weltweiten dominanten übergriffigen US-amerikanischen Aktivitäten unerträglich. Wir müssten darüber reden, welche negativen Folgen dies für uns alle habe, und was unsere Gewerkschaften, aber auch die SPD, dagegen zu setzen hätten. Gerd schlug vor, dazu den Experten und Buchautor Wolfgang Effenberger zu unserem zweitägigen Frühjahrsseminar in der Märchenmühle einzuladen. Effenberger hatte ja über die Hintergründe der Dominanz der amerikanischen Politik intensiv recherchiert. Mal schauen, ob er kommen kann und er kam dann auch.

Der neben Gerd sitzende hochkarätige ehemalige und weitgereiste Wirtschaftsjournalist Wolfgang Mayer berichtete von seinen Erfahrungen seiner vor kurzem beendeten Reise nach Mali. Wie man der notleidenden Bevölkerung nicht mit großen Worten, sondern vielmehr mit wenigen Mitteln wie einer privaten Geldzuwendung für kleinere Projekte helfen könne. Und wie dankbar die Menschen dafür waren.

Der mir bisher unbekannte Martin, ein Physiker, der ebenso bescheiden wie Wolfgang seinen Doktortitel nicht erwähnte, ist bei Amnesty-International aktiv, er hielt sich zurück und wollte erst einmal zuhören.

Martin ist bei den Zeitlosen nicht nur wegen seiner Aktivitäten als IGM-Betriebsrat bei der Siemens-Medizintechnik sehr willkommen.

Gottfried, der als nächster zu Wort kam, ist ein langjähriger Wegbegleiter und Freund Gerd Loboddas. Ebenso wie Gerd als 1. IG Metall-Bevollmächtigter ein gewichtiger Gewerkschafter in der Nachbarstadt Bamberg. Gottfried kann und will sich nicht damit abfinden, dass zunehmend die erkämpften Standards der Beschäftigten durch Leiharbeit, Zeitverträge, verlängerte Arbeitszeiten, unbezahlte Überstunden und viele andere Tricks abgebaut und Tarifverträge unterlaufen werden. Wir sollten uns intensiv damit befassen, welche Folgen die rasante Digitalisierung für die Arbeitenden hat.

Als nächster war der große, kräftige Herbert an der Reihe, den ich nicht kannte. Er berichtete leidenschaftlich, wie er sich persönlich und schriftlich als SPD-Mandatsträger im Nürnberger Land mit der Führung seiner Partei herumschlägt, weil er einiges an ihrem Kurs auszusetzen hat.

Dieses Problem hat Reinhold als bekennender Marxist überhaupt nicht. Wer die wahre Geschichte der SPD kennt, muss sich nicht wundern, griff er Herberts Frustration ziemlich herausfordern auf. Das kann ja bei den zukünftigen Diskussionen der Zeitlosen noch ganz schön spannend werden, dachte ich. Bestätigt durch Wolfgangs Zurückweisung von Reinholds Angriff auf die SPD. „Ging die Spaltung nicht auch von radikalen Kräften aus, die du, Reinhold mit keinem Wort erwähnt hast?" Jetzt kam der nicht nur gewerkschaftlich engagierte Frank aus Erlangen zu Wort, der sowieso als nächster dran war. Auch ihn kannte ich noch nicht. Er, ein Anhänger Ludwig Feuerbachs, ist der Meinung, dass man mit Schuldzuweisungen nicht weiter kommt. „Da muss man schon mal genauer hinschauen. Ist euch bekannt, dass wir in drei Jahren ein bedeutendes Jubiläumsjahr vor uns haben? 100 Jahre Freistaat Bayern, beziehungsweise 100 Jahre Niederschlagung der Räterepublik. Zum anderen 200 Jahre Karl Marx. Wir sollten diese historischen Ereignisse nutzen und uns langsam darauf vorbereiten. Dies könnte eine ganz schöne Herausforderung nicht nur für uns werden", meinte er. Die Stimmung in der Runde entspannte sich.

Die vorausschauenden Anregungen von Frank kamen dem profunden Marxkenner Godehard, der als nächster an der Reihe war, gerade recht. Er meinte, dass es durchaus gewinnbringend wäre, wenn wir uns anlässlich des Jubiläums auch mit Marx beschäftigen würden. Als ich über die Bedeutung Karl Marx' in der heutigen Zeit nachfragte, erinnerte mich Gerd daran, dass wir jetzt noch nicht, sondern erst nach unseren Statements diskutieren sollten.

Jetzt waren wir, die betriebliche Basis, an der Reihe. Wir beiden Betriebsräte, mein langjähriger Mitstreiter Karlheinz und ich, der ehemalige Betriebsratsvorsitzende Hans. Uns beiden ging hier bei den Zeitlosen anscheinend der Ruf voraus, die vorbildlichen und erfolgreichen Kämpfer in den harten Auseinandersetzungen für den Erhalt der Turbinenfabrik in Nürnberg mit ihren tausend Beschäftigten zu sein. Die Fabrik ist eine der wenigen in der Südstadt, die heute noch existieren. Aber das alles liegt schon viele Jahre zurück und ist für uns beide, wenn auch unvergessene Geschichte, Garant für den weiteren Bestand der Arbeitsplätze bis zur Gegenwart. Zur Verwunderung der Runde war dies jedoch heute nicht unser vordringliches Thema.

Karlheinz aktuelle Sorge ist, wie viele seiner guten Bekannten anfällig für neoliberale Kälte und zunehmende Ausländerfeindlichkeit sind. Dies schilderte er sehr eindringlich mit einem ziemlich pessimistischen Blick in die Zukunft.

Mich bewegte etwas ganz anderes, persönlicheres. Mich belasteten noch immer am meisten die noch nicht überwundenen Querelen in den eigenen Reihen und die zum Teil missverständliche Berichterstattung in der Presse während meiner gerade zu Ende gegangenen Stadtratsperiode. Davon hatten einige in diesem Kreis sicherlich einiges mitbekommen, aber nicht wirklich die politischen Hintergründe. Ich hatte das Bedürfnis, die Gelegenheit zu nutzen, um einiges klarzustellen und dass dies von allgemeinem Interesse sein könnte. Ich hatte aber schnell den Eindruck, dass Stadtratsarbeit und die zurückliegenden Auseinandersetzungen nicht sonderlich interessierten. Dass tat in dieser Runde jedoch meinem Ansehen als Betriebskämpfer keinen Abbruch. Ist ja gar nicht so schlecht, dachte ich. Ich hatte dies jedoch hie und da schon mal kritischer gehört. Aber stimmt das Bild, dass sie anscheinend von mir hatten? Nicht wirklich, dachte ich, obwohl ich mit der Rolle eines anerkannten und unbequemen Kämpfers eigentlich gut leben könnte.

Als letzter kam Johann zu Wort, das redegewandte, bundesweite, gewerkschaftliche Sprachrohr für die Rechte der Beschäftigten des Karstadt-Konzerns. Beeindruckend auch sein mutiger unermüdlicher Einsatz für die in den Fabriken in Bangladesch auch durch westliche Konzerne brutal ausgebeuteten Arbeitenden, vor allem Frauen. Mehrmals war er deshalb in Bangladesch gewesen. Es war ein Schock für uns alle, als er drei Jahre später völlig unerwartet verstarb. Mit Johann verband mich besonders, als gemeinsame Mitbegründer des Nürnberger Friedensforums, unser Friedensanliegen.

Nach Beendigung dieser Vorstellungsrunde gab es ein großes Bedürfnis, sich auszutauschen. Es ging um das Selbstverständnis der Zeitlosen. Da sprudelte es aus Gerd förmlich heraus. „Ihr glaubt ja gar nicht, was mir alles für Fragen gestellt werden. Wer sind die Zeitlosen? Seid ihr ein typischer Rentnerverein, eine Partei? Was bedeutet der Name Zeitlose eigentlich? Keine Zeit, zu viel Zeit, zu wenig Zeit zu haben? Seid ihr ein Stammtisch, ein Debattierclub, was wollt ihr bewirken, was kommt dabei raus, wen wollt ihr erreichen, mit welchen Inhalten seid ihr befasst, seid ihr immer einer Meinung, habt ihr gar den Anspruch, ein Element der Vorstufe einer Revolution zu sein, wie steht ihr zu den Parteien, wer kann alles zu euch kommen, ladet ihr Fachleute ein? Und so weiter und so fort. Haben wir auf dies alles eine Antwort? Ich glaube schon", meinte Gerd selbstbewusst. „Was meint ihr", fragte er in die Runde, „wie bringen wir das alles unter einen Hut und möglichst kurz?"

Da tauchte erstmals das Wort „Think-tank" auf. Einige lachten spontan. Ein anderer bemerkte, wenn schon, dann „Denkfabrik", dass verstehe wenigstens jeder. „Wir sollten uns nicht übernehmen", gab Frank zu bedenken. „Wisst ihr eigentlich, was hinter diesen Begriffen steht? Mächtige, einflussreiche Lobby und viel Kohle".

„Mag schon sein, sind wir in der Tat nicht, wollen es aber so auch nicht sein", wandte ich ein. „Unser Kapital ist doch ganz anderer Art" und deutete er auf meinen Kopf. „Wir müssen uns heute nicht festlegen", bemerkte Gerd.

„Allein all dies, was jeder von euch heute vorgetragen hat, wird uns viele Monate beschäftigen, ganz abgesehen von den heute noch nicht voraussehbaren kommenden Ereignissen" meinte Gerd vorrausschauend.

Anscheinend sich ganz darauf verlassend, dass Journalist Wolfgang die vorgetragenen Themen akribisch festgehalten hatte, bat Gerd ihn um die schriftliche Zusammenfassung für alle Anwesenden. Wolfgang war einverstanden.

Ich dachte mir, dass die Ursachen der politischen Hintergründe meiner Konflikte als Stadtrat zwar vorerst kein Thema der Zeitlosen sein würden. Vieleicht aber später, wenn wir uns mit dem von Frank angekündigten Jubiläumsjahr mit den Hintergründen des Scheiterns der Bayerischen Räterepublik vor 100 Jahren befassen würden. Und dann auch noch mit dem 200. Geburtstag von Karl Marx. Es könnte sehr spannend werden, warum es auch in der heutigen Linken so unterschiedliche Interpretationen gibt, wie ich dies so schmerzhaft in meiner Stadtratszeit erlebt hatte. Mit Godehard hatte ich ja einiges abklären können.

Nach meinem heutigen ersten Eindruck bei den Zeitlosen hatte ich Interesse an der weiteren Kommunikation mit diesen unterschiedlichen Menschen, mit ihren bemerkenswerten Biografien. So wurde auch ich ein Zeitloser.

Neujahrsempfang der Stadt Nürnberg

Die Post vom Oberbürgermeister war wie jedes Jahr pünktlich vor Weihnachten gekommen. Über die erneute Einladung zum großen Neujahrsemfang der Stadt Nürnberg, als einer der ehemaligen Stadträte, freute ich mich. Natürlich würde ich wieder hingehen. Ist es doch das bedeutendste gesellschaftliche Ereignis Nürnbergs für alles, was Rang und Namen hat, gleich am Anfang des neuen Jahres 2017.

Ich war gespannt, wer mir von den ehemaligen politisch unterschiedlichen Stadträten wieder über den Weg laufen würde. Und wie es mir nach etwas längerem Abstand mit ihnen gehen würde. Allzu viele, aus der Zeit meiner außerparlamentarischen Umtriebe in den vielen Jahren in Nürnberg würden unter den über tausend Anwesenden nicht sein. Denn die meisten von ihnen würden keine Einladung bekommen haben. Gewerkschafter jedoch schon.

Gespannt war ich auch, wie dieses Mal Oberbürgermeister Malys Neujahrsansprache angesichts der aktuellen politischen Großwetterlage angelegt sein würde. Wird es ihm wieder gelingen, mit seiner launigen Art auch seine politischen Gegner einigermaßen zufriedenzustellen? Ich hatte in der großräumigen Messehalle einen der vorderen Plätze ergattert, von dem aus ich den OB, der von der oberen Rolltreppe aus seine Rede hielt, gut hören und sehen konnte.

Ich wollte nichts von seiner Ansprache verpassen. So stand ich mit meinem Notizblock zufällig nehmen einem ehemaligen, mir durchaus sympathischen Stadtratskollegen, dem ich immer wieder einmal bei meinen außerparlamentarischen Aktivitäten begegnet bin. Es konnte gar nicht anders sein, dass wir an Passagen der Rede des Oberbürgermeisters unterschiedlich applaudierten, war er doch sein Parteigänger.

Foto: Matejka

**So erlebte ich die Neujahrsansprache des Nürnberger Oberbürger-
meisters vor über tausend geladenen Gästen. „Plädoyer für ein ge-
rechtes Nürnberg" titelte die „Nürnberger Nachrichten".**

Ich notierte mir einiges für ein Feedback beim anschließenden Defilee
beim Oberbürgermeister. Nach dem nicht enden wollenden Begrü-
ßungsritual seines Stellvertreters – jeder der Gäste oder zumindest der
zugehörigen Gruppe sollte in irgendeiner Form erwähnt sein –, begann
Maly gleich mit Beispielen von der aus den Fugen geratenen Welt und
der Ratlosigkeit vieler Menschen.

OB Maly fragte, wie solle man umgehen mit der Angst und dem Un-
behagen vieler Menschen angesichts des Terrors, der vielen Flüchtlinge
und der unsicheren Zukunft im Zeitalter der Globalisierung und Digitalisierung, und wie bewältige dies auch die nachfolgende Generation? Wer
habe da schon gültige Antworten? Er meinte, mit dem „Wir sind das
Volk" und der Ausgrenzung alles Fremden lasse sich das sicherlich nicht
lösen. Und er sagte, die Wahrheit sei meist viel schwieriger und Angst sei
ein schlechter Ratgeber.

Während er redete, gingen mir immer wieder spontan eigene Themen durch den Kopf – als er unter anderem die Themen Umweltzerstörung, Militäreinsätze der Bundeswehr und die Rolle Europas anriss, und er über eine soziale Marktwirtschaft, über bewährte Sozialpartnerschaft und Gerechtigkeit sprach. Er machte Mut mit seinen Gedanken über Demokratie und deren Chancen. Er ermunternden seine Zuhörer, dass es sich lohnt mit etwas lachendem Mut und Bereitschaft ab und zu die Blickrichtung etwas zu ändern. Leicht gesagt, dachte ich mir in diesem Moment. Und dann sein verblüffendes Zahlenspiel: Demnach sind in den letzten zehn Jahren in Nürnberg insgesamt 313.000 Menschen zu-, und 277.000 weggezogen. Sicherlich wollte er damit beruhigen, dass die befürchtete sogenannte Flüchtlingsflut für Nürnberg überschaubar und die Integration durchaus möglich ist.

Und schon leitete er gekonnt über auf die Bewerbung Nürnbergs als Kulturhauptstadt 2025. Man merkte gleich, dass ihm dies bei aller Kritik im Vorfeld eine Herzensangelegenheit ist. Abweichend von seinem Redemanuskript ermunterte er die Gäste, die Chance für Nürnberg zu nutzen und der anwesenden Kulturreferentin eigene kreative Vorschläge zu machen. Hinterher erfuhr ich, dass sie in dieser Veranstaltung keinen Ruhe mehr hatte.

Die meisten Gäste waren danach der Meinung, dass der anhaltende Beifall für die Rede des Oberbürgermeisters durchaus verdient war. Sie waren aber auch erleichtert, dass sie den offiziellen Teil hinter sich hatten und freuten sich nun auf die Party mit Gläschen, Häppchen und darauf, endlich auch selbst ins Gespräch zu kommen, nicht nur mit Gleichgesinnten.

Die allgemein durchgängige kürzeste Kommunikation war ein „a g'sund's Nei's" – vom Fränkischen ins Hochdeutsche übersetzt „ein gesundes neues Jahr". Nun war ich gespannt auf die Meinung der Gäste zu den Inhalten der Rede des Oberbürgermeisters, und was sie sonst noch bewegte. So fragte ich immer wieder, ob es einer hören wollte oder nicht, wie sie die Rede fanden?

Da gab es verschiedene Meinungen von unterschiedlichen Gästen. Ziemlich problembeladen, meinten die einen, meistens mit Respekt. Für andere blieben bei aller Zuversicht noch viele Fragen offen. Einige wollten nur noch feiern und meinten, sie hätten selber Probleme genug und keine Lust, auch hier noch welche zu wälzen. Schade, dachte ich.

Einer der ersten, dem ich im sich auflösenden Gedränge begegnete, war ein ehemaliger Stadtratskollege, der jetzt bayerischer Landtagsabgeordneter ist. Spontan fiel mir meine öffentlich ausgetragene Auseinandersetzung mit seinem damaligen Fraktionsvorsitzenden ein, für die er der Anlass war. Ich kritisierte damals seine Teilnahme an einer türkisch-nationalen Großdemonstration gegen Kurden, bei der für eine Militärintervention im Irak plädiert wurde.

Nun stellte ich ihm eine Frage zu einem Thema, das OB Maly in seiner umfassenden Rede nicht angesprochen hatte. Ich wollte von ihm wissen, wie er die derzeitige Entwicklung in der Türkei einschätze. Es ist schließlich sein ursprüngliches Heimatland. Seine Antwort hatte ich mit dieser Deutlichkeit von ihm nicht erwartet. Er befürchtet, dass sich die Türkei auf dem Weg in eine Diktatur befindet. Ich teilte seine Befürchtung.

Während OB Malys Rede fielen mir beim Stichwort „Umwelt" sofort die umweltorientierten Überlegungen des Chefs des Öffentlichen Nahverkehrs, Herrn Hasler, zum fahrscheinlosen Nahverkehr ein. Und so fragte ich einen konservativen Stadtrat, mit dem ich mich in unseren Sitzungen immer wieder einmal auseinandergesetzt hatte, ob der Stadtrat die überraschenden Anregungen zum Thema ticketfreies Fahren von Herr Hasler demnächst aufgreifen und behandeln würde? Ich hatte den Eindruck dass ihm meine Frage ziemlich unangenehm war. Mit einem leicht ironischen Unterton erinnerte er mich daran, wie sehr ich ihn und die Mehrheit im Stadtrat mit diesem Thema genervt hatte. Anscheinend um sich aus der Affäre zu ziehen hatte er es plötzlich eilig und entfernte sich ziemlich unvermittelt mit dem an diesem Abend üblichen „A g´sund´s Nei´s." „Immer noch so ignorant" dachte ich mir im Moment.

Ich durfte jetzt nicht das Neujahrsdefilee beim Oberbürgermeister verpassen. Ich war wie immer einer der letzten in der Schlange. Ich gratulierte ich ihm zu seiner gehaltvollen, nachdenklich-, aber auch Mut machenden Rede. Ich sagte ihm, dass ich mir allerdings gewünscht hätte, dass er auch etwas zu den Ursachen und die Hintergründe von Krieg und Vertreibung gesagt hätte. Ich konnte aber seine Bedenken nachvollziehen, als er mir sagte, dass dies bei einem so breit gefächerten Publikum des Neujahrsempfangs nicht ganz unproblematisch gewesen wäre. Ich erwiderte, dass ich ihm durchaus zugetraut hätte, als Oberbürgermeister die passenden Worte zu finden. Ich hatte aber dann den Eindruck, dass dies nicht in seinem Sinne war.

Ich sagte ihm, vieles aus seiner Rede habe mich zu weiteren eigenen Überlegungen angeregt und dass ich dies alles aufzuschreiben werde. Der OB zeigte Interesse, dies zu lesen. „Schicken sie mir es zu, wenn sie so weit sind." Wir verabschiedeten uns freundlich mit Handschlag und mit dem beiderseitigem „Abgemacht" und einem „a g´sund´s Nei´s.

Obwohl die amerikanische Wahl nicht im Mittelpunkt der Rede von OB Maly stand, war dies immer wieder ein Thema der Party. Doch war ich völlig verblüfft, als mir der durchaus sympathische konservative hauptamtliche Wirtschaftsreferent, mit dem ich in meiner Zeit als Stadtrat ab und an mal die Klingen gekreuzt hatte die Frage stellte, ob die überraschende Wahl Trumps nicht eigentlich in meinem politischen Sinne wäre. Er unterstellte mir anscheinend wohl eine Opposition um der Opposition willen – egal mit wem. Ich war aber im Moment nicht so schlagfertig, sofort zurück zu fragen, wieso er ausgerechnet mir so eine seltsame Frage stellte? Wie schätzte er mich wohl ein? Ich antwortete spontan, dass ich entsetzt sei, dass so ein großmäuliger Egomane zum amerikanischen Präsidenten gewählt wurde. Was solle sein „America great again"? Als wenn die bisherige weltweite US-amerikanische Dominanz noch zu steigern wäre. Was sollen nationalistische Töne bei einem alles beherrschenden, globalen, digitalen Finanzkapitalismus mit all seinen verheerenden Folgen! Was würde sein, wenn seine großspurigen Ankündigungen, wieder die Industrie nach Amerika zurückzuholen und jede Menge Jobs zu schaffen, im digitalen Zeitalter nicht machbar sind? Was passiert in dem jetzt schon zerrissenen Land, wenn sein Protektionismus nur zu Augenblickserfolgen führt, diese aber nicht nachhaltig sind? Fest steht, Trump braucht keine Lobby, denn die Milliardäre und Generäle sitzen nun selbst in seiner Regierung. Für mich eine gefährliche Konstellation. Wird er Kriege provozieren, wenn er keinen Ausweg mehr sieht? Von wegen, er übergibt die Macht dem Volk. Diese Regierenden werden ihre milliardenschweren Privilegien bestimmt nicht infrage stellen, und das geht ganz sicher zu Lasten des Volkes. So wie die Ankündigung, die dringend notwendige Krankenversicherung „Obamacare" für 20 Millionen Menschen, zurückzunehmen. Dies trifft vor allem die Ärmsten der Armen.

Auf die Frage des Wirtschaftsreferenten, warum man ihn dann gewählt hatte, rutschte mir der vielleicht nicht ganz angemessene Satz heraus: „Die dümmsten Kälber wählen ihre Metzger selber!"

Ich hatte den Eindruck, mein Fragesteller war von meiner Antwort genauso überrascht, so wie ich von seiner Frage, ob Trump nicht in meinem Sinne wäre.

Da kam auch schon wieder einer der netten Tablett-Träger mit kulinarischen Köstlichkeiten und Getränken. Ich nahm von beidem, aber wohin damit. Glück gehabt, an einem der zahlreichen, gut besetzten Partytischchen war noch etwas frei. Man kam schnell ins Gespräch. Auf der einen Seite von mir ein älterer Herr. Er war anscheinend im Dienst, hatte die Speisekarte vor sich liegen und testete offensichtlich lückenlos die angebotenen Leckereien. Für wen er das tat, verriet er mir allerdings nicht. Hoffentlich platzte er nicht bald dachte ich.

Auf der anderen Seite kam ich mit einer jungen Frau ins Gespräch, die mich mit ihrer spontanen Offenheit verblüffte. Sie wäre als Behindertenvertreterin hier, sei Epileptikerin von Kind auf, und schilderte mir, was sie alles dadurch erlebt hatte, wie sie damit umgeht und dass ihr Stottern mit einer Schädigung ihres Sprachzentrums zu tun habe. Was mich aber besonders beeindruckte war ihre optimistische und lebensbejahende

Art, wie ich das bei vielen Gästen ohne Handicap so nicht erlebte. Für mich eine unvergessliche Begegnung.

Dann lief mir mein ziemlich kritisch eingestellter Gewerkschaftskollege Norbert über den Weg. Wir nahmen uns jeder noch ein Gläschen und er schlug vor, mal ein bisschen auf die Seite zu gehen, um uns bei dem Trubel in Ruhe unterhalten zu können. Auch ihn fragte ich als erstes, was er von der soeben gehaltenen Rede unseres Oberbürgermeisters hielt. Etwas distanziert, fand er die Rede nicht schlecht. Die angesprochenen Irritationen und Auswirkungen wären ja nicht falsch, aber ihm fehlten die tieferen Ursachen all des Geschilderten. Anscheinend hatte er auf der Party noch niemanden getroffen, bei dem er seine kritische Einschätzung loswerden konnte. Glaubst du, fragte er mich, ob mit dieser Rede der brutale Turbokapitalismus in irgendeiner Form zu beeindrucken ist? Ich antwortete, dass für die meisten Gäste Malys Neujahresansprache sicherlich auch so schon eine ganz schöne Herausforderung war, zumal wenn sie einem ganz anderem politischen Lager zugehörten. Auch damit, als er sagte, dass sich mit dem Ausspruch „Wir sind das Volk" und der Ausgrenzung alles Fremden Probleme sich nicht lösen lassen. Das stimmt schon, meinte Norbert und er wurde richtig leidenschaftlich:

„Warum sprach Maly nicht darüber, dass die Schere zwischen Arm und Reich weltweit immer größer wird und dies auch eine der Ursachen für die weltweiten Rechtsentwicklungen sind? Aber auch die Ursache für die Finanznöte der Stadt?"

Bei mir zeigten die zwei Gläschen Wein inzwischen ihre Wirkung und wir merkten beide, dass unter den vielen Gästen jetzt nicht die passende Gelegenheit für ein intensiveres Gespräch unter vier Augen war. Wir wollten ja auch noch mit manch' anderen Kontakt haben.

Und da tippte mich von hinten jemand an die Schulter. Es war die gewerkschaftliche Frauenrechtlerin, meine Wahlkampf-Mitstreiterin, die mich gleich herzlich umarmte. Alte Liebe rostet nicht, dachte ich, und so begegneten wir uns mit einer echten, beiderseitigen Zuneigung. Gemeinsam hatten wir über Wochen am Jakobsplatz bei widrigem Herbstwetter

Leute angemacht, die von Gostenhof in die Innenstadt unterwegs waren, um ihre Unterschrift für unsere Kandidatur zur Stadtratswahl für die Linke Liste zu bekommen. Ihr hatte imponiert, wie es mir immer wieder gelungen war, im Stile eines Teppichhändlers Leute zu überreden mit mir einem Umweg zum ein paar hundert Meter entfernten Einwohnermeldeamt zu gehen, um ihre Stimme für unsere Kandidatur abzugeben. Und dass ich nicht so schnell aufgab.

Ihr hatte imponiert, wie ich mit wenigen Worten die Kritik an der Agenda 2010 und an den sozialen Ungerechtigkeiten auf den Punkt brachte, und wie ich mich nicht mit der Ausrede zufrieden gab, dass sie keinen Ausweis dabei hätten. Sie machte mir das Kompliment, dass wir auch durch meine Hartnäckigkeit die tausend benötigten Stimmen zusammenbekommen hatten. Sie erinnerte mich daran, wie wir immer wieder gegen aufkommende Herbststürme unsere mannshohen Linke Liste-Buchstaben vor dem Umwehen gerettet hatten.

Aber sie war auch immer noch traurig und konnte es bis heute nicht verstehen, dass ich mich während meiner Stadtratsperiode von der Linken Liste verabschiedet hatte. Ich beruhigte sie damit, dass sich dadurch meine grundsätzliche Einstellung nicht geändert habe. So ein Parteiloser wie ich passte halt, mit seinen spinnerten Ideen und seiner Offenheit, nicht so recht in das stringente Kaderweltbild linker Funktionäre. Als ich ihr erklärte, dass ich mich auch nicht so gerne mobben ließ, hatte sie Verständnis dafür, dass ich mich als offener Linker selbständig machte. „Du hast sicherlich meine ‚OL‘-Stadtrats-Klicks regelmäßig gelesen, die ich nicht nur dir monatlich maile." Sie nickte anerkennend. Mit unveränderter Zuneigung verabschiedeten wir uns mit einem „G'sund's Nei's" und mit einem „bis bald!"

„A g'sund's Nei's" wünschte ich auch dem so erfolgreichen Hausherrn der Messe. Er lachte schallend, als ich ihm sagte, dass ich das ihm schon lange versprochene Stückchen vergoldeten Stacheldrahts vergessen hatte. Die um ihn Stehenden waren etwas irritiert. Sie wussten nicht, dass dies sein Reflex auf unsere Auseinandersetzungen im Stadtrat war. Immer, wenn ich ihm, dem damaligen Wirtschaftsreferenten im Stadtrat, eine Frage stellte, antwortete er grundsätzlich, dass er einem Mauerbauer und Stacheldrahtzieher wie mir nicht antworte. Je öfter er das jedoch wiederholte, desto peinlicher wurde dies im Stadtrat. Er hatte unsere Begegnungen im Stadtrat, so wie auch ich, nicht vergessen. Mit dem zeitlichen Abstand trugen wir's mit Humor. Unsere gegensätzlichen Auffassungen hatten sich jedoch sicherlich nicht verändert.

Als ich Stephan begegnete, dem leidenschaftlichen Kämpfer für den Erhalt des Z-Baus, dem Ort Nürnberger Subkultur, fragte ich ihn, ob er schon mit der anwesenden Kulturreferentin gesprochen habe. Er fragte zurück, wieso er dies tun sollte? „OB Maly hat ja in seiner Rede angeregt, der anwesenden Kulturreferentin kreative Vorschläge für das Gelingen der Bewerbung Nürnbergs als Europäische Kulturhauptstadt 2025 zu machen", erinnerte ich ihn. „Ich habe zwar nichts gegen die Bewerbung Nürnbergs als Kulturhauptstadt, aber alternative Subkultur ist nicht gerade die Stärke unserer Kulturreferentin, um dies milde auszudrücken", meinte er ziemlich resigniert. Er gehöre zwar nicht zu den Kritikern, die da sagen, die vielen Millionen, die das Kulturprojekt kostet, sollten besser für dringendes Soziales in der Stadt verwendet werden. Stephan glaubt jedoch nicht, dass für alternative Kulturprojekte in unserer Stadt ausreichend Mittel eingeplant werden, die einer breiten Mehrheit zu Gute kämen. „Erinnere dich doch, wie wir damals im Stadtrat gemeinsam dafür kämpfen mussten, bis die Millionen für die Sanierung des Z-Baus, der ehemaligen SS-Kaserne genehmigt wurden. Wir hatten erreicht, dass die vielfältige, selbstverwaltete Subkultur junger Menschen, die sich mit viel Idealismus provisorisch und mit eigener Initiative ziemlich chaotisch eingerichtet hatte, noch eine Zukunft hat." Auch bei unserem heutigen Zusammentreffen waren wir uns einig, dass es richtig war darauf zu bestehen, dass die Mittel für die Sanierung nicht in erster Linie für eine kommerzielle Nutzung eingesetzt werden und somit die vorhandene Subkultur nicht auf der Strecke bleibt.

Mich konnten die chaotisch bemalten rohen Wände und Decken nicht abschrecken, wenn ich, zur Unterstützung des bunten Völkchens zu ihren kreativen Veranstaltungen immer wieder einmal als Stadtrat vorbeischaute.

Ihr Wahlspruch keine „keine Macht für Niemand" galt anscheinend auch für mich. Bei aller Anerkennung meiner Bemühungen für ihre Anliegen. Als Stadtrat gehörte ich zum Establishment und war somit nicht einer von ihnen. Ich saß wieder einmal zwischen den Stühlen.

Ich fragte Stephan noch, ob er wieder einmal an seiner alten Wirkungsstätte im Z-Bau war. Ich hatte den Eindruck, dass er keine Lust hatte, über dieses Thema zu reden und dass dies im Gegensatz zu mir für ihn längst abgeschlossen war.

Es war mein letztes „g`sund`s Nei`s an diesem Abend, als wir uns verabschiedeten, denn es war schon weit über der Zeit des Neujahrsempfangs und es waren nur noch wenige Gäste da. Zeit, heimzugehen, obwohl längst noch nicht alles gesagt war.

Als mir die U-Bahn direkt vor der Nase wegfuhr, machte ich mich ein Stündchen zu Fuß auf den Heimweg. Dies tat mir an diesem verschneiten Winterabend ganz gut nach all den vielfältigen Begegnungen und Oberbürgermeister Malys gehaltvoller Rede, um meinen Kopf etwas freizukriegen. Am Ende meines Heimwegs ordnete sich alles schon ein bisschen. Ich nahm mir vor – wie mir empfohlen – mal über einiges nicht nur nachzudenken, sondern auch nachzulesen, und ich hatte ja dem Oberbürgermeister versprochen, das heute Erlebte aufzuschreiben. Es hat dann allerdings einige Wochen gedauert, aber ich habe mein Versprechen eingelöst und es dem Oberbürgermeister zugeschickt. Als ich ihm später wieder einmal begegnete, fragte ich ihn, ob er meine Aufzeichnungen, die ich ihm zugeschickt hatte, schon gelesen hat. Ich hatte den Eindruck, dass ihm meine Frage etwas peinlich war und hatte Verständnis, dass er wegen seiner umfangreichen Aufgaben noch nicht dazu gekommen ist.

Revolutionäre Gründung des Freistaats Bayern vor 100 Jahren

Ich hatte schon länger nichts mehr von meinem langjährigen, ziemlich anarchistischen, guten Bekannten gehört. Helge rief an und klang, entgegen seiner sonst ausgeglichenen Art, ziemlich aufgeregt. „Hans, hast du schon die Rezension über das Buch mit dem schwachsinnigen Titel ‚Träumer‘ in der Zeitung gelesen?" „Nein, um was geht es denn?", fragte ich zurück. „Es geht um die Räterepublik 1918. Stell‘ dir vor, für den Autor waren das alles Träumer!", schimpfte er ziemlich lautstark. „So ein Schwachsinn!"

Sag mal, Hans, sicherlich ist dir als politischem Menschen nicht entgangen, dass in diesem Jahr nicht nur die Landtagswahlen in Bayern anstehen, sondern auch das 100-jährige Jubiläum der Gründung des Freistaates Bayern ansteht, die ja aus der Revolution von 1918 und der Räterepublik entsprang. Ich würde gern mit dir darüber reden. Können wir uns mal wieder treffen?" „Gerne", antwortete ich. „Schick mir doch den Zeitungsartikel zu, dann können Karin und ich schon mal reinschauen. Komm doch vorbei, lass uns gemeinsam zu Abend essen, dann können wir alles besprechen".

Ziemlich entschlossen stand er dann vor der Tür. „Es gibt Bouletten mit Kartoffelpüree und Bohnensalat", begrüßte ich ihn. Er kam dann aber kaum zum Essen. Es sprudelte nur so aus ihm heraus. „Für wen hält sich denn dieser Autor? Die Revolutionäre von 1918 als Träumer zu diffamieren, die zwangsläufig blutig scheitern mussten, wie er schreibt? Für was hält sich der Schreiberling eigentlich? Er glaubt, die Akteure der Räterepublik alle zu kennen. Die bekannten Schriftsteller und Intellektuellen, Erich Mühsam, Gustav Landauer, Oskar Maria Graf, Ernst Nie-kisch, Ernst Toller. Was fällt dem denn ein, diese hochkarätigen Persön-lichkeiten im Nachhinein als Träumer zu diffamieren, die zwangsläufig blutig scheitern mussten? Ein starkes Stück von diesem Schreiberling."

Bei Helges Empörung war mir klar, wie sehr er sich das Gelingen einer derartigen Räterepublik auf Dauer gewünscht hätte. Er war mit dem Essen noch nicht fertig und wollte uns unbedingt Auszüge von ei-nem Gedicht von Erich Mühsam vorlesen, das er mitgebracht hatte:

Genosse Seidelheber sprach:
„Wir sind die Demokraten!
Wir woll'n nicht mehr im Schlamm der Schmach im Sumpf des Zwanges waten.
Wir wissen selbst was not uns tut und brauchen keine Fürsten, –
Wir alle, die voll Kraft und Mut
Nach Recht und Freiheit dürsten.
Das Volk ist stark, – das Volk sei frei!

Es folge eignen Räten! Des Volkes Losungswort, es sei:
Tod den Autoritäten!"
– Und Beifallsmurmeln rings erscholl,
Begeist'rung packte jeden.

Doch mächt'gen Freiheitdranges voll, fuhr jener fort zu reden:
„Das Volk will selber Führer sein,
Den eig'nen Willen hat es.
Der Arbeitsmann will sich befrei'n,
Der Mann des Zukunftsstaates.

Schon stürmt der Freiheit Siegeslauf –
Ich rede nicht zum Spaße –
Der Sturm geht los, das Volk steht auf!
Der Freiheit eine Gasse!!

He! wie da alles Freiheit schrie,
die Alten und Jungen!
Wie sind von Tisch und Stühlen sie
begeisterungsvoll gesprungen!

Doch als nun einer rief gar noch,
eh´ sich der Saal wollt´ leeren:
Genosse Seidelheber hoch!

Da konnt´ man nur noch hören ,
aus allem Jubeln, Lärmen, Schrei´n:
Genosse Seidelheber soll
fortan unser Führer sein!
Ihm folgen wir! Hoch leb´ er!

Ich fragte Helge, was er uns mit dem Gedicht von Erich Mühsam eigentlich sagen wollte. „Mir ist das Gedicht – ehrlich gesagt – nicht wirklich
verständlich. Einerseits schildert Mühsam eindrucksvoll den begeisterten
Ruf im Saal nach Recht und Freiheit gegen die Autoritäten und dass das
Volk selbst der Führer sein will. So wie es die Räterepublik vorhatte, die
sich von der autoritären Wittelsbacher-Monarchie lossagte. Andererseits
riefen die Menschen nach einem Führer, wie den Genossen Seidelheber.
Das ist doch eigentlich ein Widerspruch.“

„So richtig verstehe ich deine Frage nach dem Sinn des Gedichts von
Erich Mühsam nicht“, antwortete Helge fast ein wenig gekränkt. „Das
Gedicht spricht doch für sich selbst. Ironisch nimmt Mühsam die Sehn-
sucht des Volkes nach einem Führer aufs Korn. Das dieser Führer einmal Adolf Hitler heißen würde, war noch nicht abzusehen. Dass Müh-
sams Abneigung gegen jegliche Art von Führern auch für die Sozialde-
mokratie gilt ist doch offensichtlich“, ergänzte Helge ganz im Sinne
seiner anarchistischen Auffassungen und seiner Kritik an dem unverantwortlichen Verhalten der sozialdemokratischen Führung in der Zeit der
Räterepublik.

Helge setzte seine Kritik an dem Autor fort, der den Revolutionären Größenwahn, mangelnde Professionalität, zu wenig Erfahrung, und ziemlich abwertend und provozierend revolutionäres Pathos unterstellt! „Damit nicht genug!", wetterte Helge. „Dass er auch noch für das Scheitern der Räterepublik die Dichter wie Thomas und Klaus Mann bemüht, mit der Bemerkung, dass sie ja beide nicht viel mit den Roten anfangen konnten, ist ja ziemlich hinterhältig. Und dass der Autor auch noch behauptet, dass „Angst und Panik und das Verhalten eines Hühnerhaufens' bei den Revolutionären die Ursachen des schrecklichen und tragischen Endes Kurt Eisners und der Seinen gewesen seien, ist unglaublich!", meinte Helge jetzt schon fast resignierend. „Als wenn es nicht erwiesen ist, dass die Bemühungen für eine bessere Gesellschaft durch eine Räterepublik von den ewig Gestrigen blutig niedergeschlagen wurden und das auch noch mit Hilfe von Führern der Sozialdemokraten."

Ich ermahnte ihn, dass sein Essen bald ganz kalt würde. Helge ließ sich dadurch nicht beirren und fragte uns, was wir eigentlich zu dieser Buchrezension meinten. Wie das so ihre Art ist, überlegte Karin kurz und fand, dass die Träumer-Thesen des Autors zwar ziemlich einseitig seien. „Aber mal ehrlich hinterfragt, ist da nicht doch etwas dran?" Das hätte sie lieber nicht fragen sollen. Helge wurde richtig leidenschaftlich. „Jetzt sollten wir aber doch die Kirche im Dorf lassen und den Buchautor vom Kopf auf die Füße stellen.

Wenn die Revolutionäre alle Träumer waren, wieso folgten dann Anfang 1919 in München trotz des Belagerungszustands mehr als 100.000 Menschen dem Sarg des von einem rechtsextremen Studenten ermordeten ersten Ministerpräsidenten des Freistaates Bayern, Kurt Eisner? Warum schickte die Berliner Zentralregierung ihre Truppen nach München, um mit brutaler Gewalt, mit zahlreichen Getöteten und Verletzten, der friedlichen Revolution den Garaus zu machen? Dies alles nur wegen ein paar schriftstellerischen Träumern? War die friedliche Revolution und die Ausrufung des Freistaats Bayern durch den Arbeiter- und Soldatenrat mit Kurt Eisner an seiner Spitze und damit das Ende der Monarchie und die Absetzung des Hauses Wittelsbach für die herrschenden Monarchisten nicht viel zu gefährlich, um tatenlos zuzuschauen?

Dass in den 100 Tagen der Regierung Eisner der 8-Stunden-Tag, das Frauenwahlrecht und die Abschaffung der katholischen Schulaufsicht durchgesetzt wurde, war für die Ewiggestrigen zu viel", erklärte Helge leidenschaftlich.

Archivfoto: Süddeutschen Zeitung
Der Ministerpräsident der Räterepublik Kurt Eisner (Bildmitte, mit Hut) bei einer Rätedemonstration in München Anfang 1919.

Inzwischen war es schon weit über Mitternacht. Karin zog sich zurück, aber Helge und ich hatten bei einem Glas Rotwein noch Diskussionsbedarf. Ich fragte ihn, welchen Zusammenhang es seiner Meinung nach zwischen der russische Oktoberrevolution und der späteren Gründung einer Räterepublik in München gab. „Die Frage ist nicht einfach zu beantworten. Da muss man schon etwas weiter ausholen", antwortete er. Ich fragte nach, welchen Stellenwert der Marxismus dabei hatte. Es zeigte sich, dass Helge den Marxismus nicht nur studiert hatte, sondern dass er sich damit auch, aus seiner ziemlich anarchistischen Sicht, kritisch auseinandergesetzt hatte.

„Bei allen Verdiensten ist der Marxismus für mich, im Gegensatz zu deinen Mitstreitern, keine Glaubensfrage oder eine unumstößliche Wahrheit, die man nicht zu hinterfragen braucht. Jedoch waren die Erkenntnisse von Marx durchaus die Grundlage für Revolutionen gegen untragbare Zustände", räumte er ein. Ich war gespannt auf seine weiteren Einschätzungen.

„Um auf deine Frage über die Zusammenhänge zwischen der russischen Revolution und der Räterepublik zurückzukommen: Da gibt es Widersprüchliches. So war Lenin der Überzeugung, dass seine bolschewistische Revolution in Russland die Initialzündung auch für die westlichen Länder sein könnte.

Dies widersprach der Theorie von Marx, dass eine Revolution erst dann sinnvoll und möglich ist, wenn eine entwickelte Arbeiterschaft für eine Revolution wirklich reif und in der Lage dazu ist. Dies war in Russland nicht der Fall, eher schon in den westlichen Ländern und bei uns. Ich möchte dies einmal mit einem einfachen Beispiel erklären, wie dies Marx gemeint haben könnte. Nämlich ‚dass ein Apfel erst vom Baum gepflückt werden sollte, wenn er wirklich reif ist'. So ist dies, nach Marx, auch mit der Entwicklung der Arbeiterbewegung und ihren Revolutionen".

„Aber wenn wir schon über die Reife einer gesellschaftlichen Entwicklung reden, stellt sich für mich doch auch gleich die Frage, ob nach Marx der schon so lange dominierende reale Kapitalismus nicht schon längst seinen Zenit überschritten hat und überreif ist? Wann ist es denn soweit? Müsste nicht, nach Marx, dieser überfällige Kapitalismus schon längst durch eine Diktatur des Proletariats abgelöst sein?", fragte ich, fast wie in Helges anarchischem Fahrwasser.

Ich hatte den Eindruck, dass Helge im Moment auf diese Frage nicht gefasst war. Jedoch Wasser auf seine skeptischen Mühlen, was Marx betraf. So antwortete er nur kurz und distanziert: „ich weiß nicht, wie Marx diese Frage heute hätte beantworten sollen."

Wir waren etwas von unserem Thema über die russische Revolution abgekommen. „Abgesehen von dem Begriff der Reife: War die russische

Revolution wegen der Not der Menschen durch Hunger und Krieg und der Unterdrückung vor allem der Bauern durch die Zaren nicht zwangsläufig?", wandte ich ein.

„Das schon. Lenin nutzte aber dieses Aufbegehren des notleidenden Volkes für seine bolschewistischen Pläne, die jedoch so nicht aus der aufbegehrenden Bevölkerung heraus entstanden sind", meinte Helge kritisch. Räumte jedoch ein, dass Lenin mit der Einsetzung der Arbeiter-Bauern- und Soldatenräte die Macht des Zaren und seiner bürgerlichen Mitläufer beseitigte.

Dann wies Helge auf die ziemlich absurde Situation hin:

„Im Nachhinein gesehen hat es schon etwas Groteskes, dass ausgerechnet die westlichen Monarchen dafür sorgten, dass Lenin unbehindert von seinem Exil aus der Schweiz nach Russland zurückkehren konnte. Sie taten dies natürlich nicht aus uneigennützigen Gründen. Sie versprachen sich eine Schwächung des Zaren und Vorteile durch Lenins Ankündigung, den Krieg zu beenden.

Lenin beendete tatsächlich den verheerenden Krieg der monarchischen Rivalen. Er war bereit, einen hohen Preis durch erhebliche Gebietsabtretungen zu zahlen, wenn nur der Krieg, der ja in Europa insgesamt 17 Million Tote gefordert hat, endlich beendet wird. Allerdings hatten sie die Rechnung ohne die bolschewistische Revolution Lenins gemacht, die ihnen noch schwer zu schaffen machen sollte.

Natürlich gab es einen Zusammenhang zu den revolutionären Bestrebungen auch bei uns in der Räterepublik. Die russische Revolution hatte sich herumgesprochen, nicht nur in Bayern, und vor allem in München, aber auch im ganzen deutschen Reich. Es gab ein heftiges revolutionäres Rumoren nicht nur bei uns, sondern ganz besonders in Österreich und Ungarn in dieser Zeit. Es waren Hunderttausende auf den Straßen. Allein in Berlin folgten am 28. Januar 1918 über 400.000 Arbeiter, auch die der Rüstungsbetriebe, dem Spartakusaufruf zu politischen Massenstreiks.

Mit den Parolen ‚Nieder mit dem Krieg, nieder mit der Regierung!‘. Überall wurden nach dem Muster der russischen Revolution Arbeiterräte aus den Betrieben heraus gewählt. In der Angst, von der Revolution überrollt zu werden, verhandelte die monarchistische Zentralregierung mit den Arbeiterräten, um die Bewegungen mit fadenscheinigen Zugeständnissen einzudämmen. Es herrschten überall bürgerkriegsähnliche Zustände. Parallel zu den Zugeständnissen griffen in Berlin die Polizei und das Militär brutal durch. Es kam zu Massenverhaftungen und sie erschossen eine unbekannte Zahl von Demonstranten auf den Straßen. Erst am 4. Februar 1918 konnte unter Androhung verschärfter Strafen gegen die Aufständischen die ‚Ruhe' wieder hergestellt werden, wie es so schön hieß". Mit bitterem Unterton kritisierte Helge, dass die Regierungssozialisten und auch Gewerkschaftsführer dabei freiwillig Hilfe leisteten.

„Nach Deinen Einschätzungen werde ich heute Nacht bestimmt nicht gut schlafen, aber meine Frage nach den Unterschieden und Gemeinsamkeiten der bayerischen Räterepublik und der russischen Revolution hast du damit noch nicht beantwortet", provozierte ich Helge ein bisschen. Das ließ er nicht auf sich sitzen und dann legte Helge noch einmal aus seiner anarchistischen Sicht los:

„Natürlich versuchten die ehemals Herrschenden mit allen Mitteln, diesen bolschewistischen Umsturz und die sogenannte ‚Diktatur des Proletariats' rückgängig zu machen. Aber du kennst ja meine Meinung. Ich bin mir wirklich nicht sicher, ob die rigorosen Maßnahmen, die in der Folge diese bolschewistische Revolution absichern sollten, wirklich im Sinne einer neuen Gesellschaft und der Menschen waren, bis hin zu Stalin. Dies werden einige deiner marxistischen Mitstreiter/innen im Umfeld des Stadtrats bestimmt ganz anders sehen.

Die idealistischen Initiatoren der Münchener Räterepublik jedenfalls hatten andere, demokratischere Vorstellungen von der Funktion der Räte als in Russland.

Auf einem ganz anderen Blatt steht aber, dass man bei uns alles daran setzte, den bolschewistischen Teufel an die Wand zu malen. Den Bürgern wurde auch mit entsprechenden Pressekampagnen Angst vor Veränderungen gemacht. So, als wenn ihnen durch eine Revolution ihr Küchentisch enteignet würde. Als wenn es nicht darum ging, endlich den

Krieg und die Herrschaft der unmenschlichen Monarchien in Russland aber auch bei uns zu beenden.

Natürlich wollte man verhindern, dass mit der Forderung ‚Alle Macht den Räten‘ eine neue Gesellschaft aufgebaut wird. Wie wir alle wissen und wie ich schon sagte, wurde jedoch nach kurzer Zeit die Räterepublik blutig niedergeschlagen. Kurt Eisner, der erste gewählte bayerische Ministerpräsident, wurde von einem rechtsradikalen Studenten ermordet. Nicht der einzige, der umgebracht wurde." Mit Bitterkeit beklagte Helge, dass die Führung der Sozialdemokraten bei der Beseitigung der Räterepublik mitgewirkt hatte. „Unglaublich", empörte sich nicht nur Helge, sondern auch ich.

Jetzt wollte ich von Helge wissen, wie er das sehe, wieso sich ausgerechnet Sozialdemokraten so verhielten.

„Dies ist nicht so einfach zu beantworten, zumal es bis heute unterschiedliche Sichtweisen gibt. Wer von den Sozialdemokraten an der Spitze wollte denn wirklich eine grundlegende Veränderung der gesellschaftlichen Verhältnisse? Viele Menschen versprachen sich, trotz enormer existentieller Probleme, mit Anpassung über die Runden zu kommen. Die Gesellschaft war national ausgerichtet, sozialistische Tendenzen wurden von den Herrschenden diffamiert.

In der damaligen Führung der Sozialdemokraten war es allerdings nicht unumstritten, ob man sich gegen alle sozialistischen Bestrebungen an der monarchischen Regierung beteiligen sollte.

Friedrich Ebert und die Seinen setzten sich letztlich durch, jedoch nur mit knapper Mehrheit. Sie hatten die Illusion, mit ihrer Regierungsbeteiligung schrittweise die Monarchie zu überwinden. Hin zu einer parlamentarischen Demokratie. Eine bolschewistische Revolution musste mit allen Mitteln verhindert werden. Damit waren sie sich mit den Herrschenden einig. Aber auch eine Räterepublik stand ihnen nur im Weg. Dass sie so weit gingen, gemeinsame Sache mit den Monarchen zu machen, und auf die aufbegehrenden protestierenden Menschen nicht nur in Berlin zu schießen, ist historisch gesehen unentschuldbar. Sie gingen so weit, alle ernsthaften sozialistischen Bestrebungen, auch die der Räterepublik in München, gewaltsam niederzuschlagen", beklagte sich Helge nochmals unversöhnlich.

So konnte aus der folgenden Weimarer Republik nichts werden. Die Machtergreifung der Nazis, der ungeheuerliche Holocaust und der verheerende 2. Weltkrieg waren dann die katastrophalen Folgen, die ja alle zu spüren bekamen". Und ich erinnerte mich wieder an meine Situation als Flüchtlingskind.

„Mit wem sich die sozialdemokratische Führung eingelassen hatte, zeigt die Tatsache, dass die Monarchen der Hohenzollern nichts dazugelernt hatten. Im Gegenteil. Sie versuchten nach ihrer Flucht nach Holland von ihrem Exil aus auch noch in der Weimarer Zeit sogar mit Hilfe der Nazis zur Macht zurückzukehren", ergänzte Helge noch bestätigend.

Es war schon sehr spät geworden und ich wollte von Helge noch wissen, was er antwortet, wenn er gefragt würde, ob er ein Anarchist sei. Helge antwortete ziemlich diplomatisch: „So wie du, lasse auch ich mich nicht so gerne in eine Schublade stecken. Wenn ich also gefragt werde, wieso ich anarchische Ansichten vertrete, antworte ich manchmal, dass ein Anarchist jemand ist, der unterschiedliche Einstellungen und Perspektiven denken kann."

„Das gefällt mir, anscheinend habe auch ich somit ein bisschen Anarchistisches an mir. Was den einen oder anderen, mit dem ich es zu tun habe, nicht sonderlich wundern würde", bemerkte ich zur Freude von Helge. Wir verabschiedeten uns freundschaftlich mit dem Versprechen, bald wieder einmal zusammenzukommen, es gab viel zu reden. Schau'n wir mal, was aus dem Jubiläumsjahr 100 Jahre Freistaat Bayern wird. In München, aber auch in Nürnberg.

Wir Zeitlosen auf dem Christkindlesmarkt

Unsere letzte Zusammenkunft als Zeitlose im ausklingenden Jahr 2018, kurz vor Weinachten, werde ich nicht so schnell vergessen. Wir wollten dieses historische Jahr mit einem gemeinsamen Besuch des nahe gelegenen, weltbekannten Nürnberger Christkindlesmarktes und einem Glühwein ausklingen lassen.

Wir trafen uns wie jeden Monat in der Lokalität des mitten in der Nürnberger Altstadt liegenden Haus Eckstein. Warum gerade in einem evangelischen Seminarhaus und nicht in unserem Gewerkschaftshaus, wie dies für uns Gewerkschafter, als Mehrheit der Zeitlosen, selbstverständlich wäre? Aber vielleicht tut dem Kreis ein bisschen Distanz ganz gut und gemütlich ist es im Eckstein allemal und gut bewirtet wird man auch. Als inzwischen gut bekannte Stammgäste werden wir, die meist ein Dutzend anwesenden Zeitlosen, bevorzugt bedient, selbst wenn es an unserem Stammtisch das ein oder andere Mal unter uns, ungeachtet anderer Gäste, politisch ganz schön laut herging.

An diesem vorweihnachtlichen Donnerstag hatten wir uns wieder einmal viel zu viel vorgenommen. Hatten aber wie üblich das Bedürfnis, uns erst einmal über die aktuellen politischen Ereignisse und Entwicklungen auszutauschen, bevor wir zu dem kamen, was wir uns als Rückblick auf das zu Ende gehende historische Jahr vorgenommen hatten.

Am Nebentisch sang ein kleines Mädchen „Oh du fröhliche, oh du selige, gnadenbringende Weihnachtszeit" nicht ganz fehlerfrei. Ihre Eltern waren entzückt, während wir Zeitlosen gerade über die französischen Gelbjacken und deren vermutliche Motive diskutierten. Welch' ein Kontrast, dachte ich.

Dieser Gedanke ließ mich an diesem Abend nicht mehr los. Der in Gerds Einladung angekündigte Besuch des Christkindlesmarkts konnte nicht der Grund dafür sein, dass heute weniger gekommen waren. Selbst unser Feuerbachkenner und wohl auch Atheist Frank, der durchaus Prinzipielles gegen den Besuch ausgerechnet eines Christkindlesmarktes haben könnte, war einverstanden. Für unseren Posaunisten und Kirchenchorsänger Herbert und auch für mich war der Besuch des Marktes ohnehin kein Problem.

Die Diskussion über die französischen Gelbwesten zog sich hin. Man war sich ziemlich einig, dass diese Proteste gegen ihren elitären Präsidenten Macron ihre Ursache in sozialer Ungerechtigkeit und gesellschaftlicher Ungleichheit haben. Aber Macron würde diese Proteste auf Dauer sicherlich nicht hinnehmen.

Die Raucher wünschten eine Pause und gingen vor die Tür. Auf der ansteigenden Burgstraße direkt vor dem Haus Eckstein vom Christkindlesmarkt hinauf zum Wahrzeichen Nürnbergs, der angestrahlten Burg, herrschte trotz des nasskalten Wetters reger Betrieb. Scharen von Kindern mit ihren selbstgebastelten Laternen strömten zum Sammelpunkt des bereits übervollen Christkindlesmarktes. Ganze Schulklassen würden mit ihren Laternen gemeinsam zur Burg hinaufziehen. 1500 Schülerinnen und Schüler würden es sein. Glückliche Kindheit, dachte ich.

Unsere Raucher kamen mit einem schelmischen Grinsen im Gesicht wieder in die Gaststube. „Freunde, bei uns geht's jetzt auch los", rief einer. Was geht los? „Ihr werdet es nicht glauben. Soeben ist hier eine ganze Hundertschaft von Gelbwesten an uns vorbeimarschiert, sehr geordnet, da sollten sich die Franzosen mal ein Beispiel nehmen", feixte einer zur Erheiterung der Runde. Ein anderer raunzte ziemlich humorlos, typisch deutsch. Wasser auf die Mühlen unseres Marxisten Reinhold: „Wer glaubt denn wirklich, dass so etwas wie die Gelbwesten in Frankreich bei uns möglich wäre?

Wir haben uns doch erst vor kurzen nicht nur mit der blutigen Niederschlagung der bayerischen Räterepublik Kurt Eisners vor 100 Jahren befasst und welche Rolle die Führer der Mehrheitssozialdemokraten damals gespielt haben." Mit ziemlicher Skepsis fragte er, ob jemand von uns der Meinung sei, dass dies heute bei uns wohl viel anders als damals wäre. Die Franzosen hätten da ganz andere Traditionen, fuhr er mit aufhellender Stimme fort. Damals jagten die Menschen den König und seine Clique vom Hof. Macron sollte sich da nicht zu sicher sein. „Und danach, was dann? ", bemerkte einer ziemlich subversiv.

Wir alle hatten jetzt keine Lust mehr, weiter zu diskutieren. „Auf geht's zu den Gelbwesten", rief jemand scherzhaft. Nein, wir hatten nicht vor, auf den rein kommerziellen Christkindlesmarkt zu gehen, der mit all seinen vorweihnachtlichen Illusionen so zahlreiche Besucher aus aller Welt anzieht sondern auf den Markt, der unmittelbar daneben liegt.

Wir zahlten und machten uns auf den Weg zu den Ständen internationalen Partnerschaften der Stadt Nürnberg, an denen sich zahlreiche ehrenamtliche Idealisten über drei Wochen lang täglich kalte Füße holen. Dort werden wir auch einen Glühwein bekommen.

Auf dem Weg gegen den Strom des gelbwestenflankierten Kinderlaternenzugs, vorbei an der gotischen Sebalduskirche und dem gegenüberliegenden, im letzten Krieg zerstörten und danach nur mit teilweiser historischer Fassade wieder aufgebauten Rathaus von 1332, kamen bei mir im Moment alles andere als weihnachtliche, romantische Gedanken auf.

War es nicht so, dass sich Adolf Hitler und seine Nazis die Stadt Nürnberg wegen ihrer mittelalterlichen Romantik ausgesucht hatten, um sie dann als Stadt der Rassengesetze und der Reichsparteitage zu missbrauchen? Und wer alles, auch hier in Nürnberg, hatte ihnen zugejubelt? Waren dies nicht die Gründe für die verheerenden Bombardierungen der Alliierten gewesen, mit so vielen Opfern bei der Zerstörung nicht nur der romantischen Nürnberger Altstadt?

Viel zu düstere Gedanken für den Besuch eines Weihnachtsmarkts, dachte ich einen Augenblick lang. Am Rathaus erinnerte ich mich aber auch an meine turbulente und nicht unumstrittene sechsjährige Zeit als Stadtrat. Das war auch schon wieder einige Jahre her.

Bevor wir unser Ziel erreichen konnten, mussten wir erst noch durch eine erheiterte Menschentraube hindurch, die sich am Glühweinstand vor dem putzigen Bratwursthäusle neben der alles überragenden gotischen Sebalduskirche gebildet hatte.

Im Inneren des kleinen Gasthauses sind die, als gemütlich empfundenen beengten Tischreihen hufeisenförmig um den zentralen offenen Holzkohlengrill platziert, an dem das meist asiatische Grillpersonal sicherlich nichts geschenkt bekommt. Ich hatte es ja selbst erlebt. Mit harter Hand sorgt der anscheinend nicht genug kriegende, schon betagte Wirt dafür, dass der Nachschub rollt und ja kein Stuhl für die nachdrängenden Gäste ungenutzt bleibt. Die Kasse muss klingeln. Da kam mir, in Abwandlung des von meiner siebenjährigen Enkelin gesungenen Weihnachtsliedes, in den Sinn: „Süßer die Kassen nie klingen, als zu der Weihnachtszeit, grad als ob Engelein singen, singen von Liebe und Freud."

Endlich waren wir beim Stand unseres ehemaligen guten Gewerkschaftskollegen Lubo gelandet, dem verdienstvollen Präsidenten des fränkisch-montenegrinischen Freundschaftsvereins, in Erwartung, dass wir von ihm einen original montenegrinischen Zwetschgenschnaps zum Aufwärmen bekommen. Leider war Lubo ausgerechnet heute nicht an seinem Stand. Der stattliche Mann in seiner Landestracht könnte durch seine imposante Erscheinung durchaus als Präsident Montenegros durchgehen. Einen Zwetschgenschnaps haben wir trotzdem bekommen. Lubo wird doch nicht geahnt haben, dass auch ich heute bei dem Besuch seines Stands mit dabei bin? Habe ich doch die unangenehme Art, ihn immer wieder mal über die aktuelle, nicht unproblematische politische Situation, wie den Nato- oder EU Beitritt seines Landes, oder über die aktuelle Entwicklungen auf dem Balkan anzusprechen. Lubo ist dann immer sehr vorsichtig. Er würde mich sicherlich lieber zu einer seiner, von ihm organisierten, regelmäßigen Völkerverständigungs-Reisen nach Montenegro einladen, wenn ich auch dort nicht zu viele politische Fragen stellen würde. Aber heute, in der Weihnachtszeit, hätte ich ihn nicht mit meinen lästigen, politischen Fragen behelligt.

Das konnte er nicht wissen.

Gerd wollte noch nachkommen, sein langjähriger gewerkschaftlicher Mitstreiter Gottfried wurde langsam ungeduldig. Jetzt wurde es aber Zeit, wir wollen doch unbedingt noch zum Palästinenserstand, bevor die zumachen. Das sind wir Wolfgang schuldig. „Lubos Schnaps kann sich Gerd abschminken," meinte Gottfried angesäuert.

Es waren nur ein paar Schritte zum palästinensischen Stand, genauer gesagt: zum Stand des Partnerschaftsvereins Nürnberg-Nablus. „Liegt Nablus im Gazastreifen?" fragte einer. „Nein, die Stadt liegt in der Westbank und soll gar nicht so klein sein", wusste ich. Aber genaueres weiß ja Wolfgang, der heute leider aus dringenden Gründen verhindert war. Schade.

Foto: Dr. Wolfgang Mayer
Stand für den palästinensischen Städtepartner Nablus am Nürnberger Christkindlesmarkt

Ich befürchtete allerdings, dass unser politisch motivierter Besuch von uns Zeitlosen am Christkindlesmarkt nicht unproblematisch werden könnte. Wir wollten zwar vor allem den Palästinenserstand besuchen, für den sich unser Zeitloser Wolfgang so stark engagierte, aber auch noch an dem nahegelegenen Stand der israelischen der Städtepartnerschaft Nürnberg - Hadera vorbeischauen. Könnte wegen des zunehmenden Antisemitismus in unserem Land ganz schön brisant werden. War es aber nicht. Die Idealisten am Hadera Stand waren so sehr mit dem Verkauf ihres Glühweins beschäftigt, dass an eine Diskussion überhaupt nicht zu denken war. Schade, so trank ich stattdessen bei ihnen eineen Glühwein und diskutierte dann am Nablusstand.

Der palästinensische Stand wurde an diesem Tag von einem mir gut bekannten ehemaligen Landtagsabgeordneten und seiner Frau betreut. Sie zeigten uns palästinensische Spezialitäten, die sie zur Unterstützung Palästinas anboten.

Einige von uns kauften Unterschiedliches: Naturseife, hergestellt nach tausendjähriger Tradition, kunstvoll selbstgehäkelte Beutelchen für Diverses, Döschen mit hochwertigem Olivenöl. Mit ein paar Schlucken von diesem Öl zum Frühstück, als gesunder Kraftspender, beginnt für manchen Palästinenser der Tag, wurde uns gesagt. Das wäre nichts für mich.

Der Olivenzweig ist für die Palästinenser seit alters her ein Symbol für den Frieden. Bombardieren nicht immer wieder israelische Flugzeuge palästinensische Olivenhaine? Ich kaufte mir noch das Buch „Palästina, Reisen zu den Menschen". Schade dass eine Diskussion am israelischen Stand nicht möglich war. Ich bin mir allerdings nicht sicher, ob es dort möglich gewesen wäre, offen über den zunehmenden Antisemitismus und dessen Hintergründe zu reden.

Denn jemand wie ich, kann ganz schnell in den Verdacht geraten, wenn man die israelische Regierung wegen ihres rigorosen Vorgehens gegen die Palästinenser kritisiert. Als wenn dadurch die ungeheuren Verbrechen der Nazis gegen jüdische Menschen und der Holocaust vergessen wären. Ich würde bestreiten, dass eine ernsthafte berechtigte Kritik an der Haltung der jeweiligen israelischen Regierung etwas mit einem eventuell verdeckten Antisemitismus zu tun hat. Es kann auch von mir nicht akzeptiert werden, wenn sich hinter der berechtigten Kritik an dem Vorgehen einer israelischen Regierung gegen die palästinensische Bevölkerung ein Antisemitismus verbirgt. Für mich ist die einzige Alternative die Verständigung und Respektierung aller Beteiligten und aller Menschen, so unterschiedlich sie auch sein mögen. So wie dies am Nürnberger Christkindlesmarkt mit den Städtepartnerschaften praktiziert wird. Daran muss sich jeder messen lassen, gerade auch Politiker und Regierungen.

Wir bekamen noch die informative Broschüre „Brücken nach Nablus – ein Beitrag zur Freundschaft zwischen Nürnberg und der Stadt in Palästina" mit auf den Weg. Darin steht, dass sich der Verein in keiner Weise gegen die Städtepartnerschaft zwischen Nürnberg und der israelischen Stadt Hadera richtet. Man ist sich aber bewusst, dass die Arbeit im Spannungsfeld der israelisch-palästinensischen Konflikte natürlich ein Balanceakt ist. Mit dem Blick auf die Menschen will man Kontakte aufbauen, Beziehungen fördern, selbst wenn man in Kauf nehmen muss, unbequem zwischen den Stühlen zu sitzen.

Wie uns gesagt wurde, denkt man am gegenüberliegen israelischen Hadera-Stand ähnlich. Wie erfreulich, davon sollte sich ihre Regierung eine Scheibe abschneiden, dachte ich.

Wie aus dem Impressum der Nablus Broschüre zu ersehen ist, war unser Zeitloser Dr. Wolfgang Mayer der Redakteur. Dadurch ist natürlich garantiert, dass die ungelösten Probleme zwischen Israel und Palästina spannungsreich auf der Tagesordnung bei uns Zeitlosen stehen werden. Wir werden klären müssen, wer denn eigentlich etwas gegen die Verständigungsbemühungen von Israelis und Palästinensern hat. Dies wird nicht einfach werden. Dann werden wir aber ganz schnell wieder bei den unappetitlichen Themen Antisemitismus und Rassismus ankommen, die zwei verhängnisvolle Seiten einer Medaille sind.

Kurz vor der Schließung war der Markt noch gut besucht. Gerne hätte ich noch an dem einen oder anderen Stand der vielleicht zweidutzend internationaler Partnerschaftsstände vorbeigeschaut. Besonders an den Ständen Nicaraguas, Charkows und der Griechen mit den besonderen Spezialitäten ihres jeweiligen Landes.

Es war jedoch zu spät geworden, die Stände begannen fast gleichzeitig zu schließen. Beeindruckt von dem Idealismus und der Ausdauer der sich abwechselnden Standbetreuer, die noch einige Tage bis Weinachten durchhalten würden, verabschiedeten wir uns herzlich.

Auf meinen Weg zum Hauptbahnhof ging mir nach den Erlebnissen des Abends einiges durch den Kopf. Welche Kontraste. Einerseits die politische Bilanz, die wir Zeitlosen im Eckstein für das ausklingende historische Jahr leisten wollten. Dann unser ebenfalls politisch motivierter Besuch des Weihnachtsmarktes der Nürnberger Partnerstädte. Andererseits die weihnachtsseligen und auch glühweinlaunigen Menschenmassen, die sich durch die engen Budengassen drängten. Sie hatten sicher nichts mit unseren Anliegen am Hut. Deshalb waren sie ja auch nicht gekommen. Sei's drum, jedem das seine und alles zu seiner Zeit, beruhigte ich mich. Aber darüber muss ich schon noch einmal nachdenken, was die Menschen bewegt. Ist es aber nicht verständlich, an einem Weihnachtsmarkt mal für kurze Zeit die Alltagssorgen zu vergessen?

Wie dem auch sei – ich werde mein Versprechen einhalten und mit meiner kleinen Enkelin Livia noch auf den danebenliegenden Kinder-Christkindlesmarkt gehen.

Der DGB-Vorsitzende bei uns Zeitlosen

Gerd hatte uns die Einladung zu unserer Februar-Zusammenkunft im neuen Jahr 2019 gemailt. Wir waren an diesem Tag im Eckstein knapp ein Dutzend Zeitlose.

An diesem historischen 29. Februar 2019 fand heute gleichzeitig in München die Veranstaltung „Rückblick und Perspektiven zum 100. Jahrestag der Ermordung Kurt Eisners" unter anderem mit dem bekannten Kabarettisten Max Uthoff und dem Enkel Eisners statt. Gerd, der zu den Veranstaltern in München „Das andere Bayern" mit ihrem Vorsitzenden Konstatin Wecker guten Kontakt hat, wäre natürlich gerne in München dabei gewesen. Zumal, wie uns Gerd auch gemailt hatte, sich nach seinem Gespräch mit dem derzeitigen Nürnberger IG Metall-Bevollmächtigten abzeichnete, dass in Sachen Eisner anscheinend in Nürnberg nichts laufen würde.

Gerd konnte aber für unsere heutige Zusammenkunft einen wichtigen Gast gewinnen. Der mittelfränkische DGB-Vorsitzende Stefan Doll war angekündigt, konnte aber wegen einer noch laufenden Sitzung erst später kommen. Für uns kein Problem, wir hatten genug Diskussionsstoff. Gerd, neben dem ich saß, fragte mich scherzhaft, beinahe entschuldigend, ob ich seine umfangreichen Vorschläge zur Tagesordnung gelesen hätte. Natürlich, ich hatte sie ausgedruckt und dabei. „Da hast du aber deinen Rucksack so richtig über uns ausgeschüttet", antwortete ich ihm. Er schrieb unter anderem:

„Liebe Freund/innen für demokratische Zukunft! Es tut sich was!!! Schüler streiken zu tausenden für einen Klimawandel. Welzer hat ein neues beispielhaftes Buch über unsere Zukunftschancen geschrieben. Davos offenbart die Ratlosigkeit unserer sogenannten Eliten und ihre

Profitgier. Söder frisst Kreide und Merkel bäumt sich auf. Die Sicherheitskonferenz eröffnet den unüberhörbaren Ruf nach einer neuen Abrüstungsdebatte. Madeleine Albright nennt Trump keinen Faschisten, er nutze aber Methoden der Faschisten. SZ 18.2.19. Der IG Metall gelingt mit ihrem letzten Tarifvertrag ein Volltreffer in der Arbeitszeitfrage, über eine Million Menschen in Bayern schreiben sich ein und begehren ein Leben für Bienen. Die Gelbwesten zwingen auch bei uns immer mehr Gestrige zum Nachdenken. Die SPD beginnt zumindest mit Suche nach ihrer verlorenen Seele. Nach der neoliberalen Zeitphase ‚Gier frisst Hirn' scheint langsam die Vernunft sich zum Durchbruch zu verhelfen?!?!?! In diesem Sinne wollen wir unsere zeitlose Arbeit aufnehmen und dürfen dazu unseren DGB-Vorsitzenden für Mittelfranken, Stefan Doll begrüßen, der uns seine Sicht und Perspektive des DGB darstellen wird". Dies alles stand in Gerds Einladung.

Ganz schön viel Holz, alles sehr anregend, du solltest über all dies mal ein Buch schreiben, riet ich Gerd. Und genügend Stoff nicht nur für heute. Stefan Doll bräuchte eigentlich gar nicht zu kommen, meinte ich. So entspann sich unter uns eine intensive Diskussion.

Vorher jedoch bat uns Gerd unvermittelt, für eine Gedenkminute aufzustehen. „Sag doch, dass es um ein Gedenken an Kurt Eisner geht", flüsterte ich leise, er ebenso, fast ungehalten zurück, „wissen doch alle". Gerd bedankte sich für diese Schweigeminute und wir setzten uns wieder.

Ganz im Sinn seiner Mut machenden Einladung, aber auch im Stil eines ehemaligen Gewerkschaftsvorsitzenden legte er, ganz Optimist, gleich richtig los. Jawohl, es rühre sich allenthalben einiges, nicht nur in unserem Land, selbst in der Münchener Sicherheitskonferenz. Auch darüber sollten wir reden. Dieses Beispiel hätte Gerd lieber nicht anführen sollen.

Es löste nicht nur bei mir eine heftige Gegenreaktion aus. „Hat sich auf dieser Konferenz Merkel wirklich aufgebäumt, wie dies in den Medien rüber kam? Ist man dort einer Abrüstung näher gekommen oder eher der Gefahr eines Atomkrieges? War die Rede unserer Noch-Bundeskanzlerin Merkel wirklich eine Gegenposition zu dem Scharfmacher Trump? Warum bezog sie nicht eindeutig Stellung gegen die Aufkündigung des AFN-Raketenvertrags und der erneuten Gefahr der Stationierung von Atomraketen auch in unserem Land, gegen die sich die Friedensbewegung in den 80-er Jahren und Hundertausende erfolgreich gewehrt haben? Und wo blieb ihre Absage an die nicht nur von Trump geforderten Erhöhungen der Rüstungsausgaben, statt abzurüsten? Oder kam ihr Trump gerade recht? Die Begründung für die Erhöhung der Rüstungshaushalte heißt ja jetzt ‚Eigenverantwortung Europas‘. Bei allem opportunen Entgegenkommen unserer Bundeskanzlerin gegenüber Trump: Der kann sie trotzdem überhaupt nicht ausstehen", konnte ich mich als Friedensbewegter nicht zurückhalten.

Unser Journalist Wolfgang intervenierte: „Das wissen wir doch alle, darüber müssen wir doch nicht noch diskutieren!" Gerd wollte keine Missverständnisse aufkommen lassen und meinte ganz optimistisch, es gehe doch darum, die Widersprüche zu erkennen und zu benennen und die Öffentlichkeit für ein neues Denken zu gewinnen.

„Die Schüler machten es vor. Sie gehen auf die Straße für die Umwelt und damit für ihre Zukunft". Gerd hob auch den überwältigenden Erfolg der Unterschriftaktion für den Erhalt der Bienen und die Aktionen der Gelbwesten in Frankreich hervor und fragte: „Warum nicht auch wieder ein massenhaftes Aufstehen gegen neue Atomraketen?" Gerd war jetzt nicht nur der akzentsetzende Macher, sondern bemühte sich um ein gemeinsames Verständnis von uns Zeitlosen, Dinge nicht einfach hinzunehmen.

Mich selbst holten im Moment noch einmal meine eigenen damaligen Erfahrungen als Friedensaktivist ein. „Wäre das alles erneut zu beleben, was in den 80-er Jahren an Protesten passierte? wird nicht so einfach zu wiederholen sein ", wandte ich ein. „Ja, die Gefahren sind die gleichen, der Zeiger der Atomuhr rückt wieder näher an die Zwölf. Damals, im Kalten Krieg, waren die Feindbilder jedoch klarer. Derzeit ist die Situation vergleichsweise unübersichtlicher, die Begründungen sind raffinierter. Obwohl die Nato vor den russischen Grenzen mit dem Feuer spielt, ist auch jetzt wieder, wie damals, der Osten der Verursacher der Konflikte".

Martin und auch andere in der Runde teilten diese Einschätzung weitgehend, keiner wollte sich jedoch damit zufrieden geben, dass man gegen all das nichts unternehmen könne. Aber wie? Wobei Martin skeptisch darauf hinwies, dass „inzwischen viele Menschen ob der für sie unüberschaubaren, ungelösten Probleme und zunehmenden Unsicherheiten heillos überfordert sind".

Inzwischen war auch unser Gast Stefan Doll eingetroffen, der sich unsere Diskussion eine Weile anhörte, bevor er offiziell das Wort ergriff. Auch für ihn und seine Gewerkschaften gehe es immer wieder vor allem darum, wie man Kolleginnen und Kollegen für die Durchsetzung ihrer Interessen mobilisieren könne und das wäre nicht so einfach. Anhand von einer in seinem Büro erstellten, umfangreichen Analyse der bayerische Landtagswahl 2018, die wir von ihm bekamen, zeigte er auf, dass viel zu viele seiner Mitglieder den rechten Rattenfängern auf den Leim gegangen waren und diese gewählt hatten. Gegen ihre eigenen Interessen. „Wir müssen entlarven, dass diese ewig Gestrigen außer ihrem menschenfeindlichen Rassismus auch für uns Gewerkschafter nichts zu bieten haben", meinte er entschieden.

Über die Ursachen dieser Rechtsentwicklung gab es in der Runde einen offenen Austausch, bis hin zu kritischen Einschätzungen über das Selbstverständnis der Gewerkschaften an sich. Am weitesten ging dabei unser Marxist Reinhold mit seinem hohen Anspruch. Er meinte, dass gewerkschaftliche Arbeit nur dann erfolgreich sein kann, wenn die Mitglieder und die Funktionäre erkennen, dass es nicht nur um die Vertretung geht, sondern dass jeder mit seinen Interessen ganz persönlich dahinter steht. „Davon seien wir in den Gewerkschaften noch ganz schön weit entfernt" sprach er Stefan Doll direkt an.

Dies konnte jedoch aus Zeitgründen nicht mehr ausdiskutiert werden. Es stand noch die Frage von Gerd im Raum, ob es möglich sein würde, die zunehmenden, vielfältigen, sehr unterschiedlichen Bewegungen einschließlich der Gewerkschaften zusammenzuführen.

Ich erinnerte daran, dass es einen Versuch in diese Richtung vor Jahren ja schon einmal gab. Das im brasilianischen Porto Alegre ins Leben gerufene Sozialforum hatte sich vorgenommen, die weltweiten, ganz unterschiedlichen Protestbewegungen zu vernetzen, auch in den Kommunen.

Gerd beendete die Runde mit einem Dank an unseren DGB Vorsitzenden und mit der versöhnlichen Aussicht die notwendige, offene Diskussion fortzusetzen.

Nach einem persönlichen Gespräch mit Gerd vor unserer offiziellen Sitzung hatte ich den Eindruck, dass Gerd von seiner leider verstorbenen Frau Evelin sehr positiv beeinflusst war. Gerd hatte ja nicht nur an der Veröffentlichung und der Verbreiterung ihres Buches mit dem Titel „Warum ich tue was ich tue " einen wesentlichen Anteil. Dies wirkte sich auf Gerd zu seinem Vorteil aus. Er war jetzt nicht nur der verdienstvolle Organisator der Zeitlosen, sondern auch der verständnisvolle Moderator, der unterschiedliche Auffassungen berücksichtigte, wie ich dies von ihm als Nürnberger IG-Metallvorsitzenden so nicht kannte. Ich dachte mir, dass dies eine gute Grundlagen für die Verständigung unter uns Zeitlosen ist. Nur so sind die starken Persönlichkeiten der Zeitlosen mit ihren beachtlichen Biografien und Auffassungen zusammen zu halten. Einen Führungsanspruch würde ohnehin niemand akzeptieren. Wenn es manchmal, aufgrund unterschiedlicher Auffassungen ziemlich heiß her ging, hoffte ich manchmal, dass uns der Wille zur Verständigung nie verloren geht. Zumal gerade die unterschiedlichen Meinungen so erhellend für alle sein können. Eine lebendige Streitkultur vorausgesetzt. Gerd legt großen Wert darauf, dass die gewonnenen Erkenntnisse bei all den begrenzten Möglichkeiten über unseren Kreis hinaus Beachtung finden.

Kaffeeklatsch mit Helge

Aus unserem Versprechen bei unserem letzten Treffen, bald mal wieder zusammenzukommen, wurde so schnell nichts. Es dauerte über ein Jahr bis zu unserem nächsten Kaffeeklatsch. An diesem sonnigen Nachmittag auf unserer Terrasse hatten wir allerdings keine allzu große Lust zu den üblichen tiefgreifenden politischen Gesprächen.

Helge wollte jedoch von mir unbedingte wissen, wie bei uns Zeitlosen das Fazit des 100-jährigen Jubiläums der Gründung des Freistaates Bayern durch die Räterepublik ausgefallen war. Dies konnte ich nicht so schnell aus dem Ärmel schütteln und so schilderte ich Helge erst einmal unsere Bemühungen. Als erstes fragte ich Helge, ob er wusste, dass Kurt Eisner seit 1907 drei Jahre in Nürnberg zuhause und in dieser Zeit sehr aktiv war? Helge war überrascht und horchte auf. Nein, das wusste er nicht. Er fragte mich, ob ich mehr darüber wüsste. „Ja, das war auch ein Thema bei uns ‚Zeitlosen‘. Darauf haben uns die mit Kurt Eisner befassten Münchner gestoßen, die bei uns vor kurzem zu Besuch waren und mit uns diskutiert haben. Kurt Eisner zog nach Beendigung seiner journalistischen Tätigkeit beim ‚Vorwärts‘ in Berlin nach Nürnberg, und wurde hier in Nürnberg Chefredakteur der größten sozialdemokratischen Zeitung Bayerns, der ‚Fränkischen Tagespost‘. Und nicht nur das, er war als gefragter Redner unter anderem auf Maikundgebungen nicht nur in Nürnberg unterwegs und rief hier in der Stadt Nürnberg einen Bildungsausschuss ins Leben. Nicht nur für Funktionäre, sondern vor allem für alle Genossinnen und Genossen und die einfachen Leute, die oft abschätzend als ‚Massen‘ bezeichnet wurden. Allerdings wurde er merkwürdigerweise dafür auch innerhalb der SPD massiv kritisiert. Ein Beleg für seine Volksnähe." Nicht zu fassen, darin waren wir uns einig.

„Übrigens, auch in Nürnberg kam es Anfang 1918 zu Massenstreiks. 50.000 Menschen aus 120 Betrieben hier in Nürnberg gingen auf die Straße mit der Parole ‚Brot und Frieden'. Noch viel mehr Menschen als in München. Und sie forderten das Ende des verheerenden Weltkrieges", ergänzte ich noch. So stand es jetzt auch, zu Beginn des Jubiläumsjahres, rückblickend in der Zeitung. Wir waren uns aber einig, dass die Rolle Nürnbergs in der heutigen Zeit ziemlich unterbelichtet sei. „Übrigens setzte Kurt Eisner auch nach seinem Umzug 1910 nach München bei der Realisierung der Räterepublik nach wie vor auf Nürnberg. Dies sollte doch hier bei uns im 100. Jubiläumsjahr der Räterepublik entsprechende Beachtung finden.

Von den Münchnern haben wir auch erfahren, dass Nachfahren Kurt Eisners in unserer unmittelbaren Nachbarschaft in Fürth leben. Die Münchner haben mit einem namensgleichen Kurt Eisner Kontakt. Etwas peinlich für uns Nürnberger!", ergänzte ich noch. Ich berichtete Helge, dass der unermüdlicher Koordinator unserer monatlichen Gesprächsrunden der Zeitlosen, Gerd Lobodda, diese Herausforderung annahm und aktiv wurde.

Also sprach er beim Nürnberger Oberbürgermeiste Maly vor, um auszuloten, welche Rolle die für Kurt Eisner so wichtige Stadt Nürnberg bei dem 100-jährigen Jubiläum spielen könnte. Gerd hatte einen Sack voller Überlegungen dabei. Könnte es zum 100. Jubiläum der Gründung des Freistaats Bayern am 8. November 2019 auch in Nürnberg ein „Fest der Demokratie" geben? Würde es in Nürnberg einen Kurt-Eisner-Platz oder eine Kurt-Eisner-Straße geben? Würde sich Nürnberg dafür einsetzen, dass es zu einem landesweiten Feiertag kommt? Würde der Gründer des Freistaates Bayerns, Kurt Eisner, entsprechend gewürdigt, und was mache die bayerische Staatsregierung?

„Ich glaube, dies alles zeigte bei OB Maly bereits Wirkung, wenn ich mich an den Neujahrsempfang der Stadt Nürnberg erinnere." Ich berichtete, was ich dabei erlebt hatte. Wie die festlich gekleideten, weit über tausend Gäste, sozusagen alles, was in der Metropolregion Nürnberg Rang und Namen hat, gespannt auf des Oberbürgermeisters Rede waren, und dass sie hofften, dass sie nicht wieder zu lang und zu anstrengend würde.

Unser zukünftiger Ministerpräsident Söder kam verspätet aus Berlin. Nicht nur ich war überrascht, als Maly vor den festlich gekleideten über tausend Gästen in der vollen Messehalle in seiner Rede scheinbar spontan Söder für das bedeutende 100-jährige Gründungsjahr des Freistaates Bayern elegant eine sozialdemokratische Unterstützung anbot. „Manche Gäste um mich herum waren etwas irritiert, Söder, der nicht weit weg von mir stand, konnte nicht reagieren und verzog keine Miene. Ich hätte gerne hören wollen, wie Söder dann reagierte, als ihn Maly persönlich begrüßte."

Helge schmunzelte. Als ich allerdings weiter erzählte, dass Gerd zusammen mit dem „zeitlosen" Feuerbach-Kenner Frank in der Angelegenheit auch noch bei Renate Schmidt war, verfinsterte sich Helges Gesichtsausdruck merklich. Gerd wollte die prominente ehemalige SPD-Politikerin Renate Schmidt dafür gewinnen, die bayerische Staatsregierung einmal unter die Lupe zu nehmen, um sie an den Inhalten Kurt Eisners zu messen.

Helge intervenierte sofort: „Da sollten sich aber auch die heutigen Sozialdemokraten einmal selbst fragen, welch' unrühmliche Rolle damals ihre Führung gespielt hat", wandte er ein. Er fragte, ob wir Zeitlosen darüber diskutiert hatten, wie sich die bayerische Staatsregierung bei diesem Jubiläum verhalten werde. „Haben wir", berichtete ich. „Wir vermuteten, dass sich die derzeitige Regierung mit der Gründungsfeier 100 Jahre Freistaat Bayerns mit Laptop und Lederhose selbst feiern wird. Die Räterepublik wird man links liegen lassen, wenn es nicht gelingt, sie damit ernsthaft zu konfrontieren."

Und dann schilderte ich Helge meine Teilnahme an einer einschlägigen Veranstaltung mit dem ehemaligen Ministerpräsidenten Bayerns, Günter Beckstein. Ich erinnerte ihn daran, dass er eigentlich einer der Nachfolger des Gründers des Freistaates Bayerns, Kurt Eisners, war. Beckstein war dies sichtlich unangenehm und er ignorierte meinen Hinweis. An dem Abend kam nichts von alledem zur Sprache, was vor hundert Jahren tatsächlich geschah und welche Auswirkungen dies bis heute hat. Kein Wort über die Hintergründe dieser Räterepublik, die wir Zeitlosen so intensiv diskutiert hatten. Beckstein entzog sich geschickt einer Diskussion über die Ereignisse vor hundert Jahren, indem er die derzeitige bayerische Verfassung als Grundlage unserer Demokratie in den höchsten Tönen lobte. Ohne darauf einzugehen, wie dies zustande kam. „Um auf deine Frage unseres Fazits über die Räterepublik zurückzukommen:

Unsere befürchtete Einschätzung als Zeitlose hat sich bestätigt. Die derzeitige bayerische Regierung ignorierte die Räterepublik Kurt Eisners total und feierte sich nur selbst, als Hüter der Demokratie".

Für den kritischen Helge war das keine Überraschung. Wie Gerd berichtete, gab es allerdings in München zum Gedenken an den ermordeten Kurt Eisner beachtliche Aktivitäten von Initiativen, die dies alles nicht vergessen hatten.

Wir hatten noch etwas Zeit für Allgemeineres. Nämlich über das Spannungsfeld von Freiheit und Gleichheit zu diskutieren. Ein besonderes Thema Helges aber auch meins. Sind denn überhaupt die beiden Anliegen Freiheit und Gleichheit unter einen Hut zu bringen? Natürlich waren wir uns einig, dass alle Menschen gleich sind und zumindest gleiche Lebensbedingungen haben sollten. Aber steht dies nicht im Widerspruch zur Freiheit mit der sich der Einzelne ausleben, aber auch unterschiedlich entwickeln kann. Ist dies dann nicht purer Neoliberalismus, mit dem wir uns beide nicht abfinden können? Wir waren uns aber auch einig, dass die derzeitige gesellschaftliche Realität nicht annähernd dem Anspruch von Gleichheit entspricht. Es war nicht mehr die Zeit, diesen Widerspruch aufzulösen. Wir waren jedoch der gleichen Auffassung, dass ein gewisses Maß an Gleichheit nur durch berechtigte soziale Regeln und Einschränkungen einer absoluten Freiheit möglich ist. Dies steht nicht im Widerspruch zu unser beider Empfindlichkeiten gegen unberechtigte kollektive Einschränkungen der Individualität, wie ich sie in unseren Kreisen leider erfahren musste.

Ein Bundestagabgeordneter bei uns Zeitlosen

Gerd hatte uns Zeitlosen zum Abschluss des ersten Halbjahres seine wieder Mut machende Einladung zu unserem Sommertreffen im ziemlich heißen Juli gemailt. Er schrieb: „Lasst euch von der Sonne nicht irritieren, die Wirklichkeit ist real. Und es gibt Hoffnung und Aufbruch nicht nur bei den Schülern, die mit ihren Aktionen ,Fridays for Future' aufgewacht sind und ihre Zukunft nicht mehr der etablierten Politik überlassen wollen."

Und da waren sie wieder: Alle die ungelösten Fragen, über die wir Zeitlose uns seit längerem immer wieder den Kopf zerbrechen. Eigentlich keine Themen für einen entspannten Austausch an diesem warmen Sommertag.

Wir saßen nicht wie üblich im Gastraum, sondern an einem großen Tisch unter Sonnenschirmen auf der Terrasse, mit Sicht auf die zahlreichen Touristen, die in der Altstadt nahe der Sebalduskirche und des historischen Rathauses unterwegs waren. Wir waren wie meistens ein dutzend Zeitlose.

Gerd lud immer wieder einmal bekannte Persönlichkeiten zu unseren Sitzungen ein. So kreuzten wir mit dem ehemaligen Staatsekretär Günter Gloser, den ich schon aus seiner Zeit als Juso hier in Nürnberg kannte, ganz schön kontrovers unsere Klingen.

Heute war der uns allseits bekannte Horst Schmidtbauer gekommen, der langjährige Bundestagsabgeordnete der SPD, der uns vor einiger Zeit als Referent so kenntnisreich die derzeitigen komplexen Rentenpläne der großen Koalition kritisch erläutert hatte.

Natürlich kam die Runde sehr schnell auf den erbarmungswürdigen Zustand seiner Partei zu sprechen. Es traf sich gut, dass – wenn auch etwas verspätet – unser Marxist Reinhold hinzukam. Er litt nicht, wie einige unter uns, unter dem beklagenswerten Zustand der Partei. Ziemlich von oben herab erklärte er, dass ihn der desolate Situation der SPD überhaupt nicht wundere. „Es reicht einfach nicht, die soziale Ungleichheit nur zu benennen, und dann den Kopf in den Sand zu stecken, wenn es um die tatsächlichen Ursachen geht." Er räumte jedoch ein, „dass man hie und da auch in dieser Partei darüber redet, dass es einen weltweiten Kapitalismus mit Krisen und Ausbeutung gibt. Wäre ja auch verwunderlich, ob der langen Tradition der Partei, sich nicht Gedanken zu machen. Aber dies hat ja kaum Konsequenzen für ihre Politik. Da sich viele Menschen anscheinend auch nicht mehr von der SPD vertreten fühlen, orientieren sie sich halt fatalerweise an den rechten Rattenfängern, auch nicht wenige unserer Gewerkschaftskolleginnen und- Kollegen", beklagte Reinhold.

Wir Zeitlosen waren uns jedoch ziemlich einig, dass die Ursachen für diese verhängnisvollen Entwicklungen im Wesentlichen in den vorhandenen sozialen Ungerechtigkeiten und in den Ungleichheiten durch das zunehmende Auseinanderdriften von arm und reich liegen.

In einer Pause fragte ich Reinhold, ob er mit der derzeitigen strittigen Diskussion über einen sogenannten Kulturkampf vertraut sei und was er davon halte. „Das ist doch ein alter Hut der Nazis", antwortete er wie aus der Pistole geschossen. „Mit dem Begriff Kulturkampf wollen sie doch nur davon ablenken, dass hinter ihrer Fremdenfeindlichkeit und ihrem Rassismus ein nationaler Größenwahn steckt, den wir glaubten, ein für alle Mal überwunden zu haben. Damals nannten sie sich Nationalsozialisten, in dem auch der Begriff Sozialisten steckt. Heute versuchen sie es mit der gleichen Masche. Und es ist auch anscheinend für viele unserer Gewerkschaftskollegen nicht so leicht zu durchschauen, auf welcher Seite die Verführer stehen, wenn sie ihre nicht ernstzunehmenden antikapitalistischen Sprüche klopfen. Wenn es darauf ankommt, stehen sie mit ihrem Nationalismus an der Seite des Kapitals und bestimmt nicht auf der Seite des Volkes, beziehungsweise der Abhängigen", erklärte Reinhold entschieden.

Die Pause war zu Ende. „Lass uns doch gleich in der Runde darüber weiter diskutieren, was man dem entgegensetzen kann", schlug Reinhold vor.

In der Runde waren wir uns dann ganz schnell darüber einig, dass wir die Kolleginnen und Kollegen nicht abschreiben sollten, wenn sie auf die Parolen der rechten Rattenfänger hereinfallen, die sich scheinheilig als Sachwalter des Sozialen gebärden.

Für Reinhold ist ohnehin die Frage eines Klassenbewusstseins entscheidend. Es bleibt jedoch offen, wie man dieses unseren anscheinend desorientierten Gewerkschaftsmitgliedern klar machen kann. Als wir in der Runde dann nochmals auf die Frage zurückkamen, wie es möglich sei, dass auch allzu viele Gewerkschaftsmitglieder den rechten Parolen auf den Leim gehen, wurde Gerd richtig leidenschaftlich.

„Es reicht doch nicht, die derzeitigen katastrophalen Entwicklungen zu beschreiben oder zu beklagen. Es wird höchste Zeit, den Hintern hochzukriegen, wie dies uns jetzt gerade die Schüler von Friday's for Future vormachen. Es zeigt sich doch, überall dort, auch in den Betrieben, wo man konsequent gegen Ungerechtigkeiten Position bezieht, bekommen Neonazis kein Bein auf die Erde. Dies habt ihr doch damals bei euren Aktionen gegen den Abbau eurer Arbeitsplätze selbst erlebt", sprach mich Gerd direkt an. Ich stimmte ihm zu.

„Ein rechtsradikaler Unsinn konnte bei unserem Kampf für unsere Existenzen erst gar nicht aufkommen, obwohl es auch damals noch einige wenige unter unseren Kollegen/innen mit gestrigen Meinungen gab, die sie wahrscheinlich von ihren unbelehrbaren Eltern eingetrichtert bekommen hatten", bestätigte ich Gerd weitgehend. Gerd kritisierte mit seinem Grundsatz „es gibt nichts Gutes außer man tut es" vor allem seine hauptamtlichen Gewerkschaftskollegen/innen, von denen er sich ein stärkeres selbstbewusstes Handeln gegen diese Rechtsentwicklungen auch in den Betrieben wünscht.

Reinhold setze aber noch eins drauf: „Alles ganz schön und gut, aber ein bisschen tiefer sollten wir schon einsteigen, wenn es um die absolute Mehrheit der abhängigen Menschen geht, nicht nur bei uns, sondern weltweit", kam bei ihm wieder der marxistische Dozent durch. „Man sollte sich bewusst machen, wie effektiv dieser herrschende Kapitalismus ist und wer alles für ihn arbeitet. Wusstet ihr, dass sich allein in der kurzen Zeit seit 1980 die Anzahl der abhängig Arbeitenden, besser gesagt, der weltweit Ausgebeuteten von 1.9 auf 3,3 Milliarden erhöht hat? Überproportional in den globalen südlichen Hemisphären, wo die Menschen unter unwürdigen Bedingungen besonders zu leiden haben. Sie haben keine Wahl und werden vor allem in der Landwirtschaft und bei der Ausbeutung der Bodenschätze brutal ausgenutzt, nicht nur in Afrika. Wenn die alle nicht zum Heer einer weltweiten Arbeiterklasse gehören, weil es die, wie allgemein behauptet, überhaupt nicht mehr gibt, so wäre das doch sehr verwunderlich".

Dies veranlasste mich leichtsinnigerweise zu der Frage, die ich ja schon einmal Godehard gestellt hatte, wieso viele arbeitende Menschen nicht nur bei uns mit dem Begriff Arbeiterklasse nicht allzu viel anfangen können. Das hätte ich lieber nicht tun sollen. Diese unter uns bisher noch nicht ausdiskutierte Frage war für Reinhold anscheinend eine richtige Provokation. Ziemlich aufgebracht wies er mich zurecht: „Dass ausgerechnet du, nach deinen Kampferfahrungen im Betrieb, diese zweifelhafte Frage stellst, verwundert mich doch sehr."

Godehard wollte anscheinend Luft herausnehmen und schlug sachlich vor, bei Verständnisschwierigkeiten an Stelle des Wortes „Arbeiterklasse" den Begriff „abhängig Beschäftigte" zu verwenden. Dies hatte mir ja Godehard vor einiger Zeit schon mal plausibel erklärt. Reinhold ging darauf ein, bemerkte jedoch kritisch, dass man sich nicht wundern müsse, dass der Begriff Arbeiterklasse nicht nur im sogenannten Mittelstand ganz weit weg und eher verpönt ist. Sogar oft auch bei den Arbeitern selbst. „Denn man sorgt mit vielfältigen raffinierten Mitteln dafür, dass dies den arbeitenden Menschen nicht bewusst wird, um sie möglichst von einem gemeinsamen Handeln abzuhalten", meinte Reinhold ziemlich verbittert. „Es ist doch kein Geheimnis, und dies wird ja selbst in den Mainstream-Medien unverblümt publiziert, dass nur einer kleinen Minderheit von einem Prozent so viel gehört, wie dem Rest der gesamten

Weltbevölkerung, und dass die Schere zwischen arm und reich immer grösser wird. Das muss man sich einmal vorstellen. Dies hat natürlich verheerende Auswirkungen vor allem in der sogenannten Dritten Welt, aber auch bei uns. Ist das einfach vom Himmel gefallen?", fragte er herausfordernd, als wenn dies uns allen nicht einigermaßen bekannt wäre.

Aber Reinhold klagte weiter: „Wer sind denn diejenigen, die sich auf Kosten der Millionenheere der Arbeitenden oder meinetwegen auch Abhängigen einer goldene Nase machen? Nimmt man dabei Rücksicht auf die Notleidenden? Dann stellt sich doch die Frage, ob dies immer so weitergehen kann und ob nicht dringend Alternativen erforderlich sind, aber auch wie diese umgesetzt werden könnten. Allein mit gewerkschaftlichen, tariflichen Aktivitäten und mit Forderungen an die Politik wird sich nicht viel ändern", provozierte er. „So wird man nicht diese verhängnisvollen kapitalistischen Entwicklungen aufhalten können. Auch nicht der Gier derjenigen Einhalt gebieten können, die sich skrupellos auf Kosten anderer immer mehr bereichern.".

Damit provozierte Reinhold die Runde zu der Frage, was er denn vorschlagen würde. Eine etwas peinliche Situation auch für ihn, denn er wusste, dass er mit seinen klassischen Revolutionstheorien bei den meisten unter uns nicht so recht ankommt. Und dass der so effektive Kapitalismus nicht mal so einfach wegzudiskutieren ist. Auch wenn man die Frage stellt, wer denn heutzutage überhaupt für eine Revolution bereit wäre?

Trotzdem versuchte es Reinhold noch einmal aus anderer Sicht: „Meint ihr wirklich, dass es allein mit Reformen getan ist? Kommen dabei nicht allzu oft nur faule Kompromisse heraus?" „Du weißt doch selbst, wie schwierig es ist, allein bei den Tarifauseinandersetzungen selbst kleine Verbesserungen zu erkämpfen", wandte ich ein. „Genau, dies sollte uns jedoch nicht hindern zu fragen, warum dies so ist und wer dies bestimmt. Da sollte man schon mal über den Tellerrand des kapitalistischen Systems hinausschauen", war Reinhold wieder ganz der Alte.

„Für mich ist es kein Widerspruch, innerhalb unserer Gesellschaft für Verbesserungen zu kämpfen und gleichzeitig über grundsätzliche gesellschaftliche Veränderungen nachzudenken", kam ich Reinhold entgegen. Damit gab er sich jedoch nicht so ohne weiteres zufrieden und meinte ironisch: „Man kann sich ja ständig im Hamsterrad der Reformen drehen ohne einen Schritt weiter zu kommen, oder man überwindet den Kapitalismus und das wird ohne revolutionäres Handeln nicht möglich sein".

Ich wusste ja, dass es über seine Kreise hinaus einen regelrechten historischen Glaubenskrieg über die Bedeutung von Evolution und Revolution gibt. Ich hatte den Eindruck, dass die Runde keine große Lust hatte, dies zu vertiefen. Unsere Zeit war ja ohnehin schon abgelaufen und es gibt ja auch noch weitere Treffen.

Mein 80. Geburtstag

Diesmal konnte ich mich nicht noch einmal darum herumdrücken, wie bei meinen 75. Geburtstag. Mein 80. kam unausweichlich auf mich zu. Für mich eine ganz schöne Herausforderung. Nicht nur die Zahl 80, die ich nicht so recht wahrhaben wollte, sondern die unvermeidlichen Feierlichkeiten, bei denen dann natürlich auch Bilanz gezogen wird. Der 80. ist ja schon ein besonderer Lebensabschnitt. Aber wie wird das unter einen Hut zu bringen sein?

Meine zahlreichen Verwandten, die mir nicht nur wegen unseres gemeinsamen Schicksals als Flüchtlinge sehr am Herzen liegen und mein beträchtliches politische Umfeld in den vielen Jahren?

Mein Problem löste sich dann dank der zupackenden Aktivität meines gewerkschaftlichen Mitstreiters Gerd Lobodda von selbst. Er kündigte an, dass er mir im Namen unseres Kreises der Zeitlosen eine Geburtstagsfeier in seiner langjährigen Wirkungsstätte im Gewerkschaftshaus schenkt.

Somit entfiel an diesem Tag leider auch die von mir ins Auge gefasste private Feier mit meinen nahestehenden Verwandten. Mein privates Leben würde bei der politisch ausgerichteten Geburtstagsfeier sicherlich keine Rolle spielen. Aber beides, mein Privatleben und meine langjährigen politischen Aktivitäten, die mich über so viele Jahre hinweg geprägt haben, lagen mir natürlich an diesem besonderen Geburtstag gleichzeitig am Herzen.

Ich war gespannt, wie man in der für mich von Gerd ausgerichteten Geburtstagsfeier mit meinen politischen Überaktivitäten umgehen würde. Sicherlich mit den an solchen Feiern üblichen Übertreibungen. Darüber hinaus gab mir mein freundschaftlicher Berater Horst die Empfehlung, alles gelassen zu sehen. Er gab mir den klugen Rat, mein Privatleben und meine gesellschaftspolitischen Aktivitäten nicht gegeneinanderzustellen, sondern ganzheitlich zu sehen. Denn dies alles zusammen macht ja mein Leben aus. Trotzdem fühlte ich mich wie in einer Zwickmühle. Denn gerne hätte ich mich mit meinen Verwandten wieder einmal persönlich ausgetauscht. Mein runder Geburtstag wäre eine der seltenen Gelegenheiten dafür.

Natürlich war ich gespannt, aber auch neugierig, was denn bei dieser politischen Geburtstagsfeier auf mich zukommen würde und wer alles aus den verschiedenen politischen Richtungen teilnehmen wird. Gerd ließ zwar zu, dass ich Gäste, die mir am Herzen lagen, benennen durfte, ansonsten sollte ich mich mit meiner engsten Familie einfach überraschen lassen.

Ich war ganz schön aufgeregt, als ich mit meiner Frau Karin, meiner Tochter Eva und unserer 6-jährigen Enkelin, unserem Schätzchen Livia im siebten Stock im Saal Burgblick ankam, der mir ja aus zahlreichen Veranstaltungen sehr vertraut war.

Nach dem allgemeinen Begrüßungshallo mit den üblichen Gläschen und nachdem sich die zirka hundert Gäste an den Tischgruppen je nach Neigung und Zugehörigkeit niedergelassen hatten, begrüßte Gerd als Einlader alle herzlich. In seiner unnachahmlichen Art führte er selbstbewusst und souverän und gutgelaunt durch die Geburtstagsfeier. Gerd gratulierte mir kurz und knapp im bedeutende Tonfall mit folgenden Worten: „Wir gratulieren Hans Patzelt, dem Gewerkschafter, Friedenskämpfer, Stadtrat, Familienvater und Freigeist zu seinem 80. Lieber Hans, unseren Respekt, herzlichen Glückwunsch". Und fügte hinzu, dass wir jetzt alle mitsingen dürften.

Zu meiner Freude durfte mit Gitarrenbegleitung Gymmicks unsere kleine Livia als erste „happy birthday to you" anstimmen. Unsere musikalische Livia fand gleich die richtige Tonlage. Sie ließ sich nicht anmerken, dass sie ein bisschen aufgeregt war und alle Gäste stimmten mit ein. Über den allgemeinen Beifall freute sich Livia mit einem erleichternden Lachen mit ihren kindlichen Zahnlücken. Gerd bedankte sich bei Livia und kündete an, dass uns den ganzen heutigen Abend der Gymmick musikalisch begleiten würde.

Happy Birthday to you: meine 6-jährige Enkelin Livia singt zu meinem Gebutstag, begleitet vom Liedermacher Gymmick

Gerd löste mit seiner Ankündigung, dass nur kurze Reden gehalten werden, nicht länger als drei bis fünf Minuten, allgemeines, ungläubiges Gelächter aus. Dies kannte man schon und Gerd bestätigte die Skepsis der Gäste gleich selbst mit seiner ausholenden Rede, die aber gut ankam.

Gerd schilderte eine Episode aus unserem Kampf für den Erhalt des Werkes und damit unserer Arbeitsplätze. Wie wir seine abenteuerliche Aktion umsetzten, als man uns mit einer neuen Fabrik am Essener Hafen als Konkurrenz den Strick für das Nürnberger Werk drehen wollte. Er erzählte mit diebischer Freude, wie wir damals den Spieß einfach umdrehten und ohne Legitimation mit einem Autokorso der gesamten Belegschaft die Grundsteinlegung für eine neue Fabrik am Nürnberger Hafen inszenierten, und wie die Presse ernsthaft darüber berichtete. Es klang ein bisschen stolz, als Gerd sagte, dass es die Nürnberger Turbinenfabrik AEG–Kanis heute immer noch gibt, denn auch er hatte ja einen erheblichen Anteil daran.

Dass er mich als Freigeist mit klarem Kopf und zuverlässigen Kollegen bezeichnete, hat mich angenehm überrascht, aber auch gefreut und ich fühlte mich einigermaßen verstanden. Denn Gewerkschafter und Freigeist zu sein, ist für mich kein Widerspruch. Dies wird nicht jeder so sehen, wenn ich mich an die Auseinandersetzung mit meinen Mitstreiter/innen im Stadtrat erinnere. Als Gerd noch eins draufsetzte und meinte, dass die Welt anders aussehe, wenn es mehr Betriebsratsvorsitzende wie mich gäbe, war mir dies doch etwas zu viel des Guten und eher etwas peinlich.

Jetzt hatte mein musikalischer Wunschbegleiter Gymmick Gelegenheit, sich vorzustellen. Er war gerne meiner Einladung gefolgt und spielte nun ein Lied der Kultgruppe „Ton Steine Scherben" mit dem Titel „Ich bin über 10.000 Jahre alt, mein Name ist Mensch". Um unter allgemeinen Gelächter hinzuzufügen, dass dies keine Anspielung auf mein Alter sein solle. Bescheiden erwähnte er nicht, dass er jetzt der Nachfolger des leider verstorbenen Frontmanns Rio Reiser dieser populären Kultgruppe ist. In dieser neuen Rolle gab er ein Konzert im vollbesetzten Saal des Z-Baus, für dessen Erhalt ich mich im Sinne der alternativen Kulturszenen als Stadtrat so intensiv eingesetzt hatte. Es war mir mit Hartnäckigkeit gelungen, ihn nach seinem Auftritt zu überreden, auf meiner Geburtstagsfeier zu spielen, denn ohne einen musikalischen Beitrag konnte ich mir meine Geburtstagsfeier nicht vorstellen. Für mich eine Ehre, dass Gimmick heute bei uns spielte.

Ich wusste nicht so richtig, wer noch alles reden würde, und über was. Nach Gerd sprach Herbert Hansel, über den ich mich natürlich gefreut habe, denn wir haben ja viel Gemeinsames. Wie ich, ist auch er ein ehemaliger Betriebsratsvorsitzender. Er bei der Firma Grundig, dem für Nürnberg so bedeutenden Produzenten von Fernsehgeräten. Seit seiner Zeit bei Grundig ist Herbert seit vielen Jahren immer noch der verdienstvolle Geschäftsführer der Auffanggesellschaft namens GPQ – für viele, die damals bei der AEG ihren Arbeitsplatz verloren haben, ein Anker. Heute war er nicht nur ein Redner, sondern auch der Kameramann, der für eine gelungene CD von dieser Feier sorgen sollte.

In seiner Rede erinnerte Herbert daran, wie sehr uns unsere gegenseitigen Unterstützungen in schweren Zeiten stärkten. Launig schilderte er unsere positive Konkurrenz, wenn es um Friedensaktionen in unseren Betrieben ging. Er schilderte dies nicht ohne Stolz. Als wir bei AEG-Kanis an einem gewerkschaftlichen Aktionstag unsere Beschäftigten mit einer Gulaschkanone im Fabrikhof versorgten und damit gegen die geplante Aufstellung von atomaren Mittelstrecken-Atomraketen in unserem Land demonstrierten, setzen sie bei Grundig noch eins drauf. Sie luden Taubenzüchtervereine ein, die vom Grundig-Betriebsgelände aus Friedenstauben starteten. Herbert schilderte, dass zu ihrer angenehmen Überraschung die Tageschau im Fernsehen von dieser ungewöhnlichen Friedensaktion berichtete. So sorgten sie mit ihrer Friedenstaubenaktion für bundesweite Aufmerksamkeit. Diese Erinnerungen Herberts waren sichtlich ganz im Sinne unserer heute anwesenden Friedensaktivisten.

Und es sind ja oft nur die Kleinigkeiten, die eine Verbindung verstärken. Herbert zeigte eine von mir aus Pappe gebastelte Faust in den Saal, die ich ihm zu seiner 50.Geburtstagfeier hier an gleicher Stelle provokativ geschenkt hatte und die er bis heute aufbewahrt hatte. Das war schon einige Jährchen her. Ich erinnerte mich daran, dass ich damals mit meinem selbstgebastelten symbolischen Geschenk und mit meinem vorgetragenen Gedicht ganz schön ins Fettnäpfchen trat. Ganz im Stile eines Weltverbesserers wollte ich auch meine anwesenden hochrangigen Gewerkschaftskollegen daran erinnern, dass man in schwierigen Zeiten auch mal kämpfen muss, wie dies die Grundig-Kolleg/innen getan hatten. Nachdem ich den anwesenden Bundesvorsitzenden der IG Metall, den Kollegen Berthold Huber darauf ansprach, hatte ich damals den Eindruck, dass er meinen gewagten Wink mit dem Zaunpfahl durchaus verstanden hatte. Aber von Gegenwehr war ja heute auch schon mehrmals die Rede.

Herbert ermunterte mich in seinem Schlusssatz, so zu bleiben wie ich bin. Wird sich nicht jeder so wünschen, dachte ich in diesem Moment.

Ganz im Kontrast zu Herberts Rede spielte danach Gymmick seinen polemischen Song über die spießbürgerlichen Ängste der vermuteten

Zustände im alternativen Stadtteil Gostenhof. Der Song gipfelte darin, dass dort nicht nur alle auf Drogen sind und an allen Straßenränder der Moon blüht, sondern dass dort auch einmal vermutlich Bin Laden versteckt war. Gymmick erntete viel Gelächter und großen Beifall. Ein herrlicher Kontrast zu den gewerkschaftlichen Ernsthaftigkeiten.

Ich war gespannt, was bei den kommenden, von Gerd mit einem süffisanten Unterton angekündigten Reden aus dem Innenleben nicht nur des Betriebs, sondern auch des Stadtrats auf mich zukommen würde.

Die ganze Familie vereint: Opa mit Oma, Tochter Eva mit Enkelin Livia, und Geburtstagsgästen

Mein Betriebsratskollege Karl-Heinz Elster berichtete, sehr zur Erheiterung der Geburtstagsgäste, launig aber auch respektvoll von meinen nicht unumstrittenen Vorgehensweisen als Betriebsratsvorsitzender in unseren Sitzungen. Er schilderte, wie ich als Vorsitzender mit manchmal etwas fragwürdigen Methoden unterschiedliche Meinungen unter einen Hut brachte. So sah ich es nicht gerne, wenn man die Sitzung vor einem endgültigen Beschluss verließ. Angeblich war es, sehr zum Schmunzeln der Geburtstagsgäste, dem einzelnen der 14 Betriebsräte dann nicht möglich, dringenden persönlichen Bedürfnissen nachzugehen, bevor der Beschluss stand.

Ich musste dies im Moment hinnehmen, ich konnte ja die Rede von Karl-Heinz nicht unterbrechen. Zu meiner Ehrenrettung meinte er aber gleich, dass ich nicht nur für ihn ein Vorbild war. Als er ernsthaft und durchaus positiv schilderte, dass ich als Betriebsratsvorsitzender immer einen Schritt vorauseilte, war ich zunächst irritiert. War ich damals auch zu übereifrig? Karl-Heinz hingegen schilderte, dass er von meinem Motto im Kampf um den Erhalt unserer Arbeitsplätze „Nur was wir uns erkämpfen werden wir behalten" beindruckt war und zitierte mich dann aus der Dokumentation der IG Metall, die er hoch hielt: „Auch in schwierigen Lagen, in die uns die Konzerne bringen, kann man einiges durchsetzen und korrigieren, wenn man sich auf eigene Kraft, auf die eigenen Argumente und die eigene Organisation verlässt".

Dann zeigte er in Richtung des Tisches, an dem meine AEG-Kanis-Kollegen zusammen saßen. Dort saß auch mein guter Betriebsratskollege Willfried, der angekündigt hatte, sich an seine Maschine zu ketten, wenn sie den Betrieb dichtmachen wollen. Zu meiner großen Betroffenheit verstarb Willfried einige Monate nach der Geburtstagsfeier. Karl-Heinz würdigte auch meinen Stellvertreter Reimund, mit dem ich so viele Jahre durch Dick und Dünn gegangen bin. Reimund spielte ja bei der Grundsteinlegung am Hafen den Maurer. Dann schilderte Karl-Heinz ziemlich emotional, dass die Umzingelung des Betriebes aller Beschäftigten nicht nur für ihn ein herausragendes einmaliges Erlebnis im Kampf um den Erhalt des Werks war. Karl-Heinz bedankte sich, dass er ein Stück auf meinem Weg mitgehen durfte. Ich glaube, er hat dies nicht nur gesagt, weil ich heute Geburtstag hatte. Wird nicht jeder so sehen, dachte ich im Augenblick.

Gerd Lobodda kündete anschließend seinen vertrauten IG Metall-Kollegen Gottfried Schneider als nächsten Redner an, den er zu meiner Überraschung dafür gewonnen hatte, meine Verdienste als Friedenson-kel nicht nur in der Krefelder Initiative mit seinen sagenhaften 7 Millionen Unterschriften gegen die Atomraketen, sondern auch meine Aktivitäten vor Ort zu würdigen. Gottfried schilderte, dass es für ihn und seine Kollegen nicht unproblematisch war, eindeutig für den in den Gewerkschaften nicht unumstrittenen Krefelder Appel einzutreten. Ganz schnell kam man in den Verdacht, nicht nur politisch einseitig linkslastig, sondern auch Handlanger Moskaus zu sein. Gottfried schilderte, dass er und seine Kollegen sich dadurch nicht beirren ließen, denn es ging nicht um Parteipolitisches, sondern darum, einen Atomkrieg zu verhindern.

Natürlich hätte ich mich auch gefreut wenn jemand der anwesenden Friedensaktivisten diesen Friedenspart übernommen hätte. Aber Gottfried redete ja nicht nur als Gewerkschafter, sondern auch als einer der Zeitlosen, die mir diese Geburtstagsfeier geschenkt hatten. Dafür war ich Gottfried sehr dankbar. Besonders gefreut hat mich seine Bemerkung, dass ich mich bei meinen Aktivitäten als Hefe im Teig empfunden habe und dass dies schon eine gewisse Wirkung entfaltete.

Als Gymmick anschließend „we shall overcome" anstimmte, fassten sich alle an den Händen und stimmten mit ein. Als dann die Friedensleute an den hinteren Tischen als erste aufstanden und dann alle anderen im Saal dem folgten, war dies der absolute emotionale Höhepunkt der Geburtstagsfeier, auch für unsere kleine Livia, die inbrünstig mitsang.

Dies war sicherlich nicht so selbstverständlich für die anwesenden Stadträte anderen Couleurs und auch nicht für meine Betriebsrats- und Gewerkschaftskollegen, die bei derartigen Anlässen sonst „Brüder zur Sonne, zur Freiheit" anstimmen, so wie dies mein Freund Horst Sitzler erwartet und sich gewünscht hätte. Dass auch Dietrich, mein anwesender kritischer Herausforderer, lautstark mitsang, hat mich dann doch etwas gewundert, aber auch gefreut.

„We shall overcome ... " Gemeinsames Singen der vielfältigen Geburtstags-Gesellschaft mit Friedensleuten, Gewerkschafter/innen, Kolleg/innen und Stadträt/innen.

Nachdem Gerd Oberbürgermeister Maly entschuldigt hatte, der wegen einer wichtigen Parteiversammlung verhindert war, leitete Gerd mit dem Satz „Der Hans ging in Ruhestand, die Unruhe begann, Hans wurde Stadtrat" zum nächsten Gratulant und zur Rede meines ehemaligen SPD-Stadtratsrivalen Gerald Raschke über. Seine ebenfalls anwesende Stadtratskollegin Marion, die trotz unseres damaligen internen Konflikts im Stadtrat erfreulicherweise der Einladung gefolgt war, hätte natürlich lieber, anstelle ihres politischen Rivalen selbst das Wort ergriffen.

Hoffentlich geht das gut, dachte ich. Ich beruhigte danach Marion damit, dass es Gerd vor allem um eine alternative Sichtweise ging. So bat er mich sogar, bei unserem damaligen Geschäftsleiter Dr. Fleig nachzufragen, ob er bereit wäre, an meinem runden Geburtstag zu reden. Ich hatte ihn daraufhin tatsächlich angerufen. Dr. Fleig lehnte dankend ab, mit der ehrlichen Begründung, dass er sich nicht so gerne vorführen lasse, wie er dies in unseren Betriebsversammlungen mit Gerd Lobodda erlebt hatte.

Gerald Raschke begann erstmal ernsthaft damit, dass er seinen Respekt vor meiner politischen Lebensleistung zum Ausdruck brachte. Über den anerkennenden Beifall, den er gleich zu Beginn seiner Rede bekam, freute ich mich natürlich, fragte mich aber, ob er vielleicht auch etwas durch den Lobgesang seiner Vorredner beeindruckt war? Und dann wurde es originell. Er sagte, dass er in den 28 Jahren als Stadtrat noch nicht erlebt hatte, dass es jemand in einer Periode von nur sechs Jahren schaffte, drei unterschiedliche Gruppen zu vertreten. Dies löste bei den wissenden Geburtstagsgästen heftiges Gelächter aus. Er gestand aber zu, dass ich mir, trotzdem meinen Überzeugungen konsequent treu geblieben sei.

In diesem Stil setze er zum Vergnügen der Gäste seine Rede fort, als er behauptete, dass ich angeblich so viel Redezeit in Anspruch nahm als alle Redner vor und nach mir zusammen. Gnadenlos selbst bei hohen Temperaturen von 30 Grad. Gerald Raschkes nicht gänzlich unberechtigte Übertreibungen gipfelten darin, dass er behauptete, ich sei bei jedem meiner Anträge immer auf das Thema Flughafen, den Irakkrieg und die USA zurückgekommen. Allgemeine Heiterkeit löste im Saal aus, als er berichtete, dass sich der Stadtrat bei meinen sonstigen Reden fragte, wann ich endlich wieder auf den Flughafen zu sprechen komme.

Überrascht aber auch gefreut hat mich seine ernst gemeinte Aussage, dass mich die Kraft des Argumentes im Stadtrat trug. Darüber war ich mir allzu oft nicht ganz sicher. Schmunzelnd, aber auch zu meiner Ehrenrettung erzählte er, dass ich es im Stadtrat durchaus nicht leicht hatte. Er schilderte wie der damalige Wirtschaftsreferent Dr. Fleck vergeblich versuchte, mich als Stacheldrahtzieher und Mauerbauer abzuqualifizieren – auf Dauer jedoch nicht erfolgreich. Nicht nur für Gerald Raschke ein unmögliches Verhalten des Herrn Fleck.

Ich hatte den Eindruck, dass zum Glück anscheinend weder Gerald Raschke noch der gesamte Stadtrat damals im Stadtrat mitbekam, welche Probleme ich auch noch mit mir selbst hatte. Mein ehemaliger Stadtratskollege beendete seine launige Rede versöhnlich mit der Feststellung, dass wir im Stadtrat gemeinsame Wege, wenn auch auf unterschiedlichen politischen Straßen gegangen sind. Ich bedankte mich bei ihm herzlich für diese originelle Rede.

Dann kam auch schon der Schlussakt. Gerd Lobodda tat dies mit eleganter Ironie. Heiter erzählte er, wie diese Geburtstagsfeier zustande gekommen war. Süffisant schilderte er meine für mich typische Reaktion. Ich wollte unbedingt wissen, was in dieser Geburtstagsfeier passieren würde. Mit seiner Antwort, dass dies ein Geschenk sei und dass man dies erst später auspackt, ließ er mich ganz schön zappeln. Heiterkeit löste seine Schilderung aus, dass ich ihn fragte, ob ich ein Schlusswort sprechen könnte. Es war schon fast eine dramaturgische Meisterleistung, als Gerd nach einer kurzen Redepause zu meiner Verblüffung erklärte: „Hans, ich schenke dir ein Schlusswort". Über diesen überraschenden Schluss lachten die Gäste wissend, und Gerd bekam dafür den verdienten Beifall.

Sicherlich war man gespannt, wie ich mich mit meinem Schlusswort aus der Affäre ziehen würde. Darauf war ich nicht gefasst. So musste ich improvisieren. Nach meinem mir vorauseilenden Ruf als nicht enden wollender Redner musste ich mich unbedingt kurz fassen. Dies gelang mir auch. Ich stimmte zu, was Gerd alles gesagt hatte. „Ich habe heute Nacht schlecht geschlafen und von einer Hinrichtung geträumt". Und dass ich mich über jeden, der zu meiner Geburtstagsfeier gekommen war freute, denn ich hätte mit jedem eine mehr oder weniger kleine Geschichte, bei allen Unterschieden. „Am liebsten möchte ich alle umarmen.

Wenn ich heute heimkomme, muss ich erst mal in den Spiegel schauen, ob ich das wirklich bin, was heute alles über mich gesagt wurde. An Geburtstagen wird ja immer sehr geschönt. Aber es waren auch ernsthafte Anklagen zu hören. Ich bedanke mich bei allen, besonders bei Gerd, der dies so durchgezogen hat wie dies seine Art ist". Ich musste mich nicht wundern, dass ich mit meiner Bemerkung, dass ich bei der Durchführung einer solchen Feier im Gegensatz zu Gerd etwas demokratischer vorgegangen wäre, allgemeine, ungläubige Heiterkeit auslöste. Dies war ja ein Widerspruch zu dem was gerade von den Rednern geschildert wurde. Ich gestand aber ein, dass ich oft so lange rede, bis ich

Recht bekomme. Ich sagte, wie sehr ich erleichtert bin, dass die befürchtete Hinrichtung nicht stattfand. Ich bedankte mich bei meinem Stadtratskollegen Gerald Raschke dafür, dass er mit seiner gemütvollen Art über manche Verbissenheit im Stadtrat hinweg geholfen hatte. Ich bedankte mich auch herzlich bei Gymmick. „Seine ernsthafte Heiterkeit hat uns gut getan."

Ich beendete meine Danksagung damit, dass es bei gewerkschaftlichen Veranstaltungen schrecklich sei, dazusitzen, wohlwissend, dass es draußen ein Büfett gibt. „Lasst es euch schmecken, ich hoffe es reicht für alle. Schenkt euch einen ein und ich trinke zwei Gläser auf Euer wohl", beendete ich meine Rede und war stolz das es die kürzeste war.

Als Gymmick mit einem heiteren Song endete, war endlich Gelegenheit für einen persönlichen Austausch und für einen schönen Ausblick auf die abendliche und angestrahlte historische Nürnberger

Burg. Auch ich hatte jetzt die Zeit für kurze Smalltalks mit einigen Geburtstagsgästen wie mit Gerald Raschke, der soeben die launige Rede gehalten hatte, mit meinem ehemaligen Gewerkschaftskollegen und Betriebsratsvorsitzenden der AEG und derzeitigem Stadtrat der SPD, Harald Dix, und dem gewerkschaftsorientierten Stadtrat Gerhard Groh, mit dem ich mich gut verständigen konnte, mit Michael Bengel, meinem Mitstreiter bei den Piraten, mit dem ÖDP-Stadtrat Thomas Schrollinger, mit dem ich mich blind verstand. Mit meiner ehemaligen Stadtratskollegin Marion Padua von der Linken Liste konnte ich jetzt auf unser gemeinsames Wohl nicht nachtragend anstoßen.

Natürlich war dies nicht der Ort für die Aufarbeitung unserer damaligen Auseinandersetzungen. Ich kündigte ihr jedoch scherzhaft drohend die Aufarbeitung in meiner derzeit in Arbeit befindlichen Autobiografie an. Günstige Gelegenheit auch noch, den mitfeiernden derzeitigen 1. IG-Metall-Vorsitzende Nürnbergs, ein Nachfolger Gerd Loboddas, dafür zu danken, dass er diese Geburtstagsfeier in diesen geeigneten Räumlichkeiten des Burgblicks mit einem weiten Blick auf die historische Altstadt Nürnbergs ermöglicht hatte.

Ein letztes Dankeschön an einen der Geburtstags-Redner, mein guter Kollege Karl-Heinz, im Hintergrund die Nürnberger Altstadt

Ich hatte den Eindruck, dass die zahlreichen unterschiedlichen Gäste eine heitere Geburtstagsfeier erlebt hatten.

In meinem Dankesschreiben an die Geburtstagsgäste habe ich dann geschrieben, dass es im Burgblick kaum eine Veranstaltung gab, bei der so viele unterschiedlichen Menschen zusammen gefeiert haben. Und dass es beeindruckend war, als Gewerkschafter mit Friedensleuten, Antifaschisten und Stadträten aufgestanden zu sein und Hand in Hand gemeinsam „we shall overcome" gesungen zu haben.

Zeitzeuge im Friedensmuseum

Ich wurde von Elke zum Erzählkaffee des Nürnberger Friedensmuseums eingeladen. Als Zeitzeuge sollte ich über meine langjährigen Aktivitäten als Friedensbewegter berichten. Moderatorin Chris nahm dies sehr ernst und schlug ein Vorbereitungstreffen vor. Mit Kaffee und Kuchen in unserem Reihenhaus und nach einem ausführlichen Gespräch waren wir gut vorbereitet.

Elke, die verdienstvolle, ehrenamtliche Vorsitzende und Mitbegründerin des Nürnberger Friedensmuseum vor über zwei Jahrzehnten, begrüßte in ihrer charmanten Art die rund zwei Dutzend Interessierten, von denen ja fast jeder selbst ein Zeitzeuge ist. Die Wände des nicht allzu großen Raums des Friedensmuseums waren als Ausstellung gestaltet, an der sich nicht nur Schüler über die bewundernswerten Friedensaktivitäten und Inhalte informieren können. Nicht nur für mich wurde dieser Nachmittag zu einem intensiven Schnelldurchgang durch unsere gemeinsamen Friedensaktivitäten in den vielen Jahren.

Chris kam als souveräne Moderatorin gleich zur Sache und stellte mir die Frage, die ich mir ja immer wieder einmal selbst gestellt hatte und nie endgültig beantworten konnte. Sie fragte mich, ob meine Erlebnisse als Flüchtlingskind im 2. Weltkrieg die Ursache waren, dass ich mich nicht nur gegen Krieg und für den Frieden so engagiert habe, sondern darüber hinausgehend so politisch aktiv wurde. Im Moment konnte ich nur allgemein antworten, dass dies sicherlich für mein weiteres Verhalten eine Rolle spielte. Dass jedoch meinen Aktivitäten ein längerer Entwicklungsprozess vorausgegangen war, zumal ich ohnehin ein Spätentwickler war.

Chris ließ sich durch meine nur unzureichende Antwort nicht aus der Ruhe bringen und ging mit weiteren Fragen Schritt für Schritt voran.

Natürlich war für mich die gefahrvolle Flucht zu Fuß aus dem 500 Kilometer entfernten Breslau mitten im Krieg ein einschneidendes Erlebnis. Es war schon fast ein Wunder, das wir, meine Mutter mit ihren vier kleinen Kindern in dem eiskalten Winter überhaupt überlebten. Etwas salopp bemerkte ich, dass ich ansonsten heute nicht hier wäre. Ich schilderte, dass die größte Angst für uns Kinder und so auch für mich war, dass unserer Mutter in den Kriegswirren etwas zustoßen könnte. Bei ihr fühlten wir uns trotz aller Gefahren bei dieser abenteuerlichen Flucht geborgen. Unsere Mutter hatte uns mit scheinbar traumwandlerischer Sicherheit im Krieg nach Nürnberg gebracht.

Bei dieser Schilderung bemerkte ich bei einigen älteren Zuhörerinnen ein anerkennendes Nicken und dachte mir, dass sie vielleicht ähnliche Erfahrungen gemacht hatten. Zu meiner Antwort gehörte dann auch, dass dieses Urvertrauen dazu beigetragen hat, dass meine Psyche anscheinend nicht nachhaltig beschädigt wurde, sodass ich nicht zwangsläufig vom Flüchtlingskind zum Friedensonkel werden musste. Meine Frau ist sich da nicht ganz so sicher. Sie macht mich immer wieder einmal darauf aufmerksam, wenn ich, ohne dass es mir bewusst ist, nachts unmotiviert laut aufschrie.

Da man mich in der Runde als eher selbstbewusst einschätzte, wollte es in der Gruppe niemand so recht glauben, dass mich immer wieder einmal meine Komplexe des minderwertigen Flüchtlingskinds einholen. Chris versuchte dies mit ihrer klugen Einschätzung aufzulösen, dass ich dies vielleicht mit meinem selbstbewussten Auftreten überkompensiere. Als ich auch noch erklärte, dass ich mich eigentlich nicht in erster Linie als den Kämpfer fühle, als den mich oft Außenstehende sehen, und ich scherzhaft erklärte, doch ich mal einen Psychologen aufsuchen sollte, intervenierte Elke. Die diplomierte Sozialpädagogin erklärte, dass man nicht alles psychologisieren sollte. „Du hast es halt einfach getan und das ist gut so." Und da erinnerte ich mich an Chris Meinung in unserer Vorbesprechung, die in die gleiche Richtung ging, nämlich dass man alles auch so weit übertrieben zerreden kann, dass eine Verständigung kaum mehr möglich wird. Dies vermied Chris mit ihrer Moderation dieser

Runde. Ich kam mir beinahe leichtfertig vor, als ich berichtete dass ich zur Zeit dabei bin, meine Autobiografie über all meine Erlebnisse zu schreiben, wie mir dies nicht nur der Journalist Georg Escher empfohlen hatte.

Ich erweckte größere Aufmerksamkeit als ich erzählte, wie wichtig für meine Entwicklung und zunehmende politische Aktivitäten unsere Freundschaft mit Hanne und Hartmut war. Denn die meisten der Anwesenden der überschaubaren Runde kannten beide und schätzten sie als kritische Friedensaktivist/innen. Man wollte mehr über unsere Bekanntschaft hören. Und so schilderte ich, dass Hanne im Gegensatz zu mir und ihrem Partner Hartmut, dem Geigenbauer, aus einer kommunistischen Familie kam. Hanne hatte für mich, den immer Neugierigen, der alles wie ein Schwamm aufnahm, einiges zu bieten. Ich erinnerte mich wieder.

Wir besuchten gemeinsam die Kurse in der Volkshochschule, die sich mit gesellschaftspolitischen Themen befassten. Inzwischen hatten wir uns mit dem durchaus imponierenden, aber auch sehr eitlen und nach Hannes kritischen Einschätzungen sehr bürgerlichen Dozenten angefreundet, der uns Kant und Hegel und andere Philosophen nahebrachte. Hanne konnte es sich nicht verkneifen, ihn mit ihrem Wissen von Marx und Engels bis hin zu Rosa Luxemburg zu konfrontieren. Karin und ich profitierten von diesen Diskussionen sehr, denn davon hatten wir, bei der üblichen Schulbildung der damaligen Zeit keine Ahnung.

Für mich waren die Diskussionen mit Hanne und Hartmut über gesamtgesellschaftliche Zusammenhänge sehr spannend. So landete ich dann auch in einem Diskussionskreis von Hannes Vater, Alfred Sauer, wo man dies alles vertiefen konnte. Man konnte sich aber nie sicher sein, ob nicht ein anonymer Beobachter des Staates mit in der Runde saß. Hanne hatte uns berichtet, dass ihr Vater in der Zeit des Naziregimes wegen seines Widerstands verfolgt und verhaftet wurde, hatte jedoch, im Gegensatz zu manch anderen Gleichgesinnten mit Glück überlebt. Dass nach dem Ende des verheerenden zweiten Weltkriegs ausgerechnet kritische Geister wie Alfred Sauer, die den größten Widerstand gegen die

Schreckensherrschaft Hitlers geleistet hatten, wegen ihrer Gesinnung erneut verfolgt wurden, war für mich unglaublich und nicht nachvollziehbar. Hatte man denn keine Lehren aus der Vergangenheit gezogen? Bei unseren Diskussionen ging es immer wieder um die Frage warum dies auch heute noch so war. Hanne hat hierzu für mich verblüffende aber auch neue Erklärungen. Für sie waren dies Auswirkungen eines ausgeprägten Antikommunismus in unserer kapitalistischen Gesellschaft. So auch der immer noch nicht überwundene sogenannte Nationalsozialismus. Hanne wurde bei der Nennung dieses Begriffs richtig leidenschaftlich. Sie weigerte sich das Wort Nationalsozialismus überhaupt in den Mund zu nehmen. Handelt es sich doch um einen, von Hitler und den Seinen selbst in die Welt gesetzten Begriff, der manipulativ und verharmlosend von ihrem brutalen Hitlerfaschismus ablenken sollte, unter dem auch ihr Vater gelitten hatte. Hanne befürchtete, dass die ewig Gestrigen dies wieder aufgreifen könnten. Bei Hannes Schilderungen hatte ich aber auch den Eindruck, dass ihr Vater durchaus auch kritische Verengungen in seinem politischen Umfeld wahrgenommen und kritisch beurteilt hat.

Karin und ich waren mit Hanne und Hartmut dann auch in der 68-er Bewegung gegen den Vietnamkrieg und gegen die aufkommenden Neonazis unterwegs. Bei meinen Schilderungen wurde mir wieder bewusst, welchen Einfluss Hanne und dann auch Hartmut auf die Richtung meiner politischen Entwicklung hatten.

Ich erinnerte aber auch an Heinz Drab, den Weggefährten von Hannes Vater. Die meisten in dieser Runde im Friedensmuseum kannten ihn noch. Auch ihm hatte ich einiges zu verdanken. Er hatte die Gabe bei den vielfältigen unterschiedlichen Auffassungen unter uns Friedensbewegten geduldig zu vermitteln. Für ihn, aber auch für mich und für uns alle war entscheidend, dass jeder in der Friedensbewegung mitmachen konnte, egal welcher weltanschaulichen oder politischen Anschauung, oder welcher Herkunft man war. Rechtsradikale ausgenommen. Ab und an jedoch reichten mir die, vor allem diplomatischen Vermittlungen von Heinz Drab nicht aus. Für mich war es wichtig, bei allem Wunsch zur

Gemeinsamkeit, konkrete Probleme, die immer wieder einmal bei unseren gemeinsamen Friedensaktivitäten zu Spannungen führten, offen anzusprechen um sie zu lösen. Ich hatte es nicht so gern, nur um des lieben Friedens willen Probleme ungelöst unter den Teppich zu kehren. Darauf ging ich jedoch in dieser Runde nicht näher ein.

Chris fuhr mit der Befragung fort und wollte von mir schon noch etwas genauer wissen, wie es uns nach der Flucht in Nürnberg erging. Ich erzählte, dass unsere neue Heimat eher eine Flüchtlingsgemeinschaft war. Erst in einem fensterlosen Bunker im beschaulichen Stadtteil Ziegelstein und dann in dem großen Flüchtlingslager in Langwasser und dass wir immer nur geduldete Außenseiter waren.

Mit der Rolle des Außenseiters konnte und wollte ich mich jedoch nie abfinden Dann wurden die Fragen aus der Runde kritischer. Ich berichtete, dass mein Vater zwar Soldat, jedoch kein Nazi, eher ein Mitläufer war. Für ihn war dann unser erster Bundeskanzler Konrad Adenauer nach dem verlorenen Krieg das höchste der demokratischen Gefühle. Mein Vater nahm mich als Schüler auch zu Veranstaltungen von Franz Josef Strauß mit, dem ehemaligen erzkonservativen Ministerpräsidenten Bayerns, der mir wegen seiner rustikalen Reden zugegebener Maßen imponierte, ohne zu verstehen, was er wirklich meinte. Dass ich mich zunehmend von derartigen erzkonservativen Politikverständnissen in der Vor-68-er Zeit emanzipierte, führte zwar manchmal zu ganz schön kontroversen Diskussionen mit meinem Vater. Dies tat allerdings unser gegenseitiger Zuneigung keinen Abbruch. Verwundert waren die Zuhörer über meine Schilderung, dass die ehemaligen Soldaten, so auch mein Vater, nicht etwa belangt, sondern vielmehr bei Einstellungen bevorzugt wurden. So auch mein Vater, der beim Nürnberger Arbeitsamt angestellt wurde. Auch eine Art Vergangenheitsbewältigung im Nachkriegsdeutschland, wie jemand aus der Runde kritisch bemerkte.

Chris achtete mit ihren gezielten Fragen darauf, dass wir von unserem Friedensthema nicht allzu weit abkamen. Sie wollte von mir als Mitbegründer des heute noch aktiven Nürnberger Friedensforums wissen, wer denn damals vor über 20 Jahren bei der Gründung dabei war. Das konnte ich konkret beantworten. Ich hatte meine handschriftliche Notiz dabei. Wahrscheinlich das einzige Dokument der Gründung Anfang 1981. Ich wurde gebeten, die Namen vorzulesen. Bevor ich dies tat, berichtete ich, dass engagierte Leute eines breiteren Spektrums aus der Politik, den Gewerkschaften und den Kirchen sich zusammentaten. Darunter waren in Nürnberg so bekannte Namen wie die SPD-Politikerinnen Renate Schmidt und Gerda-Maria Haas, der evangelische Pfarrer Karl-Heinz Klose, mit dem ich mich ganz besonders gut verstand, und der örtliche IG-Metall Vorsitzende Horst Klaus, dem wir so viel zu verdanken haben, um nur einige zu nennen. Die Leute des Friedensmuseums waren sehr interessiert und ich übergab ihnen mein Dokument der Mitbegründer des Nürnberger Friedensforums.

Und dann kamen wir noch einmal auf den Gewerkschafter Horst Klaus zu sprechen. Horst Klaus war nicht nur für mich ein Vorbild, selbst wenn es auch im späteren Verlauf unserer Begegnungen manchmal unterschiedliche Einschätzungen gab, wenn ich mich nur an seine Abneigung des Krefelder Appell erinnere. Ich ging jedoch in dieser Runde nicht näher darauf ein. Er hatte als Mitglied einer Delegation der Gewerkschaftsjugend 1960 am legendären Ostermarsch in England, von London nach Aldermaston gegen die Atombewaffnung teilgenommen. Anlass für ihn, im Folgejahr 1961 den ersten Ostermarsch in Nürnberg zu organisieren, gemeinsam mit Aktivisten, wie Alfred Sauer und Heinz Drab, deren Verdienste uns heute nochmals bewusst wurden. Die Ostermärsche in dieser Zeit durchzuführen war nicht einfach. Sie mussten gegen alle politischen Widerstände und restriktiven Auflagen der Behörden durchgesetzt werden. Dies alles vor zwanzig Jahre vor der Gründung unseres Nürnberger Friedensforums.

Es gab 1981 allen Grund die Ostermärsche neu zu beleben. Es war der Auftakt für den erfolgreichen, millionenfachen Protest gegen die Stationierung atomarer amerikanischer Mittelstreckenraketen in unserem Land. Seither sind die Ostermärsche bis heute und bestimmt auch darüber hinaus ein nicht mehr wegzudenkendes Element, nicht nur in Nürnberg, sondern der zahlreichen bundesweiten Friedensinitiativen. Jeder

der Anwesenden hatte seinen Beitrag dazu geleistet und wird dies auch weiterhin tun, bestärkten wir uns in dieser Runde im Friedensmuseum.

Wegen der Flut unserer gemeinsamen Friedensaktivitäten schlug Chris vor, dass wir uns nur auf einige Höhepunkte und Spannungsfelder beschränken sollten. Chris stellte mir als erstes die Frage, wie ich den allerersten Ostermarsch 1981 in Nürnberg erlebt hätte. Ich schilderte, wie sehr wir damals beeindruckt waren, dass 8000 Menschen auf den Platz vor der Lorenzkirche gekommen waren. Selbst aus dem 80 Kilometer entfernten Altmühltal war ein Traktor mit der riesigen Nachbildung einer Atomrakete nach Nürnberg gekommen. Ich zeigte der Runde davon ein sehr eindrucksvolles Bild von den *Nürnberger Nachrichten*. Ungläubige Heiterkeit löste in der Runde aus, als ich berichtete, dass mir der Berichterstatter der größten Nürnberger Tageszeitung ernsthaft erklärte, dass er lieber den Atomtod sterben würde, als bei diesem Sauwetter vom Ostermarsch berichten zu müssen. Obwohl es mir schien, dass er dies wegen des unangenehmen nasskalten Wetter sagte, war seine Berichterstattung am darauffolgenden Tag trotzdem objektiv.

Ich hatte versäumt, zu schildern, dass dieser Ostermarsch nicht meine erste Friedensaktion war. Ich trug nach, dass ich wenige Jahre vor unserem ersten Ostermarsch ebenfalls vor der Lorenzkirche als einer der Redner gegen die sogenannte Neutronenbombe mit hunderten von Teilnehmer demonstriert hatte. Man wollte damals diese Bombe damit schmackhaft machen, dass sie ja nur Lebewesen töte, die Gebäude jedoch verschone. Welch' eine Perversion. Die Friedensmuseumsleute waren dankbar, als ich ihnen mein Flugblatt von dieser Aktion übergab. Das war eine Ergänzung ihrer Dokumente des Friedensmuseums.

Chris kam dann auf den nächsten Höhepunkt zu sprechen, die Aktionen gegen die Stationierung der Atomraketen einige wenige Jahre später. Wir kamen schnell auf die Menschenketten zu sprechen, die wir organisiert hatten. Nicht nur auf die erste beeindruckende Menschenkette der 8000 von der Lorenzkirche zum Amerikahaus gegen den Besuch des amerikanischen Präsidenten Bush in unserm Land.

Eine Steigerung war dann mein nicht unumstrittener Vorschlag, die Nürnberger Altstadt mit mindestens genau so vielen Menschen zu umzingeln. Angesichts des immer näher rückenden Einmarsches der USA in den Irak ein gewagtes Unterfangen, 10.000 Menschen auf die Beine zu bringen. Aber letztlich haben wir die Menschenkette doch geschafft. Ich schilderte, wie sehr ich mich bei der Durchsetzung dieser Umzingelung aus dem Fenster gelehnt hatte, was mir zwar viel Lob meiner Mitorganisator/innen eingebracht hatte, dass mein hartnäckiges Beharren aber auch zu unausgesprochen Spannungen unter uns im Friedensforum führte.

Ebenfalls nicht unumstritten unter uns war unsere Haltung zu der geplanten ca. 100 Kilometer langen überregionalen Menschenkette von Stuttgart nach Ulm. Eine interessante Diskussion löste der stadtbekannte Friedensaktivist und ehemalige Landtagsabgeordnete Hans-Günter Schramm aus, der etwas provozierend die Haltung von uns Sprechern des Nürnberger Friedensforums und somit auch mich ins Visier nahm. Er schilderte das starre Verhalten von uns Nürnbergern, als es um ein neues Demonstrationselement der ca. 100 Kilometer langen Menschenkette von Stuttgart nach Neu-Ulm ging. Ich vertrat als Delegierter in Stuttgart die Nürnberger Position. Wir wollten, anstelle dieser für uns nicht ganz ernstzunehmenden Menschenkette, eine große süddeutsche Großdemonstration nach dem Vorbild Bonns in Stuttgart haben. Allerdings konnte ich mich als Delegierter in Stuttgart nicht durchsetzen, vielmehr galt ich dort als Vertreter einer parteipolitischen Betonfraktion Nürnbergs. Ich schilderte Hans-Günter, dass ich mich dann, nicht aus Opportunismus, von dem neuartigen Aktionselement überzeugen ließ, und saß nun wieder einmal zwischen den Stühlen. Einerseits wollte man mir in Stuttgart meinen Sinneswandel nicht so recht abnehmen, andererseits wunderte man sich in Nürnberg über meine geänderte Meinung .Ich hatte also in beide Richtungen Überzeugungsarbeit zu leisten, dann doch mit Erfolg. In der Praxis musste es sich ja schließlich zeigen.

Wir Nürnberger verpflichteten uns, einen mehrere Kilometer langen Abschnitt der Menschenkette auf der Autobahn zu übernehmen. Ich widersprach Hans-Günter, der meinte, dass dies einer Art Selbstbestrafung war. Vielmehr galt es jetzt, in Nürnberg konkret zu werden. Für den Abschnitt benötigten wir einige tausend Mitfahrer/innen – von den Gewerkschaften, den Christen, den Parteien, den Schülern, den Stadtteilinitiativen. Von allen galt es, verbindliche Zusagen zu bekommen, um einen Sonderzug und entsprechend Busse zu organisieren, wozu jeder Teilnehmer auch noch einen finanziellen Beitrag leisten sollte. Hohe Ansprüche für uns alle, die mit dem Nürnberger Friedensforum zu tun hatten. Wir Nürnberger waren richtig stolz, als es gelang, unseren zugeteilten Abschnitt der Menschenkette zu realisieren.

Foto: dpa
Die 100 km lange Menschenkette 1983 von Stuttgart nach Ulm

Ich sehe mich noch heute, wie ich unseren kilometerlangen Kettenabschnitt mit meinem Megaphon mit den Worten „wir schaffen es" abschritt. Ich stand ja im ständigen Kontakt mit den Organisatoren, die das Zustandekommen der 100 Kilometer langen Menschenkette endgültig bestätigten. Das neue Element des Protestes gegen die Atomraketen erlangte bundesweite Aufmerksamkeit.

Chris leitete dann zu dem Thema militärische Nutzung des Nürnberger Flughafens über. Das war eigentlich ihr ureigenes Thema. Seit Jahren kämpfte sie mit ihren, auch heute hier versammelten Mitstreitern mit viel Fantasie gegen den unverantwortlichen Plan, einen Autobahnzubringer der sogenannte Nordanbindung mitten durch den Reichswald zu bauen – koste es, was es wolle. Da hatten die Verantwortlichen auch der Stadt Nürnberg die Rechnung ohne die Friedensinitiativen gemacht, die gleichzeitig aus Umweltgründen um den Reichswald besorgt waren.

Auch ich nervte, allerdings als Minderheit, immer wieder den Stadtrat, indem ich bezweifelte, dass es wirklich nur darum ging, einige Minuten schneller von der nicht allzu weit entfernten Autobahn auf direkten Weg zum Flughafen zu kommen. Diente dieses hunderte von Millionen teure Projekt nicht vielmehr als schnellerer Zubringer für Militärtransporte von dem angebundenen Truppenübungsplatz Grafenwöhr und anderer Militäreinrichtungen in unserer Region für die Kriege in Afghanistan und im Irak?

Schmunzeln löste ich in der Runde aus, als ich schilderte, dass meine Reden oft als zu lang empfunden wurden, obwohl ich kürzer redete als manch' anderer Stadtrat. Richtiger wäre viel mehr: Meine Reden wurden anscheinend deshalb als zu lang empfunden, weil sie zu unbequem waren.

Wir erinnerten uns mit Vergnügen an unsere kreative Aktion am Dreikönigstag im Nürnberger Flughafen: Als wir zum Protest gegen die militärische Nutzung des Flughafens zu hunderten mit selbstgebastelten Papierkronen auf dem Kopf in der großen Ankunftshalle aufkreuzten, obwohl man uns dies untersagt hatte. Sie konnten nichts machen, wir waren einfach zu viele.

Dies ist jetzt über zehn Jahre her. Bis heute wurde dieser unsinnige Autozubringer nicht realisiert. Chris gab aber zu bedenken, dass dieser Plan noch nicht endgültig vom Tisch sei.

Foto: Weigert
Protest am Dreikönigstag gegen „Flughafen als Startrampe für den Krieg", wie dies die „Nürnberger Nachrichten" überschrieb. Mit mir war's ein König mehr.

Als wir im Verlauf unseres Gesprächs auf unsere gemeinsamen Aktivitäten über Nürnberg hinaus zu sprechen kamen, erinnerten wir uns nicht nur an die Fahrten zu den unvergessenen, einmaligen Erlebnisse in Bonn, wo wir im Hofgarten ein Teil der über 300.000 Gleichgesinnten waren, die gegen die Atomraketen demonstrierten. Ich erinnerte mich an die Fahrten nach Wackersdorf, wo wir gegen die Pläne des Franz Josef Strauß für eine atomare Wiederaufarbeitungsanlage demonstrierten, mit der er Atombomben realisieren wollte, was er freilich bestritt. Dass Atomprojekt wurde nicht realisiert. Dies schrieben wir mit auf unsere Fahnen.

Chris wollte als nächstes von mir wissen, wie ich meine Mitwirkung in der bundesweit so wirkungsvollen Krefelder Initiative erlebte. Ich schickte voraus, dass ich anfangs der Auffassung war, dass ich gar nicht so recht in den, von dem renommierten Pastor Niemöller gegründeten Kreis mit den ausgewählten hochkarätigen und meist hochbetagten Doktoren und Professoren aus unterschiedlichen gesellschaftlichen Bereichen zu passen schien. Nicht nur in den Gewerkschaftsführungen galten sie absurderweise als Handlanger Moskaus, obwohl sie sich im beiderseitigen Interesse gegen die Stationierung neuer atomarer Mittelstrecken gleichermaßen in Ost und West aussprachen. Zu den Skeptikern gehörte für mich unverständlicherweise auch der Vorstand meiner Gewerkschaft IG Metall, in der ich ja nur ein einfaches Mitglied war. Da auch sie nicht zu einer Zusammenarbeit mit der Krefelder Initiative bereit waren, geriet ich als gewerkschaftlicher Betriebsratsvorsitzender, der auch im Betrieb friedenspolitisch aktiv war, ins Visier der Krefelder. Ich berichtete, dass ich, ehe ich mich versah, der bundesweit Verantwortliche für das Gewerkschaftliche bei den anspruchsvollen Krefeldern wurde, obwohl ich kein Mandat von den Vorstanden meiner Gewerkschaft IG Metall, geschwiege denn von der Dachorganisation DGB hatte. Dies hinderte mich nicht daran, mitzuwirken, dass wir mit den sagenhaften bundesweit sieben Millionen Unterschriften für unseren Krefelder Appell den Druck auf die Stationierer ganz schön erhöhten. Ich gab die Lorbeeren an die heute hier im Friedensmuseum Anwesenden weiter, denn auch sie alle hatten ja mit den 80.000 Unterschriften allein in Nürnberg ihren Anteil daran.

Das Kaffeegespräch neigte sich dem Ende zu. Dann kam dann doch noch die Frage, die ich längst erwartet hatte. Ich wurde direkt gefragt, warum ich als Stadtrat bei den Piraten gelandet sei. Hinter dieser Frage stand das Zerwürfnis unter uns drei Stadträten der „Linken Liste", von dem natürlich alle Anwesenden gehört hatten. Ich nahm mir vor, jetzt nachträglich nicht Öl ins Feuer zu gießen, denn Auseinandersetzungen unter Gleichgesinnten waren auch in diesem Kreis nicht gerade gefragt. Jedoch, aufrichtig sein wollte ich schon. Ohne die Schuldfrage zu betonen und ohne die einzelnen Vorfälle zu schildern, erklärte ich ziemlich allgemein, dass einigen in unserem politischen Umfeld mein Vorpreschen im Stadtrat, auch aus ideologischen Gründen, anscheinend nicht so recht nachvollziehbar war. Ich hielt mein Vorgehen jedoch ab und zu als dringend erforderlich, um uns als Minderheit überhaupt Gehör zu verschaffen. Dies wollte man in unserem politischen Umfeld nicht akzeptieren.

Zum Glück kamen aus der Runde keine weiteren Nachfragen über die eigentlichen Ursachen unseres internen Konflikts – sodass ich über die ideologischen Hintergründe nichts zu sagen brauchte. Wahrscheinlich wollte man dies gar nicht so genau wissen. Jedoch berichtete ich, dass einige meiner Mitstreiter ins Auge fassten, mich nach einer gescheiterten Mediation auszuschließen, ohne dass die Ursachen des Konflikts geklärt waren. Für mich sei das unerträglich gewesen und keine Basis für eine weitere gemeinsame Zusammenarbeit. Ich hatte aber nicht die Absicht während meiner Amtsperiode mein Stadtratsmandat niederzulegen, wie dies einige meiner Mitstreiter forderten. Schon gar nicht nach dem Vorgefallenen. Also machte ich mich als Stadtrat mit dem Logo „OL", das für „Offene Linke" stand selbständig, mit meinen unveränderten Anliegen.

Auf die Frage zurückkommend begründete ich meine Liaison mit den Piraten damit, dass ich nach Beendigung meiner sechsjährigen Amtszeit mit den im Stadtrat unerledigten Themen, auch meiner Anträge, noch längst nicht fertig war. Wie die Themen der Fahrpreis- oder Energiepreiserhöhungen und vieles andere mehr. Ich berichtete, dass ich von der

Partei der Piraten angesprochen wurde, ob ich bei ihnen für den nächsten Stadtrat kandidiere und dass ich nach einiger Bedenkzeit nicht nein sagte. Nachdem ich einige der Piraten in ihrem Büro kennen gelernt hatte schätzte ich sie lockerer ein, als meine stringenteren bisherigen Mitstreiter/innen der Linken Liste, was sich nach näherem Kennenlernen im Laufe der Zeit auch bestätigte. Ich verschwieg in der Runde jedoch, dass ich bei allem Frust mir eingestehen musste, dass ich bei den Piraten eine straffere Organisation, wie bei der Linken Liste ganz schön vermisste. So musste ich mir im Stillen eingestehen, dass ich wieder einmal zwischen zwei Stühlen saß. Diesmal zwischen den Eigenen. Diese augenblickliche Nachdenklichkeit ließ ich mir jedoch in dieser Runde nicht anmerken. Wie dem auch sei. Ein Zurück zur „Linken Liste" gab es für mich ohnehin nicht mehr. Ich berichtete, dass ich bei der Stadtratswahl beachtliche über 10.000 Stimmen bekommen hatte. Diese reichten jedoch für mich, wegen der zunehmenden Schwäche und der dadurch zu geringen Anzahl der Stimmen für die Partei der Piraten, für einen erneuten Sitz im Stadtrat nicht ganz aus. So schade dies auch war, für mich war dies jedoch auf Grund meines fortgeschrittenen Alters kein Beinbruch.

Ich war erleichtert, dass ich diese Hürde in dieser Gesprächsrunde im Friedensmuseum genommen hatte.

So waren für mich selbst meine Schilderungen in dieser Gesprächsrunde noch einmal ein intensives nachdenkliches Zurückschauen auf unsere und meine zahlreichen und vielfältigen Aktivitäten. Diese wertvolle Gesprächsrunde war mich, auch für die Entlastung meines Rucksacks unverdauter Überaktivitäten, ein Gewinn. Ich hoffe auch für alle Anwesende.

Dann fragte mich Elke noch, was ich jetzt so mache. Sie meinte es natürlich politisch, und da musste ich nicht groß überlegen. Natürlich verfolge ich nach wie vor, wie wir alle, die aktuellen politischen Verwerfungen und Entwicklungen nicht nur in unserer Gesellschaft. Wenn ich die örtlichen Zeitungen aufschlage, bin ich in Gedanken immer noch der Stadtrat. Ich berichtete, dass ich seit Jahren auch immer noch und regelmäßig den Aufrufen zu Protesten des Bündnisses Nazistopp gegen die

Umtriebe von Rechtsradikalen in unserer Stadt folge leiste. Dabei fragte ich mich im Moment, während ich das schilderte, warum sich die Stadt zu unseren Aktivitäten gegen Pegida und sonstige rechtradikalen Umtriebe und zum Bündnis Nazistopp so zurückhaltend verhält, statt dies mit allen ihnen zu Verfügung stehenden Mitteln zu unterstützen? Gerade nach den drei NSU-Morden in Nürnberg. Immerhin haben wir mit unseren Straßenprotesten bewirkt, dass die Rechtradikalen in Nürnberg bei ihren öffentlichen Auftritten kein Bein auf die Erde kriegen, weil wir ständig mit unseren Straßenprotesten dagegen hielten und halten.

Um nicht zu weit von Elkes Frage über meine derzeitigen Aktivitäten abzukommen, berichtete ich, dass ich auch ab und zu bei den „Fridays for Future" dabei bin. Allerding mit Abstand als Ältester. Natürlich folge ich den Aufrufen der Gewerkschaften, nicht nur am 1.Mai.

Selbstverständlich bin ich wie immer auch am Ostermarsch dabei, wenn möglich mit meiner Enkelin Livia. Ich erklärte der Runde, dass für mich die Frage ein starkes Motiv ist, wie die Zukunft meiner Enkelin und der kommenden Generationen in 30 Jahren und darüber hinaus aussehen wird.

Auf die weitere Frage von Elke, ob ich schon einen Herzinfarkt hatte, antwortete ich ausweichend. „Es ist schon fast ein kleines Wunder, dass ich bei alledem, was ich mir zugemutet habe, überhaupt noch hier bin".

Elke verabschiedete uns mit einem Dank für diese lebendige Runde und bei Chris für ihre gelungene Moderation und schenkte mir als Dank für mein Kommen das aus christlicher Sicht geschriebene Büchlein „Der kleine Marx". Elke hatte damit den Nagel auf den Kopf getroffen. Ich würdigte die außerordentlichen Verdienste des Friedensmuseums und revanchierte mich mit der von meinem Kollegen Herbert Hansel verdienstvollerweise erstellten CD von meiner Geburtstagsfeier. Ich hatte für alle eine dabei, die an meinem 80. im Gewerkschaftshaus mit mir gemeinsam „we shall overcome" gesungen hatten. Der intensive Nachmittag des Erzählkaffees endete mit der ernsthaften Mahnung Wolfgangs, dass mit der Aufkündigung des INF-Vertrags das Spiel mit dem Feuer der Atom-

waffen erneut entflammt wurde und jetzt der Zeiger der Uhr der Atomkriegsgefahr auf drei Minuten vor 12 vorgerückt sei. Es braucht wieder
eine richtig starke Bewegung, meinte er kämpferisch.

Im Nachklang meines zweistündigen Gastspiels im Erzählkaffes im
Friedensmuseum musste ich mir eingestehen, dass ich nicht wirklich eine
eindeutige Antwort auf die Frage hatte, was mich veranlasste, nicht nur
als Friedensbewegter, sondern auch anderweitig politisch so überaktiv zu
sein. Also stellte ich mir diese Frage im Nachhinein erneut selbst. Jedoch,
so einfach ist dies auch für mich nicht so ohne weiteres zu erklären. Aber
eigentlich ergibt sich dies ja aus den Beschreibungen meines langen Le-
benswegs. Es gibt ja nicht nur den einen Grund für meine Überaktivitäten. Mir wurde klar dass mir dies nicht in die Wiege gelegt war. Vielmehr
war dies ein nicht kontinuierlicher Prozess, je nach dem, in welche Situation ich gerade geraten bin, oder mich hineinbegeben habe. Dabei spielten oft zufällige Begegnungen mit anderen Menschen, von deren Einstellungen ich beeindruckt war, eine wesentliche Rolle.

Besuch bei Wienecke in Wackersdorf

Jörg rief mich an. Anlass war, dass seine Frau in Nürnberg einen „Straßenkreuzer" zur Unterstützung von Arbeitslosen gekauft und mit Nachhause gebracht hatte. Auf der Titelseite war ich mit meiner Enkelin Livia groß abgebildet und im Inneren der Ausgabe hatte er anscheinend das Interview mit mir gelesen. Daraus ging hervor, dass ich als langjähriger Straßenkämpfer nicht nur dazu aufrief, am bevorstehenden jährlichen Ostermarsch für den Frieden teilzunehmen, sondern auch die Schülerinnen und Schüler von „Fridays for Future" ermunterte, mit ihren Schülerstreiks für die Bewahrung der Umwelt nicht nachzulassen – Anliegen, die Jörg mit mir teilt. Jörg lud mich ein, ihn in seiner früheren Wirkungsstätte als Pfarrer zu Besuchen. Ausgerechnet nahe Wackersdorf, dem Ort, der wegen des Widerstands gegen die geplante atomare Wiederaufbereitungsanlage für bundesweite Schlagzeilen sorgte. Ich war allein mit dem Auto nach Wackersdorf unterwegs. Reichlich Zeit für Gedanken, die mich mit Jörg verbinden. Wir hatten zwar immer wieder einmal Kontakt, sind uns jedoch viele Jahre lang nicht persönlich begegnet. Der evangelische Pfarrer war und ist für mich eine ganz besondere Persönlichkeit. Jörg hatte ich viel zu verdanken. Wer weiß, ob Karin und ich noch verheiratet wären, wenn uns Jörg nicht aus unserer Krise herausgeholfen hätte. Darüber hinaus habe ich, nicht nur in seinen therapeutischen Gruppensitzungen, im übertragenen Sinn regelrecht „ das Laufen gelernt", was die Stärkung meines Selbstverständnisses betrifft. Dies habe ich ihm anerkennend und auch ein bisschen scherzhaft immer wieder einmal gesagt. So hat er mich auch bei meinen vielfältigen Aktivitäten gestärkt, bei denen ich als Weltverbesserer scheinbar unermüdlich unterwegs war.

Angesichts der globalen Probleme: mit meiner Enkelin Livia als Nachwuchs für die Friedensbewegung

Da gab es viele Gemeinsamkeiten, bei unterschiedlichen Einstellungen. Jörg schöpft seine Kraft aus seinem Glauben und ist bewundernswert tolerant, was mir bei unterschiedlichen Auffassungen nicht immer gelingt.

Jörg war wegen seiner kritischen Haltung gegenüber der atomaren Wiederaufbereitungsanlage damals – für mich glücklicherweise – in Nürnberg gelandet und mit seiner neuen Lebenspartnerin wieder nach Wackersdorf zurückgekehrt.

Während der Autofahrt erinnerte ich mich, dass ich damals mit meinen Sprecherkolleg/innen des Nürnberger Friedensforums einen Sonderzug organisiert hatte, mit dem wir uns direkt nach unserem Ostermarsch vor der Nürnberger Lorenzkirche zu hunderten zum Protest nach Wackersdorf auf den Weg machten. Ich führte mit meinem Megafon an der Spitze unseren Zug an. Im Wald, vor den Zäunen, wurden wir von den erheblichen polizeilichen Einsatzkräften, die auch noch von ziemlich brutal vorgehenden Berlinern verstärkt waren, nicht gerade freundlich empfangen. Sie wollten mit ihren Gummiknüppeln und skandalöser Weise auch mit giftigem CS-Gas, mit dem sie uns von Hubschraubern aus attackierten, unbedingt verhindern, dass wir durch den Wald zu den massiven Absperrungszäunen der Atomanlage vordringen konnten.

„Brutal wie niemals zuvor" schilderte die „Nürnberger Nachrichten" realistisch, wie wir bei unserer Demonstranten 1986 gegen die atomare Wiederaufarbeitungsanlage von der Polizei behandelt wurden.

Zum Glück kamen wir, Karin und meine Tochter Eva, heil davon. Wir waren dann stolz, das einige von uns und auch ich, trotz Absperrungen der Polizei und dem tiefen Graben davor, den Zaun erreichten und ihn berühren konnten. Für mich einer der Höhepunkte meiner Aktivitäten.

Aber die noch größere persönliche Herausforderung war für mich, als ich auserkoren wurde, als Sprecher des Nürnberger Friedensforum bei dem bisher größten Rockkonzert der Bundesrepublik mit Udo Lindenberg, als einer der Redner aufzutreten. Zu diesem Ereignis waren un-

erwartete sage und schreibe 120.000 Gegner der atomaren Wiederaufar-
beitungslage nach Burglengenfeld in der Gegend von Wackersdorf gekommen. Sie ließen sich auch nicht von den schikanösen Straßenkon-
trollen der 6000 Polizisten abhalten. Ich war ganz schön angespannt,
denn vor so vielen Menschen hatte ich noch nicht gesprochen. Zu meiner Erleichterung ging es jedoch gut.

Foto: Malter
Mit dem Bericht „Brücke für den Widerstand geschlagen" der
„Nürnberger Nachrichten" von dem weiteren Anti-WAAhnsinns-
Festival in Burglengenfeld 1989 in der Nähe Wackersdorf, erin-
nerte ich mich an die Herausforderung vor zwei Jahren am glei-
chen Ort. Ich trat als Redner vor unglaublichen 120 000 Kernkraft-
gegner/innen auf. Das Festival war von so populären Künstlern
wie Udo Lindenberg, Haindling, Bab und Co dominiert. Ein un-
vergessliches Erlebnis.

Ich erinnerte mich auch daran, dass Jörg in seiner Zeit als Pfarrer in Nürnberg uns Friedensbewegte auf seine Art unterstützte. Damals zogen wir, anschließend an unsere beeindruckende Friedensveranstaltung mit dem Stuttgarter Staatstheater und ihrem prominenten Leiter Peymann, mit einem beachtlichen Demonstrationszug von den Nürnberger Messehallen zu seiner naheliegenden Kirche. Wir waren Gast in einem nächtlichen Gottesdienst, den Jörg extra für uns geplant hatte. So nahmen, an dem von Jörg abgehaltenen Friedensgottesdienst auch Friedensbewegte teil, die sich aus politischen Vorbehalten sonst nicht so schnell in eine Kirche verirrten. Die kämpferischen Friedensleute waren einigermaßen irritiert von Jörgs Friedensanliegen dass „wer einen Schlag auf die Rechte Wange bekommt, sollte auch seine linke Wange hinhalten". Dies hatte noch erhebliche Diskussionen zur Folge. Für die meisten der Teilnehmenden war dieser Abend jedoch ein ungewöhnlicher, aber auch mutiger Friedensbeitrags eines Pfarrers.

Jetzt bei dem Besuch hatte ich jedoch ganz andere aktuelle und persönliche Probleme, zu denen ich von Jörg aber auch seiner Frau mir Rat erhoffte. Jörg hatte sich mit Brigitte in einem mit erheblichem Aufwand umgebauten, umweltfreundlichen und energiesparenden Haus gemütlich eingerichtet. Schon während des liebevoll angerichteten Mittagessens kamen wir zu angeregten Gesprächen. Es hatte sich ja in den vielen Jahren einiges angehäuft.

Als ich allerdings von meinen privaten Sorgen erzählte und von meinen Versuchen, die Probleme für die Familie zu regeln, verliefen die Einschätzungen nicht nur von Jörg, aber auch von Brigitte anders, als ich dies erwartet hatte. Mir wurde so richtig der Kopf gewaschen. Ich sollte mir besser Sorgen um mich selber machen. Denn so gut ich es auch meinte, ich sollte begreifen, dass jeder sein eigenes Leben hat, selbst dafür verantwortlich ist und dass meine Ratschläge doch ziemlich übergriffig seien.

Das saß. War dies der Kern, warum ich immer wieder anecke, so wie damals bei meinen politischen Mitstreitern? Natürlich wollte ich dies nicht einfach stehen lassen und rechtfertigte mich, so gut es ging. Es half aber nichts. Jörg und Brigitte bestätigten zwar, dass meine Sorgen sicherlich nicht unberechtigt sind und dass mein Verhalten durchaus auch verdienstvolle Auswirkungen haben könnte. Sie rieten mir aber, nach unserem intensiven Gespräch, auf meiner Heimfahrt am frühen Abend über alles nachzudenken. Dazu sagte ich nicht nein. Ich nahm mir vor, an dem anstehenden 80. Geburtstag von Jörg wieder nach Wackersdorf zu kommen – wenn es ginge, zusammen mit Karin, denn wir beide hatten Jörg viel zu verdanken. Dies klappte dann auch.

Wir erlebten in seinem geräumigen Vorgartenplatz in Wackersdorf eine heitere und entspannte Geburtstagsfeier mit kreativen, wohlwollenden Beiträgen der über hundert Gäste zu seinem runden Geburtstag. Natürlich war bei diesem Ereignis keine Gelegenheit zu vertiefenden Gesprächen, was mir eigentlich nach meinem letzten Besuch am Herzen lag.

Es gab später jedoch genügend Anlass, sich mit Jörgs Ansichten auseinanderzusetzen. Jörg mailt an eine nicht unerhebliche Anzahl seiner Bekannten seine monatlichen, ganz schön herausfordernden Denkschriften mit dem Titel „Wegzeichen aus der Stille des Lebens". Eine der letzten Ausgaben war für mich und mein Selbstverständnis eine ganz besondere Herausforderung, die mir keine Ruhe ließ. Seine Ausführungen über Fragen des Glaubens wären sicherlich nicht verdaubar für meine ehemaligen marxistischen Mitstreiter, mit denen ich ja immer noch nicht im Reinen bin, obwohl ich ihre Ansichten zu der dringend erforderlichen gesellschaftlichen Veränderungen durchaus teile.

In einem Artikel mit der Überschrift „Frei von Gedanken" setzt sich Jörg ausführlich und auf hohen Niveau aus seiner selbstsicheren glaubensorientierten Sicht kritisch mit dem Irrweg von sogenannten Weltanschauungen auseinander. Dies traf mich bis ins Mark, denn ich war ja in meinem langen Weg immer auch als Weltverbesserer unterwegs gewesen, und wahrscheinlich auch, bei aller Streitbarkeit mit einem übertriebenen Harmoniebedürfnis. Alles vergebliche Mühen? Jörg begründet seine Weltsicht mit der tröstlichen und beruhigenden These, die für jeden Menschen gilt: „Du bist im Sein. Das genügt." Dies entspreche der göttlichen Einheit, die über den Möglichkeiten der Menschen stehe.

Für mich bleiben jedoch Fragen offen. Eine dieser Fragen stellt Jörg selber, indem er den chinesischen Weisheitslehrer Konfuzius zitiert, der gesagt hat: „Ob es Gott gibt oder nicht, wissen wir nicht. Also lasset uns ihm Opfer bringen." Für mich ist dieser Widerspruch jedoch nicht auf-zulösen.

Und es stellt sich für mich die weitere Frage, ob meine Überaktivitä-ten eigentlich töricht waren. Denn Jörg meint: „Wenn du das Bewusst-sein deines wahren Seins erkennst, musst du dich gar nicht um das küm-mern, was darüber gesagt oder nicht gesagt, gedacht oder nicht gedacht wird". Nicht meine Gelassenheit, wenn ich nur an unsere ungelösten in-ternen Probleme im Stadtrat denke.

Andererseits fiel mir das kleine Büchlein mit dem Titel „Der kleine Marx" ein, das ich von Elke als Zeitzeuge im Friedensmuseum geschenkt bekommen habe. Das aus christlicher Sicht geschriebene Buch zeigt, dass Christentum und Marxismus gar nicht so weit auseinander liegen, wenn ich an Jörg denke.

Da der diesjährige Ostermarsch 2020 wegen der Corona-Pandemie erstmals seit über 20 Jahren abgesagt werden musste, war der Aufruf „Raus mit uns!" im „Straßenkreuzer" nicht mehr zu verwirklichen. Na-türlich beteiligte ich mich, auch mit meiner Enkelin Livia an der großen Ostermarschanzeige des Nürnberger Friedensforums in den Tageszei-tungen, in der unser Friedensanliegen trotz allem sichtbar wurde.

Auf dem Weg zu den Zeitlosen

Wir trafen uns zufällig in der Nähe der Peterskirche. Dietrich wollte mit der Straßenbahn zum Rathaus fahren. Wir hatten die gleiche Richtung. Ich war unterwegs zu unserem monatlichen Austausch der Zeitlosen im evangelischen Haus Eckstein, mitten in der Altstadt. Nur ein Steinwurf vom Rathaus entfernt. Eine gute Gelegenheit, mich eine halbe Stunde lang zu Fuß zu bewegen. Für Dietrich war das nicht so verlockend. Doch ich konnte ihn mit dem Motto „Laufen ist gesund" überreden, mitzugehen. Eine günstige Gelegenheit, uns mal wieder auszutauschen.

So konnten wir nachholen, was bei meiner Geburtstagsfeier im Gewerkschaftshaus wegen der zahlreichen Gäste nicht ausreichend möglich war. Wie die Zeit doch verfliegt, das war auch schon wieder über ein Jahr her. Ich war darauf gefasst, dass mich Dietrich wieder mit seiner ironischen Art ganz schön nerven könnte, schätzte ihn aber, weil er ziemlich ungeschminkt und ehrlich Klartext sprach. Dies würde er sicherlich auch heute wieder tun. So einer wie ich kam ihm wahrscheinlich gerade recht. Um ihn gleich einmal das Wasser abzugraben, versuchte ich ihn in Verlegenheit zu bringen. Ich sagte ihm, wie sehr es mich gefreut hatte, als er an meiner Geburtstagsfeier Hand in Hand mit ihm sicherlich unbekannten Gästen brav „We shall overcome" mitgesungen hatte. Und dass ich ihm dies gar nicht zugetraut hätte. Dies hatte gewirkt und war ihm im Nachhinein sichtlich peinlich. Er reagierte jedoch schlagfertig und distanziert mit der Bemerkung „Was tut man nicht alles im Leben".

Ich fragte ihn, ob er sich noch an unser Gespräch, damals bei unserer Wahlparty, erinnern könnte, als er mich ziemlich herausfordernd gefragt hatte, was mich eigentlich antreibe, im relativ fortgeschrittenen Alter auch noch im Stadtrat die Welt verbessern zu wollen. Dietrich konnte sich nicht mehr so genau daran erinnern, es ist ja auch schon über zehn

Jahre her. Von unseren Querelen im Stadtrat hatte er in der Zeitung gelesen und er erinnerte sich noch daran, dass er mir damals schon prophe-
zeit hatte, dass es mit uns dreien im Stadtrat nicht gut gehen würde. Ich
gestand ein, dass er leider Recht behalten hatte und dass mich dies alles
ganz schön heruntergezogen hat. Dass ich jedoch, trotz all dieser Erfahrungen, meine Zeit als Stadtrat nicht missen möchte. Denn alles im Leben hat ja mehrere Seiten.

Mir ist klar geworden, dass unser damaliger interner Konflikt tiefere
politische Ursachen hatte und dass ich daraus entsprechende Konsequenzen gezogen habe, die mich auch politisch weitergebracht haben.

Um von mir abzulenken, fragte ich ihn ziemlich unvermittelt, wie es
ihm so gehe und was er von den „Fridays for Future" halte. Und schon
waren wir auf unserem Weg mittendrin in einem intensiven Gespräch.
Ich war ziemlich überrascht, wie positiv er reagierte, so kannte ich ihn ja
gar nicht, er war ja eher skeptisch. Er freute sich jedoch diebisch, dass
ausgerechnet die als unpolitisch geltenden Schüler, die noch nicht einmal
wählen dürfen, den Politikern mit ihrem Weckruf „Wir sind hier, wir sind
laut, weil ihr uns die Zukunft klaut" in Sachen Umwelt ordentlich Beine
machen. Er beschleunigte dabei seine Schritte und ich hatte den Eindruck, dass er gerne selber noch einer der Schüler wäre. Aber gleich war
Dietrich wieder der ironische Kritiker wie ich ihn kannte und er meinte:
„Die ignoranten Politiker würden sich noch wundern. Sie nähmen nicht
ernst, dass die Schüler langsam zu zweifeln beginnen, ob sie sich bisher
ausreichend Gehör verschaffen konnten und ob die scheinbar verständ-
nisvollen Reaktionen der Politiker nicht nur Lippenbekenntnisse sind.
Sie werden schon noch merken, dass sie die Schüler nicht mehr abschüt-
teln können, zumal dies ein entscheidendes Zukunftsthema aller – nicht
nur der Schüler – ist". Dietrich stellte mit Genugtuung fest, dass Schüler
zu fragen beginnen, ob die Klimakatastrophe nicht vielleicht etwas mit
der kapitalistischen Wachstumslogik zu tun hat und ob die Umweltzerstörung innerhalb des bestehenden Systems überhaupt zu verhindern ist.
„Wenn sich immer mehr diese Frage stellen, werden die Politiker, diese

Schnarchzapfen, schon noch aufwachen", war Dietrich wieder ganz der Alte.

„So positiv dies alles auch ist, und dabei denke ich immer wieder an die Zukunft meiner jetzt 8-jährigen Enkelin Livia, sollte man von den jungen Menschen nicht auch noch erwarten, dass sie die Systemfrage gleich mit erledigen", wandte ich ein. „Da sind doch schließlich alle Generationen gefragt. Es gibt ja weitere Gefahren, wenn ich nur auf die 80ger Jahre des vergangenen Jahrhunderts zurückblicke, als weltweit Millionen von Menschen auf die Straße gegen die Atomkriegsgefahr gegangen sind. Und heute spielt man wieder mit dem Feuer", waren wir einer Meinung.

Inzwischen hatten wir, ohne dass wir es so richtig bemerkten, den halben Weg schon hinter uns und waren am Hauptbahnhof angekommen. Wir gingen in die belebte Königsstraße, waren nun in der mit historischen Mauern umgebene Altstadt unterwegs und hatten noch viel zu besprechen. Er versuchte vergeblich, jemanden zu erreichen und verfluchte sein Handy.

Und schon waren wir beim Thema Fluch oder Segen der sogenannten sozialen Medien. Gleich erzählte mir Dietrich, dass er über einen sogenannten Experten richtig lachen musste, der in einer Fernsehsendung ernsthaft behauptete, dass allein durch die rasante weltweite Digitalisierung der Kapitalismus in spätestens fünfzig Jahren überflüssig sein werde. „Als wenn die einschlägigen Konzerne nicht mit den Daten der Nutzer ihren Einfluss auf die Menschen und ihren Reichtum ständig vergrößerten. Wie blauäugig muss dieser Experte eigentlich sein", meinte Dietrich verächtlich. „Das wäre ja so, als wenn sie es zulassen würden, sich selbst abzuschaffen", meinte er ziemlich ironisch. Er holte noch einmal sein Handy aus seiner Jackentasche und meinte, dass er ohne Handy aufgeschmissen wäre. Für mich war das eine günstige Gelegenheit, den Spieß umzudrehen und ihn auch einmal zu provozieren: „Du weißt doch, dass du dich mit deinen persönlichen Daten völlig auslieferst." Seinen Versuch, dies mit dem üblichen Argument herunterzuspielen, dass er schließlich nichts zu verbergen hätte, nahm ich ihm nicht ab und ich ließ nicht locker.

Er wusste natürlich mehr und ich fragte ihn, ob er glaube, dass ohne die milliardenschwere Meinungsmanipulationen im Internet ein Egomane wie Donald Trump Präsident der USA werden konnte. Ich hatte den Eindruck, dass ihm sein eigener Widerspruch durchaus bewusst war – nämlich einerseits die Auswirkungen des Internet zu kritisieren und andererseits dieses intensiv zu nutzen, wie er mir eingestand.

Inzwischen waren wir an der Lorenzkirche angekommen, vor der wir Jahr für Jahr die Abschlusskundgebung unserer jährlichen Ostermärsche vor manchmal mehreren tausend Teilnehmern abhielten. Immer, wenn ich hier vorbeikomme, erinnere ich mich an meine Aufgeregtheit, wenn ich als Moderator zu den vielen Friedensleuten sprach.

Auf unserem weiteren Weg Richtung Hauptmarkt wollte ich herausbekommen, ob Dietrich ähnliche Herausforderungen beschäftigen wie die, die mir zu schaffen machen. „Ich frage mich, wie es kommt, dass viele Menschen anscheinend zwischen Realitäten und Fake News nicht mehr unterscheiden können und deshalb so desorientiert sind. Was meinst du dazu", fragte ich ihn. „Das weißt du doch selber, dass Menschen vor allem ihre eigene Meinung bestätigt haben wollen, selbst wenn sie nicht der Wahrheit entspricht. Deshalb orientieren sie sich mit einem Tunnelblick an Meinungsfilterblasen auch im Internet, die ihre subjektiven Meinungen bestätigen", antwortetet Dietrich.

„Dies ist mir aber ziemlich unverständlich, denn die neuen Medien eröffnen doch nie dagewesene Möglichkeiten, auf kürzestem Weg auch andere Sichtweisen kennenzulernen, mit denen man sich doch auch kritisch auseinandersetzen kann. Dies müsste doch den Horizont erweitern. Dass dies so nicht wahrgenommen wird, ist für mich eine große Herausforderung für die Zukunft und ich frage mich, wo dies hinführt", gab ich mich mit Dietrichs Antwort nicht zufrieden.

Nachdem wir den vor allem mit zahlreichen Touristen belebten Hauptmarkt mit seinen Obstständen überquert hatten, waren wir am

Rathaus angekommen. Natürlich hatten wir längst noch nicht alles angesprochen, was uns noch bewegte, wir waren aber beide der Meinung,
dass sich unser gemeinsamer Weg gelohnt hatte. Er ging ins Rathaus und
ich zu den Zeitlosen, einen Steinwurf davon entfernt. Dort würde ich
gleich Gelegenheit haben, meine Diskussion, die ich mit Dietrich gerade
geführt hatte, zu vertiefen.

30 Jahre nach dem Fall der Mauer

Ich fuhr mit der S-Bahn die vier Stationen von daheim zum Hauptbahnhof, um von dort aus in die nahegelegene Innenstadt zu kommen. Ich hatte keinen festen Termin. Über die Rolltreppe kam ich in die ziemlich belebte große Bahnhofshalle, über die man durch einen langgestreckten Fußgängertunnel unterhalb des Bahnhofplatzes direkt in die Innenstadt gelangt. Auf dem Weg dorthin kam ich an der längeren Menschenschlange vor dem Informationsschalter der Bundesbahn vorbei und hatte zufälligerweise Blickkontakt mit Volker. Ich hatte ihn das letzte Mal vor Jahren auf einer Kundgebung getroffen und ich freute mich, den politischen Wegbegleiter wiederzusehen. Er war mir sympathisch, denn ich hatte den Eindruck, dass er im Gegensatz zu manchen anderen es so meinte, wie er es sagte. Ich fragte ihn, warum er hier anstehe. Er hatte seinen Zug nach Leipzig verpasst und wollte sich nach der nächsten Verbindung erkundigen. Ich wusste, dass er immer wieder zu seiner Familie pendelt. Ich fragte ihn ein wenig herausfordernd, ob er zu den Feierlichkeiten zum 30. Jahrestag des Falls der Mauer nach Hause fuhr. Das war ja derzeit das dominierende Thema in den Medien. So hätte ich ihn doch lieber nicht fragen sollen. Anscheinend hatte ich damit so richtig seinen Nerv als Ossi getroffen. So nannte man ja die ehemaligen DDR Bürger etwas von oben herab.

„Hast du Zeit? Warte doch einen Moment, dann können wir darüber reden." Volker war politisch viel unterwegs, aber die meisten wurden nicht so recht schlau aus seiner Einstellung, wenn es um die ehemalige DDR ging. Einerseits ging er hier gegen den Kapitalismus mit auf die Straße, andererseits ließ er keinen gesunden Faden an den ehemaligen Funktionären der DDR, um dann gleichzeitig die sozialistische Alternative zu verteidigen. Unser Gespräch könnte interessant werden.

Sein nächster Zug fuhr erst in einer reichlichen Stunde und ich nahm mir die Zeit für einen gemeinsamen Kaffee. Und schon waren wir beim Thema DDR und ihren Widersprüchen. Ich spitzte es gleich zu und wollte seine Einschätzungen erfahren, warum so viele Menschen, vor allem die jungen, der DDR den Rücken kehrten, nicht erst nach dem Fall der Mauer – so wie er ja auch? Warum es den Politikern im Osten nicht gelang, die Menschen vom sozialistischen Weg zu überzeugen?

„Da muss man sich nicht wundern", meinte Volker. „Kennst du eigentlich die Geschichte der DDR wirklich?", gab er meine Herausforderung zurück. „Um deine Fragen zu beantworten, muss man schon etwas weiter ausholen, so viel Zeit muss sein." und dann legte er los: „Wir hatten von Anfang an im Osten nicht die gleichen Bedingungen wie ihr im Westen. Schon 1945, in der Folge des verlorenen Weltkrieges und der Gründung zweier deutscher Staaten mit unterschiedlichen Gesellschaftssystemen, waren die Lebensbedingungen der Menschen in West und Ost von Beginn an zu Ungunsten der Menschen im Osten gravierend. Während es bei euch mit Unterstützung des Westens zum sogenannten Wirtschaftswunder kam, ging es bei uns erst einmal richtig abwärts. In der Folge des Krieges fanden sogar Demontagen von Industrieanlagen in Richtung Osten statt. Ungleiche Voraussetzungen für den mühsamen Aufbau einer sozialistischen Gesellschaft. Trotzdem kam es, entgegen allen westlichen Behauptungen, im Laufe der Jahre zu erstaunlichen ökonomischen Fortschritten, allerdings unter schwierigen Verhältnissen der Bevölkerung. Um dies etwas abzukürzen: Trotz aller sozialistischen Bemühungen konnte man die Verlockungen der westlichen Konsumgesellschaft nicht weg reden. Für viele Menschen in der DDR war der Westen der Ausdruck einer freiheitlichen Gesellschaft, in der den Menschen anscheinend die gebratenen Tauben in den Mund flogen.

Mochten sich die DDR-Politiker bei allen Unzulänglichkeiten noch so anstrengen, es gelang ihnen nicht, die Menschen für den mühsamen Aufbau einer vorteilhaften sozialistischen Gesellschaft zu gewinnen. Man glaubte, mit einschränkenden Maßnahmen wie dem einschneidenden Bau der Mauer, sich gegen die kapitalistischen Anfechtungen abgrenzen zu können und die zunehmende Abwanderung in den Westen endgültig in den Griff zu bekommen." Ich unterbrach Volker:

„Waren nicht auch die ziemlich rigorosen Einschränkungen der Meinungsfreiheit ein großer Nachteil und hinderlich für den Aufbau einer sozialistischen Gesellschaft? Beeinträchtigte der Anspruch der Funktionäre zur unbedingten Loyalität der Menschen nicht die erforderliche offene Diskussion über vorhandene Probleme?" „Da kann ich selbst ein Lied davon singen, wie es mir bei den ideologisch ausgerichteten Funktionären erging, wenn ich als Ingenieur Vorschläge zur Verbesserung der Landwirtschaftsmaschinen machte", meinte er ziemlich verbittert. Und setzte noch eins drauf:

„Als das Gebäude des realen Sozialismus vor 30 Jahren zusammenbrach, war es bei manchem Funktionär ganz schnell vorbei mit dem vorgegebenen sozialistischen Anspruch. Du weißt ja, was ein Wendehals ist. Da gab es allzu viele. Im Nachhinein fühle ich mich richtig verarscht", meinte er ziemlich frustriert.

„Aber damit keine Missverständnisse aufkommen: Heute geht es mir hier nicht viel besser. Alles eine Frage der Glaubwürdigkeit." Ich wusste im Moment nicht, worauf Volker hinaus wollte. Er fragte mich aber gleich direkt: „Was war denn eigentlich damals der Grund für eure Streitereien untereinander? Ich hab ja euren Zwist nicht nur in den Zeitungen verfolgt und mich doch sehr gewundert."

Wir hatten nicht mehr allzu viel Zeit. Volker wollte seinen Zug nicht noch einmal verpassen. So beschränkte ich mich und antwortete in aller Kürze, dass ich als Parteiloser nicht so recht in stringente Parteistrukturen passte. „Wahrscheinlich hättest du bei uns in der DDR ähnliche Schwierigkeiten mit Funktionären bekommen, wie ich selbst", meinte er beiläufig.

Etwas irritiert war Volker, als ich ihm von meiner Teilnahme an Delegationen in die DDR erzählte und dass ich anlässlich des Besuchs des damaligen Staatsratsvorsitzenden Honecker in dem ehemaligen Konzentrationslager in Dachau einen kurzen Austausch mit ihm hatte.

Volker kam dann noch einmal auf die Feierlichkeiten des Mauerfalls zurück: „Man tat im Westen alles, um den Kollaps der sozialistischen Länder herbeizuführen. Eine sozialistische Alternative war ihnen ein Dorn im Auge, auch nach dem verheerenden 2. Weltkrieg. Man boykottierte wirtschaftliche Entwicklungen im Osten. Sie legten es darauf an, mit ihrer überlegenen Wirtschaftskraft den Osten totzurüsten. Somit war diese Mauer auch ein Ergebnis des Kalten Krieges", erklärte Volker die politische Großwetterlage aus seiner Sicht.

„Ich jedenfalls will mit den scheinheiligen Feierlichkeiten zum Mauerfall nichts zu tun haben. Das tue ich mir nicht an. Denn die Folgen der sogenannten Wiedervereinigung waren für viele Menschen in der ehemaligen DDR gravierend. Auch für mich und meine Familie. Wir wurden brutal von der Realität eingeholt. Bundeskanzler Helmut Kohl wollte ja unbedingt wiedergewählt werden. Er nutze den zugegebenermaßen blauäugigen Wunsch der Mehrheit der Menschen in der DDR für eine umgehende Wiedervereinigung, lockte mit der D-Mark und erreichte sein Ziel. Er wurde der Kanzler der Einheit. Er nahm keine Rücksicht auf die Forderung nach einem verantwortungsvollen, schrittweisen Übergang, bei dem die Interessen der DDR und ihrer Menschen mit berücksichtigt werden sollten. Man zog durch.

Der Ausverkauf der DDR wurde durch die sogenannte Treuhandgesellschaft rigoros vorangetrieben. Funktionierende Betriebe riss man sich im Westen für ein Butterbrot und ein Ei unter den Nagel. Lästige Konkurrenzbetriebe wurden plattgemacht und nicht rentable Betriebe wurden ohne Rücksicht auf die Menschen einfach dichtgemacht. Mit der rigorosen Privatisierung wurde die ostdeutsche Industrie regelrecht zerstört. Millionen, also allzu viele von uns, bezahlten ihre scheinbar gewonnene Freiheit mit dem Verlust ihres Arbeitsplatzes und ihrer gewohnten sozialen Sicherheit, so auch ich.

Viele Menschen suchten ihr Heil im goldenen Westen. Auch mir blieb nichts anderes übrig, hier Arbeit zu suchen. Da ich keinen meiner Qualifikation entsprechenden Arbeitsplatz bekam, halte ich mich seit dem

Fall der Mauer mit schlecht bezahlten Jobs im Überwachungsbereich gerade so über Wasser. Über die Freiheit im Kapitalismus braucht mir niemand etwas erzählen", meinte Volker ziemlich frustriert und fügte noch hinzu, dass es für ihn unerträglich sei, dass Menschen ihr Heil ausgerechnet bei den ewig gestrigen rechten Verführern suchen.

„Jetzt muss ich aber los." Ich wünschte ihm alles Gute und hatte den Eindruck, dass wir mit unseren Einschätzungen nicht allzu weit auseinander lagen. Als ich ihm noch scherzhaft nachrief: „Viel Spaß bei den Mauerfeierlichkeiten", grinste er zurück. Er wusste natürlich, wie das gemeint war.

Im Nachklang des Gesprächs mit Volker im Hauptbahnhof kamen mir dann noch weitere Erinnerungen hoch. Bei den Begegnungen unserer Delegationen in den sozialistischen Ländern fiel auch meiner Frau auf, wie unterschiedlich sich die Menschen in den beiden Systemen verhielten. Ein wesentlicher Unterschied bestand darin, dass wir im Westen oft hektisch auf Achse waren, allein um unsere Existenz zu sichern. Dabei sind wir ständig mit vielen unzulänglichen Dingen konfrontiert, die wir bewältigen müssen. Die politisch Aktiveren gaben sich nicht damit zufrieden, die Unzulänglichkeiten nur zu kritisieren, sondern versuchen bis heute, darüber hinaus mit viel Energie die Dinge nicht nur hinzunehmen, sondern aktiv zu verändern. Dies galt auch für mich.

Natürlich hatten es die Menschen im Osten aus anderen Gründen auch nicht gerade leicht. Sicherlich wünscht sich so mancher, bei allen damaligen Unzulänglichkeiten, nach dem Fall der Mauer gesichertere Verhältnisse zurück. Ist dies der Preis für die, von den Menschen des Ostens so herbeigesehnte Freiheit? Volker würde dies sicherlich bestätigen. Er hat ja, im Gegensatz zu uns Wessis, inzwischen die Erfahrung aus beiden Systemen und kann zwei Lieder davon singen.

Bei unseren Besuchen in Prag, in Moskau und vor allem in der damaligen DDR ging es den Funktionären vor allem darum, uns von den Vorteilen des realen Sozialismus zu überzeugen und ihre Fortschritte darzustellen. Allerdings hatten wir nicht die Möglichkeit, hinter die Kulissen zu schauen, um zu erfahren, was die Menschen tatsächlich bewegte.

Unabhängig davon hatten wir jedoch den Eindruck, dass die Menschen im Osten wesentlich ruhiger waren als wir unruhigen Geister aus dem Westen. Ich hatte den Eindruck, dass die Menschen in West und Ost mit unterschiedlichen Geschwindigkeiten unterwegs waren. Denn auch bei unseren Delegationen waren wir politisch immer kritisch und auf dem Sprung. Ich glaube, dass dies im Osten nicht so ausgeprägt war.

Diese westliche Sozialisation hat uns und natürlich auch mein Verhalten nachhaltig geprägt. Auch ein Grund für meine nicht nur politischen Überaktivitäten? Ich jedenfalls hatte den Eindruck, dass diese unterschiedlichen Einstellungen und Verhalten der jeweils anderen Seite überhaupt nicht nachvollziehbar waren. So ist es auch, wenn es um die oberflächliche Begriffe Wessi und Ossi geht. Schade, dass ich dies mit Reinhold nicht thematisieren konnte.

Nichts dazugelernt

Das Jahr 2020 stand vor der Tür. Die nächste Stadtratswahl in Nürnberg stand an. Ich konnte es erst gar nicht glauben, was ich in der Zeitung las. Meine ehemaligen Mitstreiter traten mit zwei unterschiedlichen, konkurrierenden Listen zur Wahl an. Sie hatten sich gespalten, obwohl sie doch alle aus dem gleichen parteipolitischen Stall stammen.

Mit dieser Zeitungsmeldung holten mich wieder meine schmerzhaften Erfahrungen ein, die ich mit ihnen als Stadtrat gemacht hatte. Für sie war ich ja im Verlauf unserer gemeinsamen Stadtratsarbeit anscheinend nicht mehr tragbar gewesen und ich zog daraufhin die Konsequenzen.

Für mich ist diese aktuelle Zeitungsmeldung eine Gelegenheit, die damaligen Ereignisse noch einmal neu zu sortieren. Ich hatte ja vor allem mit intensiver Hilfe Godehards versucht, die Unstimmigkeiten unter uns aufzuarbeiten, die mich an einer wirkungsvollen Arbeit im Stadtrat hinderten. Ich glaubte, Klarheit über diese Vorgänge zu haben. Und jetzt die Spaltung unter ihnen selbst, die sie mir ja hinter vorgehaltener Hand vorgeworfen hatten?

Ich fragte mich, was denn diesmal politisch dahinter steckt. Oder menschelt es nur allzu sehr? Wieso wiederholt sich dies noch einmal, obwohl ich gar nicht mehr im Spiel bin? Also werde ich noch einmal genauer hinschauen.

Wenn ich jetzt, zu Beginn des neuen Jahres 2020, in der Stadt unterwegs bin, sehe ich unterschiedliche Wahlplakate zweier mir alter Bekannter mit gemischten Gefühlen. Einerseits meine ehemalige Stadtratskollegin Marion mit ihrer Mannschaft, die erneut für die Linke Liste kandidiert, für die ich im Stadtrat saß und von der ich mich ja verabschiedet hatte. Auf den anderen Wahlplakaten lacht mir Marions Konkurrent, mein mir ehemals vertrauter Titus entgegen, der letztlich auch nicht auf meiner Seite stand und nach meiner Zeit in den Stadtrat nachrückte. Er kandidiert diesmal, im Gegensatz zu Marion, für die Partei „DIE LINKE", mit der er als neue Kraft in den Stadtrat kommen will.

Größere inhaltliche Unterschiede konnte ich auf den Plakaten der beiden Listen nicht erkennen. Für mich nicht sonderlich verwunderlich, denn die gibt es ja eigentlich kaum. Ich frage mich natürlich, wie dies wohl die etwas entfernteren Wähler sehen werden. Welche der beiden Listen sollten sie denn wählen?

Marion und Titus saßen ja jetzt noch beide gemeinsam für die Linke Liste im Stadtrat. Allerdings getrennt voneinander, obwohl sie beide noch derselben Liste angehören. Welch' eine absurde Situation. Ich wusste aus eigener Erfahrung, wie unangenehm es war, bei gleichen oder ähnlichen Anliegen im Stadtrat getrennt zu agieren. Allerdings saßen wir, obwohl ich mich damals getrennt hatte und wir dann Rivalen waren, immerhin noch nebeneinander.

Obwohl Marion nach wie vor dem ideologischen Umfeld angehört, dem meine offene Art suspekt war, schätze ich meine ehemalige Stadtratskollegin. Einerseits steht sie nach wie vor konsequent zu ihren politischen Überzeugungen, andererseits ist sie darüber hinaus selbst durchaus kreativ. So hatte ich den Eindruck, dass sie im Stillen Verständnis für mein Anderssein hatte, auch wenn sie mir dies damals nicht zeigte.

Eine andere Motivation hat Marions Stadtratskollege Titus. Obwohl er aus dem politischen Umfeld Marions kommt, will er im Gegensatz zu ihr bei der anstehenden Wahl unbedingt die Partei „DIE LINKE" mit einer eigenen Liste im Nürnberger Stadtrat etablieren. Koste es, was es wolle. Sicherlich nicht unberechtigterweise, denn die Partei „DIE LINKE" ist im Gegensatz zu einer Linken Liste auch bundesweit von Bedeutung. Andererseits ist die Linke Liste in Nürnberg seit meiner Zeit vor über zehn Jahren im Nürnberger Stadtrat vertreten und bekannt. Hätte er dies nicht berücksichtigen müssen? Titus wird unterstellt, dass er nur deshalb eigene Wege geht, um in seiner Partei Karriere zu machen. Erinnert mich ein bisschen an meinen ehemaligen Stadtratskollegen Harald Weinberg, der jetzt im Bundestag sitzt. Obwohl ich das derzeitige

Vorgehen von Titus nicht akzeptieren kann, verbinden mich zurückblickend mit ihm unsere gemeinsamen fantasievollen Aktivitäten in der Friedensbewegung. Für mich, als einer der Sprecher des Nürnberger Friedensforums, war es ein Gewinn, mit dem aktiven Schülersprecher gemeinsame Aktionen nicht nur auf den Straßen zu organisieren.

Wie dies auch immer mit den zwei Listen sei, man konnte sich offenbar nach heftigem Ringen nicht auf einen gemeinsamen Weg einigen. Mit dieser Spaltung ist das Kind endgültig in den Brunnen gefallen. Zumindest vor den Wahlen ist nichts mehr zu retten. Wenn das mal gut geht. Wie werden die Wähler reagieren, wenn sie in der Wahlkabine zwei ähnlich gelagerte Listen vor sich haben? Ist nicht zu befürchten, dass sie sich eventuell anderen zuwenden? Auch mir wird es schwer fallen, mich zu entscheiden.

Trotz meiner negativen Erfahrungen, Schadenfreude über ihre Spaltung konnte ich nicht empfinden, obwohl man bis heute nicht bereit war, mit mir über unseren damaligen Konflikt offen zu sprechen, um ihn zu bereinigen. Dies rächte sich jetzt anscheinend. In den damals von mir geforderten Sitzungen und selbst in der Mediation ging es nicht wirklich darum, die Unstimmigkeiten unter uns auszuräumen, sondern immer nur darum, die eigene Meinung zu bestätigen.

Bezeichnend dafür ist eine Begegnung mit Friedrich, einer der wenigen Ansprechbaren in ihren Reihen, den ich beim Neujahrsempfang des DGB traf. Bei allen unterschiedlichen Einschätzungen unserer internen Querelen mochten wir uns und hatten immer einen Grund, uns gegenseitig zu frotzeln. Es war ja Friedrich, der mich in meiner Zeit als Stadtrat polemisch auf dem Arm nahm, mit seiner Bemerkung „wer offen ist, ist nicht ganz dicht." Angesprochen, warum er für die Linke Liste eintrat und nicht für einen gemeinsamen Weg, wich er aus und ging sofort zum Gegenangriff über. Er meinte, für mich verblüffend, „wenn du dich damals nicht davongeschlichen hättest, stünden wir heute ganz anders da". Obwohl dies auch eine gewisse Wertschätzung beinhaltete, ignorierte er auch jetzt wieder, warum ich mich damals von seinen Genossen trennen musste. Ich war erstaunt, wie unterschiedlich die Wahrnehmungen sind und konnte mir dies nur dadurch erklären, dass sich Friedrich und die Seinen auch in eigenen Filterblasen bewegen, die sie mit ihren hohen Ansprüchen ihren politischen Gegnern unterstellen.

Aber so kommt man natürlich nicht zum wirklichen Kern der Probleme. Wie jedoch sonst? Eigentlich hätte ich allen Grund, die verfahrene Situation als unlösbar zur Kenntnis zu nehmen. Da beneide ich Jörg, dem dies mit seiner gelassenen inneren Einstellung nicht schwerfallen würde. Aber mir ist dies natürlich allein aus politischen Gründen nicht gleichgültig, wo die durchaus notwendige alternative Opposition nicht nur im Stadtrat hin driftet. Schon deshalb mache ich mir nach wie vor Gedanken, warum man aus den Fehlern von damals nichts gelernt hat.

Als mir die erhellende Ausarbeitung von Wolfgang Mayer mit der Überschrift „Wahrnehmung und Wahrheit" wieder in die Hände fiel, die er als Diskussionsgrundlage bei uns Zeitlosen erstellt hatte, musste ich mich über dieses Verhalten eigentlich gar nicht mehr sonderlich wundern. Denn Wolfgang hatte sich die Mühe gemacht, mit Zitaten von einer Reihe alter Philosophen und auch Persönlichkeiten unserer Zeit die allgemeinen Schwächen der Menschen aufzuzeigen.

Als ersten zitiert Wolfgang in seinem Papier den mir unbekannten alten Griechen DEMOSTHENES mit dem entlarvenden Ausspruch: „Nichts ist leichter als Selbstbetrug, denn was ein Mensch wahr haben möchte, hält er auch für wahr." Um dann gleich noch einiges drauf zu setzen, mit der Bemerkung der deutschen Schriftstellerin HILDE DOMIN: „Jeder meint, dass seine Wirklichkeit die richtige Wirklichkeit ist."

Dies konnte ich jedoch nicht so ohne weiteres hinnehmen. Denn ich kaute auch immer noch an Wolfgangs These, dass wir alle einen Tunnelblick haben. Wolfgang bezweifelt, ob es mit dem sicherlich an Blauäugige wie mich gerichteten Satz „Wahrheit bleibt Wahrheit" getan ist. Und erhärtete dies mit weiteren Zitaten SIEGMUND FREUD's, der meinte: „Es gibt ebenso wenig hundertprozentige Wahrheit wie hundertprozentigen Alkohol."

Wolfgang ging mit der Formulierung des Schriftstellers SIR ARTHUR CONAN DOYLE noch einen Schritt weiter: „Nichts ist trügerischer als eine offene Tatsache", um dann gleich auf die Verbreitung der Lüge, heute Fake News genannt, zu Martin Luther zu kommen, der feststellt: „Die Lüge ist wie ein Schneeball: Je länger man ihn wälzt, desto größer wird er."

Wie treffend, dachte ich mir, wenn ich an die Wirkung der Fake News nicht nur in den neuen sogenannten „sozialen Medien" denke. Der Ratschlag VOLTAIRES ist für mich eher Ansporn, jedoch eine ganz schöne Herausforderung: „Alles was du sagst, sollte wahr sein. Aber nicht alles was wahr ist, solltest du auch sagen." Diese Warnung ist durchaus berechtigt, wenn man das von Wolfgang angeführte Zitat des mir unbekannten GEORG CHRISTOPH LICHTENBERG ernst nimmt: „Es ist fast unmöglich, die Fackel der Wahrheit durch ein Gedränge zu tragen, ohne jemandem den Bart zu versengen." Dies ist mir nach meinen Erfahrungen nicht neu, denn auch ich habe mir mit meinen subjektiven Wahrheiten einige Male den eigenen Bart ganz schön versengt und tue dies immer noch.

Da orientiere ich mich dann doch an KARL MARX, den Wolfgang mit dem allgemein ziemlich bekannten Gedanken zitiert, dass es darauf ankommt, die Welt zu verändern und nicht nur verschieden zu interpretieren.

Die von Wolfgang angestoßene Diskussion über Wahrnehmung und Wahrheit hat natürlich letztlich nicht die Frage beantworten können, wie man verhindern kann, dass all' zu viele Menschen auf irrationale Fake News hereinfallen und sich nur in den eigenen Filterblasen bewegen. Mit den Zitaten Wolfgangs kamen wir auch der Frage näher, wie es dazu kam, dass ein Donald Trump zum US-amerikanischen Präsidenten gewählt wurde und wieso es auch bei uns trotz der verhängnisvollen Erfahrungen der Nazivergangenheit eine fatale Rechtsentwicklung gibt.

Ich frage mich aber auch, warum wir uns nicht einmal bei unserem provinziellen Kleinkrieg im Stadtrat verständigen konnten. Für mich jedenfalls ist das Ringen um eine realistische Sicht der Dinge, bei allen von

Wolfgangs angeführten Betrachtungen über Wahrnehmung und Wahrheit, der Schlüssel zur Verständigung über eine gerechtere und überlebensfähige Welt. Darum kommt niemand herum. Aber dieses wird man nicht geschenkt bekommen.

Wie soll es zu einer Verständigung kommen? Nach meinen praktischen Erfahrungen kann dies nur dann erfolgreich sein, wenn man bei sich selbst anfängt, bestehende Probleme vorurteilslos und offen anzugehen. Nur so kann man zu einer eigenen Glaubwürdigkeit kommen. Dies ist allgemeingültig, gilt also für mich, für jeden und somit auch für meine ehemaligen Mitstreiter im Stadtrat und nicht nur in der großen Politik. Mit allzu vielen, durchaus berechtigten Worten zu umfangreichen politischen Sachthemen allein ist es nicht getan, wie ich dies nicht nur im Stadtrat erlebt habe. Es bleibt also die Frage, ob und wie Veränderungen überhaupt möglich sind?

Chancen für Veränderungen?

Mir kamen wieder die Thesen von Horst in den Sinn, die er in einer seiner literarischen Zusammenkünfte vorgetragen hatte. Er versuchte, die Runde mit den Inhalten des für die meisten von uns nicht bekannten und nicht so leicht zu verstehenden Begriffs „Resilienz" vertraut zu machen. Und löste damit erst einmal Verständnislosigkeit aus. Keiner wusste so Recht, worauf Horst hinaus wollte.

Für mich wurde aber im Verlauf des Abends klar, dass dieser Begriff „Resilienz" nicht nur für Horsts Lebensgeschichte von großer Bedeutung war. Wir horchten auf, als Horst erläuterte, was dieses sperrige Wort Resilienz eigentlich bedeutet. Dass es sich nicht um eine der allerneuesten Wortschöpfungen handelt, obwohl es zunehmend verwendet wird, sondern aus der US-Amerikanischen Psychologie um 1950 stammt. Dieses Wort Resilienz beschreibt treffend, wie es zu seinem neuen Lebensweg gekommen ist. Dies wollte er an uns weitergeben. Nämlich die Fähigkeit des Menschen, aus eigener Einsicht heraus auch tiefe Krisen zu überwinden und sich zu erneuern. Wer hatte denn von uns nicht selbst schon einmal Krisen durchlebt und vielleicht auch noch gar nicht bewältigt? Ich wurde richtig neugierig

Horst jedenfalls hatte es geschafft, sich seine Alkoholabhängigkeit einzugestehen Diese Einsicht war die Voraussetzung, auch mit fremder Hilfe, aber vor allem aus eigener Kraft, seine schwere Alkoholsucht nicht nur zu überwinden. Horst ist jetzt sogar in der Lage, als Suchtberater anderen Menschen zu helfen.

Aber auch ich hatte in diesem Sinne ein positives Erlebnis mit einem guten Bekannten. Ich war ziemlich betroffen, als er mir überraschend mitteilte, dass bei ihm eine schwere Krebserkrankung festgestellt worden war und dass sein Zustand ohne eine lebensgefährliche Operation aussichtlos sei. Wir telefonierten jetzt öfters und ich hatte den Eindruck, dass er resignierte und auch kein Vertrauen zu den dringend erforderlichen ärztlichen Behandlungen hatte. Ich versuchte ihn darin zu bestärken, alle ärztlichen Möglichkeiten zu nutzen und das Risiko einer schweren Operation einzugehen, um zu überleben. Obwohl dies für ihn eine schwere Entscheidung war, hat er sich letztlich dazu entschlossen.

Bei allen für ihn nicht unerheblichen Folgewirkungen freue ich mich, dass ich mich wieder mit ihm nach langen Monaten nicht nur politisch austauschen konnte. Er teilte mir mit, dass er jetzt einiges in seiner Lebenssituation ändern wird, obwohl ich den Eindruck hatte, dass er seine ziemlich pessimistische Sichtweise nicht geändert hatte.

Allein diese beiden Beispiele bestätigen, dass es tatsächlich möglich ist, aus persönlichen tiefen Krisen mit auch schwerwiegenden Entscheidungen nicht nur herauszukommen, sondern Dinge auch grundlegend zu ändern.

Aber ich sollte nicht nur auf andere schauen. Ich hatte doch bei meiner letzten Geburtstagsfeier angekündigt, selbst auch einmal in den Spiegel zu schauen, ob ich das wirklich bin, was da so alles über mich gesagt wurde und was manchmal über mich auch in den Zeitungen stand. Aber auch zu fragen, welchen Anteil ich selbst an den ungeklärten Konflikten hatte, die hinter mir lagen.

Ich selbst hatte doch mein langes aktives Leben immer wieder damit zu tun, im Sinne des mir jetzt erst bewusst gewordenen Begriffs Resilienz extreme Herausforderungen durchzustehen und zu bewältigen, ohne mich unterkriegen zu lassen. Ich muss mir jedoch eingestehen, dass ich oft gescheitert bin, wenn ich versucht habe, scheinbar unüberbrückbare Meinungsverschiedenheiten, wann und wo auch immer, durch offene Diskussionen zu überwinden. Anscheinend eine sehr große Herausforderung für die meisten Beteiligten.

Denn dies setzt doch voraus, die eigene Meinung in Frage zu stellen und in Frage stellen zu lassen. Allerdings muss man schon ganz schön selbstbewusst sein, dies zuzulassen und zu verkraften. Und sich in die

Gedanken des anderen zu versetzten heißt ja nicht, die eigene Identität aufgeben zu müssen. Auch nicht, wenn man aus besserer Einsicht die eigene Meinung korrigiert und somit einer Verständigung näher käme.

Wenn dies nicht erfolgt, ist es schwer, unterschiedliche Auffassungen nebeneinander stehen zu lassen und auszuhalten.

Wie ist aber zu erklären, warum dies nicht einmal in der geschützten Situation der Mediation bei unseren internen Querelen im Stadtrat möglich war? Die Befürchtung über die Konsequenzen, die eigene Identität zu hinterfragen, scheint so groß zu sein, dass man lieber negative Folgen in Kauf nimmt, als lösbare Schwierigkeiten zu bewältigen. Man zieht sich dann doch lieber auf die eigene Meinung, oder auf eine vertraute Ideologie oder einen Glauben zurück. Wie auch immer, dies reicht mir einfach nicht.

So muss man sich nicht wundern, wenn sich unbewältigte Probleme wiederholen, wie ich dies immer wieder erlebe. Für mich jedoch gibt es keinen Grund, gerade bei durchaus schwierigen Problemen auf eine möglichst offene Diskussion zu verzichten. Erst recht nicht, wenn es unterschiedliche Auffassungen über den Weg gibt, gemeinsame politische Ziele zu erreichen. Allerdings ist es nicht damit getan, wie dies Chris in unserem Gespräch im Friedensmuseum andeute, Dinge so zu zerreden, dass eine Verständigung unmöglich wird.

Ich teile jedoch die optimistische Überzeugung von Horst, dass wir alle bedeutend mehr Möglichkeiten haben, uns zu verständigen. Er ist der festen Überzeugung, dass es möglich ist, viele Probleme zu lösen, wenn man sie erkennt. Und so bin ich für manchen ein zu unangenehmer Zeitgenosse, jedoch nicht für jeden.

Aber dies ist nun mal mein vom minderwertigen Flüchtlingskind über viele Jahre entwickeltes und geändertes Selbstverständnis.

Mir fällt auf, dass der Begriff Resilienz zunehmend so richtig zum Modewort geworden ist und es für manch einer lediglich zum Nachweis seiner Kompetenz gebraucht. Oder diess sogar manipulativ zur Begründung seiner ganz speziellen Interessen missbraucht.

Was ist denn davon zu halten, wenn ausgerechnet die Verursacher und Verantwortlichen untragbarer sozialer Zustände an die Betroffenen appellieren, sich resilient zu verhalten? Sollen sie sich doch an ihrem Schopf packen und sich selbst aus dem Sumpf ziehen. Als wenn dies einem Hartz 4 Sozialhilfeempfänger oder den Hungernden in der sogenannten dritten Welt überhaupt möglich wäre.

Diejenigen jedoch, die dieser zynischen Auffassung sind, haben anscheinend übersehen, dass der Begriff Resilienz, den sie so gerne in den Mund nehmen, im weitesten Sinne auch den Gedanken des Widerstands beinhaltet. Nämlich den Widerstand dagegen aufzugeben, einmal selbst in den Spiegel zu schauen und das eigene Handeln zu überprüfen.

So stellte sich für mich die Frage, ob der Begriff Resilienz nicht nur für individuelle Problemlösungen interessant ist, sondern auch, obwohl psychologischen Ursprungs, für gesamtgesellschaftliche Veränderungen. Könnte dies nicht gerade für all diejenigen eine große Herausforderung werden, die das Wort Resilienz zu Gunsten ihrer Privilegien im Munde führen? Ich erinnerte mich wieder an die Empörung unseres Zeitlosen Reinhold, als er beklagte, dass 1% Superreiche so viel besitzen, wie die gesamte Weltbevölkerung. Müsste diese unfassbare Ungleichheit nicht eine Herausforderung für sie selbst, als absolute Minderheit sein? Sind sie es nicht diejenigen, die letztlich in erster Linie verantwortlich sind für die weltweiten Verwerfungen wie Hunger, Krieg und die damit einhergehende Not, aber auch für die Umweltzerstörungen? Es stellt sich die Frage, ob zum Beispiel die Großbanken, die Großkonzerne und ihre dahinterstehenden Profiteure auf Dauer grundlegende gesellschaftliche Veränderungen verhindern können, wenn sie sich weiterhin weigern, sich resilient zu verhalten, was heißen würde sich zu korrigieren. Ich interpretiere dies so, dass sie letzlich nicht darum herumkommen werden, sich einer gesamtgesellschaftlichen Auseinandersetzung zu stellen, egal ob sie dies wollen oder nicht wollen. Was ist, wenn sich immer mehr Menschen dieser Tatsachen bewusst werden? Müssen sich die Verursacher dann nicht auf einen unvermeidlich wachsenden Widerstand gefasst machen?

Jedoch, grundlegende gesellschaftliche Veränderungen bekommt man nicht geschenkt, wie dies ein Rückblick in vergangene, auch revolutionäre Zeiten zeigt. Gesellschaftliche Veränderungen, müssen, nach meiner Interpretation des Begriffs Resilients keine Utopie bleiben, wenn man es wirklich ernst damit meint.

Allerdingst ist dies keinesfalls mit den ewig Gestrigen zu realisieren, die nichts aus unserer unseligen Geschichte gelernt haben und wieder menschenverachtendem Rassismus nachhängen.

So habe ich die Hoffnung nicht aufgegeben, dass es Chancen gibt, wirksamer zu werden, auch für meine ehemaligen Mitstreiter/innen und auch für mich, die wir zu recht auf gesellschaftlichem Gegenkurs waren und sind. Voraussetzung ist für mich jedoch, dass es gelingt, unterschiedliche Auffassungen bei gleichen Anliegen mit Offenheit unter einen Hut zu bringen.

Vielleicht könnte diese Autobiografie Anregung dafür sein, nicht nur persönliche Probleme zu bewältigen, sondern auch für gesamtgesellschaftliche Veränderungen einzutreten.